U0946349

中國文化論稿

劉宇安題

杨庆存◎著

中国社会科学出版社

图书在版编目(CIP)数据

中国文化论稿/杨庆存著.—北京：中国社会科学出版社，2015.5
ISBN 978-7-5161-5390-1

Ⅰ.①中… Ⅱ.①杨… Ⅲ.①中华文化—研究 Ⅳ.①K203

中国版本图书馆CIP数据核字(2014)第308084号

出版人 赵剑英
责任编辑 郭晓鸿
责任校对 韩海超
责任印制 戴 宽

出 版 中国社会科学出版社
社 址 北京鼓楼西大街甲158号(邮编100720)
网 址 http://www.csspw.cn
中文域名:中国社科网 010-64070619
发行部 010-84083685
门市部 010-84029450
经 销 新华书店及其他书店

印 刷 北京君升印刷有限公司
装 订 廊坊市广阳区广增装订厂
版 次 2015年5月第1版
印 次 2015年5月第1次印刷

开 本 710×1000 1/16
印 张 29
字 数 476千字
定 价 86.00元

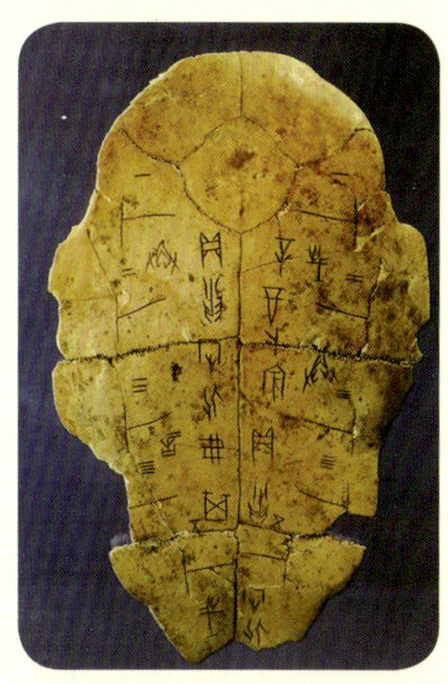

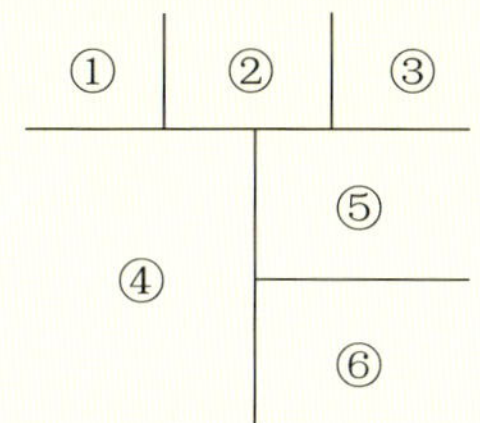

①甲骨文
②后母戊鼎
③青花瓷
④孔子像（【唐】吴道子）
⑤太白醉酒图（【清】苏六朋）
⑥五牛图（【唐】韩滉）

①

③

②

④

①步辇图（【唐】阎立本）

②雨满山斋图（【明】项圣谟）

③韩熙载夜宴图局部（【五代】顾闳中）

④鸳鸯白鹭图（【清】王武）

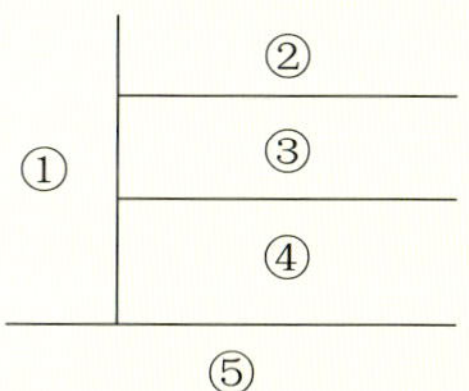

①竹炉山房图（【明】沈贞）
②兰亭序（【东晋】王羲之）
③捣练图局部（【北宋】赵佶）
④秋山草堂图（【元】王蒙）
⑤汉宫春晓图局部（【明】仇英）

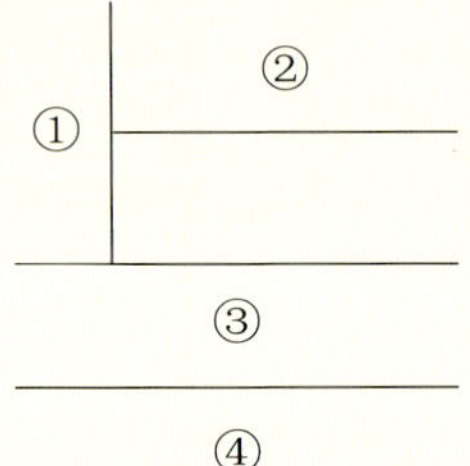

①柏鹿图（【清】沈铨）
②人物山水图（【明】尤求）
③簪花仕女图（【唐】周昉）
④青园图（【明】沈周）

	①	
②		③
	④	

①悟阳子养性图（【明】唐寅）
②仿古山水册（【清】王时敏）
③仙萼长春图之六（【清】郎世宁）
④青园图（【明】沈周）

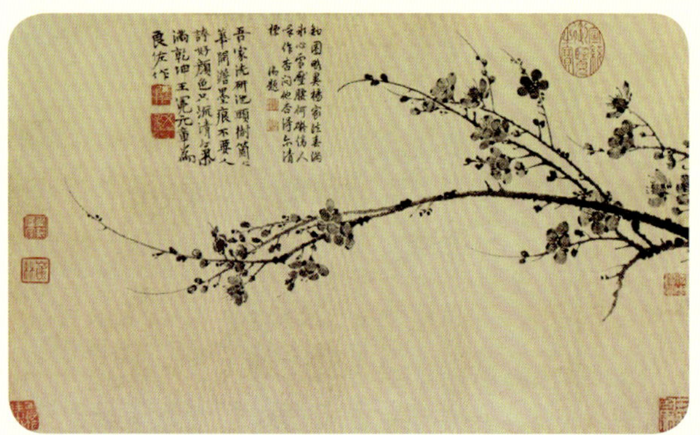

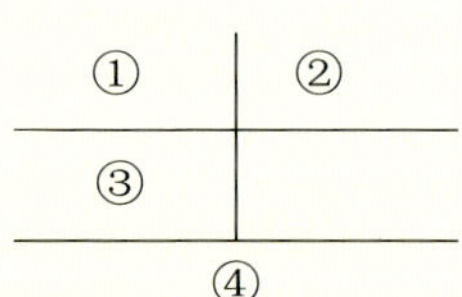

①杜甫诗意图（【清】王时敏）
②月曼清游图（【清】陈枚）
③梅花图（【元】王冕）
④富春山居图（【元】黄公望）

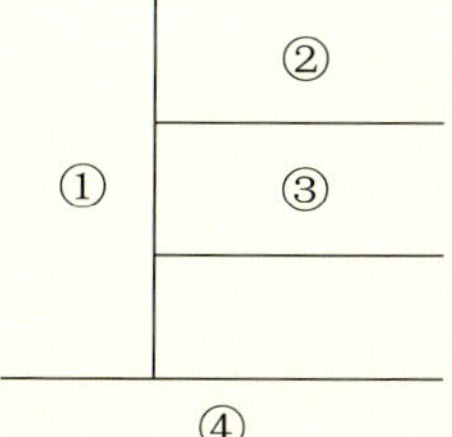

①玉兰富贵图（【清】陈卓）
②落花诗意图（【明】沈周）
③东庄图册（【明】沈周）
④设色山水图（【明】董其昌）

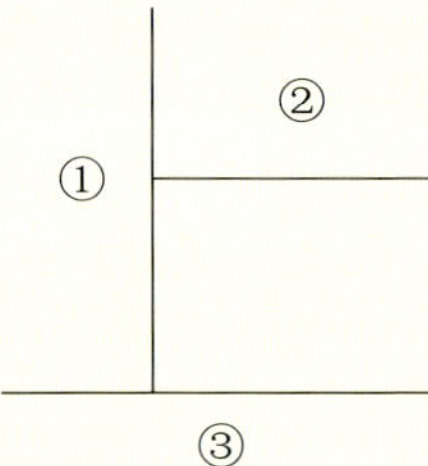

①万松小筑图（【明】居节）
②芙蓉图（【南宋】佚名）
③千里江山图（【北宋】王希孟）

目　录

研究篇　文献考察与文化思索

管窥篇　转益多师与创新方法

感悟篇　深切感受与文化领悟

附　录

序一 “扉开月入，纸响风来”

杨　义

巧合实在是人生的刺激素。前几日，刚编完一部读书谭的书，取题“从读书听取智慧的笑声”，想不到今日又读到杨庆存兄电邮过来的这部《中国文化论稿》，随意披阅，从中听到的也是智慧的笑声，感受到一个学者的真诚、勤奋而深邃的心灵。作者的人生轨迹说来也算特别，早年在齐鲁之地和沪上名校研究宋代文学十年，出手不凡，成为正在崛起的学界才俊，那时他发出的是青春的笑声；却又在国家社会科学管理中枢十八年，统筹策划，展现宏大的战略眼光和国家意识，此时听到的已是老成的笑声了。

明人王绂《画竹寄友》诗云：“我昔寻君扣竹扉，醉中曾写竹间诗。别来几度空相忆，多在青灯听雨时。”一叩竹扉，情犹如此，一叩心扉，情又何如？大凡以悟性读书的人，都会深切感受到，开卷实际上是开启人的心扉。端是“扉开月入，纸响风来”，这本书就成了作者这十年真功夫和十八年大眼界的汇合与集成，实在值得人们边读边反顾近三十年的人文社会科学的充满笑声的一路足迹。

作者身居人文社会科学的管理枢要，每年组织几百位知名学者，评议和管理几千个重要科研项目，规划、引导、促进，形成万马奔腾的局面。以学业有成的优秀学人，统筹波澜奔涌的国家学术事业，尽责尽心，令人多有知音之感。《文心雕龙·知音》云：“凡操千曲而后晓声，观千剑而后识器，故圆照之象，务先博观。”出诸曾经操千曲、观千剑的效应，作者对中国文学与文化的存在状态和发展趋势，具有圆照博观的大眼界。他深切地感受到，文学研究上升到文化研究层面，已经是近一个时期以来文学研究发展的重要趋势。不仅如此感受，而且如此展开自己的研究途径。他考察了孔子所创立的以“和”文化为核心的儒家学说；论证了华夏民族理想人格的基石，在于孔子仁学整体系统；并由此对华夏文明的构建与古代政治的经纬孔子礼学思想体系，作出重新审视。作者通过对儒学的宏观把握，揭示其仁学思想、礼学思想是华夏文明史乃至人类文明史上的杰出建构。大概由于作者的学术起步，始于曲阜，他对儒家的智慧形态的关照，情有独钟。

如何关照？要在探源溯流。书中引述了朱熹《观书有感》：“半亩方塘一鉴开，天光云影共徘徊。问渠那得清如许，为有源头活水来。”于文化概念众说纷纭、天光云影共徘徊中，作者探寻源头活水于《周易·贲卦》彖辞：“观乎人文以化成天下。”他对汉晋文献也勤于梳理，引述了汉代刘向《说苑》“凡武之兴，为不服也，文化不改，然后加诛”；以及晋朝束广微《补亡诗》有“文化内辑，武功外悠”之句。甚至对东汉武梁祠石室有“伏戏仓精初造王业，画卦结绳以理海内”的刻词，也没有放过。

作者对礼学在中国文化结构中的关键性，尤为用心。他认为，礼虽包括风俗仪式，又不完全是风俗仪式，虽包括政治制度，又不完全是政治制度。所谓礼，就其根本性质来说，一言以蔽之，就是一种社会文明。《礼记·曲礼（上）》云：“鹦鹉能言，不离飞鸟；猩猩能言，不离禽兽。今人而无礼，虽能言，不亦禽兽之心乎？夫唯禽兽无礼，故父子聚麀。是故圣人作为礼以教人，使人以有礼，知自别于禽兽。”这段话强调的正是礼作为人类文明的基本特征。

难能可贵的是，在作者的研究思路中，存在着文学与文化、古代与现代、中国与世界三根弦。三弦和鸣，意趣腾跃。这种腾跃有一个牢靠的根基，就是作者在唐宋文学上，精于专家之学。《论李白〈梦游天姥吟留别〉的构思与创新》一文，辨析此诗主题是“留别”而非“记梦”。认为该诗题目“梦游天姥吟留别”由两层意思或两部分内容构成，一是“梦游天姥”，一是“留别”，这两部分内容通过“吟”的形式结合在一起，融为一体，前者是“吟”的内容，后者是“吟”的目的，二者之间又有主次之分。只看诗中“别君去兮何时还”一句，足以知道是为留别而作，是以“拟梦”写“别绪”。这种复合的诗歌体制，具有“以文为诗”与“融会众体”的创新性。这就以一首诗，把握了一个出入玄幻与现实的李白。《论古籍辑佚与史料考镜——辑校本〈杨文公谈苑〉补甄》，则是考证文字，功力颇深。杨文公即杨亿，乃宋初一代奇才，名重天下，领袖群彦，连欧阳修、苏轼也多所艳叹，“文辞之外，其博物殚见，又过人远甚。故当时与其游者，辄获异闻奇说，门生故人往往削牍藏弃以为谈助”（宋庠《杨公谈苑·序》）。但作者发现，辑校本《谈苑》记《穆修》条目，存在讹误。并以版本学、编年学的坚实征引，清理了其致误的缘由，令人信服。

在专家之学的基础上腾跃，对文化进行圆照博观，这样的通人之学才算有谱。不然，对那些没有专门之长的人，随便扣上什么“文化学者”的华冠，有识者不知作何观感。作者认为人类的发展是与思考分不开的。这种观点本身，就是思考的结晶。面对古典诗词的沉思，本书作者视野非常开阔，其《论古代黄河吟咏及其民族精神》一篇，既是专家之学，又对民族精神作了别有意味的圆照博观。他随手拈来唐人刘禹锡的《浪淘沙》：“九曲黄河万里沙，浪淘风簸自天涯。如今直上银河去，同到牵牛织女家。”又拈来元人萨都刺《黄河舟中月夜》：“十丈云帆拂斗杓，星槎风急浪花飘。夜深露冷银河近，卧听天孙织绛绡。”从《诗经》、汉武帝《瓠子歌二首》、嵇康、庾信、北朝乐府《折杨柳歌》，到王之涣《凉州词》、李白《将进酒》《西岳云台歌送丹邱子》，又下延到韦应物、李贺、梅尧臣、王安石、苏轼、陆游、贡师泰、顾炎武、魏源、谭嗣同，作者在上下二千余年的二十个作家作品中穿行，饱览黄河雄姿并表达对其子民的眷恋之情，以河流在中国诗史的流淌，彰显着民族发展的精魂。

记得刘半农作词、赵元任谱曲的民歌调云：“月光恋爱着海洋，海洋恋爱着月光。啊！这般蜜也似的银夜，教我如何不想她？”文学恋爱着文化，文化恋爱着文学，读这样的文字，又岂能听不到智慧的笑声？

2014 年 10 月 20 日

序二　迈向更高的学术境界

——杨庆存《中国文化论稿》序

陶文鹏

好友杨庆存教授给我寄来他的学术新著《中国文化论稿》的校样，他诚恳地请我多提意见，并撰写一篇序文。

我和庆存结交有20年了。记得1994年8月，我们《文学遗产》编辑部与曲阜师范大学中文系联合举办"儒学与文学国际学术研讨会"。会议期间，一个英爽精干的小伙子找到了我，他说他叫杨庆存，在曲阜师大中文系任教，写了一篇习作，想请我看看。我接过文章一看，题目是《论北宋前期散文的流派与发展》，论题新颖，评论精切，全文层次清晰，行文爽畅。我说："你这篇文章不错，让我带回编辑部处理吧。"他很高兴地向我表示了谢意。《文学遗产》1995年第2期发表了这篇文章。庆存考上了复旦大学中文系师从著名学者王水照先生攻读博士学位以后，又在《文学遗产》上发表了几篇论文。其中，《论古代散文的研究范围与音乐标界的分野模式》一文，还荣获了1997年度的《文学遗产》优秀论文奖。就这样，我与庆存因为学术会议相识，以文结缘，成了志趣相投、心灵相通的学友。

岁月如水流逝。而今，我已是满头白发、年逾古稀的老人。杨庆存成为国家社会科学研究出色的管理者和卓越的中年学者。十几年来，他公务繁忙，可谓日理万机，但工作之余，总是孜孜矻矻，刻苦攻读，积学储宝，笔耕不辍。他接连推出了《宋代散文研究》、《黄庭坚与宋代文化》、《诗词品鉴》等多部学术著作，以其在理论上的大胆、严谨、扎实的学风，得到古典文学界众多同行的赞赏。现在，他又推出这部《中国文化论稿》，全书400

多页，收辑了68篇文章，学术分量十分厚重。我翻开校样，从“研究篇”的文献考察与文化思索读起，再读“管窥篇”的转益多师与创新方法，最后读“感悟篇”的深切感受与文化领悟。读完全书，我感到兴味盎然，收获颇丰。我不仅学到了过去知之甚少的许多知识，而且深深领悟到：当代学人治学如欲有大成就，必须具备高尚的思想境界、广阔的学术视野和深厚的文化品格，还要有敢于创新的精神和利于创新的方法。衷心感谢庆存，送给我一份精神补品，我也应当有所回报。于是，我欣然挥笔撰写这篇序文，既向庆存表达感激和钦佩之情，也向学界同仁，特别是刚从事社会科学研究的年轻人推荐这部好书，并把我读后的收获和心得体会写出来。

不难发现，研究领域的广阔多样是这部《中国文化论稿》的一个显著特点。收入本书中的，主要是古典文学论文，包括研究古代的诗词、散文、戏曲、文话的文章，还有研究毛泽东诗词光辉篇章的《力拔山兮气盖世——再读毛泽东的〈沁园春·雪〉》，评论著名学者兼诗人詹福瑞的白话新诗集《岁月深处》的文章。此外，更有深入探讨孔子的儒学，论述古典文献研究、文化研究以及整个社会科学研究如何进一步开拓创新的文章。最使我意想不到的是，书中还有评论书法、评论经济学著作乃至评论杂技表演艺术的文章。尽管涉及的学术领域如此广泛，但每篇文章都是有为而作，言之有物，有真知灼见，绝非泛泛而谈。譬如，关于书法的文章，就有《书法艺术发展与国家文化建设》、《中华文化艺术的弘扬者、创新者和传播者》、《书法作品〈道德经〉序》、《五台山谒佛序》四篇。庆存教授深入细致地研究饮誉中外的著名书画家都本基的书法艺术，他评论都本基手书《道德经》长卷说：

> 都本基选择既厚重平实又飘逸流动的行书精心创作，不仅点画丝连，字携意牵，大小相间，而且虚实并用，疏密有致，浑然成篇，或顾盼呼应，或跌扑纵跃，可谓急缓有变，动静相宜，其节奏旋律、气势风韵，可以令人想到“龙跳天门，虎卧凤阙”的《兰亭序》与“流畅通达、丰腴圆润”的《麓山寺碑》，淋漓尽致地表现了对苏轼、黄庭坚的用墨特点、侧峰运笔等技法的创造性发挥，也淋漓尽致地展现出对黄庭坚书法点如“高山坠石”、竖如“树梢挂蛇”的精到理解、深刻体会与

创新实践。概而言之，手书《道德经》长卷体现着创作者强烈的文化意识和时代意识，体现着对民族精神和传统文化的弘扬。

这一段评语，洋洋洒洒，一气呵成，语语中的，十分精彩，足以见出庆存对中国书法艺术及其发展历史具有深厚学养，对于都本基的书法艺术有超卓见识，否则，决不可能写出如此当行本色的评论。我想，庆存拥有多学科的丰厚知识积累，正是他多年来勤奋、刻苦、执著做学问的成果，真使我钦佩不已。

对孔子儒家思想的精深研究，是庆存这部新著的最大亮点。孔子是先秦儒家学派的创始人，我国古代最有影响的卓越思想家、教育家，杰出的文化巨人。2014 年 9 月 24 日，习近平总书记出席了纪念孔子诞辰 2565 周年国际学术研讨会开幕式，并发表重要讲话。他指出，中国优秀传统文化可以为人们认识和改造世界提供有益启迪，可以为治国理政提供有益启示，也可以为道德建设提供有益启发。庆存在孔子故里曲阜生活和学习多年，他尊敬孔子，深受儒家思想熏陶。在这部书中，有三篇研究孔子思想的优秀论文，极富时代感和现实意义。第一篇《孔子“和”文化思想及其现代启示》，抓住孔子文化思想的精华“和”来做文章，从孔子时代的社会危机与“和”之重大价值的发现、孔子“和”文化思想体系的理论架构、倡“仁”以达“和”、崇“礼”以致“和”、“中庸”以成“和”、孔子“和”文化思想的人文基础等六个方面，宛如剥茧抽丝，层层深入地展开论述，从而有力地证明孔子在 25 个世纪以前创造的“和”文化思想，非但没有因为历史的久远而淡出人们的视野，反而愈加显示出孔子智慧的超前性、普适性和永恒性，继续为当今和谐社会、和谐世界的构建和人类文明的发展提供着深刻丰富的启示。后两篇《论华夏民族理想人格的基石》和《论华夏文明的构建与古代政治的经纬》，分别对孔子的仁学和礼学思想体系作出重新审视。前者论述仁的客观准则是克己复礼，仁的基本精神是爱人，仁的心理基础是孝，仁的实践原则是中庸之道，又论述了仁的言行关系，最后指出孔子仁的思想体系的历史价值和现实意义。后者论述孔子礼学思想的性质、礼的社会宏观效应、礼的自我约束机制、礼的社会调节功能，然后着重论述“以礼让为国”的历史得失。作者认为，二千多年来，孔子的仁学思想一直成为中国古代知识分子人格修养的指南，当然不能忽视后来逐渐形成的僵化倾向和迂腐成分，但只要我们剔除其中一些不适合现代的消极因素，其基本内核依然熠熠生辉，有助于提高人们的人格修养和文明素质，建设和谐社会。而孔子“以礼让为国”思想的引导性，曾经造就了中国由秦汉至唐宋近千年高度发达的封建文明，但强调礼治而忽视法治，也导致了封建社会后期长时间的落后、衰败、混乱和停滞。“以礼让为国”对法律建设的忽视，为我们今天努力建设法治国家提供了历史的鉴戒和反面教训。从以上简略的介绍可以见出，庆存教授这三篇论孔子思想的文章，具体体现了习近平同志的重要讲话精神。我还想补充指出，庆存在这三篇文章中广征博引了古希腊苏格拉底、柏拉图、亚里士多德，法国卢梭、柏格森，英国培根、霍布斯、亚当·斯密，德国马丁·路德、美国亨利·托马斯，俄国列夫·托尔斯泰等外国名人的有关言论，与孔子思想作比较参证，说明孔子仁学和礼学思想表现出惊人的成熟，大大地超越了同时期的古希腊人，而与近代西方人道主义思想相近。由此也可见庆存在研究中力求古今融会，中西贯通，古为今用，洋为中用。

庆存教授善于从细读文本出发，在微观分析的基础上对研究对象作宏观把握和理论概括。《论中国古代诗词的艺术境界》，概括中国古代诗词鲜明突出的民族特色是：性情浓、语言精、形式美、内涵深、意境新、境界高。庆存对这六个特点作了生动具体的阐析。我更欣赏《诗国与诗魂——中华民族的文明演变与中国古典诗歌的发展》一文。文章开篇说，与世界上许多国家和民族的文学不同，中国古典文学在其最初的十多个世纪中是以抒情诗的高度发达而著称的。为什么中国古典文学在它一开始的时候没有出现史诗和悲剧？长期以来，人们对此一直困惑不解，这成了一个学术难题。庆存教授迎难而上，努力解决这个难题。他认为这从根本上说，是由早期汉民族的文明素质决定的。文章从早熟的伦理道德观与《诗经》的产生、孔子庄子对诗歌内在精神的提高、中国古典诗歌发展的社会土壤三个方面来阐明原因。通篇贯穿着马克思所说“早熟的儿童”的古代汉民族与“正常的儿童”的古希腊人不同心理、情感及伦理道德观念的比较，也贯穿着中国古典抒情诗歌与古希腊诗史和悲剧的比较。全文思考深刻，视角新颖，有理有据，论证缜密，使人读后豁然开朗。

学术研究的生命在于创新。庆存教授在多篇文章中都强调社会科学研究要在学科体系、学术观点和科研方法三个方面大力创新。他评赞杨义先生的《中国古典文学图志》开拓了新视野，创造了新形式，探索了新思路；又评赞杨义的“先秦诸子还原”四书蕴含着以求真求实为根本的学术创新精神，有雄视古今的文化气魄。庆存本人的研究，也一直致力于在求真求实中开拓创新。他的学术专著《宋代散文研究》和《黄庭坚与宋代文化》，就是兼具课题新、视野新、资料新、观点新、理论新的力作。在这部《中国文化论稿》中，很多文章都有新意。例如，《论李白〈梦游天姥吟留别〉的构思与创新》，指出此诗主题是“留别”而非“记梦”，而其所记之梦也只是“虚梦”而非实梦，诗人不过借“拟梦”以抒写别绪；文中又揭示此诗体制创新在于“以文为诗”与“融会众体”。这都是令人耳目一新的创见。《“小山重叠金明灭”释义》认为，温庭筠这句词的“小山”是比喻女子的发髻，“重叠”描述其盘缠隆起之状，“金明灭”着笔金首饰，“明灭”表现首饰光泽以晨起尚未佩戴而不存之意。全句乃写妇女初醒发状，以示其惺松懒散神态，与下句“鬓云欲度香腮雪”正相协调吻合。庆存逐字逐句深细揣摩，审象探意，得出了切合此词意境的新说，令人信服。《论燕乐的滋兴与词体的诞生》，论词体产生于六朝时期音乐的变革和燕乐的滋兴，此说虽非新创，但全文资料翔实丰赡，论析深入浅出，清晰透彻。即使是为《语文函授》撰写的辅导文章，如《〈西厢记〉艺术成就的多维审视》，作者也能从《西厢记》的创造轨辙、境界旨趣、关目处理和戏剧中的人物塑造几方面作出深入细致的论析，使读者感到一股清新之风扑面而来。

收入这部书“管窥篇”中的第一篇文章，是《王水照先生的人格魅力与学术境界》，全文漫溢着庆存对恩师王水照先生的敬爱深情，展现出王先生真诚、谦虚、质朴、高雅的人格魅力和开阔、高远、深邃的学术境界，使我读后深深感动，由衷地赞赏庆存要将恩师的学术精神、境界与气魄传承下去的壮志宏愿。第二篇《傅璇琮先生的思想境界与学术实践》，叙述了他与著名前辈学者傅先生的书香缘与忘年交。他把傅先生的学术精神概括为“斯文自任”的使命意识、文化建设的国家意识、与时俱进的创新意识。文中说：傅先生主张学术研究应当立足本土、面向世界，要关注国外对中国文化的研究，促进世界文化的交流，特别是应当将中国文化推向世界；主张古典文学界应当开拓研究领域，打破固有的樊篱，把视野展向域外的汉文化区；

提出要培养一代新学风，一种严肃的、境界高尚的治学胸怀，融合中西文化、广博与精深相结合的治学手段，不拘一格、纵逸自如的治学气派。庆存对傅先生的治学境界与学术实践认识深刻，概括精到，足以启迪学人灵智，勉励学人奋发有为，勇于开拓创新。我想，庆存教授取得那么丰硕的学术成果，固然是他长期勤于攻读、敏于思考、潜心研究的收获，也是他一向尊师重道、转益多师的收获。

当前，我国的社会科学研究事业，已呈现出百花争妍、万紫千红的繁荣景象。我十分欣喜地看见：在“德、学、才、识、胆”五个方面不断提升的杨庆存教授，正意气风发，又沉稳踏实，迈向更高的学术境界。

2014 年 11 月 8 日于中国社会科学院文学所

研究篇

文献考察与文化思索

论文化研究与文化创新

宋代文化巨擘朱熹脍炙人口的著名诗篇《观书有感》（其一），以新颖通俗的比喻、妙丽生动的想象和清新朴实的语言，形象地描述了“观书”的感觉意境和智慧思维，充满深刻而丰厚的理趣，发人深思，启迪智慧：

半亩方塘一鉴开，天光云影共徘徊。
问渠那得清如许，为有源头活水来。

这首千古流传的妙品佳作，题目“观书有感”自然是解读本诗的关键。“书”乃是思想智慧的结晶和已有文化的载体，“观书”是一个学习和接受已有文化的过程，也是一个思考和研究已有文化的过程。而“有感”则是感觉联想、理性思考和认识升华的体现。如果说“一鉴开”、“清如许”都是诗人观书的形象感觉，那么“天光云影”、“源头活水”就是诗人思考分析和理性判断的形象表达。笔者以为，这首诗实际上含纳着文化学习、文化研究和文化创新的深刻哲理。

一

文化学习、文化研究与文化创新有着紧密的关联，一方面文化学习是文化研究的前提和基础，而文化研究则为文化创新提供着经验的借鉴与理论的指导。那么，文化是什么？或者什么是文化？是中国的万里长城、儒家学说、二十四史、四库全书，或者华夏民族爱国团结、勤劳智慧、自强不息、厚德载物的精神？是古埃及的金字塔、狮身人面像，或者法老石板浮雕上精美绝伦的象形文字？是撒哈拉大沙漠的岩石壁画，或者古巴比伦国的《汉谟拉比法典》石碑、楔形文字泥版书？是古印度河流域的印章文字，或者雅利安人的《梨俱吠陀》？是古希腊克利特岛上的线形文字，或者米诺斯王宫？是《格萨尔王》、《红楼梦》，或者《伊利亚特》、《奥德赛》？……

迄今为止，世界上的文化研究著述数以千计，有关文化的定义已逾数百种，真可谓仁者见仁，智者见智，丰富多彩。但是，目前尚没有一种定义为人们普遍接受、一致认同。这种状态，今后仍将继续，不会改变。这是因为文化是一个历史的、具体的、开放的概念，文化具有多样性、多面性和多元性，其内涵与外延是发展的、变化的、相对的，因而难以给出精确全面、科学严谨、尽善尽美、固定不变的定义，而只能作广义、狭义的区分，或相对、具体的界定。

从语源学的角度考察，"文化"概念的形成，在目前见到的中国古代典籍中，《周易》已有反映。其《贲卦》彖辞"观乎人文以化成天下"，唐代孔颖达注疏称"言圣人观察人文，则诗书礼乐之谓，当法此教而化成天下也"①。这里虽然没有直接使用"文化"一词，但词素"文"与"化"及其文化概念的基本含义已大体具备，所谓"诗书礼乐"，皆属今之文化范畴。汉代刘向《说苑》"凡武之兴，为不服也，文化不改，然后加诛"②，此处"文化"乃属动词，是文治和教化的意思，与现在所说的"文化"概念意思相通而性质有别。晋朝束广微《补亡诗》有"文化内辑，武功外悠"③之句，这里的"文化"与"武功"对举，已经与当今的含义大致相同。在西方，"文化"一词，英语为"culture"，其词源于拉丁语"cultura"，意为种植、耕种。大约到了公元16世纪，又包含了文化修养的意思，19世纪，文化的含义才逐渐明确。④

笔者以为，文化是人类社会实践和思想智慧的结晶；文化是时代精华的体现和历史长河的缩影。⑤先进的文化是推动社会发展进步的动力，是民族精神的灵魂，是立国治国的根本。文化不仅反映民族兴旺的程度和国家发达

① （唐）孔颖达：《十三经注疏》，中华书局1980年版。

② （汉）刘向：《说苑》，中国文史出版社1999年版。

③ 逯钦立辑校：《先秦汉魏晋南北朝诗》，中华书局1982年版。

④ 郭建宁：《当代马克思主义哲学新探》第八章，高等教育出版社2002年版。

⑤ 参见拙著《黄庭坚与宋代文化·前言》，河南大学出版社2002年版。

的水平，而且表现民族生命力、创造力和凝聚力的强弱。在人类文明发展的进程中，文化如同润物无声的春雨、奔流不息的江河、含纳深广的海洋，培养着个体、勾连着时代、丰富着自身。人类发展的过程，就是不断创造新文化、反映新时代、推进新文明的过程。每个时代、每个民族总是在继承前代文化的基础上，不断创造着特定时代和特定民族的新文化。由是，文化如日月，与时俱进，常见常新。

二

其实，不论对文化作什么样的界定，文化都是一种客观存在。这是一个五彩缤纷的世界，表现形态多种多样，千变万化，多姿多彩。正如英国人类学家爱德华·泰勒在《原始文化》中所说："文化，或文明，就其广泛的民族学意义来说，是包括全部知识、信仰、艺术、道德、风俗以及作为社会成员的人所掌握和接受的任何其他的才能和习惯的复合体。"① 而文化研究不仅是文化形态的重要方面，而且也是促进和推动文化创新的重要因素。一方面，文化研究以自身独特的方式接受和传承着既有文化，探索、认识和总结着文化发生、发展和演进的规律；另一方面，文化研究又为新时代文化的创新和发展提供着宝贵的理论指导和经验借鉴，甚至为未来文化的发展启示方向，规划蓝图。与此同时，在文化研究的过程中，高素质的人才在成长，具有鲜明时代特点的文化研究成果在诞生。毫无疑问，所有这些都为人类进步和文明发展提供着新的理论产品与精神财富。文化研究的过程，实际上是一个学习接受、思考提高、传承文明、吸取精华、探索规律、发现规律、运用规律、促进文化创新的过程，是一个人才培养、文化积累和文化建设的过程。

文化研究从某种意义上讲也是一种文化创新活动。创新是一个民族进步的灵魂，是国家兴旺发达的不竭动力。创新思维既是决定一个民族能否屹立于世界民族之林的关键，又是决定一个国家能否进行理论创新的关键。文化创新则是思维创新、理论创新和实践创新的重要表现，更是民族自主创新能力和国家综合创新能力的集中反映。文化创新的动力源泉和方法途径是多种

---

① ［英］爱德华·泰勒：《原始文化》，连树声译，上海文艺出版社 1992 年版，第 1 页。

多样的，文化创新的表现形式和社会效应也是丰富多彩的。在促进和推动文化创新的诸多因素中，文化研究自然是十分重要的方面。

三

文学是文化的重要表现形式。文学研究是文化研究的重要方面。文学研究上升到文化研究层面，已经是近一个时期以来文学研究发展的重要趋势。同其他文化样式的研究一样，文学研究具有开放性、多角度、多维度、多层次的特点。文学自身层面的研究固然十分重要，而尤其需要从更广泛更开阔的文化层面进行审视，这无疑会极大地增强其学术意义和理论价值，更有利于探索、接近和发现文学的发展规律。文学研究必须拓展视野，提高层次，微观与宏观相结合，多角度、多侧面、多层次、全方位地深入展开，这已经是目前学界形成的共识。当然，要达到这样的要求，就研究个体而言，这需要一个知识积累、循序渐进的过程，需要一个由浅入深、逐渐扩展的过程。

人类的发展是与思考分不开的。这种观点本身就是思考的结晶。思考可以发现问题，找到解决问题的办法；思考可以探索事物的发展规律，并运用其规律推动和促进事物向积极方面发展；思考可以总结经验、形成理论、指导实践。思考是研究的必由之路，也是创新的必由之路。个体的思考、具体的思考，汇聚成民族的思考和社会的思考，整体地推动着人类的进步和文明的发展。尽管个体思考、具体思考的意义或价值可能微不足道，但是，任何民族文化的形成和发展，从某种意义上说都是个体思考和具体思考汇聚的结果。毫无疑问，研究本身就是思考，研究的过程就是思考的过程。

论社会科学思想与华夏文明传统*

充分发挥哲学社会科学在经济和社会发展中的重要作用，是中华民族文明发展的优秀传统。纵观人类文明发展史，凡是有所作为的民族和国家，尤其是古今中外有所作为的执政者，无不高度重视社会科学，无不充分利用社会科学，无不将社会科学作为民族发展、国家发展和社会发展的根基和保障。

大约在公元前3500年，尼罗河流域出现以法老“政教合一”的专制主义统治为主要标志的古埃及文明，金字塔及其古埃及法老石板浮雕上精美绝伦的象形文字，说明当时社会发展达到了很高的水平。与此同时，在中东两河（幼发拉底河和底格里斯河）流域，出现了古巴比伦国的美索不达米亚文明和古苏美尔文明，现藏法国卢浮宫博物馆的《汉谟拉比法典》石碑，是人类史上现存的第一部成文法典，它与伊拉克首都巴格达故宫博物馆里保存的楔形文字泥版书一样，都是两河流域社会文明发达的重要标志。约公元前2500年，古印度河流域进入文明时代，哈拉帕文化和印章文字代表着当时社会的进步水平。公元前2000年地中海兴起的爱琴文明，是古希腊文明的源头，克利特岛上的线形文字和米诺斯王宫体现了爱琴文明的发达。由上述的文化遗存不难看出，当时的统治者显然是依靠发达的思想文化，创造了属于那个时代的辉煌。

然而，古埃及、古巴比伦、古印度这些曾为国家的生存和发展创造了辉煌的文明古国，都早已经消失在历史的长河中，唯有在黄河流域创造辉煌灿烂华夏文明的中国，延续至今，成为目前人类文明发展史上唯一的文

* 本文发表于《浙江社会科学》2003年第1期总第107期；收入《新世纪党政干部理论学习文献》之《先进文化》卷。

化不曾中断、文明连续发展的国家。这种奇迹，自然是民族智慧的结晶和体现，而其中的重要原因之一，就是得力于社会科学思想的力量，得力于中华民族重视社会科学、发展社会科学的优良传统，得力于独特的社会机制和思想体系。

中华民族是一个有着悠久历史并创造了辉煌文化的民族，是一个为人类文明发展做出了卓越贡献的民族。热爱社会科学、重视社会科学、发展社会科学，是中华民族的优良传统。中华民族在五千年乃至更长的文明发展的历史进程中，实践、总结和积累了极其丰富的发展社会科学和运用社会科学的宝贵经验，并留下了浩如烟海的文化典籍。勤于思考、善于总结、勇于创新、敢于探索，这是中华民族在发展社会科学方面表现出来的突出特点。

中国历朝历代有所作为的统治者，实际上大都是卓越的社会科学思想家。他们不仅善于观察社会，发现问题，审时度势，果断决策，而且善于独立思考，善于“并天下之谋，兼天下之智”。[①] 由于所处的地位和肩负的责任，他们必须对社会各个方面的重大问题进行了解、思考和处理，由此而成为社会科学的重要思想者和重要实践者。

上古结绳而治，伏羲氏教民以渔猎、神农氏示人以农耕、燧人氏钻木以取火，这些华夏民族的远古部落酋长思考和解决的问题，首先是部落个体生命和部落群体生存最基本的条件与出路问题，这是构成社会的前提，也是社会存在的基础。至黄帝轩辕氏，则进一步思考部落发展问题，面对部落无序、相互侵犯的局面，他“修德振兵，治五气，艺五种，抚万民，度四方”，征伐残暴，统一天下，不仅创造了一个相对和平安定的环境，而且致力于政治秩序建设和农牧经济建设，所谓“置左右大监，监于万国”，“披山通道”，“时播百谷草木”（《史记·五帝本记》）。帝喾高辛“抚教万民”、帝尧放勋“合和万国”、虞舜重华则令“蛮夷率服”（同上）。这五位帝君在建立国家和治理社会方面取得的辉煌成就，证明他们都充分运用和发挥了社会科学因素的独特作用，各自形成了一套成熟的统治思想和统治机制。

---

① （隋）王通：《文中子》之《中说》卷五《问易篇》，子书百家本。

夏代大禹文命，不仅以治理洪水而闻名于世，而且“声为律，身为度”，“为纲为纪”，使“九洲攸同”，天下太平。其后，殷商以德治国，成汤“德及禽兽”；周代礼乐治国，遂有“成康之治”。秦并六国而一统天下，推行法治，强化皇权，车同轨，书同文，而嬴政为始皇；汉承秦制，海内为一，“文景之治”，传为美谈，至武帝采纳董仲舒之说，“罢黜百家，独尊儒术”，帝国强盛；有唐一代，弘扬儒学而兼尚佛老，延续隋朝的科举取士以治国，多措并举，乃有“贞观之治”与盛唐气象；赵宋“右文抑武”以防乱，收兵权而搞集权，文礼兴邦，广纳贤能，广开言路，通才涌现于两宋，宰相多出于寒门，经济发达，文化发达，正如陈寅恪所言，华夏民族之文化历数千年之演变，造极于赵宋之世；蒙元入主中原，将“以汉治汉”作为立国治国之大策而儒道并用；明清两朝，视“理学”为国学，儒、释、道兼采并用，明有洪武、永乐之治，清有“康乾盛世”，均为世人称道。古代这些开创新局面、创造新气象的有为帝君，或立国，或治国，其发策决断，无不得力于社会科学，无不建立在对现实社会进行深入思考和充分研究的基础上，无不将社会科学作为立国治国之根本。

中华民族五千多年的文明发展史，从某种意义上说就是社会科学思想的发展演变史。在中华民族发展的历史长河中，形成了中国社会科学发展、发达的显著特点。

其一，历朝历代都有一支强大的社会科学思想研究队伍。这支队伍，从最高统治者到基层官吏，从上古的卜、史、巫、祝，到近代的诗人学者，他们都在用各自的方式思考着当时民族和国家的生存与发展，思考着社会的进步与人类文明的发展。远古的唐尧虞舜，先秦的诸子百家，汉代的司马班扬，唐代的李杜韩柳，宋代的范（仲淹）欧（欧阳修）王（安石）苏（轼）、周（敦颐）程（颐、颢）朱（熹）陆（游），明代之王阳明、王夫之、顾炎武，清代之龚自珍、黄遵宪、谭嗣同、康有为……“国家兴亡，匹夫有责”的民族意识和忧患意识浓厚而强烈。

其二，涌现了一批闻名世界、影响古今的社会科学家和政治思想家。诸如，提出“无为而治”、“治大国如烹小鲜”等著名观点的李聃；被誉为“至圣先师”、“万世师表”的孔丘；以兵法十三篇而闻名于世的孙武；善以寓言说理喻事的哲学思想家庄周；继承孔子学说而主张实行“王道”和

“仁政”的孟轲；挑战孔孟“性善”说而提出“性恶论”的荀卿……而近代以来的思想伟人和社会革命家，如孙中山、毛泽东、邓小平等，更是妇孺皆知。他们既是伟大的理论家又是杰出的革命家和实践家，在世界范围内发生着深远的影响，为人类文明的发展做出了卓越贡献。伏尔泰崇拜孔子而将书斋命名为“孔庙”，且以孔子主持人为名发表作品，列宁则称王安石为中国11世纪的社会改革家。

其三，形成了一个庞大、系统、缜密、以人为核心的中国特色社会组织思想体系。这个思想体系不是由逻辑推演而来，而是从人们的现实生活体验中、从社会发展的实践中总结概括出来。仅以古代为例，先民们在生活实践中发现，人的个体行为是受思想和意识支配的；众多具体的“人”构成了社会；社会的运行和变化则往往是人的思想行为影响的结果；个体的生存和发展必须依靠群体，而群体的生存与发展则必须依靠思想的一致和行为的和谐。由是，先贤圣哲一方面从宏观上提出了“天人合一”、“天下为公”、“大同社会”、“小康社会”等思想，一方面又提出了“正心、诚意、修身、齐家、治国、平天下”的个体修养规范，以此协调人与人、人与社会、小社会与大社会之间的关系。同时，先哲们还根据个体生命的繁衍规律和家庭为社会构成基本单位的特点，提出了以“孝”为先、以“孝”为治的主张，提出了“三纲五常”的社会规范，等等。这个思想体系以人为核心，紧紧抓住人的思想意识性与社会的基本构成这一根本特点，考虑人类的生存与发展，因此在特定的历史时期内，具有明显的社会教化效果和长久的内在生命力。所有这些，均以儒家思想为典型代表，其终极目的则是创造一个和平安定的社会环境和井井有条的社会秩序，以利于经济的发展和文明的提高，以利于社会的进步，以至于当代西方发达国家的部分学者认为，21世纪的人类发展，需要从中国儒家文化中汲取营养，寻求出路。孔孟学说以及西汉学者编辑的四十九篇《礼记》（远古至秦汉时期的礼学文献）等，集中地代表和反映了这种社会思想。

其四，注重文献资料的收集、整理和保存。上古先民结绳而治（东汉武梁祠石室有“伏戏仓精初造王业，画卦结绳以理海内”之语），这是记录、整理和保存社会发展信息的滥觞。而当时的卜、史、巫、祝是从事占卜、祭祀和记录国家重大事件的专职人员。发明文字之后，有关社会的各种信息，以不同形式不断被整理记录和保存下来，形成了中国古代浩如烟海的文献资料。殷商甲骨文字、钟鼎铭文、帛书竹简，文字载体多种多样，内容更是丰富多彩。中华民族又有修史、修书、藏书的优秀文化传统，五千年文明一以贯之，得以不断，而传世典籍，汗牛充栋，世界上任何一个国家都无法与之相媲美。二十四史，世界第一；五经四书，人所共知。“《诗》、《书》、《春秋》皆所以明乎得失之迹，存王道之正，垂鉴戒于后世”（《资治通鉴·序》）。先秦诸子之作，皆“务为治者”（《易传》）。孔子修《春秋》，司马迁作《史记》，萧统编《文选》，刘知几著《史通》。宋代司马光奉敕编《资治通鉴》，“所载明君、良臣，切摩治道，议论之精语，德刑之善制，天人相与之际，休咎庶证之原，威福盛衰之本，规模利害之效，良将之方略，循吏之条教，断之以邪正，要之以治忽，辞令渊厚之体，箴谏深切之义，良谓备焉。”（《资治通鉴·序》）其后，明代永乐年间编辑《永乐大典》，清朝乾隆年间撰修《四库全书》。而丛书、丛刊、集成、备要之类，又不胜枚举。这些汗牛充栋的文献，不只是巨大的文化遗存、文化遗产和弥足珍贵的文化财富，不只是华夏民族的智慧结晶和历史经验的总结，而且也是华夏民族发展历程的真实记录，是华夏民族推动社会进步和人类文明发展的真实记录。

其五，尚理而致用，理论与实践紧密结合。立足于社会现实，着眼于长远发展，这是中国社会科学发展的优良传统。“经世致用”、“大济苍生”、“有补于世”等，一直是古代贤哲和社会科学努力追求的目标，也是中国社会科学发展的突出特点。孔、孟时代，“世道衰微，邪说暴行有作”，诸侯征伐，社会动荡，人类残杀，道德沦丧，所谓“弑君三十六，亡国五十二，诸侯奔走不得保其社稷者，不可胜数”（《史记·太史公自序》），前代创造的文明惨遭破坏，人们生存受到严重威胁。孔子修《春秋》“惩恶而劝善”，借助历史和舆论力量，规范社会道德和社会行为；孟子则通过批评与抵制杨朱的“为己说”、墨翟取消差别的“兼爱论”，弘扬和发展孔子仁学思想并提出“王道”学说。孔、孟称扬唐虞社会安定统一、文明有序，反映了人民对和平、稳定、有序发展的普遍愿望，反映了时代发展和社会进步的要求。“自《春秋》作而乱臣贼子惧，孟子之言行而杨、墨之道废”①，其社会的积极影响不言而喻。孔子对春秋战国时期社会现实的思考和儒家学说的创立及其对后世的影响，非常典型地代表着中华民族在社会科学方面理论联系实际的好传统。另如，汉代昭帝于公元前81年召集天下贤良60多人到长安，讨论盐铁官营和酒类专卖问题，至宣帝时，桓宽根据会议文献，整理加工，成《盐铁论》60篇，内容涉及当时的经济、政治、军事、文化等各个方面，也是社会科学关注和密切联系现实的典型事例之一。至如唐太宗与诸大臣一起讨论和总结历代兴亡之经验教训，探求治道政术，治国以安民，吴兢分类编辑而成《贞观政要》，被视为理政治国的必读书，更是人所共知。西周时期的巨大铜盘“散氏盘”上铸刻着我国最早的邦国之间的诉讼赔偿文书；湖北云梦县睡虎地秦墓出土的竹简上，有秦律十八种、《法律答问》等；赵宋立国后，针对五代战乱和藩镇割据给社会发展造成的破坏而采取了“右文抑武”的对策；宋代宰相赵普“半部《论语》治天下”的故事，妇孺皆知——这些都是很具说服力的例证。总之，理论联系实际，注重理论指导实践、在实践中发展理论，是中华民族的好传统。

其六，坚持与时俱进的优秀传统。历史在发展，社会在发展，以社会现实和社会实践为主要动力源泉的社会科学，必须跟上时代的发展甚至超时代的发展，才能发挥其功能。中国社会科学的发展，正是在这种情势下形成了与时俱进的优秀传统。如孔子对西周社会制度和政治文明的阐发、改造和创新；从先秦的诸子百家学说，到汉代经学的出现，再到宋代疑古惑经文化思潮的出现和程朱理学的形成，其间的发展变化脉络是十分清晰的。再如，从古代提倡德治与礼治的思想，到汉代的独尊儒术、魏晋玄学的盛行，再到唐宋时期的儒释道三家兼采并用，每个历史时期都是由于社会条件的变化而出现了新的理论。其中最为典型的就是儒学的发展。夏、商、周的历史实践以及当时创造的社会文明，为孔子创立儒学奠定了坚实的基础；孔子根据时代的发展和当时社会混乱无序的状况，构建起儒家的“仁学”与“礼学”思想体系；至孟子发扬光大孔子学说，又根据时代变化，提出“王道”与“仁政”学说；汉代儒学乃是在孔孟学说基础上发展完善起来的，以“修

① 苏轼：《〈六一居士集〉叙》。

身、齐家、治国、平天下”（《礼记·大学》）为核心的入世思想，以“仁、义、礼、智、信”为标准的道德观念等已经为人们普遍接受；至宋代的朱熹“致广大、尽精微，宗罗百代”，发挥《礼记·大学》“格物致知，正心诚意”之说，集儒学之大成，为“理学”之代表。儒学的发展脉络，非常典型地反映了中国古代社会科学思想与时俱进的特点。

总之，重视社会科学、发展社会科学、充分发挥社会科学在民族发展和国家建设中的巨大作用，坚持理论联系实际，坚持与时俱进，是中华民族文明发展的优良传统。国家根据新世纪新阶段的新任务，强调坚持社会科学和自然科学并重，强调充分发挥哲学社会科学在经济和社会发展中的重要作用，既是对中华民族重视社会科学优良传统的弘扬，又是在新形势下对社会科学提出的新要求。

论古籍辑佚与史料考镜

——辑校本《杨文公谈苑》补甄*

辑佚是古籍整理工作中十分艰辛而又颇具学术意义的事情，辨别真伪则是至关紧要的环节。由于辑佚总是从作家本集或原书以外的其他传世文本中发现并获取新资料，而这些资料又都是在作品的传播过程中，通过不同的接受者转手载入典册，如此，则传播者、笔录者、印行者等可能出现的失误，使作品的可信性相对减弱。一旦发现被其他典籍有幸保存下来的佚作，首先进行科学、认真、细致的考辨甄别，便成为辑佚者第一位的工作，以此避免讹传，防止贻误后学，确保辑佚自身的学术价值。近读上海古籍出版社1993年8月出版的辑校本《杨文公谈苑》（李裕民辑校，与宋人张师正《倦游杂录》合刊），由该书《前言》即可见出辑校者在钩沈佚作和考辨真伪方面作出的显著成绩。

《杨文公谈苑》（以下简称《谈苑》）是记载杨亿（字大年，谥文，故称文公，974—1020）言谈的语录笔记。始由杨亿乡谊门生黄鑑（字唐卿，《宋史》卷442有传）杂抄广记文公与人交谈的部分话题而初成一帙，世人谓之“《谈薮》”，或称“《南阳谈薮》”（见陈振孙《直斋书录解题》卷11）。然内容“交错无次序”（宋庠《杨公谈苑·序》），其后由宋庠（996—1066）删订整理，类为二十一门，“勒成一十五卷，辄改题曰《杨公谈苑》”（同上）传于世。明中叶以后该书失传。

杨亿乃一代奇才，名重天下，领袖群彦，连欧阳修、苏轼也多所艳叹。“文辞之外，其博物殚见，又过人远甚。故当时与其游者，辄获异闻奇说，

---

* 本文发表于中华书局《文史》2003年第3期总第64辑。

门生故人往往削牍藏弆以为谈助”（宋庠《杨公谈苑·序》）。由是，《谈苑》成书后即广为流传，且远播海外。但书中所录殆非杨亿笔削，且经后人整理，流播中难免产生讹误。在原书失传数百年之后，辑校者从群书中钩沉成集，去伪存真，再广流传，使学者省却翻检之劳而能览其概貌，实乃一大功德。惜尚有个别疏漏，未及精审。即如《谈苑》163页第203条记《穆修》云：

> 文章随时风美恶，咸通已后，文力衰弱，无复气格。本朝穆修，首倡古道，学者稍稍向之。修性褊忤少合，初任海州参军，以气陵通判，遂为捃摭，贬籍系池州，其集中有《秋浦会遇》诗，自叙甚详。后遇赦释放，流落江外。赋命穷薄，稍得钱帛，即遇盗，或卧病，费竭然后已，是故衣食不能给。晚年得《柳宗元集》，募工镂板，印数百帙，携入京相国寺，设肆鬻之。有儒生数辈，至其肆，未评价直，先展揭披阅，修就手夺取，瞋目谓曰：“汝辈能读一篇，不失句读，吾当以一部赠汝。”其忤物如此。自是经年不售一部。

穆修乃北宋前期文坛的重要作家，也是宋代古文运动的先驱之一。他以力倡古文而著名于世，《宋史》谓“杨亿、刘筠尚声偶之辞，天下学者靡然从之；（穆）修于是时独以古文称”（《宋史·本传》）。正因如此，穆修时常成为宋代学人评议的热门话题之一。从苏舜钦的《哀穆先生文》、范仲淹的《尹师鲁河南集序》，到沈括的《梦溪笔记》（艺文）、叶适的《习学记言序目》（卷七十四），乃至许多宋人笔记，都有评述穆修其人的文字。应该说，《杨文公谈苑》如果有议论穆修的文字，是十分自然的事情。上引文字首先从文学发展史的角度评论穆修在宋初文章发展中的作用，然后讲述其个性特点、生平境遇以及晚年印行传播韩柳古文的情形。考诸典籍，皆持之有据，非无根游谈，大体符合史实，足可征信。《谈苑》的辑校者在该段文字之末注有出处“同上”二字，则知与第202条《李符知春州》同辑自《类苑》卷七十四。

《类苑》即《宋朝事实类苑》，又称《皇宋事实类苑》（见该书《自序》）、《事实类苑》（见四库全书总目提要），乃宋人江少虞编选。辑校本

《谈苑》自63条至213条均由《类苑》辑出，计151条，占全书233条中的五分之三还要多，惜辑者未能说明所用版本。今检四库全书本《事实类苑》为六十三卷，则《谈苑》当据别本辑录。《类苑》的编选者江少虞生活于南北宋之交，曾官左朝诸大夫，生平事迹已不可详考。其“以宋代朝野事迹见于诸家记录甚多，而畔散不属，难于稽考，因为选择类次之”（《四库全书总目提要》），将数十家北宋笔记的有关内容“比附伦类而整齐之，去其文不雅驯或有牴牾者”（《自序》），选义按部，考词就班，历十四载编成此书，而北宋一代遗文逸事略具于斯，足观当时风政，故学人士林喜传乐道。该书梓行于绍兴十五年（1145），由于江氏征采浩博而又全录原文，所谓“据实条次，不敢以一字增损”，“不敢断以己意”（《自序》），故能保持史料原貌，具有较强的可信性，王士祯称该书“宋人说部之宏备而有裨于史者”（《居易录》）是颇具眼力的。至于穆修性格、行事，不仅史有所载，且有文集传世，披览即知，无须赘言征引。

既然《类苑》所收该条的内容与史相符，真实可信，辑入《谈苑》，其内容依然真实可信。然而，史料的真实可信并不能代替佚作的真实可信，二者不能等同。我们只能把史料作为参照系，利用它并通过其他相关材料去鉴别佚作的真伪。首先，细品味该段文字的全部内容，可以断言应是评述者在读过穆修文集之后所发，“集中有《秋浦会遇》诗自叙甚详”便是明证。《秋浦会遇》诗长达一千二百余言，见存《穆参军集》卷一。而穆修文集付梓于宋仁宗庆历三年（1043）以后，由穆氏门生祖无择辑勒成帙并为序。由此我们可以推知：上引穆修一段资料之见诸典籍的时间，最早不应早于庆历三年。其次，从评述者与被评述者的关系看，评述的内容应是评述者熟知的事情。杨亿长穆修五岁，且曾主盟词苑，为文坛宿老；穆修于真宗大中祥符二年（1009）及第释褐后，力倡古文；时杨亿尚在世，言谈中或论及穆修是极可能的。然而，杨亿于真宗天禧四年（1020）人归道山，二十三年以后穆修文集方得付梓，自然不会见到穆修文集。复次，该条材料言穆修刻印和出售柳宗元文集事，今据穆修自撰《唐柳先生文集后序》，知印行柳集当在宋仁宗“天圣九年（1031）秋七月”以后。此时，杨亿已谢世十余载，何能论及穆修刊行柳集、设肆鬻书之情形？总之，穆修刻印柳宗元文集和穆修文集的刊布均属杨亿身后事，杨亿既无法知悉，更不会成为他谈论的话题。可以断言：黄鑑的《谈薮》、宋庠的《谈苑》都不会、也不可能有此一段文字。

那么，该段文字是如何被辑入《谈苑》的呢？其最早见之于何书？江少虞编《类苑》如此严肃谨慎，是否也有疏漏处呢？今考诸旧籍，与这段材料内容有关的记述甚多，诸如《穆参军集》、《苏舜钦文集》卷十五《哀穆先生文并序》、邵伯温《易学辨惑》、魏泰《东轩笔录》、朱弁《曲洧旧闻》、《宋史》卷四百四十二《穆修本传》，等等。但内容的丰廉与文字的表达多有差异。其中《易学辨惑》的文字大体与《谈苑》相近，兹抄录如下，以资参照：

> “伯长祥符二年，梁固榜登进士第，调海州理掾，以忤通判，遂为捃拾，由是削籍隶池州。其集中有《秋浦会遇》诗，自叙甚详。”“老益贫。家有唐本韩柳集，乃丐于所亲厚者，得金募工镂板，印数百帙，携入京师相国寺，设肆鬻之，伯长坐其旁。有儒生数辈至其肆，辄取阅。伯长夺取怒视谓曰：‘先辈能读一篇不失一句，当以一部为赠。’自是经年不售。”（《四库本》）

特别值得注意的是《东轩笔录》卷三亦有此史料，且文字几乎完全与《谈苑》相同（仅有四字稍有区别）。

《东轩笔录》是一部具有较高史料价值的宋人笔记，记载北宋自建国至神宗六朝旧事，朱熹编撰《五朝名臣言行录》、《三朝名臣言行录》时，征引采用该书多达三十六条，在二百二十五种引书中居第五位，可见影响之一斑。作者魏泰（字道辅）生活于北宋中期，与王安石、黄庭坚等交游甚密，且博览群书，兼善诗文，著述颇富。该书自序称“少时力学尚友，游于公卿间，其绪言余论有补于聪明者，虽老矣，尚班班可记，因丛摭成书。呜呼！事固有善恶，然吾未尝敢致意其间，姑录其实，以示子孙而已，异时有补史氏之阙，或讥以见闻之殊者，吾皆无憾”（中华书局1983年版李裕民点校本）。其实录的精神和原则是十分清楚的。由序，我们还可以知道该书结集于元祐九年（1094，是年改元绍圣，亦即绍圣元年）。这比《皇宋事实类苑》的杀青早了半个多世纪，《类苑》的编者完全有可能看到《东轩笔录》。基于此，我们可以推断：江少虞的《事实类苑》转录了魏泰《东轩笔录》

卷三的该段文字，而首句添一“风”字，又将“讦”、“削”、“瞑”三字分别误作“忤”、“贬”、“瞋”；同时，还误注出处，将《东轩笔录》误为《杨文公谈苑》，致成罅漏，作俑传讹，遂使《东轩笔录》中评述穆修的一段文字在江氏的疏忽下而暗度陈仓，被塞进了《杨文公谈苑》，《谈苑》的辑校者则未及辨别，铸成小疵。其实，《谈苑》辑校者同时也是《东轩笔录》点校者，对该段文字应该说并不陌生，只是稍一疏忽，便再度讹传。

至于朱弁《曲洧旧闻》卷四中的一段记述穆修的文字，大概亦源于《东轩笔录》：

> 穆修伯长在本朝为初好学古文者。始得韩柳善本，大喜，自序云：“天既餍予以韩，而又饫我以柳，谓天不予飨，过矣！”欲二家文集行于世，乃自镂板鬻于相国寺。性伉直不容物。有士人来酬，价不相当，辄语之曰：“但读得成句，便以一部相赠。”或怪之，即正色曰：“诚如此，修岂相欺者？”士大夫知其伯长也，皆引去。
>
> ——四库全书影印本 863 册第 312 页

这段文字的表述虽与《东轩笔录》多有不同，而基本内容大体一致。该书作者朱弁（字少张），为朱熹之从父，生活于北宋后期与南宋前期。《曲洧旧闻》写于建炎丁未（1127）至绍兴戊辰（1148）作者出使金国被留期间，刊布时间大致与《皇宋事实类苑》相当，故二书不会有承传关系。但朱氏却完全可以在北宋末读过《东轩笔录》以及其他有关穆修的史料，据记忆结撰成文，或有意不直录原文，故文字多有不同。至于《宋史》乃元代据宋人文字修纂，穆修本传成文甚晚，无须辨别，故不赘言。

总之，辑校本《谈苑》沿袭了《事实类苑》的讹误而未予精审，误辑《穆修》一段文字，理应予以甄别。另外，《谈苑》第 17 条《三班奉职》、第 135 条《佛经》、第 114 条《驾亲临问臣僚》、第 201 条《担夫顶有圆光》等，亦均有疑窦（有的业经辑者指出）处，尚待确考。钱钟书先生《谈艺录》有“非敢好谤前辈，求免贻误来学”（《随园记事之诬》）之说，笔者常以自勉，平素读书或见舛误，即随笔条记而待正之，《谈苑》补甄即其一也。

论创新古典文献研究*

一　古典文献研究活力与新世纪的发展要求

中国古典文献是中华民族五千年文明发展的智慧结晶，是华夏各族人民历史实践和思想创造的珍贵记录，更是中国传统文化的主要载体和人类思想文化的知识宝库。其蕴含的巨大文化活力和强大的民族凝聚力，使中华民族生生不息、团结奋进、绵延数千载，使中国成为目前世界上唯一文化连续发展、文明不曾中断的国家。当人类进入21世纪之后，中国古典文献依然是建设中国特色社会主义新文化、提高国家文化软实力和国际综合竞争力最重要的文化战略资源，依然对促进人类社会和平发展、文明发展具有重要的文化借鉴和思想启迪意义。

由此，党的十七大提出："要全面认识祖国传统文化，取其精华，去其糟粕，使之与当代社会相适应、与现代文明相协调，保持民族性，体现时代性。加强中华优秀文化传统教育，运用现代科技手段开发利用民族文化丰厚资源。加强对各民族文化的挖掘和保护，重视文物和非物质文化遗产保护，做好文化典籍整理工作。加强对外文化交流，吸收各国优秀文明成果，增强中华文化国际影响力。"① 这一重大战略思想和重大战略部署，不仅为创新古典文献研究指出了努力方向，而且提出了"一全面"、"三加强"的具体要求。按照党的十七大的战略部署和科学发展观的要求，创新古典文献研

---

* 本文发表于《清华大学学报》（哲学社会科学版）2009年第1期总第101期。

① 胡锦涛：《高举中国特色社会主义伟大旗帜　为夺取全面建设小康社会新胜利而奋斗》，《中国共产党第十七次全国代表大会文件汇编》，人民出版社2007年版。

究，以鲜明的时代意识、国家意识和世界意识，推进学科体系、学术观点和科研方法创新，更加积极有效地保护、研究、开发、利用古典文献这笔巨大而丰厚的文化遗产和思想资源，更加自觉主动地推动社会主义文化大发展大繁荣，已成为文献研究和文化工作者义不容辞的历史责任。

二 以鲜明的时代意识推动古典文献研究创新

鲜明的时代意识是古典文献研究创新的重要前提。文献是历史实践和时代发展的产物，文献研究只有与时俱进，跟上时代步伐，符合发展要求，才能最大限度地激活和焕发内在的思想活力与文化潜力，最大限度地发挥研究成果的社会影响力，并在这一过程中有效地推进学科建设。从历史上看，支撑中国封建社会两千多年稳定发展并始终保持主流文化地位的儒家学说，其创立、发展和不断演进的过程，从某种意义上说，就是儒家经典研究与时俱进的过程，就是根据时代发展要求，不断对古典文献进行内容新诠释、理论新丰富的过程。从孔子“追迹三代之礼”、“修诗、书、礼、乐”、“晚而喜《易》，序彖、系、象、说卦、文言”[①] 创立儒家学说，到汉代学人讲经注经“独尊儒术”的长足发展、再到宋明理学的繁荣昌盛，儒家学说在每个历史时期的新突破和新成果，都是紧密联系当时社会发展实际进行文献研究和学术创新的结果，由此形成了儒家学说汗牛充栋的文化成果和庞大缜密的思想体系，且深深地打上了时代的烙印。

当今世界，经济全球化、政治多极化、文化多样化和信息电子化的突出特点，特别是我国全面建设小康社会的新要求，为创新古典文献研究创造了发展新机遇、提供了时代大舞台，而当代迅猛发展的高新科学技术又为古典文献研究创新提供了现代化的新手段。这些重要因素，都为文献研究体现时代性创造了优越的条件。体现时代性，一方面要求文献研究的目的和内容符合新时代发展的需要，充分发挥其总结历史、指导现实、引领未来和促进思想、理论、文化创新的积极作用；另一方面，要利用当代最先进的科学技术创新文献研究的方法和手段，使电子图书、智能书库、网络传播等高新科学

① （汉）司马迁：《史记·孔子世家》，中华书局2005年版。

技术的运用更上一层楼，让阅读、研究和传播更方便、更快捷、更科学。

三　联系社会现实，服务国家发展

鲜明的国家意识是创新古典文献研究的重要保证。文献研究以服务于国家发展为目的。国家发展关系人民福祉、民族兴盛。中国学人向来就有“以天下为己任”的胸襟与品格，所谓“国家兴亡，匹夫有责”，其学术研究也向来就有“经世致用”、“安邦治国”、“务为有补于世”的优良传统。前贤认为，《诗》、《书》、《春秋》之类的古代文献，“皆所以明乎得失之迹，存王道之正，垂鉴戒于后世者也”①，至《诗》有“商鉴不远，在夏后之世”之句。宋代宰相赵普“半部《论语》治天下”的传说，实质上就是从古典文献研究中汲取安邦治国智慧的典型案例。王安石立志改变国家“积贫积弱”局面，他精研古代文献，著《三经新义》，成“荆公新学”，为政治改革作思想准备和理论准备，更是众所周知。

发扬光大前人经世治国的文化传统，21世纪的古代文献研究也必然适应国家发展、民族振兴需要。当前就是要按照实践科学发展观的要求，结合国家全面建设小康社会的奋斗目标，结合建设中国特色社会主义新文化与建设中国特色社会主义核心价值体系，结合提高全民族文化素质和全社会文明程度，把弘扬民族精神和增强民族凝聚力作为重要目标，积极开拓研究新领域，深入发掘思想新材料，学术研究与知识普及并行，创新古典文献研究。一方面要为国家基础文化建设继续做贡献，做好诸如《儒藏》、《大藏经》、《续修四库全书》、《中国古籍善本书目》之类的文化发掘和文化整理的基本工作，做好诸如《中国古代诗文名著提要》、《夏商周断代工程研究》之类的文献内容研究和思想发明；一方面要在古典文献研究的过程中，发现、发明和发掘那些对于解决事关国家发展重大现实问题具有重要参考价值的思想元素与内容，如和谐社会思想、精神文明发展之类，以为国家经济、政治、文化、社会建设决策的参考，实现古为今用。

---

① （宋）司马光：《资治通鉴·序》，上海古籍出版社2006年版。

四 开阔世界视野，提高国际影响力

伴随全球经济一体化程度的不断增强和我国国际影响力的迅速提高，越来越多的国家和人民希望更深入地了解中国、学习中国。目前，在世界范围内兴起的“汉语热”、“汉学热”方兴未艾，学习汉语的外国人已超过1亿，中国同世界各国的文化交流，频率越来越高、平台越来越多、规模越来越大，截至2014年9月，我们已在120多个国家或地区合作开办了460多所孔子文化学院和700多个孔子课堂，还有200多家在申请。随着中国文化世界化趋势的不断加强，古典文献研究也要紧紧抓住历史发展机遇，开阔世界视野，积极实施全球传播战略。要广泛建立文化交流和学术对话的国际平台，继续把中国古代博大精深的文化成果介绍给世界人民，让世界人民深入了解古老文明的中国，在进一步树立中国和平发展、文明发展世界形象的同时，密切同世界学术界的联系，扩大中国文化的世界影响。

开阔世界视野，要精心实施“走出去、请进来”战略。一是让我国古典文献研究的优秀专家“走出去”。采取多种切实可行的措施，积极开展国家间的交流与合作，营造传播中国文化的舆论场，牢牢把握中国文化交流的主动权和话语权。与此同时，把国外可资借鉴的先进科研方法、先进研究手段“带回来”。二是把古典文献的优秀成果“推出去”。既要注意开辟多种渠道，更要注重方式和效果。比如，中国社会科学院哲学研究所罗希文先生花30多年研究、整理和英译了中国古代医学宝典《本草纲目》，出版后受到世界关注和好评。在国家相关单位支持下，《黄帝内经》、《伤寒论》、《千金方》等一批战国至清代以及朝鲜、日本的中国古代医学经典的整理与研究，也必将受到世界的欢迎。三是通过合适的方式把流落境外的中国古代珍贵典籍“找回来”。这方面，20世纪的学界前辈已经做出了重大贡献。2008年清华大学校友捐赠母校的流落海外的2100枚战国中晚期竹简，其中就有两千三四百年以来无人见过的《尚书》佚篇和乐书。新材料的发现，必然带来研究的新突破。四是以适合的方式把海外卓有建树的汉学家“请进来”，在进行学术交流的同时，让他们深入了解、亲身感受和实地体验博大精深的中国文化，并通过他们进一步扩大中国文化的世界影响。

五　加强规律探索，创新学科体系

中国古典文献浩如烟海，相关研究成果汗牛充栋，历朝历代文人士子，几乎无一例外地学习、接触和运用，可以想象其在文化传播、人们生活、思想创造等方面广泛深刻的巨大影响。同这种情形不协调、不相称的是，古典文献至今没有成为体系强大、理论缜密、形式独立的一级学科。在国家社会科学学科设置中，古典文献研究大都散见于相关的二、三级学科，即使是理论性和专业性极强的“文献学”，也合并在“图书馆·情报与文献学”中。这种尴尬局面的形成，有学科设置待完善的因素，更有体系发展不完善的原因。以研究创新推进学科建设，实现体系创新，是中国古典文献研究的重要目标。

学科体系创新的关键在于本学科理论的系统和成熟。加强规律探索至关重要。目前，文献整理如目录、版本、校勘诸方面理论体系日臻完善，而文献研究的规律性探讨相对薄弱，诸如文献研究与文化发展、与国家建设、与社会文明之间的关系，等等，都亟待研究。众所周知，文献研究伴随文献产生而滥觞，伴随历史发展而深入，与文献如影随形，对于文献保存、管理、运用、开发和传播发挥了无可替代的巨大作用。与此同时，文献研究开发激活了文献蕴含着的巨大文化活力，也开发激活了学科自身的发展潜力，对于历代文化的创新发展同样发挥了无可替代的巨大作用。中国古代的经典著述、学术流派、学术思潮的形成以及重大学术观点的创新，无不始于文献研究。可以说，中国古典文献的研究史，就是传承弘扬民族文化的传播史，就是中国古代文化的发展史，也是历代杰出俊彦的成长史。从学在官府、典在巫史的远古，到名家辈出、学派纷呈的近代，文献研究不仅文化成果汗牛充栋，而且实践经验丰厚扎实，理论探索和理论总结时有所见。从孔子“思存前圣之业”[①] 整理三代文献，到汉刘向校书“条其篇目、撮其指意”[②] 撰《别录》、刘歆著《七略》、唐杜佑“征诸人事，将施有政”[③] 作《通典》、

① （汉）司马迁：《史记·孔子世家》，中华书局校点本。

② （汉）班固：《汉书·艺文志》，中华书局校点本。

③ （唐）杜佑：《通典·自序》。

宋郑樵尽“百代之宪章、学者之能事”为《通志》、元马端临“有志于经邦稽古”[①]成《文献通考》，直到近代王国维《周末以后学术之流变》、余嘉锡《目录学发微》，乃至当代学人如孙钦善《中国古文献学史》，其中都富含深刻的认识和独到的创见。深入探索、科学总结古典文献研究的发展历史和内在规律，无疑会有效、有力地促进学科理论的成熟。

树立“大文献”理念也是体系创新需要探讨的重要问题。传统“文献”概念，多指有文字内容的载体，这当然是最重要、最主要、最基本的形式。但“文献”最根本的性质在于它的文化性，从中国古代文化发展的实际情况来看，把“文献”之“文”理解为“文化”之“文”而不以“文字”为限，则更合乎中国古典文献的实际。随着文化遗迹和文化材料的不断发现，很多古代岩画、图画、图形等成为文献研究的重要内容，成为研究和探索人类文明发生发展的重要方面，这无疑是在学理观念上的思想解放和与时俱进。其实，中国古代文献本来就有图画、图形之类的内容，很少有人怀疑“河图、洛书”、“太极、八卦”的文献性，更不用说由此衍生的众多文化成果，郑樵《通志》甚至专门设有“图谱略”。近年来有些优秀的文献研究成果正是突破了文字文献的范畴，而取得了学术上的重大突破，如国家哲学社会科学基金项目优秀成果文库中，沙武田先生的《敦煌画稿研究》[②]就是典型的例子。尤其是自然科学方面的文献或综合性较强的跨学科文献，整理研究的潜力和空间更大。有了“大文献”理念，文献学将不会囿于目录、版本、校勘等基本内容而有新开拓和新发展。

六 开辟新境界，推出新成果

创新是民族兴盛的灵魂，更是学术发展的生命。中国古典文献研究只有适应时代发展，不断开辟新境界，不断推出新成果，才能充分发挥文化活力，为人类发展做更大贡献。作为中国古代文化的爱好者和研究者，作为国家哲学社会科学研究规划工作的参与者，笔者对中国古典文献虽无深入系统

① （元）马端临：《文献通考·自序》，黄山书社 1997 年版。

② 沙武田：《敦煌画稿研究》，中央编译出版社 2007 年版。

的专门研究，而在长期求学、问学、治学过程中时有切身感受。1979年金秋，山东大学聘请程千帆先生讲授《版本目录学》，笔者有幸聆听，且遵先生之命，与罗青同志一起将授课录音整理成文字。此后攻读硕士博士，又先后聆听王绍曾先生、陈尚君先生讲授古典文献专业课。20世纪八九十年代，校注《晁氏琴趣外篇晁叔用词》、校点《古文辞类纂》和《全唐文》、编纂《中国古代文话》以及从事古代文化研究的实践，深化了认识和体会。尤其是在工作中发现，社会科学基础理论研究、古代文化研究方面具有重大创新、重大突破、重大建树的优秀成果，几乎无一例外地都得益于古典文献的开发、利用和发明。这时常引人深思，感觉古典文献学科建设尚有很大潜力。随着时代的进步和国家的发展，随着民族“国学热”和全球“汉学热”的兴起，相信中国古典文献研究必将迎来一个精品涌现、人才辈出的辉煌时代！

2008年11月2日草拟

论孔子"和"文化思想及现代启示[*]

"和"，是东方哲学中的一个重要概念，"和"文化更是中国传统文化的思想精华。作为人类文明发展史上卓越的思想家和杰出的文化巨人，孔子为中国"和"文化的创新发展做出了重大贡献。他所创立的以"和"为理想目标的儒家学说，不仅成为支撑中国封建社会两千多年持续稳定发展的主流文化，而且在世界范围内至今产生着深刻广泛的影响，以至于参加巴黎第一届诺贝尔奖获得者国际大会的70多位权威专家认为，人类要生存下去，必须从25个世纪以前的孔子那里汲取智慧。[①] 在全球经济一体化、信息传播网络化和文化发展多样化的当今世界，在文化作为综合国力重要组成部分并开始由"软实力"逐渐向"硬实力"演化的国际大环境中，孔子智慧对于和谐社会、和谐世界建设与人类文明发展依然有着重要启示。

一　孔子时代的社会危机与"和"之重大价值的发现

在人类社会发展的历史进程中，人与自然、人与社会、人自身的矛盾，始终是人类必须面对的三大矛盾。其在不同时期或地域的不同表现，决定着人们思考的重心和应对的措施。即如大禹时代，地球冰川末期的世界大洪水，曾使人类濒临绝境。当其时，大禹率众"导川夷岩"《拾遗记》，"堙洪

* 本文发表于《北京大学学报》（哲学社会科学版）2009年第2期总第252期；《新华文摘》2009年第13期总第433期。

① 1988年1月24日澳大利亚《堪培拉时报》刊发了题为《诺贝尔奖获得者说要汲取孔子的智慧》的文章，文章说："人类要生存下去，就必须回到25个世纪以前，去汲取孔子的智慧。"参见李存山《孔子智慧与实践智慧》，《寻根》2003年第6期。

水，决江河"《庄子·天下》，"劳身焦思，居外十三年，过家门不敢入"[①]，带领人们征服了严重威胁人类生存的洪水。李白为此写下了"大禹理百川，儿啼不窥家，杀湍堙洪水，九州始蚕麻"（《公无渡河》）的诗句，赞美大禹功绩。

与大禹不同，孔子时代面临的主要问题是人与人、人与族群、族群与族群、族群与国家、国家与国家之间的社会矛盾，社会不同利益群体甚至是社会成员个体利益的争夺与争斗异常激烈残酷。当时的亚洲华夏大地，诸侯征伐，社会动荡，族群残杀，道德沦丧，所谓"弑君三十六，亡国五十二，诸侯奔走不得保其社稷者，不可胜数"[②]，而"周室既衰，诸侯恣行"，"幽国"、"僭越"、"胁君"、"乱国"、"坏法乱纪"、"君臣为谑"（《礼记·礼运》）的情况不胜枚举。诚如孟子所说"世衰道微，邪说暴行有作"（《孟子·滕文公下》），不仅前代创造的文明惨遭破坏，而且人们的生命和生存受到严重威胁，文明的发展面临严峻挑战。孔子正是在这样的历史背景下，思考着解决社会危机的最佳思路和根本方法。围绕如何使社会安定有序、人们和谐和睦，孔子着眼于"人"这个社会的核心与矛盾的主体，深刻把握战乱年代人们思安、思定的普遍心理，在现实的日常生活中、在前人的实践经验中，发现了"和"这一理念安邦定国的潜在效能，并把它作为思想文化创造的重心。

"和"的本义是"相应"（见许慎《说文解字》），乃"彼此心声相应"、"顺而相从"之意。"和"即"和谐"、"和顺"、"和睦"。而战争以"战"来"争"，武力解决争端，这是社会矛盾极端化的表现，也是社会动荡的根源。"和"的理念蕴含着社会学、人类学和政治学的诸多要素，反映的是社会协调有序的精神风貌，体现着文明健康的发展。人"和"则不争，国"和"则无战。"和"会使社会安定、秩序井然。孔子面对严酷的社会战乱，敏锐地发现并发掘出"和"这一人类文明发展的至高境界，并将其系统化、理论化、通俗化和实践化，提出了推动社会和谐有序、文明发展的新思路。

① （汉）司马迁：《史记·夏本纪第二》。

② （汉）司马迁：《史记·太史公自序》。

二 孔子“和”文化思想体系的理论架构

“和”，无论在孔子之前还是在孔子身后，都是先秦思想文化中的重要社会理念，所谓“和也者，天下之达道也”（《礼记·中庸》）。《周易》“保合大和”、“天下和平”、“和顺于道德”，《尚书》“协和万邦”、“神人以和”、“庶政惟和”，《墨子》“天下和，庶民阜”、“刑政治，万民和”，《荀子》“天下之和”，等等，不胜枚举。这说明，“和”的理念已经具有了较为广泛的时代认知基础和社会心理基础。传世典籍中，孔子关于“和”的直接表述并不多。《论语》全书仅在“学而”、“述而”、“子路”、“季氏”、“子张”篇中言及。然而，从孔子思想文化的整个体系看，“和”实际上是他全部思想中的最高理念，也是其毕生追求的理想社会状态。孔子提出的一些最重要的哲学理念，如“仁”、“礼”、“中庸”等思想，其实都以“和”为内在统领。

“和”作为人类社会健康发展的理想状态，它的实现，既需要一定的历史过程，又必须具备可行的引导措施。因此，孔子思考的重点，不在于怎样发现“和”之美好——这原本是人人都向往的，而在于通过什么方式来实现社会之“和”。为此，孔子以“人”为根本、以现实生活为基础，创立了“仁”学和“礼”学，并提出了一种重要的方法论——“中庸之道”，从而构筑起合理、严谨与稳定的思想体系。“和”是这个体系的最高理念，“仁”与“礼”是两个并列且内外相辅相成的子系统。在这个思想体系中，“仁”与“礼”将“和”作为实现的目标，处处散发出人性的光芒；“中庸之道”作为实现“和”的方法也处处显示着思想的博大精深。

三 倡“仁”以达“和”

“和”的核心是人与人之间的和谐，是人的情感、精神和心理的相通，但由于人性中普遍存在的弱点如嫉妒、贪婪、恐惧、私欲等，人与人的和谐又往往很难达到。对此，人类早期的一些思想家如亚里士多德等都曾有过经典的表述。孔子的伟大之处在于，他虽然洞悉导致人与人之间不和谐的种种因素，但却能从人的情感和心理层面发现人性中诸多与“和”相通的积极因子，并将其升华为人人都可以用心性去领悟的哲学范畴——“仁”。[1]

“仁”是一种境界和胸怀，是内在的气质和修养。“仁”之所以通于“和”，首先是因为其内涵中具有人类最积极最美好的情感因子——大爱。人的特质就是富有情感性，孔子说“仁者，人也，亲亲为大”（《礼记·中庸》），“上下相亲谓之仁”（《礼记·经解》），这是一种最为纯洁、最为积极、最为可贵的人类情感，由此孔子进一步提出“爱人”（《论语·颜渊》）的著名论断。《论语·乡党》记载了这样一个故事：“厩焚。子退朝。曰：‘伤人乎？’不问马。”这表明，仁者的爱人表现的是人与人之间的相互关爱，相互尊重，是对人的生命的热爱和珍视，这是一种社会的“大爱”。相互关爱，自然就会“胜残去杀”（《论语·子路》），维护和平，人与人之间的和谐、社会的和谐就有了坚实的思想基础与社会基础。

“仁”之所以通于“和”，还因为它植根于人类至亲的血脉联系。孔子主张“仁”的实践要从家庭的“孝弟”做起。他认为，“笃于亲”才能“兴于仁”（《论语·泰伯》），“孝弟”是“为人之本”（《论语·学而》），也是家庭成员之间达成和谐的最佳途径。社会的基本单位是家庭，“体仁”“行仁”以“孝弟”为先，就有了根基。由此推而广之于整个社会，人与人的和谐也才有坚实的基础，所谓“君子笃于亲，则民兴于仁”（《论语·泰伯》）。这一思想在后来的孟子那里进一步发扬光大。孟子主张“爱人”必先“事亲”；认为“事”以“事亲为大”（《孟子·离娄上》），“孝”乃“德之祖”，“老吾老，以及人之老，幼吾幼，以及人之幼，天下可运于掌”（《孟子·梁惠王上》）。这让人们更加清楚地看到了“仁”是如何通过人类的亲情关系，促成整个社会步入“上下无怨，民用和睦”[2]的和谐状态。

由此看出，“仁”不仅是社会成员道德修养的最高境界，更是社会和谐

---

① 《华夏民族理想人格的基石——孔子仁学整体系统的重新审视》，《孔子研究》1992 年第 4 期总第 28 期。

② （唐）李善注：《文选》卷五十一《四子讲德论》。

的重要基础。“仁”中之大爱和至亲因素可以成就一个社会最有道德修养的精英群体——“君子”。他们以其宽宏、博大而又朴素平实的品格，协调着社会成员之间的融洽关系。事实上，早在《尚书》里即有“虽有周亲，不如仁人”（《周书·泰誓中》）的说法，说明“仁”在人们心目中早就形成了一种固定的高尚品质。这种品质具有的亲和力、凝聚力和号召力，是形成人格魅力的重要因素，也是现实社会浩然正气的重要体现。

孔子正是由于看到了“仁”与“和”的内在联系以及由此形成的巨大社会思想能量，他才不遗余力地倡导“仁”的思想观念。孔子认为，“仁”既体现着一种社会公德，又承载着社会成员的责任感，是实现“和”的重要途径。因此，他坚持“仁以为己任”（《论语·泰伯》）、“仁以行之”（《周易》）的社会实践，不惜为此“死而后已”（《论语·泰伯》）。

基于同样的原因，孔子又特别强调“仁”是统治阶层必备的品质。所谓“三代之得天下也以仁，其失天下也以不仁。国之所以废兴存亡者亦然。天子不仁，不保四海；诸侯不仁，不保社稷；卿大夫不仁，不保宗庙；士庶人不仁，不保四体”（《孟子·离娄上》），统治阶层的“仁”与“不仁”，直接关系江山社稷的得失，无怪有人将其与“和”并列而论，认为“‘义’与‘信’，‘和’与‘仁’，霸王之器也”（《礼记·经解》）。对于当权的统治者来说，“仁”的实践还具有示范性。“君仁，莫不仁”（《孟子·离娄上》），“上好仁，则下之为仁争先人”（《礼记·缁衣》），因此，执政者必须“克宽克仁，彰信兆民”（《尚书·商书》）；“仁以爱之，义以正之，如此，则民治行矣”（《礼记·乐记》）。

四 崇“礼”以致“和”

在孔子思想体系中，“礼”是与“仁”同等重要的另一个思想范畴。[①] 如果说“仁”主要是通过人的内在道德修养来实现人与人之“和”的话，那么，“礼”则更多的是通过人的外在行为规范来实现人与社会之“和”。

① 《华夏文明的构建与古代政治的经纬——孔子礼学思想体系的重新审视》，《湖南社会科学》2002 年第 2 期，《新华文摘》2002 年第 7 期总第 283 期。

“礼”是实现社会和谐的重要手段。《论语》说：“礼之用，和为贵。先王之道斯为美，小大由之。”（《论语·学而》）在这里，孔子非常明确地将“礼”定位于一种“用”，即手段，而同时又突出强调了“和”是效果，是目的。孔子认为，“礼”的作用最珍贵的地方就在于它可以使社会达到和谐的状态，“礼”是“先王之道”最美好的精华。这实质上是赞叹“礼”在协调社会关系中的重要作用和重大价值。这段话议论的是“礼”，而强调的是“和”，故钱穆先生说：“此最孔门言礼之精义，学者不可不深求。”（《论语新解》）孔子将人类社会发展的最佳状态确定为“和”，这正是其思想学说的伟大深邃之处，他对“礼”之“用”的政治定位，也不断地启发着中国封建社会一代代君王、政治家和思想家，使建筑在儒家思想基础之上的“礼治”以“和”为目标而富有超强生命力。

“礼”作为引导人与社会达成和谐的重要手段，其精髓在于使国家政治和社会生活规范有序，即通过对社会政治伦理秩序的规范，形成运行有序的社会状态，从而使全体社会成员在有序的社会活动中确定位置，达成和谐。《礼记》说：“夫礼者，所以定亲疏、决嫌疑、别同异、明是非也。道德仁义，非礼不成；教训正俗，非礼不备；分争辨讼，非礼不决；君臣、上下、父子、兄弟，非礼不定；宦学事师，非礼不亲；班朝治军，莅官行法，非礼威严不行；祷祠、祭祀、供给鬼神，非礼不诚不庄”（《礼记·曲礼》）。孔子正是看到了“礼”在建立政治秩序和规范社会行为中这样广泛而重要的作用，才把“礼”作为引导社会走向和谐的重要手段。孔子认为：“礼者，君之大柄也”，“安上治民，莫善于礼。”（《礼记·经解》）“礼”可以“治政安君”，“治人之情”，而“坏国、丧家、亡人，必先去其礼”（《礼记·礼运》），因此，治理好国家，一切都要先从“礼”的整肃开始。他还将政治伦理秩序归纳概括为“君君、臣臣、父父、子子”八个字，作为全体社会成员躬行实践的基准。

“礼”之所以能够成为安邦治国的“大柄”，追根求源，在于其植根于人性中最具普遍意义的内容——习俗。孔子在谈论“礼”的起源时曾指出，“夫礼之初．始诸饮食”（《礼记·礼运》）；《仪礼》中“士冠礼”“士婚礼”“燕礼”“大射仪”，等等，对于衣着、程序、话语、位置、迎宾、送客等具体细节都做了生动的表述。《礼记·曲礼上》记载接待客人时的情景：“凡与客人者，每门让于客。客至于寝门，则主人请入为席，然后出迎客。客固辞，主人肃客而入。主人入门而右，客入门而左。主人就东阶，客就西阶。”其习俗化、生活化的特点由此可窥一斑。司马迁也说：“观三代损益，乃知缘人情而制礼，依人性而作仪。”（《史记·礼书》）。正因如此，“礼”才能形成对全体社会成员行为的强有力规范和制约，而遵礼和学礼也就体现着个体对社会的尊重。孔子终生不遗余力地倡导“礼”的学习和实践，认为这是一个人在社会上安身立命的起码条件，《论语》有很多关于礼的示范事例的记载，孔子甚至直接告诫自己的儿子“不学礼，无以立”（《论语·季氏》）。他特别反对越轨越礼行为。《论语·八佾》记载了关于“八佾舞于庭，是可忍也，孰不可忍也”的故事，按照当时的礼制规定，舞蹈奏乐，天子八行，诸侯六行，每行六人；大夫四行，每行四人；季氏身份只能用四行，却“八佾舞于庭”，用了天子之礼，所以受到孔子的严厉谴责。

从社会习俗到国家政治，“礼”维护社会安定的作用不断被强化，“礼”的秩序性对营造和谐的社会环境无疑具有举足轻重的作用。从现存《周礼》、《礼仪》、《礼记》等文化典籍来看，当时大至国土区划、官吏职掌、乡遂授田，城郭道路之制、市肆关门之政以及庠序之教，小至冠、婚、丧、祭、歌舞乐律乃至衣服饮食、坐立行走，都有详细明确的规定。在政治制度方面，《周礼》“体国经野，设官分职”，对部门设置、等级标识、社会成员之间交际交往的仪态程序，等等，也都有非常具体的规定，不仅反映出国家权力的集中和统治机构的健全，也显示着对社会成员的自我约束。通过《周礼》，孔子看到了在社会习俗基础上形成的政治制度对于引导人类社会步入和谐的重大作用，这正是他力倡恢复周礼的深刻思想原因。

五 “中庸”以成“和”

“中庸”是孔子学说中一个最耐人寻味而又充满思想智慧的哲学理念，也是孔子“和”文化思想体系里不可或缺的重要内容。何谓“中庸”？孔子认为，“中庸”是“至德”的表现，所谓“中庸之为德也，其至矣乎”（《论语·雍也》），这是就其本质而言。

从文字学的角度来看，“中庸”的本义就是恰当地运用。许慎《说文解字》说，“中，内也；上下通也”；“庸，用也，从用，从庚；庚，更事也”。合而解之，“中庸”即“内用”，属于人的意识行为。由于前人常“中”、“正”连用，如“刚健中正”、“行必中正”等，则“中”也有“正”的意思。所以朱熹《中庸章句》说“中”就是“不偏、不倚，无过、不及”，这已是本义的衍生。按照子思的解释，“喜怒哀乐之未发谓之‘中’；发而皆中节谓之‘和’”（《礼记·中庸》），“未发”即在“内”，“中节”则恰当。故《逸周书·度训解》有“‘和’，非‘中’不立”之论。值得注意的是，子思指出了“中”与“和”的内在联系。“中庸之道”原本就是“和之道”，它体现着“和”，又是达成“和”的方法和原则。正因为如此，在孔子的论述中，“中庸之道”既是一种至高的修养和境界，又广泛地体现在“君子”对“仁”与“礼”的把握和实践中，缺少了中庸，“仁”与“礼”将难以正确地践行。

以“中庸之道”来把握“仁”，核心是怎样对人的各种极端欲望和情感进行正确地规制和处理。孔子说：“富与贵，是人之所欲也，不以其道得之，不处也。贫与贱，人之所恶也，不以其道去之，不去也。”（《论语·里仁》）向往富贵，摆脱贫贱，这是每个人都会有的欲望，但是，实现它却需要正确的方法。“仁者爱人”也是根源于人的情感，而人的情感和欲望只有恰当得体，才会和谐有序，否则就会引起矛盾，所谓“过犹不及”（《论语·先进》）。而孔子称赞的一些美德，如“惠而不费，劳而不怨，欲而不贪，泰而不骄，威而不猛”（《论语·尧曰》），等等，都是讲人应如何对情感和欲望进行适度的把握。

需要指出的是，“中庸”绝不是折中调和。《论语·阳货》载：

> 子张问仁于孔子。孔子曰：“能行五者于天下者为仁矣。”“请问之。”曰：“恭、宽、信、敏、惠。恭则不侮，宽则得众，信则人任焉，敏则有功，惠足以使人。”

这里的“恭、宽、信、敏、惠”都是暗含着中庸原则，因而能帮助人们成就事业。孔子非常赞赏那些深谙中庸之道的人。《论语·公冶长》载：“子谓南容‘邦有道，不废；邦无道，免于刑戮’。以其兄之子妻之。”国家政治清明时能出来做官，政治黑暗时也不至于被杀，南容能做到这样，说明他娴熟中庸之道，能圆满地处理好各种事情，因此，孔子便把侄女嫁给了他。

以“中庸之道”来把握“礼”，核心是怎样通过合理的制度安排，防止社会出现巨大的贫富分化。“有国有家者，不患寡而患不均，不患贫而患不安。盖均无贫，和无寡，安无倾。”（《论语·季氏》）贫富分化会使社会矛盾激化，从而与“和”的社会目标背道而驰。从这个角度看，“中庸之道”又是“礼”的根基和灵魂，所以孔子才说“礼之用，和为贵”（《论语·学而》）。对此，朱熹进一步阐释说：“均则不患于贫而和，和则不患于寡而安，安则不相疑忌，而无倾覆之患。”（《四书集注·论语集注》）或许也正是从这个意义上，毛泽东同志指出：“中庸”观念“是孔子的一大发现，一大功绩。”[①] 的确，古往今来，世界上任何来自社会内部的动荡，追根求源，都与贫富差距的扩大有关。这对于现代社会的政治家们如何安邦治国仍有重要的指导和启示意义，而如何践行，也是一个历久弥新的课题。

六　孔子“和”文化思想的人文基础

孔子创造的“和”文化思想“尊德性而道学问，致广大而尽精微，极高明而道中庸”（《中庸》），博大精深而又平实可行，为世界不同国家和不同民族所认同。有人将《论语》看作是东方的《圣经》；法国魁奈则认为，《论语》“满载原理及德行之言，胜过于希腊七圣之语”[②]；而俄国的列夫·托尔斯泰甚至将孔子的格言作为必读的内容，他在1900年的日记中写道：“了解了孔子的思想，其他一切都显得微不足道了。”的确，一部《论语》虽然只有两万余言，却让人越读越“仰之弥高”，这在人类发展的历史上都是罕见的。这种情形，自然与孔子“和”文化思想的巨大魅力密切相关，同时也与其深厚的历史渊源与人文基础密切相关。

① 《毛泽东书信选集》，人民出版社1983年版，第147页。

② 转引自［德］利奇温《十八世纪中国与欧洲文化的接触》，朱杰勤译，商务印书馆1962年版，第94页。

首先，以最高理念“和”为统领的思想架构，是孔子在浓缩千年文化精华的基础上，进行思想创新的伟大成果。据记载，孔子乃“圣人之后”，他“信而好古”，曾“适周，问礼于老子”（《史记·老子韩非列传》）。对于古代文化，孔子首先是精心地阅读、学习和研究，他“读《易》，韦编三绝”（《汉书·儒林传》），又“修诗、书、礼、乐”，“序《易》彖、系、象、说卦、文言”，“因史记作春秋”（《史记·孔子世家》），对前代的文化古籍、典章制度烂熟于胸。这些都为“和”文化思想体系的创造奠定了坚实的人文基础。孔子在大量阅读学习和深入思考的基础上，发现了社会政治文化如何通过传承与创新保持其旺盛的生命力。“殷因于夏礼，所损益，可知也；周因于殷礼，所损益，可知也；其或继周者，虽百世可知也”（《论语·为政》）。正因为如此，他不仅能够“祖述尧、舜，宪章文、武”（《汉书·艺文志》），精心选择、整理与诠释前代文化精华，如“古者诗三千余篇”而“去其重，取可施于礼义”者“三百五篇，皆弦歌之”，而且能够以前所未有的哲人气魄和开阔博大的胸襟，领悟历史文化的精髓，思考社会的和谐安定与人类文明的发展。如前所述，孔子之前，中国的“和”文化思想早已滥觞。《周易》、《尚书》、《诗经》、《周礼》等文献中都有相关的记述，可知天下之“和”与社会之“和”已经是历代明君的最高政治理想和追求。从墨子、荀子、管子等这些与孔子同时或稍后的思想家的著述来看，“和”也已然成为思想文化中的重要社会理念。孔子思想的杰出之处在于，“和”在他这里不仅是一种最高的社会理想和整个学说的内在统领，而且完全可以体现在对“仁”、“礼”和“中庸”之道的学习、修炼的把握之中，既可望又可即，并且是人人都可以践行的。正是这一点，成就了其以“和”为统领的学说体系经久不衰的思想魅力。

其次，孔子“和”文化思想最根本的要义是人之“和”，因而出发点是现实社会中有血有肉的活生生的人，着眼点则是富有思想和情感的人性，构成其学说重要支撑的“仁”、“礼”和“中庸之道”也因其深厚的人性底蕴而富有长久的生命力。从上面的分析中可以看出，在孔子的学说中，“仁”的践行可以从对至亲的“孝弟”开始，“礼”的规制则体现着对源远流长的人类习俗的尊重，“礼”至于“中庸之道”，更是以对人的社会心理分析为基础，以对人的种种现实欲望和情感的正确把握为前提。既充分考虑人的社会需求和心理需求，又充分考虑人的现实需要和社会的长远发展，孔子的“和”文化思想处处透着对人之大爱和“以人为本”的精神。也正由于此，千百年来，各个时代的人们都从孔子学说中发现了自己人性中的闪光部分，同时又自觉自愿地遵从他的思想主张，并用之规范、约束和协调人们的社会行为，引导社会走向和谐与文明。

中国著名的社会学家费孝通先生曾指出：“现在世界正进入一个全球性的战国时代，是一个更大规模的战国时代，这个时代在呼唤着新的孔子，一个比孔子心怀更开阔的大手笔。”[①] 跨入21世纪之后，人类发展过程中的三大基本矛盾依然存在，人与自然的矛盾如环境问题大有愈演愈烈之势，而在局部地区，社会矛盾的冲突也不断加剧。孔子于25个世纪之前创造的“和”文化思想，非但没有因为历史的久远而淡出人们的视野，反而愈加显示出孔子智慧的超前性、普适性和永恒性，继续为当今和谐社会、和谐世界的构建提供着深刻丰富的启示。

① 费孝通：《孔林片思》，《读书》1992年第9期。

论华夏民族理想人格的基石*

——孔子仁学整体系统的重新审视

仁是孔子哲学伦理思想的核心，这一点是毫无疑义的。然而对它的理解、阐释和评价却歧议纷呈。比如，有人认为仁是“忠恕之道”（刘节《唯仁论》），有人认为仁是一种“牺牲自己为大众服务的精神”（郭沫若《十批判书》），有人认为仁是“君子的属性”（侯外庐《中国思想通史》），也有人认为仁的阶级实质乃在“克己复礼”。如此等等。虽然见解不同，但都是依据孔子本人的解释。因为在《论语》中，仁这个字共出现了一百多次；颜回问仁，樊迟问仁，仲弓问仁，子张问仁，他们得到的回答都是不同的，至于孔子针对不同情况对仁的不同解释就更多了。研究者则往往根据自己的理解突出强调其某一侧面，见仁见智。然而无论偏执于哪一种解释，都无法把孔子本人的解释完全贯通，难以勾勒其全貌。笔者认为，孔子所谓的仁，并非某种特定的德目，而是一个独立完整的道德体系和价值观念的总称。正因为如此，孔子的弟子们才从各个角度探究它，孔子亦从各个角度阐释它。将孔子所有的解释串联起来，我们看到，孔子的仁，是一个全面的体系。它包括以下几个方面：一、客观准则；二、基本精神；三、心理基础；四、实践原则；五、言行关系。本文试从此出发，作一初步勾勒，并在此基础上，评价其历史价值和现实意义。

一　仁的客观准则——克己复礼

“仁”与“礼”、“义”等范畴不同，它所涉及的，只是社会个体成员内

---

* 本文发表于《孔子研究》1992年第4期总第28期。

在的道德修养。一个人是否有道德，有修养，一句话，是否达到了仁的标准，用什么来衡量呢？标准可以是多方面的，其中，一个较为外在的、客观的准则便是礼——“克己复礼为仁”。礼之所以能够成为仁的客观准则，是由其本身的价值决定的。首先，礼无论就政治制度还是具体的礼仪、习俗来看，都是约定俗成的结果，具有很强的规范性，这就决定了它能够成为一个大家都能公认的、较为客观的标准。其次，礼是社会的整体文明，是社会正常生活秩序的经纬，能否自觉地遵守它，标志着个人对社会的全面尊重，自然也反映着个人的道德水平。再次，礼是随着社会的发展而不断损益变化的，人的道德修养同样如此。事鬼敬神是殷礼的主要特征，与此相应，它也就成为殷人的最高道德准则。一个时代有一个时代的文明，亦有一个时代的道德标准，离开了整个社会文明的大环境，道德便无从谈起。孔子谈的礼，正是这样一个随着时代的变化而不断变化的客观准则。没有这样一个准则，仁的修养就会出现偏差。《论语·泰伯》云：“恭而无礼则劳，慎而无礼则葸，勇而无礼则乱，直而无礼则绞。”这里，恭、慎、勇、直都是具体的道德素质，属仁的范畴，但它们如果没有礼作为准绳，正确引导，同样会误入歧途。

礼作为仁的客观准则，并非孔子个人的人为规定。《左传·昭公十二年》载：“仲尼曰：‘古也有志，克己复礼，仁也。’”可见，礼在孔子以前就早已成为人们所公认的一个客观标准了，孔子只是重新强调了这个标准，并具体把它解释为“非礼勿视，非礼勿听，非礼勿言，非礼勿动”。克制自己，按照礼的准则视听言动，这绝不是一时的权宜之计，而是人们一生都应坚持的原则，长此以往，持之以恒，便成了一种基本的修养，这就是“克己复礼为仁”这句话的内在逻辑。

当然，礼作为仁的准则又是客观的，外在的，其意义只在于使仁的内在价值得以外化，亦即得到社会的承认，并不构成仁的实质性内容。在仁与礼的关系上，首先，礼是外在的，仁是内在的，外在的礼是文，内在的仁是质，“文质彬彬，然后君子。”二者互为表里。其次，仁的修养又对礼起着决定性的作用。《论语·八佾》记载了孔子与他的学生子夏的这样一段对话：

子夏问曰：“‘巧笑倩兮，美目盼兮，素以为绚兮’，何谓也？”子曰：“绘事后素。”曰：“礼后乎？”子曰：“起予者商也！始可与言诗已矣！”

这里的“礼后”，即指礼是在仁之后。子夏从一句诗中悟出了仁与礼的关系，这使孔子大为高兴。一个人如果没有内在的仁，外在的礼就没有了着落，就像绘画而没有底子。因此，孔子强调礼是仁的标准，同时，更强调仁对礼的决定作用。“人而不仁，如礼何？”（《论语·八佾》）无论如何，内在的修养还是第一位的。

二 仁的基本精神——爱人

作为内在的道德修养，仁的基本精神是爱人。《颜渊》云：“樊迟问仁。子曰：‘爱人。’”何谓爱人？下文没有具体的解释。将孔子其他关于仁的论述串联起来，综合地看，这里所说的“爱人”，其意蕴决非仅如字面。它不包括那种对一切人的“泛爱”，也不包括为他人的奉献和牺牲。这两点也都是孔子所称颂的，但它们不属于“爱人”的范畴。仁者的爱人，指的是对他人的一种基本精神或态度。它包括两个方面，一是对他人人格的尊重，二是对人的生命价值的珍视。这两方面都是以理性精神为主导的，与“泛爱”和“牺牲”的情感倾注有明显的不同。

先看第一个方面。《论语·雍也》载：

> 子贡曰：“如有博施于民而能济众，何如？可谓仁乎？”子曰：“何事于仁！必也圣乎？尧舜其犹病诸！夫仁者，己欲立而立人，己欲达而达人。能近取譬，可谓仁之方也已。”

这里，子贡所说的：“博施于民而能济众”，既包含着广博的泛爱，也包含着为民众而牺牲自己利益的奉献精神。孔子认为，能做到这一点，那是非常了不起的，“尧舜其犹病诸”，一般人就更不容易做到了。这不是他所讲的仁，而是一种超越于仁之上的圣，是一种更为崇高的道德境界。他所讲的仁，是一般人只要努力就能做到的。“仁远乎哉？我欲仁，斯仁至矣”（《论语·述而》）；“为仁由己，而由人乎哉？”（《论语·颜渊》）既然“博施而泛爱众”被排除在了仁之外，那么，这里降而次之的“己欲立而立人，己欲达而达人”则可作为仁者爱人的一个恰当注释。这里谈的是对待他人的平等善良的态度，也就是将心比心，自己需要的，要想到别人也同样需要，自己想做的事，要想到别人也同样想做，要尽可能地帮助别人。“能近取譬，可谓仁之方也。”（《论语·雍也》）即是说，不一定要博施济众，只要能从自己身边的事情做起，以平等善良的态度对待和帮助自己周围的人，也就是掌握了仁的方法了。

如果说“己欲立而立人，己欲达而达人”体现着对他人的善良和帮助的话，那么，它的另一面，“己所不欲，勿施于人”则体现着对他人人格的尊重。还是子贡问他的老师：“有一言可以终身行之者乎?”孔子答道：“其恕乎？己所不欲，勿施于人”（《论语·卫灵公》）。这个可以终身行之的“恕”，集中了孔子的平等思想。当然，这里涉及的，只是人格尊严的平等，它与孔子对等级制度的维护并不矛盾。在严格的等级制度下，人们在权利和利益方面是绝对不平等的，孔子强调君君、臣臣、父父、子子，也正是把这种不平等更加固定化，严格化。但这种不平等是属于全社会的，是社会政治经济在一定历史发展阶段上出现的必然现象。孔子所说的“己所不欲，勿施于人”不是像近代人道主义者那样，要求广泛的社会平等权利，而是从个人出发，讲个人对他人的基本态度。“三军可夺帅也，匹夫不可夺志也”（《论语·子罕》）。每个人都有自己的主观意志，尊重别人，就要尊重别人的意志，自己不想干的事情，要想到别人会有同样的心理，不能再强加于人。也就是说，要把自己与他人放在同等的位置上。这是一种纯属道德范畴的平等观念，它不需求诸社会，只需求诸自己。只要从自身做起，就能在自己这里得到实现。所谓“我欲仁，斯仁至矣”、“为仁由己，岂由人乎哉!”

仁者“爱人”第二方面的内容是珍惜人的生命价值，维护人们的生存权利。《论语·乡党》记载了孔子这样一件事：

> 厩焚。子退朝。曰：“伤人乎?”不问马。

这一小小的记载历来引人注目。因为在这关切的询问中，正透露了孔子对人的生命价值的珍视。马厩失火，他最关心的是人员有无伤亡，其他则无关紧要。珍视人的生命价值，自然就要反对战争，提倡和平。维护人们的生存权利。然而，战争与和平，在相当大的程度上，要取决于执政者，取决于那些政治家的自身素质。“善人为邦百年，亦可以胜残去杀矣!”（《论语·子路》）因此，孔子认为，对政治家来说，能够避免战争，维护和平，造福于人类，便是最大的仁了。《论语·宪问》篇云：

子路曰：“桓公杀公子纠，召忽死之，管仲不死。”曰：“未仁乎?”子曰：“桓公九合诸侯，不以兵车，管仲之力也。如其仁，如其仁。”

公子纠是桓公之兄，桓公杀之，这是不符合一般的道德常理的，作为公子纠师傅的管仲没有像他的同事召忽那样为之一死，子路认为，这样的行为，可称得上不仁了吧！同样的问题子贡在下面又提了出来：“管仲非仁者与？桓公杀公子纠，不能死，又相之。”看来他们是对仁的含义还不能准确把握，尤其对管仲这样一位出色的政治家，感到很难评论，于是拿这件事来请教老师。孔子的回答表明，仁者不是拘板的殉道主义者，更不必为某个人无益牺牲自己。对执政者来说，最大的仁就在于他能够爱护人民，造福于人民。桓公九合诸侯，这样大规模的霸业却能成功地避免战争，这是管仲辅佐的结果。他不仅使很多无辜的人们幸免于难，而且“一匡天下，民到于今受其赐”。因此，孔子盛赞他“如其仁，如其仁”。这里的仁，体现了对民众的慈爱精神。它是从珍惜人的生命价值出发的，并且从根本上保证了人们和平的生存条件。《论语·颜渊》中还有这样一条记载：

季康子问政于孔子曰：“如杀无道，以就有道，何如?”孔子对曰：“子为政，焉用杀？子欲善而民善矣。君子之德风，小人之德草。草上之风，必偃。”

这就是说，即便对于不正义的人，也不能采用杀的手段，做君主的，完全可以用自己的善德去感化他们。当然，“胜残去杀”并不意味着绝对地反对一切战争。“善人教民七年，亦可以即戎矣。”（《论语·子路》）即便是善人执政，也要有意识地训练人民的作战能力，以应付必要的战争。这也是最大限度地保存人民的一种方式。相反，“以不教民战，是谓弃之。”（《论语·子路》）

平时不加以训练，到战时仓促地驱民上阵，就是白白地让人民去送死。从这些论述中可以看出，维护人民起码的生存权利，珍惜人的生命价值，这是一个基本原则，这一原则，是构成孔子仁的基本精神的一个重要内容。

三 仁的心理基础——孝

仁作为道德修养，还有一个坚实的心理基础，这便是孝。《论语·学而》篇载：

> 有子曰，“其为人也孝弟，而好犯上者，鲜矣；不好犯上，而好作乱者，未之有也。
>
> 君子务本，本立而道生。孝弟也者，其为人之本与！”

孔子讲仁，也非常强调孝，这段话，指明了仁和孝的关系，类似的说法还见于《管子·戒》：“孝悌者，仁之祖也”；《孟子·离娄上》：“仁之实，事亲是也。”这就是说，孝是仁的基础，一个人，如果没有孝，就根本不可能有仁。这个基础，主要是指心理基础。关于孔子孝的思想，迄今为止，评价显然不够充分。封建社会后期，孝被纳入封建纲常，成为桎梏人们精神思想的一根绳索，这也是它不被重视的一个历史原因。然而孔子提倡的孝，同“仁”一样，是一个极有价值的范畴，尤其他与仁的关系，更是研究孔子仁学思想的一个重要方面。

什么是孝？从《论语》中子游、子夏等人问孝的情况看，它同仁一样，同样是一个正在探讨的伦理范畴。孔子说：“今之孝者，是谓能养。至于犬马，皆有能养。不敬，何以别乎？”（《论语·为政》）这就是说，孝不只是单纯的赡养行为，更重要的，是对父母的情感，这是人比动物高出一筹之所在。因此，孔子论孝，总是着眼于两点：一是强调对父母的深厚感情，二是强调对父母的敬。这两点又是互相关联的，前者是基础。弟子孟武伯问孝于孔子，他的回答是：“父母唯其疾之忧。”（《论语·为政》）对于父母，唯恐其生病，这深深的忧虑中，正可反映出对父母的深厚感情。他又说：“父母之年，不可不知也。一则以喜，一则以惧。”（《论语·里仁》）

基于这种忧虑，他又提出："父母在，不远游，游必有方。"（《论语·里仁》）他认为，父子之间的这种亲密感情是超越一切的，是人间第一原则。这一点在下面这段对话中表述得相当明确：

叶公语孔子曰："吾党有直躬者，其父攘羊，而子证之。"孔子曰："吾党之直者异于是：父为子隐，子为父隐，直在其中矣。"（《论语·子路》）

叶公所说的直，是指对不道德的犯罪行为，即便是亲生父母，也毫不留情。但孔子却认为，这种直是不可取的，因为它必然会破坏父子间的自然感情。相反，父为子隐，子为父隐，正是双方的互相保护，同时，也就保护了这种自然感情。我们知道，孔子是强调人必须主持正义的，"君子之于天下也，无适也，无莫也，义之与比"。（《论语·里仁》）但在父子之间，正义便让位给了感情。孔子这一认识正确与否暂且不论，重要的是，从这里可以看出，孔子强调的孝，与以后发展的"孝道"是有区别的。它不是教条，不是纲常，而首先是一种自然感情，天然之爱，因而它是平易亲切的，极易为人们所接受的。

有了爱还需要有敬。对父母的敬，主要表现为对其意志的遵从。"父在，观其志；父没，观其行，三年无改于父之道，可谓孝矣。"（《论语·学而》）孔子特别称赞孟庄子之孝，因为他"不改父之臣与父之政，是难能也。"（《论语·子张》）所以，敬与爱一样，是孝的又一个重要标志。然而父母之志未必全是对的，不对的时候怎么办？孔子说："事父母几谏，见志不从，又敬不违，劳而不怨。"（《论语·里仁》）提出批评意见是完全正当的，但如果父母不接受，也不能改变对他们敬的态度。

爱和敬这两个基本特征使孝成为仁的重要心理基础，正因为如此，有子才把它强调为"仁之本"。前面讲到，仁的客观标准是礼，基本精神是爱人，这两方面都需要以孝作为心理基础。关于前一方面，有子的那段话已清楚地说明了其中的关系。我们知道，在君主制度下，"君王正是家长和村长的发展"①，"就像皇帝通常被尊为全国的君父一样，皇帝的每一个官吏也都

① ［古希腊］亚里士多德：《政治学》，吴寿彭译，商务印书馆1965年版，第6页。

在他管辖的地区内被看作是这种父权的代表”①。所以，一个孝敬父母的人，必然也会像尊敬父母一样，尊敬这种“父权的代表”。正如《孝经·士章》所说：“资于事父以事母，而爱同；资于事父以事君，而敬同；故母取其爱而君取其敬，兼之者，父也。故以孝事君，则忠，以敬事长，则顺”。维护等级关系是礼的重要内容，由孝敬父母、尊敬兄长到遵守等级秩序，“克己复礼”，这是一个极其自然的过程，这一过程正显出孝作为心理基础的重要价值。

再从仁的基本精神来看，如前所述，仁者爱人主要是从社会个体出发，讲个人对他人的基本态度。在个人与他人的关系中，与父母兄长的关系是每个人都会接触到的最基本、最直接的关系。一个人，从出生到长大成人，这一段时间，主要是接受父母的哺育和爱抚，成人以后对父母的孝，实际上是对这种哺育和爱抚的一种自然回报。其中，父母对子女的哺育和子女对父母的赡养都是一种天然的义务，双方的爱则是伴随这一过程而产生的感情的双向交流。孔子特别强调这种感情的回报，因为它标志着文明人类所独具的精神境界。这里，看一下孔子与宰我下面这段对话是很有意思的：

> 宰我问：“三年之丧，期已久矣。君子三年不为礼，礼必坏；三年不为乐，乐必崩。旧谷既没，新谷既升，钻燧改火，期可已矣。”子曰：“食夫稻，衣夫锦，于女安乎？”曰：“安”。“女安，则为之！夫君子居丧，食旨不甘，闻乐不乐，居处不安，故不为也。今女安，则为之！”宰我出。子曰：“予之不仁也！子生三年，然后免于父母之怀。夫三年之丧，天下之通丧也，予也有三年之爱于其父母乎？”（《论语·阳货》）

父母死了，要守丧三年，现在看来，这古老的风俗显得刻板而愚昧。无怪宰我感到有些不耐烦。然而孔子却是从感情上解释这个问题的。一个人，从呱呱坠地到初步学会走路说话，需要三年的时间。三年的婴儿期都是在父母的怀抱中长大的，父母死后，做子女的，难道连三年的沉痛都没有吗？凭着宰我这一态度，孔子便生气地断定他“不仁也”。由此也可以看出孝是仁

① 马克思：《中国革命和欧洲革命》，《马克思恩格斯全集》第9卷，人民出版社1961年版，第110页。

的起码条件和前提。杜维明先生说：仁者人也，人是在天地万物中感性最敏锐，也就是感情最丰富的存有。人的不忍之情，人的忠恕之道，不是抽象的说教，而是体之于身的一种自然涌现的感情。在孝中体现的对父母的爱，正是这种感情中的一种最基本的感情。一个人，如果连养育自己并给自己以厚爱的父母都不给以回报，则对他人的爱孟子说的就更谈不到了。反之，一个深爱父母的人，“老吾老以及人之老，幼吾幼以及人之幼”，也便是很容易做到的了。在这方面，孔子认为，统治者的表率作用也相当重要：“君子笃于亲，则民兴于仁”（《论语·泰伯》），只要统治者能做出孝的榜样，立足于这个“仁之本”，人民自然就会趋于仁了。这样，孝就不仅仅是一般社会成员克己复礼的心理基础，也成了统治者树立权威的一个重要精神基础。这一点曾使后代不少统治者深受启发。汉代统治者在自己的帝号前面常常要加上一个“孝”字，看来正是出于这种考虑。

四　仁的实践原则——中庸之道

仁作为一种修养，最终要贯彻到人们的言行中去，所以，它又是极富实践性的。怎样去实践呢？从孔子关于仁的许多论述中可以看出，仁的基本实践原则便是中庸。“中庸之为德也，其至矣乎？民鲜久矣。”（《论语·雍也》）这是《论语》中关于中庸的唯一的一段话，但它却明确地显示了中庸与仁的关联，即它作为一种德，是包括并体现在仁之中的。

毛泽东曾说：中庸观念“是孔子的一大发现，一大功绩，是哲学的重要范畴，值得很好地解释一番。”① 还需要指出的是，类似的发现在古希腊人那里同样存在。从梭伦到亚里士多德，中庸之道一直被作为实践德行的基本方法反复强调着。其中，亚里士多德的有关阐释与孔子极为相似，因此，在这里，我想将前者作为参照，与孔子的有关思想互为论证，以便在更广泛的基础上认识孔子中庸观念的价值。

首先，孔子与亚里士多德都把中庸作为德的最高境界，并突出其实践性。孔子的“德”与亚里士多德反复论述的“德行”在内涵方面是一样的，

① 《毛泽东书信选集》，人民出版社1983年版，第147页。

都是指人的情感和行为的综合，中庸，则是对情感和行为的最恰当的处理。关于中庸，《说文解字》："中，正也"，"庸，用也"，可直释为"正确的运用"（或处理）。亚里士多德说，"一切德行的活动，都涉及手段"，这手段便是中庸。"善德就在行于中庸——则（适宜于大多数人的）最好的生活方式就应该是行于中庸"。[①] 同时，亚里士多德和孔子都认为，对情感和行为的恰当处理既是德的最高境界，又不是高不可攀的，而是每个人只要努力就能做到的。孔子说："有能一日用其力于仁乎？我未见力不足者。"（《论语·里仁》）这里的仁，正是从它的实践性上讲的。亚里士多德也说，中庸是"每个人都能达到的"。因为它是一种实践原则，是手段，所以，只要运用它，也就掌握了它，拥有了它。

其次，在对情感和行为的处理中，中庸意味着掌握好过度与不及的界限，有一种恰当的分寸感。《论语·先进》：

> 子贡问："师与商也孰贤？"子曰："师也过，商也不及。"曰："然则师愈与？"子曰："过犹不及。"

这就是说，过度与不及都不好。因为在人的情感和行为的处理方面，任何过与不及都会产生品德上的缺陷。"不得中行而与之，必也狂狷乎？狂者进取，狷者有所不为也。"（《论语·子路》）孔子称赞的一些美德，如"惠而不费，劳而不怨，欲而不贪，泰而不骄，威而不猛"（《论语·尧曰》），等等，都是对情感行为的一种适度把握。关于这一点，亚里士多德的表述更为明确："因为德性必须处理情感和行为，而情感和行为有过度与不及的可能，而过度与不及皆不对；只有在适当的时间和机会，对于适当的人和对象，持适当的态度去处理，才是中道，亦即最好的中道。"[②] 他还具体分析说："关于金钱的适度的取与舍是乐施"，"关于荣誉和耻辱，其适度是适当的自豪"，"关于某些快乐和痛苦（不指一切苦乐皆如此，特别是苦痛）的适度是节制"，如此等等。从这里可以看出，中庸的无过无不及的境界，不

---

① ［古希腊］亚里士多德：《政治学》，吴寿彭译，商务印书馆 1965 年版，第 204 页。

② 周辅成编：《西方伦理学名著选辑》上卷，商务印书馆 1964 年版，第 297 页。

是折中调和，而是人们在处理情感和行为时把握的一种恰到好处的分寸感。这种分寸感能使人在可能的情况下最大限度地把事情做得完满成功。比如，孔子说：“富与贵，是人之所欲也，不以其道得之，不处也。贫与贱，人之所恶也，不以其道得之，不去也。君子去仁，恶乎成名？”（《论语·里仁》）想望富贵，摆脱贫贱，这是每个人都会有的欲望，但是，实现它却需要正确的方法。这方法便来自仁。仁的实践原则会指导人们处理这些问题，帮助人们成就事情。所以他又说：“君子无终食之间违仁，造次必于是，颠沛必于是。”（《论语·里仁》）因为情感和行为是随时都会在新的矛盾面前发生问题时需要处理的，所以，仁的实践原则是一个君子所须臾不能背离的。这种无过无不及的境界从孔子的一些具体论述中还能得到印证。他说：“好勇疾贫，乱也，人而不仁，疾之已甚，乱也。”（《论语·泰伯》）即便是对不好的人或事，“疾之已甚”，也会产生坏的结果。《论语·宪问》篇：“或曰：‘以德报怨，何如？’子曰：‘何以报德？以直报怨，以德报德。’”以德报怨，这是西方基督式的仁慈，但它给德者造成损失，也就是对德的不公平，因而孔子不以为然。他认为正确的方法是“以直报怨”，这样才能显示出德的价值。不仅如此，孔子还提出了一些具体原则。《论语·阳货》篇载：

> 子张问仁于孔子。孔子曰：“能行五者于天下，为仁矣。”“请问之。”曰：“恭、宽、信、敏、惠。恭则不侮，宽则得众，信则人任焉，敏则有功，惠则足以使人。”

这里，恭、宽、信、敏、惠都是暗含着中庸原则的，因而能帮助人们成就事情。正因为如此，孔子非常赞成那些能够行于中庸的人。“子谓南容：‘邦有道，不废；邦无道，免于刑戮’。以其兄之子妻之。”（《论语·公冶长》）国家政治清明，能出来做官，政治黑暗，也不至于被杀，说明南容是深得中庸之道的，这样的人，能最大限度地把事情处理得圆满些，因此，孔子感到他是可靠的，便把自己的侄女嫁给了他。

再次，中庸也不意味着在好与坏之间择其中，无过无不及的适度本身便是一种最佳境界，而过与不及相对中庸来说，则都是恶。亚里士多德说：“就德性的本性或定义说，德性是一种适度或适中；但就正当与最好的标准来判断，德性却是一个极端。"[①] 因此，中庸正是"二恶之间的中点，一恶在过度一边，一恶在不及一边"。由此看来，中庸不仅不是折中调和，而且随时要对过与不及展开两方面的斗争。孔子说："唯仁者能好人，能恶人"（《论语·里仁》）。因为仁者把握着适度的原则，也就掌握了好的标准，所以，无论是爱和憎，都能做到恰如其分。"季氏富于周公"，显然有些过分了，"而求也为之聚敛而附益之"。孔子于是很生气："非吾徒也，小子鸣鼓而攻之，可也。"（《论语·先进》）鸣鼓而攻之，是激烈的行动，但它针对的是"季氏富于周公"，在这里，激烈的斗争正是一种适度，是符合中庸之道的（至于这里反映的等级观念则另当别论）。由于中庸不是好与坏的折中，而是相对于两恶的极端，所以，它本身就是一种不可动摇的原则。"当仁，不让于师"（《论语·卫灵公》）在这一原则面前，即便是老师，也不讲情面。

总之，中庸作为方法论，既是仁的实践原则，也是仁的最高体现。它在东西方思想界几乎同时出现，并不是偶然的，表现出社会文明发展到一定阶段时，人类对自身的一种理性把握。其核心是以适度的分寸感处理各种问题，以使事物朝着最好的方向发展。

五 言行关系

仁既是实践的，那么，能否去实践，也是检验一个人是否仁的尺度。在仁的探讨中，孔子多次论及言行关系，强调行重于言。他认为，君子应"敏于事而慎于言"（《论语·学而》），反对言过其行：

> 君子耻其言而过其行。（《论语·宪问》）
> 其言之不怍，则为之也难。（《论语·宪问》）
> 巧言令色，鲜矣仁。（《论语·学而》）
> 古者言之不出，耻躬之不逮也。（《论语·里仁》）

有言而无行，或者言过其行，就是违背了仁的实践性，同时也就构成了

① 周辅成编：《西方伦理学名著选辑》上卷，商务印书馆1964年版，第297页。

对仁的损害，所谓“巧言乱德”（《论语·卫灵公》），所以孔子一再斥责这种言行不一的作风。为了做到言行一致，孔子强调宁愿少说或不说，以避免言过于行。他认为，只要能够躬身实践，自然会有正确的言论。所谓“有德者必有言，有言者不必有德”（《论语·宪问》）。他又说：“刚、毅、木、讷近仁。”（《论语·子路》）其中，刚、毅是对情感进行适度调节后呈现的精神状态，本身即是实践的结果，木、讷则都具有慎言的特点。

在《论语·雍也》篇中，孔子还特别提到了这样一件事：“孟之反不伐，奔而殿，将入门，策其马，曰：‘非敢后也，马不进也。’”在抵御齐国的战役中，军队溃退了，孟之反走在最后，掩护全军，但他不愿意让人称赞他的勇敢牺牲精神，所以故意掩饰说，不是我敢于殿后，是马不肯快走。这是一种高尚的境界，默默地为人们做着好事而不求任何褒扬。在这方面，孔子对自己也提出了严格的要求：“文，莫吾犹人也。躬行君子，则吾未之有得。”（《论语·述而》）躬行君子，是孔子一生的努力和追求，集中地体现了孔子仁学的实践特征。

六　历史价值和现实意义

上面我们大体勾勒了孔子仁学思想体系的各个侧面，这些不同的侧面结合起来，便构成了华夏民族理想人格的第一座理论大厦。如何认识、评价这座大厦，是今天孔子研究中迫切需要解决的问题。孔子不仅是中华民族思想文化传统的奠基者，也是一位具有世界意义的伟大的思想家，因此，对他的学说的历史价值和现实意义的把握，还应结合整个人类思想发展史来进行，作为二千多年前的一位思想家，孔子的仁学思想已表现出惊人的成熟，这使他大大超越了同时期的古希腊人而与近代欧洲极为相近。具体表现在以下几方面：

第一，孔子把礼作为仁的准则，是将人置于具体的社会环境中，在人与社会的关系中把握人的价值。这是一个基本的立足点。在这一点上，孔子远远高出同时期的古希腊人。在古希腊，最早把思考的重心从宇宙转向人类自身的是苏格拉底。他的名言“认识你自己”以审视的目光看待人生，表现出当时人类把握自己的欲望和要求，同时，也第一个透露了古希腊人本哲学的主要特征——以自我为中心。在欧洲，把人本哲学的立足点从个人转向社会，从全社会的角度出发考虑人的价值实现，是近代才出现的事情，培根是西方近代哲学的奠基人之一，他首先对以往的一切哲学派别——苏格拉底、犬儒派的、快乐派的、斯多亚派的、伊壁鸠鲁派的以及亚里士多德的提出立场上的批评，指出尽管他们各有长处，但都是从个人的角度出发谈人的道德价值实现的。培根把立足点从个人转向社会，强调全体福利，强调个人对他人的义务从而为科学的唯物的人本哲学显示了一个新的开端。此后的许多重要思想家如霍布斯、斯宾诺莎、狄德罗、卢梭、康德、黑格尔等等，尽管他们的学说体系各不相同，但在谈及道德时，都或多或少地把个人与社会联系在一起。只是在这些思想家这里，我们才更多地发现了与孔子极为相近的思想和道德观念，如仁慈，仁爱，守信，谦谨，己所不欲，勿施于人，等等。这些观念，在古希腊思想家那里都是鲜有的。孔子之所以能在思想道德观念上比希腊人高出一筹，关键还是一个角度和方法的问题，也就是说，在基本立足点上，孔子是超越了同时代的希腊人而接近于近代欧洲的。

第二，孔子仁学基本精神“爱人”具有浓厚的情感色彩和坚实的心理基础，这是高出古希腊人而接近近代欧洲人的另一表现。古希腊思想家崇尚理性，却不清楚情感以及情感与理性的关系。“亚里士多德虽然写了几卷伦理学，但是没有研究成为伦理学主要对象的情感。”[①] 中世纪的基督教强调信仰、希望和爱，把情感和心理引入道德领域，在一定程度上填补了希腊人的欠缺。但是，基督教神学的爱是一种空洞的情感。人们为了自己的来世，必须爱上帝，而上帝和来世都只是一种虚构。只是到了文艺复兴以后的近代，欧洲人才真正注意到情感在人类道德中的重要作用，并且将心理学的实验分析与道德哲学紧密联系起来。比如，在子女对父母的关系上，亚里士多德把两者之间的关系比作债权人与债务人之间的关系，至于爱则只泛泛一提；到了15世纪，神圣罗马帝国（今德国）宗教改革领袖马丁·路德把孝敬尊长作为一种重要的美德，并且强调孝敬不仅仅是对父母的热爱，也包括对父母的“畏惧”和绝对的“服从”。这一观念与孔子非常相近。孔子孝的核心是对父母之爱，这是一种普遍的天然感情，由这种爱推及普遍的仁爱，

① 周辅成编：《西方伦理名著选辑》上卷，商务印书馆1964年版，第567页。

是一个极其自然的过程，它实际上解决了近代欧洲哲学史上反复探讨的一个问题，即如何由自爱到他人之爱。因为从社会的角度看孝实质上是一种扩大延伸了的自爱。

第三，仁慈、仁爱、平等、自由是近代西方人道主义思想的核心，这些在孔子思想中也都有鲜明的体现。孔子的“己所不欲，勿施于人”，其内涵颇类于斯宾塞所谓“消极的仁慈”，而“己欲立而立人，己欲达而达人”，又颇类于他所说的“积极的仁慈”。不仅如此，他的“己所不欲，勿施于人”以及“以直报怨，以德报德”等论述中，还蕴含着平等自由的思想。当然，这里的平等，不是权利的平等，而是指平等待人的态度；自由，不是强调个人的绝对自由，而是强调给他人以自由。斯宾塞曾指出，一个人的活动，仅仅在没有妨碍他人的情况下，方有自由。孔子的“己所不欲，勿施于人”也是强调的这一点，正因为如此，他的这句名言方在近代欧洲思想界引起了那么巨大的反响，受到了热烈的推崇。

以上我们简略分析了孔子仁学思想中与近代西方人道主义思想的相近之处。由此可以看出，作为二千多年前的思想家，孔子的很多思想是超越了他那个时代的。这种超越性使他的学说至今仍然具有强大的生命力。美国学者亨利·托马斯在谈及亚里士多德的时候说，他的“科学知识的缺陷，不是由于他的思维不健全，而是缺乏必要的科学仪器，一方面没有望远镜，另一方面没有显微镜，因而既不能获得宏观的宇宙观念，也不能获得微观的宇宙观念。鉴于这些障碍，亚里士多德的科学研究仅仅具有历史意义而不具有实际价值”①。孔子也同样没有望远镜和显微镜，但他没有像亚里士多德那样去做包罗万象的研究。他的仁学思想，只是从社会的角度研究人和人的道德，探讨如何进行人格的修养，提高人的文明素质。然而，就是这样一个角度和出发点，便决定了他对时代的超越。他的仁学思想，不仅具有历史意义，更重要的是，二千多年来，一直成为中国古代知识分子人格修养的指南（尽管这并不排除后来逐渐形成的僵化倾向和迂阔成分），只要我们剔除其礼学因素、等级观念等中的时代杂质，就会看到，其基本内核至今仍然是熠熠发光的，至于其现实意义和应用价值，更是举世所公认的。

---

① ［美］亨利·托马斯等：《大哲学家小传》，陈建华等译，华岳文艺出版社1988年版，第25页。

论华夏文明的构建与古代政治的经纬

——孔子礼学思想体系的重新审视*

人类历史是一个不断向文明演进和深化的过程。古代无数先贤圣哲曾为此做出了卓越贡献，孔子最为杰出。他以超常的睿智促进了华夏文明的发展，其仁学思想、礼学思想是华夏文明史乃至人类文明史上的杰出建构，成为华夏文明特别是华夏精神文明的重要基石和支柱。关于仁学，笔者已有专文讨论[①]，本文拟就礼学思想略陈管见。

一　社会文明的外化与时代内涵的更新：礼的性质

什么是礼？有人把它解释为“社会制度和风俗仪式”[②]；有人解释为“古代等级社会人们物质与精神生活包括一切礼仪在内的制度的总称”[③]；也有人认为它是“种族统治的规范”[④] 或“原始巫术礼仪基础上的晚期氏族统治体系的规范化和系统化”[⑤] 这些都是就其形式和内容而言的。然而，礼虽包括风俗仪式，又不完全是风俗仪式，虽包括政治制度，又不完全是政治制度。所谓礼，就其根本性质来说，一言以蔽之，就是一种社会文明。《礼记·曲礼上》云：“鹦鹉能言，不离飞鸟，猩猩能言，不离禽兽。今人而无

---

* 本文发表于《湖南社会科学》2002年第2期，《新华文摘》2002年第7期总第283期全文转载。

① 见《孔子研究》1992年第4期《华夏民族理想人格的基石——孔子仁学整体系统的重新审视》。

② 高亨：《孔子思想三论》，见《哲学研究》1962年第1期。

③ 杜任之、高树帜：《孔子学说精华体系》，山西人民出版社1985年版，第113页。

④ 杨荣国：《论孔子思想》，见《学术研究》1962年第1期。

⑤ 李泽厚：《孔子再评价》，见《中国社会科学》1980年第2期。

礼，虽能言，不亦禽兽之心乎？夫唯禽兽无礼，故父子聚麀。是故圣人作为礼以教人，使人以有礼知自别于禽兽。”这段话强调的正是礼作为人类文明的基本特征。当然，这段话也表明，礼所体现的，还只是一种刚刚脱胎于自然状态的人类初级文明。孔子之于礼，总是概而言之，强调的正是它的这种根本性质。“礼云礼云，玉帛云乎哉！”（《阳货》）“礼，与其奢也，宁俭。”（《八佾》）礼岂止是体现为华美隆重的仪式，文明性才是它的本质特征。所以，在孔子那个时代，“文”或“文章”常常就是礼的代称。“大哉尧之为君也！……巍巍乎其有成功也，焕乎其有文章！”（《泰伯》）“棘成子曰：‘君子质而已矣，何以文为？’子贡曰：‘惜乎，夫子之说君子也。驷不及舌。文犹质也，质犹文也。”（《颜渊》）这里的“文”，都特指礼。

作为社会文明，礼是社会政治、经济、文化的综合体现，因此，它又必然是随着社会的发展而不断变化发展的。对于这一点，孔子有着明确的认识。他说：“殷因于夏礼，所损益，可知也；周因于殷礼，所损益，可知也；其或继周者，虽百世，可知也。”（《为政》）这就是说，后代的礼总是在前代的基础上继承下来而又有所变化的，这是一个规律。孔子认为他对夏殷周三代礼的继承沿革情况是熟悉的，至于周代以后，虽百世，这种有所“损益”的变化规律不会变，礼一定还会随着社会的发展而不断发展，这一点他非常自信，故曰“虽百世，可知也”。他又说：“夏礼，吾能言之，杞不足征也；殷礼，吾能言之，宋不足征也。文献不足故也。足，则吾能征之矣。”（《八佾》）关于夏礼和殷礼，他都能谈谈，但要进行详细的考证，则需要历史文献。至于它们的后代杞国和宋国都早已不足征之了，因为周代以后杞宋的礼早已不是夏、殷之礼了。这就是说，作为一代文明，礼的发展是一个历史过程。一代有一代的文明，亦有一代之礼。孔子之所以重视礼，强调礼，正是因为它是这样一种不断发展变化的社会文明。

在进行了一番历史考察之后，孔子显然更加赞赏周礼。“周监于二代，郁郁乎文哉！吾从周。”（《八佾》）事实上，周礼也正是他那个时代正在延续着的礼。所谓“周之礼教，虽至衰乱之世，亦非全不奉行”[①]。“礼乐征伐

① 柳诒徵：《中国文化史》，中国大百科全书出版社1988年版，第186页。

自诸侯出”，即使政治上有动荡和混乱，而“自诸侯出”的礼乐本身，就其基本精神来看，仍然是周代文明的延续。孔子对周礼的赞赏常常成为评价他在政治上或进步或保守的一个主要依据，然而仅仅从政治态度着眼，是远远不能说明孔子赞赏周礼的全部意义的。作为社会文明，礼的变化发展与阶级关系等方面的政治变动相比，显然要缓慢得多，它只能是社会物质文明和精神文明不断发展的结果。因此，孔子之于周礼，是从社会历史发展的角度来看待它的价值的。他曾将周与夏、殷两代作了这样的对比分析：

> 夏道尊命，事鬼敬神而远之，近人而忠焉，先禄而后威，先赏而后罚，亲而不尊；其民之敝：蠢而愚，乔而野，朴而不文。殷人尊神，率民以事神，先鬼而后礼，先罚而后赏，尊而不亲；其民之蔽：荡而不静，胜而无耻。周人尊礼尚施，事鬼敬神而远之，近人而忠焉，其赏罚用爵列，亲而不尊；其民之敝：利而巧，文而不惭，贼而蔽。
>
> ——《礼记·表记》

他指出，殷人与周人的重要区别，在于前者“尊神，率民以事神，先鬼而后礼”，这是其愚昧之处。夏人与周人虽然在“事鬼敬神而远之”方面是一样的，但其民愚野不文，说明还未完全脱离原始状态；而周人的尊礼尚施，事鬼敬神而远之，则是对夏殷文明的全面超越。至于其民之巧利狡诈，虽为一敝，然而与夏人的乔野不文、殷人的放荡无耻相比，不也正从一个侧面反映出人的文明素质的发展吗？“夏殷之礼，文献无征”，而“周之文化，烂焉可观”，又“以礼为渊海，集前古之大成，开后来之政教”①。仅从现存的《周礼》、《礼仪》、《礼记》等典籍来看，大至国土区划、官吏职掌、乡遂授田、城郭道路之制、市肆关门之政、庠序之教，小至冠、婚、丧、祭、歌舞乐律乃至衣服饮食、坐立行走，都作了详细明确的规定。当然，这些规定，尤其在社会公共生活方面，都是在传统习俗的基础上加以规范化的。这是一种超脱于原始巫术文化的世俗文明。在这一文明的建立中，

① 柳诒徵：《中国文化史》，中国大百科全书出版社 1988 年版，第 105、112、121 页。

周王朝的两位杰出统治者文王、周公有着杰出的贡献。“文王拘而演《周易》”[①] 这一传说本身不管是否可靠，至少说明了文王的哲人气质；至于周公，则直接参与了礼乐的制定。“成王在丰，天下已安，周之官政未次序，于是周公作《周官》，官其别宜，作立政，以便百姓。”[②] 难怪谢无量先生感叹，柏拉图设计的理想国，主张以哲学家执政，这在古希腊纯属理想，而在中国的周代，则已成了事实。文王周公之政，足可称为“以哲学家率治天下”[③]。在《论语》中，我们多次看到孔子对文王、周公的称颂，他称赞他们的政绩，更赞赏由他们大力推进的整个社会文明。这是“郁郁乎文哉”这句话的内在底蕴。

从历史的发展来看，与夏殷文明比较，孔子非常赞赏周礼的先进性，这一点是毫无疑义的。但赞赏并不等于全面的提倡。孔子从来没有直接说过应如何如何发扬周礼，而且在《论语》中任何言及礼的地方，我们都无法推断出他所说的礼便是周礼。事实上，孔子所说的礼，既有对以往文明的继承，也有他自己的独特发现，是在继承周代文明的基础上对他理想中的文明的一个新的构想，它同样是有所“损益”的。因此，评价孔子的礼，应从他自己的这个理论体系出发，而不应仅仅从他对周礼的态度出发。

二　政治等级的经纬与整体秩序的稳定：礼的社会宏观效应

孔子提倡的礼，在政治上，集中表现为两点：一是对君王权威的维护，二是对等级关系的认定。前者意味着国家权力的集中，后者则意味着国家统治机构的严密和健全，它们都是社会历史发展到一定阶段才可能出现的。

先谈第一点。周代以前，真正意义上的君王权威并没有出现。其传说中的尧舜禹诸王，实际上都是为民谋福利的英雄。“尧之王天下也，茅茨不翦，采椽不斫，粝粢之食，藜藿之羹，冬日麑裘，夏日葛衣，虽监门之服养，不

① （汉）司马迁：《史记·太史公自序》。

② 《史记·鲁周公世家》。

③ 转引自柳诒徵《中国文化史》，中国大百科全书出版社 1988 年版，第 117 页。

亏于此矣。禹之王天下，身执耒臿，以民为先，股无胈，胫不生毛，虽臣虏之劳，不苦于此矣。”[①] 这时的君王，其职责在于带领人们与大自然进行斗争，尚无任何权力意识。正因为如此，才有所谓“禅让”的美传。到了殷代，“殷人尊神，率民以事神，先鬼而后礼”，鬼神的权威远远高出君王的权威。由殷至周，情况则起了变化。“文武之政，布在方策。其人存，则其政举；其人亡，则其政息”[②]，君王个人的存亡对整个国家政治起着如此重大的决定性作用，仅此一点，就足以说明君王的权威了。也只是到了周代，我们才能从一些典籍和诗歌中看到对君王威仪恩德的歌颂：

仪刑文王，万邦作孚。——《诗经·大雅·文王》

有觉德行，四国顺之。——《诗经·大雅·抑》

惟乃丕显考文王，克明德慎罚，不敢侮鳏寡、庸庸、祗祗、威威、显民。

——《尚书·康诰》

由此看来，文王是依靠他的品德赢得了人们的拥戴，树立了威望的。权力和威望集于一身，使世俗君王成了凌驾于一切之上的主宰力量，这正是君王制成熟的一个标志。

再从国家机构的设置来看，夏代官员不过百十余人。《礼记·明堂位》：“夏后氏官百”，《礼记·昏义》曰：“天子立六官、三公、九卿、二十七大夫、八十一元士，以听天下之外治……”由此看来，所谓夏之朝政，只是初具国家形态；殷商时期，初设三公五官，方伯连帅之制，然王室迁徙无常，又尚鬼信巫，并未形成严格的等级制度。到了周代，为了稳固君王的权威，统治者“以九仪之命，正邦国之位”[③]，上自诸侯，下到一般官吏，分为卿、大夫、士等九个等级，由此构成了对君王的层层服从。君王权威的确立，等级关系的认定，以及典章制度的健全，说明我国的君王制到了周代，已摆脱

① 《韩非子·五蠹》。

② 《礼记·中庸》。

③ 《周礼·春官·大宗伯》。

了原始的初级阶段，进而形成一种完备严密的国家形态。正因为如此，孔子才对它倍加赞赏。

不过，孔子并没有要人们亦步亦趋地效法周代的一切，而是把最能体现其文明特征的周礼作为关注的中心内容，并把它的基本精神概括为八个字，即“君君、臣臣、父父、子子”《颜渊》。所谓君君臣臣，就是说君要像君，要有威信，有威严；臣要像臣，要忠诚，要服从，明确严格的君臣等级关系。这是稳定国家政治秩序、保证君王的政治措施能够得到顺利贯彻执行的前提。其实，君臣关系问题，也就是孔子对子路说的“正名”问题：

子路曰：“卫君待子而为政，子将奚先？”

子曰：“必也正名乎？”

子路曰：“有是哉，子之迂也！奚其正？”

子曰：“野哉，由也！君子于其所不知，盖阙如也。名不正，则言不顺；言不顺，则事不成；事不成，则礼乐不兴；礼乐不兴，则刑罚不中；刑罚不中，则民无所措手足……”（《子路》）

这里，孔子指出了“名不正”即“君不君、臣不臣”可能带来的一系列严重恶果。名位的不正，绝不只是君王个人的问题，伴随而来的，将是整个社会秩序的混乱。孔子这一认识，是符合当时历史发展的实际情况的。我们知道，在君王制的国家形态中，君王代表的正是高度集中的国家权威。按照近代英国哲学家霍布斯的说法，人类按自然法相互订立社会契约，组成社会，这种契约的订立也就是人们把自己的权利交给一个君主，由此，就有了公共的权力、统一的法律，才能保证人们生活在和平的社会状态。因此，君王的权威，本质上还是全社会赋予的。而君臣关系，实际上也就是政府官员同国家最高权力之间的关系，维护君王的权威，就是维护国家的权威。所以孔子又特别强调臣对君的忠：

子张问政，子曰：“居之无倦，行之以忠。”（《颜渊》）

定公问：“君使臣，臣事君，如之何？”

孔子对曰："君使臣以礼，臣事君以忠。"（《八佾》）

事君以忠，实际上就是对国家的忠诚。正因为如此，在历史上，忠君始终被看作政府官员必备的素质，并且总是与报国联系在一起。

与君君、臣臣同样重要的另一个方面是父父、子子。把父子关系摆得同君臣关系一样重要，成为治国大政方针的重要内容，这是非常耐人寻味的。亚里士多德在分析君王制的形成过程时这样说道："家庭常常由亲属中的老人主持，各家所繁衍的村坊同样地也由年辈最高的长老统率，君王正是家长和村长的发展。"[①] 同样的过程柳宗元在他的《封建论》中也有如下阐述："有里胥而后有县大夫，有县大夫而后有诸侯，有诸侯而后有方伯连帅，有方伯连帅而后有天子。……故封建非圣人意，势也。"这就是说，君王的产生是一个自然的历史过程，是继家长、村长而后自然形成的全社会的权威。既然如此，这个权威的树立和行事也便不能脱离它所产生的这个基础。正像马克思所分析的："就像皇帝通常被尊为全国的君父一样，皇帝的每一个官吏也都在他所管辖的地区内被看作是这种父权的代表。"[②] 君权和父权是如此紧密相连，以至于人们直接把皇帝叫作万民之父，把官吏叫作父母官。在这种情况下，对父权的维护同时也就是对君权的维护。如果说君君臣臣强调的是严明的等级关系，并在此基础上形成对君王权威的行政上的服从的话，那么，父父子子则是从君王形成的自然基础出发，强调对君王权威的心理上的确认。孔子认为，一个君王，要想把他的国家治理好，首先要从这两方面着手，把最主要的政治关系理顺，这是保证社会政治秩序稳定顺畅的关键环节。

总之，君君、臣臣、父父、子子，是孔子对周代以来逐步形成的社会政治秩序的高度概括和总结。它的意义，并不在于对周礼的维护，而是为以后封建社会的发展稳固找到了一个可以"经国家，定社稷，序民人，利后嗣"（《左传·隐公十一年》）的政治法则。历时两千多年的中国封建社会，正是

---

① ［古希腊］亚里士多德：《政治学》，商务印书馆1965年版，第6页。

② 马克思：《中国革命和欧洲革命》，《马克思恩格斯全集》第9卷，人民出版社1961年版，第110页。

在这一法则的指导下经纬并稳定其内部秩序的。

三 社会个体成员的文明规范：礼的自我约束机制

在社会生活的其他方面，礼表现为对传统文化习俗的整理、定型和对社会个体成员道德修养的文明规范。

我们知道，孔子伦理道德思想的核心是“仁”，而“仁”的客观标准则是礼——“克己复礼为仁”。所谓克己复礼，就是要求人们自觉地约束自己，在既定的位置上以礼的标准正确地处理上下左右的关系，如为父要慈，为子要孝，为友要信，为臣要忠，为君要善，要爱民，等等。这样，社会个体成员道德境界的提高与整个社会文明政治秩序的稳定与推进便是一个和谐统一的相辅相成的过程。礼要求每个社会成员恪守既定的社会关系准则，也赋予他们一定的道德责任。如果人们都恪守这些关系准则，履行其道德责任，社会就稳定；反之，秩序受到破坏，社会便动荡不安。

“克己复礼为仁”的详细含义还包括对人们所有言行举止的规范，这便是孔子对颜回解释的“非礼勿视，非礼勿听，非礼勿言，非礼勿动”（《颜渊》）。在这方面，礼既表现为规范化的文明仪态，也表现为在传统习俗的基础上加以整理定型的许多具体仪式。文明的仪表标志着一个人的素养，对具体礼节仪式的熟悉则可以使人在一切社交场合中都能应付自如。所以，孔子认为，对礼的学习和实践是一个人在社会上安身立命的起码条件。他告诫自己的儿子说：“不学礼，无以立。”（《季氏》）孔子本人在这方面则堪称身体力行的楷模。请看《乡党》篇中这些生动的描述：

> 朝，与下大夫言，侃侃如也；与上大夫言，訚訚如也；君在，踧踖如也，与与如也。
>
> 君召使摈，色勃如也，足躩如也。揖所与立，左右手，衣前后，襜如也。趋进，翼如也。宾退，必复命曰：“宾不顾矣。”
>
> ……
>
> 过位，色勃如也，足躩如也。其言似不足者。
>
> 摄齐升堂，鞠躬如也，屏气似不息者。

没阶，趋进，翼如也。

这是他从事政务活动时的情形。其中有的是对约定俗成的传统政习的遵守，但更多的则是通过小心翼翼的举止言谈乃至一定的面部表情体现出对君臣关系的恪守和对君王权威的维护。日常生活中，同样一丝不苟：

乡人饮酒，杖者出，斯出也。

问人于他邦，再拜而送之。

见齐衰者，虽狎，必变。见冕者与瞽者，虽亵，必以貌。

升车，必正立，执绥。

席不正，不坐。

虽疏食菜羹，瓜祭，必齐如也。

待人接物，迎来送往，日常的家居或外出，都表现出深厚的礼的修养。以上这些描述，以现代的价值观念来衡量，不少已近于滑稽。然而，在孔子那个时代，在只有少数人能够接受教育的社会，它的意义便非同寻常了。在这小心翼翼、循规蹈矩的言行背后隐含着的，是对放纵粗野轻率的抑制和对文明生活秩序的追求。我们不必去批评这里面很多幼稚的成分。类似的幼稚在希腊人那里表现得更为突出。与孔子几乎同时出现的毕达哥拉斯学派也曾对人们的行为作出了许多规定，如“禁食豆子”，“东西落下了，不要拣起来”，“不要去碰白公鸡”，“不要擘开面包”，“房里不许有燕子”，“不要吃整个的面包”，“不要用铁拨火”① 等等，都更为幼稚和离奇，但它们同样反映了人类社会儿童时代自我约束的要求，而这种要求的内在精神则是趋向文

① ［英］罗素：《西方哲学史》，何兆武、李约瑟译，商务印书馆1963年版，第57—58页。

明。这一精神在后来亚里士多德的著作中则表现得较为成熟。他曾向人们标举了一些典范的行为美德，如“徐行缓步”、“语词深沉”、“谈吐平稳”等，这些都与孔子在精神上较为接近。孔子的弟子们能够把他的言行举止的细枝末节如此惟妙惟肖地记录下来，说明那些在我们看来近于滑稽的举止言行，在当时人的心目中，还是一种尊崇的典范。

文明的仪态和具体的仪式礼节构成了礼的包罗万象的内容，在这方面，《周礼》、《仪礼》、《礼记》诸书有着详赡细密的记载。德国史学家夏德评价说：

> 《周礼》为周代文化生活最重要的典据，亦为后代之向导……其于国民之教养，实居重大位置。世界之书籍中，罕见其匹俦。且其关于公共生活及社会生活，详细说明，与陶冶后代之国民，具有非常之势力。因袭之久，世人因此详细之规定，殊不能任意而行，社会万般之生活，无论一言一行，无不依其仪式。俾优氏以为此等详细的规矩，其主要之目的，惟在使人除去公私之生活上放纵粗野之行动，使肉体与道德共具有一定不变之性格，更于其上筑成一不变易状态之政府焉。①

这段话恰恰可以作为本文上述观点的一个佐证。日常生活中的礼是颇为细致浩繁的，然而正是它们在规范人们言行的同时，构成了稳定的社会秩序的广泛基础。

四　正义准绳与公理裁决：礼的社会调节功能

《礼记·经解》云：“礼之于正国也，犹衡之于轻重也，绳墨之于曲直也，规矩之于方园也。”又《礼记·曲礼上》云：“夫礼者，所以定亲疏，决嫌疑，别同异，明是非也。……道德仁义，非礼不成，教训正俗，非礼不备，分争辩讼，非礼不决，君臣上下、父子兄弟，非礼不定，宦学事师，非礼不亲，班朝治军，涖官行法，非礼威严不行，祷祠祭祀，供给鬼神，非礼

① 转引自柳诒徵《中国文化史》下册，上海古籍出版社2001年版，第213页。

不诚不庄。”这两段话，都说出了礼的一个重要特征——社会调节作用。礼无处不在，哪里有了它，哪里就有了正常的秩序。所以孔子说“安上治民，莫善于礼”（《礼记·经解》）。不过，礼的这种调节作用也并不是人为地赋予的，而是来源于其自身的公正性质。在西方思想史上，“公正”或“正义”是一个非常重要的政治伦理范畴，几乎所有伟大的思想家都从不同的角度对它进行过解释和阐述。然而，类似的情形在中国思想史上则不多见。因为在礼中，已经涵括了公正。《礼记·乐记》云：“中正无邪，礼之质也。”就是说，中正（即公正），是礼的一个本质特征。又说：“礼也者，理之不可易者也。”这是说，在礼中蕴含着一种无可辩驳的公理。正是由于这种公正特质，才使礼能够对社会生活的各个方面进行调节。

《礼记》的这一认识，溯其渊源，则来自孔子。《论语》说：“礼之用，和为贵，先王之道，斯为美，小大由之。”（《学而》）这里的和，就是调节使之适中的意思。同样的意思在《礼记·仲尼燕居》中关于孔子与他的弟子子贡的一段话中表述得更为明确：

> 子曰：“师尔过，而商也不及。子产犹众人之母也，能食之，不能教也。”子贡越席而对曰：“敢问将何以为此中者也。”子曰：“礼乎礼！夫礼所以制中也。”

与此同时，孔子还认识到，礼的这种正义特征，要求公正的权威来维护。因为正义本身，诚如英国亚当·斯密所指出的那样，“是靠权威来贯彻的；是人为法（man-made）的规则和法规领域”[①]。所以，孔子又特别强调统治者本人的公正素质。“政者，正也。子帅以正，孰敢不正？”（《颜渊》），“苟正其身矣，于从政乎何有？不能正其身，如正人何？”（《子路》），“其身正，不令而行；其身不正，虽令不从”（《子路》）。他称赞舜：“无为而治者，其舜也与？夫何为哉！恭已正南面而已矣。”（《卫灵公》）为政只要有了恭和正，就能无为而治。反之，如果“政不正，则君位危，君位危，则大

① ［美］韦斯特：《亚当·斯密——其人其书》，转引自周辅成主编《西方著名伦理学家评传》，上海人民出版社1987年版，第334页。

臣倍，小臣窃”（《礼记·礼运》）。统治者本人缺乏正义感，不能帅之以正，礼的正义性就会被破坏，而礼的正义性一旦遭到破坏，丧失了公正裁决的功能，整个社会便会陷入混乱。

礼的公正性体现在社会个体成员身上便是义。孔子说：“君子之于天下也，无适也，无莫也，义之与比。”（《里仁》）这里的义，就是恰当合理的意思。孟子认为，义与仁不同，“仁，内也，非外也；义，外也，非内也”（《孟子·告子上》）。它是一种明显地体之于言表的外在表现，正是它，决定着社会个体成员对礼的遵循。“夫义，路也，礼，门也，惟君子能由是路，出入是门也”（《孟子·万章下》）。如前所述，日常生活中的礼是复杂而琐细的，学习它是一方面，更重要的，是要领会它的精神实质，这实质便是其正义性。把握了它的正义性，具备了“义”的品质，于礼也便一通百通了。值得注意的是，孔子在谈义时，常常把它与“利”联系在一起。“君子喻于义，小人喻于利”（《里仁》），“见利思义，见危授命”（《宪问》），“不义而富且贵，于我如浮云”（《述而》）。因为，义或者说正义，是为社会全体成员所普遍承认的一种合理性，这种合理性是整个社会和公益需要的体现，所以常常又与人们出自个人需要的利益追求相矛盾。这样，对个人来说，在社会生活中，是以义为取舍还是以利为取舍便成了一个至关重要的原则问题。在这个问题上，孔子首先是重义的。不过，他并不反对在不损害社会公益前提下正当的个人利益追求：“义然后取，人不厌其取。”（《宪问》）孔子这一思想，在孟子那里发展成了细致的义利之辩，并由此衍出了著名的“舍生取义”说。

当然，礼的公正性是与它所由产生的历史阶段紧密相连的。20 世纪初的法国哲学家柏格森曾把公正分为相对与绝对两种。他说：“相对稳定的公正，是一种封闭型公正，它表示刚脱胎于自然的那种社会的一种自发的平衡，自身显示于风俗之中，而总体职责也隶属于这些风俗。”[①] 显然，这种相对稳定的“封闭型公正”，恰恰可以说明礼的公正性质。作为直接脱胎于自然状态的人类初级文明，礼无论就其具体的行为规范、仪式还是政治制度来看，都是约定俗成的，是社会自然发展的结果。它对社会生活各个

① 转引自周辅成主编《西方著名伦理学家评传》，上海人民出版社 1987 年版，第 715 页。

方面的调节是自发的，又是强有力的。它不仅仅是一般人们所必须遵循的法典，也是统治者乃至君王本人也必须遵循的法典。同时，这部法典在很多方面又是不立文字的，它是社会风俗的自然定型，又指导着人们回到社会风俗本身。然而，历史总是不断向前发展的，当历史的发展超越了那特定的历史阶段，社会风俗由于人类社会生活和思想文化的发展也渐渐地发生变化时，礼原有的公正价值也便随之减少或消失。在孔子这里，礼与人们正常的欲望行为并不是矛盾对立的，而是使之纳入正常轨道的一种外在规范。然而到了宋代以后，随着城市生活的繁荣，市民阶层的兴起，社会文明向着更高的层次发展，这时，以孔子那个时代的礼为中心的很多观念便显得陈腐而无力了。试想，当人们深深为那“衣带渐宽终不悔，为伊消得人憔悴”的爱情境界所沉醉激动的时候，那“夫唱妇随”的礼的规定不是显得有些太煞风景了吗？遗憾的是，这时的思想界并没有魄力去倡明新的社会思想和价值观念，而是企图努力使礼原有的公正性以及由此而来的社会调节作用得以保持和延续。于是，礼直接变成了理，理即是天理，以往具体的文明秩序和行为规范成了抽象永恒的天经地义。“视、听、言、动，非理不为，即是礼，礼即是理也。不是天理，便是私欲”[①]，“一言，一语，一动，一坐，一立，一饮，一食，都有是非，是底便是天理，非底便是人欲”[②]，天理和人欲变成了对立的，完全否定了人的正当欲望和追求。“饮食者，天理也；要求美味，人欲也”，“人生都是天理，人欲却是后来没巴鼻生底”[③]，于是，人除了保持最低限度的生存条件外，没有其他任何追求的权利。礼对个人的思想情感也由适度的调节变为严格的心理拘束：“人心万事之主，走东走西如何了得？”“若收敛都在义理上安顿，无许多胡思乱想，则久久自于物欲上轻，于义理上重。”[④] 去适应那特定时代的礼被解释为永远一成不变的天理，进步了发展了的人类还必须像前人一样去思想和生活。礼不是像在孔子那里那样随着时代的变化有所损益地更新和发展，而

① 《二程全书·遗书》第十五。

② 《朱子语类》卷三十八。

③ 《朱子语类》卷十三。

④ 《朱子语类》卷十二。

是成了不能有丝毫变更的训条和戒律。这是孔子学说的大倒退。思想精神的压抑桎梏了整个民族精神，于是，宋代以后，在中华民族的文明发展史上，再也看不到那种生气勃勃的汉唐景象了。

五 “以礼让为国”的历史得失

孔子对礼的价值和作用的深刻发现与新的阐释，大大启发了中国历代的统治者，以至于在以后的两千多年中，“以礼让为国”一直被作为封建统治者的一个基本指导思想。因此，中国封建社会的许多功过得失，还要从这里说起。

首先，“以礼让为国”是孔子在当时的历史条件下对封建君主制的一种崭新而全面的设计。他把周代以来社会生活中关于礼的普遍意识升华为一种社会政治法则，并且把它交与君王付诸实施。这是以文明为先导的对社会政治和人的精神道德的综合治理，它大大加速了中国封建社会的文明进程，是促成中国社会在一定历史时期内高度发达繁荣的主要思想原因。具体来看，其历史优越性表现在以下两个方面：

一、礼是一个既包含着政治关系又包含着道德意识的综合概念，它是等级秩序的经纬，又是精神道德的统领。君君、臣臣、父父、子子，这是由礼所规定的基本社会关系，与此同时，对它的恪守又成了一种最基本的道德要求。“夫君不君则犯，臣不臣则诛，父不父则无道，子不子则不孝。此四行者，天下之大过也。”[①] 恪守着它，就具备了最基本的道德，违反了它，就是最大的不道德。所以孔子说：“克己复礼为仁。”礼不仅是最高的政治准则，也是最高的道德准则，这样，“以礼让为国”实际上就是把政治的和精神的双重统治权威赋予君王，从而使全社会有了一个高度集中统一的运筹核心。正如孔子所说的：“礼者，君之大柄也。所以别嫌明微，傧鬼神，考制度，别仁义，所以治政安君也。”（《礼记·礼运》）如果把整个社会关系比作一张网，那么，礼则是这张网上的个个结点。它一头连接着社会，一头连接着个人，是个人与社会、道德与政治的总汇，抓住了它，就是抓住了大

① （汉）司马迁：《史记·太史公自序》。

柄，抓住了纲，纲举目张。封建统治的权威由此而确立，其根基也由此而得到了稳固加强。

二、礼在将绝对权威赋予君王的同时，又赋予他的臣民以一定程度的民主。礼固然决定着臣对君、下对上的层层服从，但这种服从在政治生活领域中绝不是无原则的。君王的权威对身为君王的人来说，只是一种社会规定和社会责任，而就君王本人来说，绝不是无可指责的。人们可以在自己既定的位置上，以可被允许的方式对他作出政治的和道德的评判。《宪问》云："子路问事君。子曰：'勿欺也，而犯之。'"就是说，臣对君，不能阳奉阴违地欺骗他，却可以当面触犯他，批评他。这批评的方式便是谏。《礼记·表记》："子曰：'事君远而谏，则谄也；近而不谏，则尸利也。'"越位而谏，是不合适的，孔子称之为谄，但就在君王左右，看到他的错误而不劝谏，那就是尸其位而谋私利了。他又说："事君欲谏不欲陈"，臣下对君主，责任就在劝谏，而不是歌功颂德。如果"事君三违而不出竟，则利禄也"（《礼记·表记》）。与君主总是意见不合，但又不劝谏，不因此而辞职，那便是贪图利禄了。因此，直言敢谏，勇于指陈朝政君王之得失，被看作是一种完全符合礼的美德，是仁在政治上的重要表现。另一方面，能够虚怀纳谏，也是君王的美德。孔子的这一思想，到后来便被发展成为一种固定的政治制度，不仅臣对君的谏成为政治决策程序的重要一环，而且专设谏官一职，使其成为君王左右的重要近臣，被赋予直接批评朝政的特殊权利。

对于人民大众来说，礼赋予他们的民主形式便是诗。在孔子那个时代，诗还是民众间的一种自发的吟咏，一种萌芽状态的文学。然而，孔子却从中发现了它巨大的社会功能："诗可以兴，可以观，可以群，可以怨，迩之事父，远之事君。"（《阳货》）这一发现，大大提高了诗的社会地位。后代的统治者由此受到启发，他们充分注意到诗的政治作用和实用价值，并赋予它礼的神圣与庄严。"变风发乎情，止乎礼义。发乎情，民之性也；止乎礼义，先王之泽也"[①]。在相当长的历史时期内，诗是唯一来自民间的反映民众生活情绪和政治要求的文字记录，对君王来说，其中流露的社会情绪是绝对不

① 《毛诗序》。

容忽视的。为了保全社稷，坐稳江山，他们必须从这唯一的民间文学记录中了解社会民情。由此便可以解释，为什么民间诗歌在两汉时期享有那样崇高的地位，并且受到官方的扶持和保护了。

诗与谏是中国封建制度下的两种独特的民主形式。它们一方面来自民众，一方面来自朝廷官员，是封建君王了解民情、集思广益、民主决策的有效途径。当然，这两项民主实施起来都是有限度的，因为它直接受君王个人素质的限制。然而，从大力加强乐府机构建设的汉武帝和以虚怀纳谏而闻名的李世民分别造就了汉唐最强盛的一统江山的事实看，只有真正实行这两项民主，礼才能以其完备的内容使君王制达到最佳的和谐状态。

由上述可见，孔子以礼为中心的政治思想是一个全面的协调的体系。它不仅经纬着等级秩序，规范着人们的言行，调节着社会各方面的生活，而且有一套独特的集权与民主相结合的决策程序。如果说封建君王制作为一定历史阶段的产物有其存在的必然性的话，那么，孔子的“以礼让为国”显然是一种最佳政治选择。14 世纪初，当意大利的君王制正濒临衰亡、新的社会秩序正在酝酿的时候，“中世纪的最后一位诗人”但丁仍然对君王制做着这样的憧憬：“一切协调的东西都要靠众多意志的统一。人类在最好的情况下就是一种协调，正如一个人在其最好的情况下是一种协调一样。一个家庭、一个城市乃至一个王国，都是这样。整个人类也是如此。所以人类在最好的情况下也要靠意志的统一。……倘若人类没有一个驾乎一切之上的君主，以他的意志为其余一切人意志的主宰和节制力量，那么，人类是不会协调的。”① 社会的协调构成了社会的稳定，而人类的物质文明和精神文明只有在稳定和平的环境中才能得到较大的发展。继古希腊、罗马以后，封建君王制是欧洲大陆上普遍的国家形态，然而但丁所憧憬的那种社会协调始终没有出现。西欧漫长的中世纪是动荡不宁的，人们把精神的和政治的统治权威分别赋予教会和国王，世俗权力和所有的武装力量都掌握在国王这方面，然而教会却又“可以决定一个国王是否应该永恒地升天堂还是下地狱；教会可以解除臣民们效忠的责任，从而就可以鼓动反叛”②。教会与国王的矛盾与

---

① 《君道论》，转引自姜国柱、朱葵菊《论人·人性》，海洋出版社 1988 年版，第 436 页。

② ［英］罗素：《西方哲学史》上卷·绪论，何兆武、李约瑟译，商务印书馆 1963 年版，第 17 页

斗争常常使社会各方面失去平衡，出现频繁的动乱和无休止的战争。动荡不宁制约了社会的发展，西欧的中世纪一向被人们视为一段漫长而又黑暗的历史。与之形成鲜明对照的，是同时期中国一段段相对的稳定、秩序与繁荣。在这里，孔子提出的另一个重要思想范畴“仁”作为人们的道德追求与精神寄托，其作用足以取代西方的上帝，而礼作为仁的客观准则又使其社会价值得以实现。礼不仅协调着人们的道德精神与社会行为，而且使帝王的政治和精神的双重权威得以确立。这正是但丁所憧憬的那种协调状态。在中国的历史上，每当帝王能恰当地运用其权威使全社会达到这种协调的时候，社会就稳定、繁荣、发展；反之，则衰落、混乱、动荡不安。由此便可以解释从汉至唐宋的近千年中，为什么一次次农民大起义冲毁了旧的王朝，而新王朝又总能在继承旧体制的前提下全面调整各方面的关系，从而使社会在稳定中重新得到发展。

其次，“以礼让为国”强调礼治，却忽视了法治，在这方面，是有得亦有失的。礼不同于法。强调用法律来巩固政治统治，规范人们的行为，这是西方的传统。这一传统最早的渊源可以追溯到古希腊。古希腊最早的政治改革家梭伦不仅用法律的形式把所有的人划分为四个阶级，而且也把当时普遍存在于人们意识中的道德要求用格言、忠告和法规的形式确定下来，并通过颁行法律使之得到执行。从此，通过政治体制和法律的变革来促进整个社会文明，便成了古希腊思想家们的共同探索方式。如何使法律更健全，政体更完善，这是他们思考的重心。为此，柏拉图设计了一个“理想国”，亚里士多德则具体分析了君王政体、僭主政体、平民政体、寡头政体等不同政体的优劣及其建立的方式、变革的原因，以及法律的作用等。应当说，在政治体制和法律方面，孔子远远没有他们那样见多识广。在自夏至周的十多个世纪中，中国社会虽几经动荡，但始终没有出现类似梭伦立法改革那样的政体变动。到了孔子的时代，其小国林立的状态虽颇似古希腊诸城邦，但希腊城邦各自独立的不同政体和完备的法律制度却是孔子不曾见到的。君王制是孔子所能见到的唯一的政治形态，他的全部思考只能从这里出发。人类要进步，社会就要稳定，而社会的稳定则依赖于统治机构的调节。因此，如何使君王制不断完善合理和稳固，使其更好地发挥对整个社会的调节作用，推进社会文明的发展，便是孔子社会政治思考的出发点和归宿。由此出发，他抓住了礼这一重要环节。如前所述，礼是对社会政治和人的精神道德的综合治理，在道德方面，礼与法的区别在于，礼是人们正确言行的准绳，是对人的精神道德的积极引导，“止邪也于未形，使人日徙善远罪而不自知也”[①]，是建设性的、引导性的；而法律从根本上说，是对人的过失的制裁，是错误极限的规定，是警戒性的、补救性的。就其建设性和引导性来说，礼显然优越于法，它是中华民族在精神文明方面能够较早地领先于世界的一个重要原因。但礼的维持主要依赖于人们主观精神上的努力和风俗习惯的约束，对于其相反的恶的一面则没有强制性的措施。所谓“礼禁未然之前，法施已然之后，法之所以用者易见，而礼之所为禁者难知”[②]。重视禁未然之前，而忽视了已然之后，这不能不说是“以礼让为国”的一大疏忽。其结果便是中国历史上法律制度的极不健全和整个民族法律意识的淡薄。

善的增长并不能完全抵消恶的产生，而且随着社会文明的进步，同新的善一样，新的恶仍然会继续产生。为阻止恶对整个社会的侵蚀，必须有健全的法律制度。在这个问题上，孔子的认识显然走上了一个极端。他说：“听讼，吾犹人也，必也使无讼乎！”（《颜渊》）想通过礼的治理，使整个社会达到无讼的境界，这只能是一种善良的愿望，在人类进入大同世界以前，是绝对办不到的。而欲使无讼忽视了法制的健全，其结果是使恶获得了更加畅行的机会。此种情形在中国封建社会后期，礼由于变成了僵化的道德训条和戒律而日益失去其规范力的时候，表现得尤为突出。一方面是僵化的思想观念，一方面是罪恶的横行，正像卢梭说的：“什么恶他们（中国人——作者注）都会犯，什么罪行在他们都很通行。”[③]“以礼让为国”的引导性曾造就了中国由汉至唐宋近千年高度发达的封建文明，它的这一重大疏忽和本身的僵化也导致了封建社会后期长时间的落后、衰败、混乱和停滞。

以上我们大略指出了“以礼让为国”的历史得失。那么，今天看来，孔子以礼为中心的社会政治思想还有没有意义呢？当今世界是科学技术的时代。关于这个时代的政治，英国哲学家罗素在他的《西方哲学史》下卷总

---

① 《礼记·经解》。

② （汉）司马迁：《史记·太史公自序》。

③ 转引自匡亚明《孔子评传》，齐鲁书社 1985 年版，第 406 页。

说中这样分析道："科学技术需要有在单一的指导下组织起来的大量个人进行协作。所以它的趋向是反无政府主义、甚至是反个人主义的。因为它要求有一个组织坚强的社会机构。"[①] 礼的基本精神是维护君王的权威，而君王的权威则代表着国家的权威。这一基本精神与无政府主义倾向是相对立的，如果去除其作为历史陈迹的君臣父子的具体内容的话，礼治的维护国家权威的精神，其对精神道德的建设性和引导性，乃至"以礼让为国"忽视法律建设的反面教训，对当今处于科技振兴时代的中国人来说，都不失为一种历史的借鉴。

① ［英］罗素：《西方哲学史》下卷，马元德译，商务印书馆 1963 年版，第 6 页。

论《论语》的语言艺术*

《论语》这部书不论在中国思想史还是在世界文化史上，都有着重大的影响。它虽然是语录体著作，但是，依然有着不可忽视的艺术成就。其语言特点，尤为突出。

洗练质朴　流畅自然

《论语》之前的散文，如《易经》、《尚书》等，其语言朴拙，大都古奥难懂，所谓“周诰殷盘，佶屈聱牙”（唐·韩愈《进学解》）。《论语》扬长避短，一变而为“句之易道，义之易晓”（宋·王禹偁《答张扶书》），达到了洗练质朴、自然流畅的境地。

《论语》语言简洁凝练。它往往用最经济的话，完美地阐明所要表达的内容。如鲁哀公问孔子怎样使民服，孔子说：“举直措诸枉，则民服；举枉措诸直，则民不服”（《为政》），从正反两面入手，指出提拔正直的人还是提拔邪恶的人，是使民“服”与“不服”的关键，阐明了自己深刻独到的见解。简洁明了，凝练有力。再如“巧言令色，鲜矣仁”（《学而》），只有七个字，便概括了善于花言巧语、阿谀逢迎一类人的特点，揭穿了这种人道德恶劣的实质。再如：

> “工欲善其事，必先利其器”。——《卫灵公》
>
> 季康子问政于孔子。孔子对曰：“政者，正也；子帅以正，孰敢不正？”——《颜渊》

---

* 本文发表于《语文函授》1981年第1期总第1期。

> 子路问政，子曰："先之劳之。"请益，曰："无倦。"
>
> ——《子路》

或明理，或教人，无不言简意赅，深刻明快。

孔子反对过分讲究文辞藻饰，以为"文胜质则史"（《雍也》），他主张质朴自然，把清楚地表达内容放在首位，所谓"辞达而已矣"（《卫灵公》）。《论语》遵循了这条原则，不事雕琢，以达意为准，处处体现出质朴无华的本色。在《季氏》篇里，记有一段孔子与冉有、季路谈论政事的话："有国有家者，不患寡而患不均，不患贫而患不安。盖均无贫，和无寡，安无倾。"这段话，内在的逻辑性很强，言辞非常朴实，清楚地阐述了自己的看法，指出统治者不能只为国民的少寡和财货的匮乏忧虑，更可怕的是贫富的悬殊和社会的动乱。《论语》中还有不少近乎口语的语言，如"知之者，不如好之者；好之者，不如乐之者"（《雍也》）、"知之为知之，不知为不知，是知也"（《为政》）、"孰谓鄹人之子知礼乎？入太庙，每事问"（《八佾》）、"过而不改，是谓过矣"（《卫灵公》）等，都明白如话，似谈家常，通俗质朴。鲁迅说，《论语》"其文辞皆略无华饰，取足达意而已"（《汉文学史纲要》），正指出这些语言的特质。

《论语》语言不仅洗练质朴，而且自然流畅。《卫灵公》篇中有这样一节文字：

> 师冕见，及阶，子曰："阶也。"及席，子曰："席也。"皆坐，子告之曰："某在斯，某在斯。"

这段文字记叙了盲人乐师冕见孔子的情形。它不仅富有真切感，使人如同目睹，而且文辞流畅，富有节奏美。再如"三军可夺帅也，匹夫不可夺志也"（《子罕》）、"可与言而不与之言，失人；不可与言而与之言，失言。知者不失人，亦不失言"（《卫灵公》）等等，都不减行云流水之趣。

《论语》语言的自然流畅，在语势和节奏上，表现得更为明显。像"君子坦荡荡，小人长戚戚"（《述而》），"知者不惑，仁者不忧，勇者不惧"（《子罕》），前者形式对仗，音调和谐；后者采用排比，铿锵有力，似格言，像诗句，读起来语势如注。

《论语》中的一般叙述语言，也都朗朗上口。如孔子谈撰文："为命，裨谌草创之，世叔讨论之，行人子羽修饰之，东里子产润色之"（《宪问》）。这段被明代学者李贽称为撰文秘诀的文字，非常自然地叙述了一次制作文告的过程。句式相似，而长短相间，给读者以浏亮明快的感觉，犹似自己冲口而出。

《论语》语言的洗练质朴、流畅自然，是形成易解易记特点的重要因素之一，它为广泛地流传提供了有利条件。

生动形象　饶有趣味

《论语》语言的生动形象和饶有趣味，首先表现在人物语言的个性化上。《论语》并非文学作品，而读完之后，总有几个活生生的人物形象留在读者脑海里。不必说孔子的形象，他如纯朴直率的子路、笃信好学的颜渊、颖慧善谈的子贡，等等，无不各具神态。他们用各自的语言，勾勒了自己的形象，给读者留下了鲜明深刻的印象。子路"好勇力，志伉直"（《史记·仲尼弟子列传》），当孔子独美颜渊时，他立即追问："子行三军则谁与？"（《述而》）一句话便把他的不服、不满和心胸的狭窄全部袒露出来。不仅以勇力自恃的神态跃然纸上，而且充分地表现了率直鲁莽的性格，既可笑又可爱。

与子路不同，子贡是"言语"科的学生，自然是文质彬彬，别有风度。他认为孔子学识渊博，德才超凡，但对孔子的没有做官，惑而不解，于是问孔子："有美玉于斯，韫椟而藏诸？求善贾而沽诸？"孔子会心地回答："沽之哉！沽之哉！我待贾者也。"（《子罕》）子贡使用非常委婉的语言，了解了老师的志向，充分表现出他善于辞令的特点，这同子路的直率形成了鲜明的对照。契诃夫曾要求在文学作品中，"每个人都应该说他自己的话"，而《论语》所记，则是每个人实际说的话，因此愈显生动有趣，谈笑风生。

《论语》语言的生动形象和饶有趣味，还表现在善于设譬用喻上。这在诸子散文中是有开创之功的。其后的《孟子》、《庄子》、《荀子》、《韩非子》等，虽都有此特点，而自《论语》始。《论语》中的譬喻，以新颖通俗见长。《子张》篇中有如下一章：

> 叔孙武叔语大夫于朝曰："子贡贤于仲尼。"子服景伯以告子贡。子贡曰："譬之宫墙，赐之墙也及肩，窥见室家之好。夫子之墙数仞，不得其门而入，不见宗庙之美，百官之富，得其门者或寡矣。夫子之云，不亦宜乎！"

以宫墙的高低和窥见的难易作譬，用"室家之好"、"宗庙之美、百官之富"为喻，通俗形象地解释了自己学浅识薄，容易被人理解，而孔子雄深雅厚，难为常人攀识，所谓"阳春白雪，和者盖寡"，说明了深藏浅露的道理。浅明易懂，贴切生动。他如："为政以德，譬如北辰居其所而众星共之。"(《为政》)"今之孝者，是谓能养。至于犬马，皆能有养；不敬，何以别乎?"(《为政》)"君子之德风，小人之德草，草上之风，必偃。"(《颜渊》)等等，都是通过形象的比喻，使抽象的事物具体鲜明，具体的事物生动形象，易解有趣。

《论语》语言的生动形象，在一些描写性的语言上，也可以体现出来。孔子去见南子，"子路不说"(《雍也》)；孔子说，他如果去海外传道，跟随者可能只有子由，"子路闻之喜"(《公冶长》)。一个"不说"，一个"喜"，把子路的内心世界的变化和直率外露的性格，生动地描绘出来了。苏轼曾有两句诗赞美吴道子的画："觉来落笔不经意，神妙独到秋毫颠。"《论语》语言的生动形象，饶有趣志，何尝不是如此！

富有哲理　含意深邃

《论语》中有许多含意深邃的语言，数千年来一直活在人们的口头上。如"三人行，必有我师焉"、"学而不厌，诲人不倦"(《述而》)、"己所不欲，勿施于人"(《卫灵公》)、"敏而好学，不耻下问"、"三思而后行"(《公冶长》)等等，有的成为固定的成语，有的成为生活的格言，也有的成为人们的座右铭。这些语言的显著特点之一，就是蕴藏着丰富的哲学道理。由于它们大部分是从繁芜纷纭的社会现实和薄积厚累的实践经验中，进行分析综合、高度概括、抽象提炼出来的，因而含有较多的朴素辩证法的因素。像"学而不思则罔，思而不学则殆"(《为政》)这个著名论断，就十分凝练地概括了“学”与“思”相辅相成的关系。“不愤不启，不悱不发，举一隅不以三隅反，则不复也”（《述而》），指出“教”要根据“学”的实际情况启发诱导，包含着条件论、内因论的观点。他如“欲速则不达”（《子路》）、“人无远虑，必有近忧”、“小不忍则乱大谋”（《卫灵公》）、“后生可畏”（《子罕》）等，都或多或少地体现了事物互相联系和发展变化的观点、矛盾转化的观点。固然，这些论断里也有唯心主义的成分，因此不能同唯物辩证法相提并论，但在当时的历史条件下，已经是难能可贵的了。像在对待人的问题上，孔子提出要全面考察，“视其所以，观其所由，察其所安”（《为政》），“听其言，观其行”（《公冶长》），不随世苟同，“众恶之，必察焉；众好之，必察焉”（《卫灵公》），实事求是地作出评价，并且要求“不以言举人，不以人废言”（《卫灵公》），这些论述，至今仍有重要的参考价值。

《论语》的语言，不仅富有哲理，而且警策含蓄，用意深远，耐人寻味。高度艺术性的语言，大都以有限之笔，含无穷之意，所谓“发语已殚，而含意未尽。使夫读者望表而知里，扪毛而辨骨，睹一事于句中，反三隅于字外”（刘知几《史通·叙事》）。《论语》不乏其例。如：“岁寒，然后知松柏之后凋也。”（《子罕》）这不仅仅是对松柏的礼赞，可以说，它是熔铸了丰富的社会内容而高度艺术化了的语言，它给人启迪。后世无数有气节的诗人，用它赞颂英雄俊杰，誉美高风亮节；更多的正直之士，在艰难困苦的恶劣环境中，警喻自慰，勉励友人，因而度过严酷的岁月，迎来明媚的春光。松柏，成为高尚品格的象征。又如：“子在川上曰：逝者如斯夫！不舍昼夜。”（《子罕》）人们从这里领略的，绝不止于孔子望河兴叹，而是神会得更深更广。后人或把它作为自强不息的警言，或借以抒发壮志未酬的悲愤，就是最好的证明。清代著名的散文家刘大魁在《论文偶记》里说：“理不可以直指也，故即物以明理。”“理”是否可以直指且不论，“即物以明理”却实在道着了《论语》这类语言的妙处，而且所明之理，意深味浓。

总之，作为我国早期的散文，《论语》在语言方面的成就是显著的。它不仅为其他诸子散文做了个榜样，而且对后世文学的发展，也有不可低估的影响。即使今天，仍不失其借鉴的价值。

论孟子散文的气韵之美*

《孟子》是继《论语》后的又一部语录体散文著作。它在思想和体制上与《论语》一脉相承而又有所发展，艺术上亦有新的特色。读《孟子》，我们首先会感到有一种凌厉充沛的气势迎面而来，稍加品味，又能体味到有一种抑扬顿挫的韵味行乎其间。孟子散文的“气韵之美”，作为其艺术特征之一，在先秦诸子中是独树一帜的。

“文如其人”。孟子散文充沛凌厉的气势首先来自孟子爱憎分明的强烈情感和诗人般的气质。孟子一生，往来游说于齐魏诸国之间，主张以仁政来“王天下”，但是，我们很难说他是一位实际的政治家。他的思想，来自现实却又带有理想色彩。他崇拜孔子，敬仰尧舜，一心向往这样一种社会：

> 五亩之宅，树之以桑，五十者可以衣帛矣。鸡豚狗彘之畜，无失其时，七十者可以食肉矣。百亩之田，勿夺其时，数口之家可以无饥矣。谨庠序之教，申之以孝悌之义，颁白者不负戴于道路矣。七十者衣帛食肉，黎民不饥不寒，然而不王者，未之有也。
>
> ——《梁惠王上》

在当时已经基本封建化的社会条件下，这与其说是一种政治主张，毋宁说是一幅理想化的政治蓝图。它体现了孟子要求社会安定、人民安居乐业的良好愿望，但在现实中是行不通的。所以，各国君主没有一个能采纳他的意见，难怪司马迁说他“则见以为迂远而阔于事情”了。然而孟子诗人般的气质也正表现在这里：迂远的议论中包蕴着人道主义的精华，对仁政的执著

---

* 本文发表于《语文函授》1984年第5、6期（总第26、27期）。

追求中闪耀着理想主义的色彩。作为孔子之后的又一位儒家大师，与《论语》中端庄和蔼的孔子不同，在《孟子》中，我们看到的是一位有着铮铮傲骨和“浩然之气”的文人。我们再看他对战乱造成的惨象是如何痛心，对发动战争的统治者是怎样地深恶痛绝。

争地以战，杀人盈野；争城以战，杀人盈城，此所谓率土地食人肉，罪不容于死。故善战者服上刑，连诸侯者次之，辟草莱、任土地者次之。

——《离娄上》

在七雄争霸，战争已经成为各国统治者巩固扩大统治的必要手段的当时，孟子从同情人民的人道主义立场出发，愤怒地注视着这一切，并主张把那些战争的发动者推上断头台，这需要何等的勇气和胆量！正由于有这样一种大无畏的精神和堂堂正气，他敢于对那些暴君表示出极大的蔑视：

孟子见梁襄王，出，语人曰：“望之不似人君，就之而不见所畏焉。卒然问曰：‘天下恶乎定？’……”

——《梁惠王上》

面对各国君主，又是那样地义正辞严，咄咄逼人：

孟子谓齐宣王曰：“王之臣有托其妻子于其友而之楚游者，比其反也，则冻馁其妻子，则如之何？”

王曰：“弃之。”

曰：“士师不能治士，则如之何？”

王曰：“已之。”

曰：“四境之内不治，则如之何？”

王顾左右而言他。

——《梁惠王下》

庖有肥肉，厩有肥马，民有饥色，野有饿莩，此率兽而食人也。兽相食，且人恶之；为民父母，行政，不免于率兽而食人，恶在其为民父母也？

——《梁惠王上》

这些毫无畏惧的慷慨陈词中，包蕴着多么强烈的愤怒情感！这是诗人般的情感。“气盛则言之长短与声之高下者皆宜”（韩愈《答李翊书》），正是它，给《孟子》一书带来了浓郁的文学色彩。

孟子的散文有“浩然之气”，亦有不尽之韵，这“韵”，便是他在形式上的创造。在《孟子》中，我们可以看到大量整齐对偶的句法句式，排比铺张的描写论述，咄咄逼人的反问设问，它们既使孟子充沛的气势得以明畅地发挥，又使这种发挥以一定的美的形式得以艺术地表现，并从而产生无尽的韵味。

整齐对偶的句法句式在《论语》中已经出现，如“知者乐水，仁者乐山。知者动，仁者静；知者乐，仁者寿。”（《雍也》）字数大体整齐，两句之间亦有对偶关系，读来铿锵顿挫，朗朗上口。这种句式在《孟子》中又得到了长足的发展。如：

恻隐之心，人皆有之；羞恶之心，人皆有之；恭敬之心，人皆有之；是非之心，人皆有之。恻隐之心，仁也；羞恶之心，义也；恭敬之心，礼也；是非之心，智也。

——《告子上》

杨氏为我，是无君也；墨氏兼爱，是无父也。无父无君，是禽兽也。

——《滕文公下》

在较长的乃至整整一段话中都排列以非常整齐的句式，由此形成了回环往复的节奏，读来如无韵之诗，淋漓尽致而又韵味无穷。孟子散文在形式上的这一特点，对后代文学影响很大，从汉赋到汉魏六朝的骈文，这一语言形式的发展脉络是很清楚的。

排比句式在孟子散文中用得更为普遍。它是孟子论辩时最喜欢采用的修辞方法。大量的排比句式的运用，不仅增强了文章的论辩力，也使孟子的感情得以充分展现。如在《滕文公下》中，孟子对大丈夫的标准做了这样的表述：

> 居天下之广居，立天下之正位，行天下之大道；得志，与民由之；不得志，独行其道。富贵不能淫，贫贱不能移，威武不能屈，此之谓大丈夫。

这段话的内容是丰富而深刻的，千百年来，它激励鞭策着一切正直的人们，直到今天，仍有一种正义的感召力量。然而，它之所以这样为人们吟咏玩味，就一定意义上说，也赖于其形式之美。整齐的排比句式为其思想的表现找到了最恰当的表达方式，在这里，文与质达到了高度有机的统一。类似的语言形式在《孟子》中随处可见，如：

> 君之视臣如手足，则臣视君如腹心；君之视臣如犬马，则臣视君如国人；君之视臣如土芥，则臣视君如寇仇。
>
> ——《离娄下》

这是句句排比。

> 鱼，我所欲也，熊掌，亦我所欲也；二者不可得兼，舍鱼而取熊掌者也。生，亦我所欲也，义，亦我所欲也；二者不可得兼，舍生而取义者也。
>
> ——《告子上》

这是层层排比。

> 先生以利说秦楚之王，秦楚之王悦于利，以罢三军之师，是三军之师乐罢而悦于利也。为人臣者怀利以事其君，为人子者怀利以事其父，为人弟者怀利以事其兄，是君臣、父子、兄弟终去仁义，怀利以相接，然而不亡者，未之有也。

先生以仁义说秦楚之王，秦楚之王悦于仁义，而罢三军之师，是三军之士乐罢而悦于仁义也。为人臣者怀仁义以事其君，为人子者怀仁义以事其父，为人弟者怀仁义以事其兄，是君臣、父子、兄弟去利，怀仁义以相接也，然而不王者，未之有也。

——《告子下》

这是段与段的排比。

从这里可以看出，排比这种修辞方法到了孟子，确实发展到了一个前所未有的高度，他前承《论语》，后启《荀子》，对我国古代散文优秀艺术传统的创立起了重要作用。

咄咄逼人的反问设问也是孟子在论辩时喜欢采用的一种方式。作为强烈感情的喷发点，孟子散文中的反问设问有时锋芒毕露，凌厉逼人；有时幽默含蓄，耐人寻味，很能体现出孟子散文的气韵。如前所引《梁惠王下》孟子与齐宣王的一段对话中，孟子并未直接指斥宣王的昏庸无能，而是连续用了三个设问句逼宣王自己对自己做出判决，这就比直接的指责更为有力，使对方没有任何躲藏的余地。在这种气势的逼迫下，齐宣王只能尴尬地“顾左右而言他”了。再如“望之不似人君”的梁襄王问孟子“天下恶乎定”。孟子不屑于做正式的回答，便反问道：“如有不嗜杀人者，则天下之民皆引领而望之矣。诚如是也，民归之，由水之就下，沛然谁能御之?”（《梁惠王上》）词锋犀利，感情强烈，实际上是对暴君的警告。有时，孟子又喜欢用幽默含蓄的反问设问来说明某种道理。如《梁惠王上》中以“五十步笑百步，则何如”的设问来说明梁惠王同样是不善治国的君主，意趣横生，发人深思，使对方不得不顺着这一设问得出他所不愿意得出的结论。《离娄上》中，淳于髡问孟子，嫂溺必援之手，天下溺，你为什么不援呢？孟子同样以一幽默的反问句作答：“天下溺，援之以道；嫂溺，援之以手——子欲手援天下乎?”类似的设问反问，有技巧，有情思，闪耀着动人的艺术光彩。

另外，孟子在论辩中，还常常喜欢引用《诗经》中的一些篇章，他的语言，亦如诗一般凝练，形象，节奏鲜明，情韵荡漾。我们看下面这段话：

王知夫苗乎？七八月之间旱，则苗槁下矣。天油然作云，沛然下雨，则苗浡然兴之矣。其如是，孰能御之？今夫天下人之牧，未有不嗜杀人者也。如有不嗜杀人者，则天下之民皆引领而望之矣。

——《梁惠王上》

把在暴君统治下受磨难的人民比作七八月枯槁的旱苗，他们对“不嗜杀人”的君主的盼望犹如槁苗盼望雨水，多么形象深刻；而“天油然作云，沛然下雨”，“引领而望”等比喻描写又多么凝练传神！再如他写水：“源泉混混，不舍昼夜，盈科而后进，放乎四海。”（《离娄下》）气魄阔大，景象壮观，情韵荡漾。类似的诗一般的语言在《论语》中还只是间或地有一些，而在《孟子》中，却已经形成了一个突出的特色，它使得以政论为主要内容的散文注入了更多的文学色彩，增添了耐人吟咏的艺术魅力。

总之，孟子的散文，有严密的逻辑，严肃的论证，亦有丰富的情韵，充沛的气势。它是散文，又像诗，无论从内容和形式上看都是如此，作为先秦时期较早的一部散文著作，《孟子》的这一特点对后代文学的影响是很大的，《荀子》、汉赋、魏晋南北朝的骈文、唐宋古文，都或从形式上，或从内容上，或从二者的结合而形成的独特风格——“气韵”上，对《孟子》有所继承和发展，从而形成了各自不同的艺术风貌；而自唐宋以来逐步形成的中国古代散文的独特风格和优秀传统，那整齐而富于变化的句式，凝练而形象的语言，严密的结构和逻辑，丰富的情思和优美的意韵，都可以在《孟子》这里看到其渊源。

论中国古代诗词的艺术境界*

“诗”，是人类历史实践和文明发展的精神创造与艺术创举，也是雅俗共赏、生活气息浓、传播范围广、艺术生命力旺盛的文学样式。在人类文明发展的历史长河中，世界上众多的民族与国家，各以特有的本土语言和生活激情，创造着不同历史环境、不同艺术风格的辉煌诗篇，既自娱自乐又广为传播。作为人类五大文明发源地之一和世界唯一五千年文明连续发展不曾中断的中华民族，其诗歌成就，无论是历史族群创作、世界篇幅最长的英雄史诗《格萨尔王传》[①]，还是文人个体结撰、至今脍炙人口的写景抒情短篇如孟浩然《春晓》、李白《静夜思》、杜甫《望岳》、王安石《泊船瓜洲》等，都充分显示着诗歌创作达到的艺术高峰。

中华民族向以勤劳智慧、热爱生活、善于创造而著称，五千年[②]的文明演进、文化发展、文学传统和诗词创作，铸造了一个巍然屹立于世界东方的诗词大国、诗歌王国。尤其是历朝历代以汉语言文字创作的古典诗词，更是中华文化的精华和文学艺术的精品。作为华夏各族人民生活实践、情感交流、思想表达和智慧创造的艺术结晶，这些古典诗词早已成为人类文化宝库中的艺术奇葩，至今在世界范围内产生着越来越广泛、越来越深刻的影响。

珍视中华古典诗词这笔极其宝贵的文化遗产和精神财富，阅读学习、开

---

* 本文发表于中华书局《文史知识》2010 年第 5 期总第 347 期，《新华文摘》2010 年第 17 期总第 461 期全文转载。

① 《格萨尔王传》是中国藏族人民集体创作的一部英雄史诗。它原是西藏民间流传千余年的口头文学，现已整理成书。全书共有 120 多部，100 多万诗行，2000 多万字，是世界上最长的一部史诗，国际上称为“东方的荷马史诗”。参阅中国西藏信息中心《世界最长史诗》。

② 河南贾湖遗址考古发掘证明，中华文明有 9000 多年历史。专家认为，贾湖文化是中华民族历史长河中第一个具有确定时期记载的文化遗存，是“人类从蒙昧迈向文明的第一道门槛”。作为 9000 年前人类文明文化的象征，贾湖文化是人类音乐史上的一个重要里程碑。

发运用和弘扬光大优秀的民族文化传统，是时代赋予我们的历史责任和光荣义务。诗词品鉴，作为文化传承、文学欣赏、艺术审美、规律探讨和素质培养的重要方式，无疑既是文化阅读与知识积累的有效方法，也是满足当代人们日益增长的精神文化生活需求的重要组成部分。“品”，就是品味、品评和体会精妙，正确理解为前提；“鉴”，本意是镜子，就是鉴别、明察和洞悉艺术水平的高下，学力胆识是基础。品者须细，鉴者要明。品鉴即通过诠释、理解和发明作品的思想内容与艺术表现，发掘、探索和总结文学创作与艺术表现的规律，细品韵味，领略奥妙。

诗词的阅读和品鉴，是一个激活原典、还原创作并进行艺术再创造的复杂文化思维活动过程，读者的生活阅历、知识积累、审美情趣和文化能力，都直接关系对作品的理解与认识。因此，深入了解和科学把握诗词创作的基本特征与具体作品的实际情况，抓住最重要的特点和最主要的亮点，才能品出味、品到位，才能认识意境美，享受艺术美。

古人认为，“诗者，根情，苗言，华声，实义”[①]，即性情是诗歌的根本，语言是表达的载体，声律节奏体现形式优美，思想内容决定艺术价值。因为“感人心者，莫先乎情，莫始乎言，莫切乎声，莫深乎义”[②]，所以，“情、言、声、义”成为诗歌创作最基本最重要的四大元素和品评作品的重要标准。作家正是运用这四大元素和各种表现方法与艺术手段，创造出丰富多彩、风姿各异、千变万化的诗篇。中国古代诗词特别是那些千古传诵、盛传不衰的经典名篇，也正是在性情、语言、形式、内涵、意境和境界诸方面体现着鲜明突出的民族特色。

一是性情浓。诗抒情、文记事，这是中国古代的文化传统。抒写性情是诗词最重要、最基本的功能，性情是诗词作品内在的灵魂、流动的血液和鲜活的生命，故陆机《文赋》称“诗缘情而绮靡”。诗词以情感人、以情动人、以情化人。激情酿佳句，义愤出诗人。真情、深情、痴情才能感动人、打动人、鼓舞人、教育人。中国古代诗词经典名篇无不饱含浓厚、深沉、真挚的感情。《诗经》中《伐檀》、《硕鼠》对社会不公平现象一唱三叹的质问

① 白居易：《与元九书》。

② 同上。

谴责，《离骚》报国理想难以实现和忧虑国事的悲愤缠绵，《国殇》追悼为国捐躯将士的沉痛悲壮，都很典型。《古诗十九首》融情入景，寓情于景，情景交融，被誉为“语短情长”。两汉乐府“皆感于哀乐，缘事而发”[①]，而性情起于前，歌辞成于后；唐代新乐府打出“诗歌合为事而作”[②] 的旗帜，实质上则是采用即事抒情的手法来写诗，所谓“感于事而发乎情”，虽然旨在“补察时政”而终归“泄导人情”[③]。诸如陶渊明《归园田居》的悠然闲适，李白《早发白帝城》的欣喜欢快，杜甫《春望》的爱国情怀，孟郊《游子吟》的感恩母爱；苏轼《江城子·十年生死两茫茫》对亡妻的刻骨思念，辛弃疾《破阵子·醉里挑灯看剑》对民族统一大业的强烈渴望和壮志难酬的沉痛义愤，陆游《示儿》对收复中原国家振兴的深切惦念……诸如此类的诗篇，无一不深含对国家、对民族、对社会、对亲人、对生活的执著热爱，无一不是以浓厚的情感震撼读者心灵。

二是语言精。如果说文学是语言的艺术，那么，诗词则要求更高，因为诗词语言是最精粹、最精美、最富表现力和最富智慧力的语言。纵观中国历代诗歌，虽然艺术风格千姿百态，而诗人创作尤其是文人创作，无一不是“情必极貌以写物，辞必穷力而追新”[④]，在措辞炼字上下足了工夫，从而形成了丰富多彩、语言精美的诗歌艺术奇观。特别是中国古代诗词经典名篇，语言不仅生动鲜活，形象鲜明，而且凝练简洁，精警有力，让人回味无穷。唐诗“海内存知己，天涯若比邻”（王勃《送杜少府之任蜀川》）以议论抒写心灵相通、超越空间距离的友情、“桃花潭水深千尺，不及汪伦送我情”（李白《赠汪伦》）用夸张比喻的方法形容深厚的友谊，生动形象，耐人寻味；“大漠孤烟直，长河落日圆”（王维《使至塞上》）如同巨幅水墨画，境界宏大开阔，线条分明，轮廓清晰，用字凝重有力。诗仙李白“笔落惊风雨，诗成泣鬼神”（杜甫《寄李十二白二十韵》）、诗圣杜甫“为人性僻耽佳句，语不惊人死不休”（《江上值水如海势聊短述》），他们的名篇俊章，佳

① （汉）班固：《汉书·艺文志》，中华书局校点本。

② 白居易：《与元九书》。

③ 同上。

④ 刘勰：《文心雕龙·明诗》。

句叠出："飞流直下三千尺，疑是银河落九天"（李白《望庐山瀑布》），俨然一幅大气磅礴气势恢宏的巨型图画；"朱门酒肉臭，路有冻死骨"（杜甫《自京赴奉先咏怀五百字》）以强烈的对比揭露社会的贫富悬殊，惊心动魄，精警深刻，震撼人心。宋词"绿杨烟外晓寒轻，红杏枝头春意闹"（宋祁《玉楼春》）以客观景物和主观感受紧密配合的方法描绘春天景象，"着一'闹'字而境界全出"（王国维《人间词话》）；"槛菊愁烟兰泣露"（晏殊《蝶恋花》）采用移情于物的手法抒写悲伤的情绪、"离愁渐远渐无穷，迢迢不断如春水"（欧阳修《踏莎行》）以空间距离的不断扩大抒写离愁别恨不断加重的心理感觉，既生动形象又鲜明深刻。至如李清照以"绿肥红瘦"（《如梦令》）描绘雨后海棠，用"人比黄花瘦"（《醉花阴》）将眼前菊花的形象与抒情主人公的消瘦进行对比，含蓄地传达思念亲人的深切和痛苦，既生动新颖又力透纸背。

三是形式美。内容决定形式，形式服务于内容；形式既是表现内容的载体，又是内容不可分割的重要组成部分。中国古典诗词之所以具有持久旺盛的艺术生命力和常读常新的巨大魅力，除了内容因素和音乐因素外，既灵活多样又相对固定的体裁形式，是不容忽视的重要原因。自由奔放的古体长篇，多以内容取胜，如《孔雀东南飞》、《春江花月夜》、《长恨歌》等等。格律精严的近体律绝与依谱成篇的词作，尤其彰显着诗词艺术的形式美。格律诗词充分利用和发挥了汉语言文字在发音、声调、协韵、对仗、会意等方面无可替代的特点，句式简短，格律稳定，使作品既富有浓厚的音乐元素和强烈的语言韵律，又富有鲜明生动的艺术形象和扣人心弦的充沛情感。如杜甫脍炙人口的七言《绝句》"两个黄鹂鸣翠柳，一行白鹭上青天。窗含西岭千秋雪，门泊东吴万里船"，正是以数词、量词、名词、动词及动物、静景、方位的对仗与工整，创造了层次分明、色彩亮丽、画面清新的优美意境。苏轼《饮湖上初晴后雨》"水光潋滟晴方好，山色空濛雨亦奇。欲把西湖比西子，淡妆浓抹总相宜"，前两句切对工整，后两句节奏流畅，比喻新奇。再如李清照《声声慢》更是巧妙地利用汉字发音的特点和叠字的效果，抒发国破家亡与悼念亡夫的沉痛心情，受到历代人们的激赏。

四是内涵深。中国古代以“温柔敦厚”[①]为诗教，这是诗词创作的艺术原则和基本要求，是一种将人格修养与艺术素养相融合、题材内容与社会效果相统一的重要原则。在这种理论主张的引导下，蕴藉含蓄、深厚委婉，避浅避直、避俗避露，经营意境、讲究感悟，成为中国古典诗词的主流。与此同时，中国古代诗词不仅内容丰富、题材广泛，艺术手法以“委婉含蓄”为正宗，而且将生活民俗、现实思考、历史典实、神话传说、成语典故等运化入诗，咫尺千里、以少胜多，由此既显示出深厚的民族文化积淀和深刻的思想内涵，又给读者创造了内容理解和艺术想象的广阔空间。诸如唐代王若虚《春江花月夜》通过描绘优美的自然景色抒发离别思念的深情，同时将时间永恒、空间无限和个体渺小的哲思寓于其中；陈子昂《登幽州台歌》“前不见古人，后不见来者，念天地之悠悠，独怆然而涕下！”虽然只有四句而涵纳着对宇宙时空和人生抱负的深邃思考；王之涣《登鹳雀楼》“欲穷千里目，更上一层楼”写景抒情而深寓激励哲理；杜甫“三吏”、“三别”对黎民百姓的深切同情和对现实社会的深沉思考，《闻官军收河南河北》于惊喜奔放与热情洋溢中透出热爱家国之情的炽烈；无不引人深思，给人启悟。至如宋代苏轼“不识庐山真面目”（《题西林壁》）、“春江水暖鸭先知”（《惠崇春江晓景》），陆游“山穷水复疑无路，柳暗花明又一村”（《游山西村》），朱熹“问渠那得清如许，为有源头活水来”（《观书有感》）等著名诗句，更是意味隽永深长，让后世读者不断赋予更丰富更鲜活的思想内容。另外，古代诗词用典现象十分普遍。由于典故是长期流传且形成了固定的内容含义，因此，其本身就有丰厚的文化内涵，恰当的运用，既节省文字减少了篇幅，又增强了含蓄性和信息量。如李商隐《无题》化用“灵犀”、“兰台”、“蓬山”、“青鸟”等典实，范仲淹《渔家傲》“燕然未勒”运用《后汉书·窦宪传》故事，苏轼《念奴娇·赤壁怀古》借用《三国志·周瑜传》故事，秦观《鹊桥仙·纤云弄巧》化用牛郎织女的传说，辛弃疾《永遇乐·千古江山》融化《史记·廉颇蔺相如传》、三国孙权、南朝宋武帝刘裕等一系列典故，都是为人熟知的例子。典实的运用，使民族传统文化的历史积淀在作品中得以保存和流传，也极大地丰富了诗词的文化内涵。

① 《礼记·经解》。

五是意境新。诗主性情，更重意境。诗词意境是作品思想内容与艺术表现手法完美融合而创造出的艺术效果，创新出奇则是文学创作普遍追求的重要目标。诗写性情，情在画中，诗中有画才会形象鲜明生动，而创新出奇才会让作品具有艺术吸引力和思想冲击力。中国古代诗词以情、景、事、理、意、趣为主要创作元素，抒写情志、表现生活、反映社会、体现时代是创作的主要目标，作者往往灵活运用多种多样的艺术表现手法，将客观场景与主观感受紧密结合，融抒情、写景、叙事、言理于一炉，创造出情感深厚充沛、形象鲜明生动的优美意境。诸如王维《山居秋暝》"明月松间照，清泉石上流"以优美的画面传达对山间静谧景色的喜爱；贺知章《咏柳》"碧树妆成一树高，万条垂下绿丝绦"通过描述柳树婀娜多姿的形象表现对春天大自然的热爱，意境清新优美，形象鲜明生动；李白《梦游天姥吟留别》"半壁见海日，空中闻天鸡"、"熊咆龙吟""日月照耀"的雄奇壮丽；岑参《白雪歌送武判官归京》"忽如一夜春风来，千树万树梨花开"的奇特想象和生动比喻；无不让读者感受到强烈的新奇，如临其境，如闻其声。

六是境界高。诗词境界是作者思想高度与艺术腕力的综合体现，也是衡量诗词艺术成就的重要标志。如果说意境多是通过画面形象传达思想感情的话，那么，境界则更多地体现在思想与艺术达到的高度上。中国古代诗歌创作的基本导向是"诗言志"①。"志"者，意也，即个人心中的情感、想法和意愿。"诗言志"这一古老的理论主张，把诗词引向了富有积极意义的创作道路。由是，表达报效国家、建功立业的美好理想，赞美浩然正气与公平正义，发抒爱国爱民爱生活的情感，宣泄热爱自然、热爱自由的情怀，乃至抒写壮志难酬的愤慨，或抨击贬抑时弊，谴责批判暴行等等，成为诗词创作的主要内容和重要题材；而"以人为本"、"天人合一"、"大济苍生""安邦治国"一类的思想观念和价值取向，也提升了诗词作品的思想境界。纵观中国古代备受赞誉的诗歌国手、创作大家如屈原、李白、杜甫、苏轼、陆游、辛弃疾等等，他们无不将自己对自然宇宙、人类生存、国家安危、社会发展、现实生活的思索，对人与自然、人与社会、人与人、人自身之矛盾的思索，对"以天下为己任"的人生道路、理想抱负、社会现实的思索

① 《尚书·虞书》。

等等，融入诗篇，形于词章，使作品呈现出气势磅礴、震撼心灵的大气魄和思想深邃、启悟智慧的大境界，也展示着作者的高尚品格、深厚学养及博大胸怀与开阔视野。

总之，中国古代诗词特别是经典名篇，是华夏民族传统文化的精华，尽管近现代以来，传统文化不断接受着时代发展的严峻挑战，而古典诗词名篇由于情真意切、意境优美，合辙押韵、朗朗上口，易读易懂、易记易传，可吟可唱、可歌可诵，始终备受人们青睐，不仅一直是语文教材的重要内容，而且也一直是人们欣赏品鉴、丰实文化生活的重要部分。

品鉴是更加深入的阅读和更高层次的学习。品鉴的过程，是激活作品艺术生命并参与艺术再创造的过程，因此可以仁者见仁，智者见智，人们可以有不同的理解，甚至允许“作者未必然，读者何其不然”。但是必须把作者原意与读者延伸区分开来。品鉴是接受者与创作者跨越历史时空的思想交流和心灵沟通。正是在这个过程中，读者品味着作品的思想之美和意境之美，享受着情感的冲击和艺术的洗礼，感受着民族优秀传统文化的博大精深，与此同时，读者潜移默化地接受着文化艺术的熏陶和滋养，自觉或不自觉地培育着文学情趣、文化素养和文明气质，培育着形象思维力和艺术创造力，甚至为创造新作品酝酿着条件。尤其应当特别指出的是，诗词品鉴也是开展诗词研究的基本功，诗词风格、艺术流派、文学思潮的研究都必须从这里入手和起步。

论诗国与诗魂

——中华民族的文明演进与中国古典诗歌的发展*

与世界上许多国家和民族的文学不同，中国古典文学在其最初的十多个世纪中，是以抒情诗的高度发达而著称的。为什么中国古典文学在它一开始的时候没有出现史诗和悲剧？长期以来，人们对此一直困惑不解。文学是社会生活的反映，一种文学样式的产生和发展，当然也与一定的社会生活和社会文明有着某种必然的联系。中国古典文学之所以最先产生的是抒情诗而不是史诗和悲剧，从根本上说，是由早期汉民族的文明素质决定的，至于抒情诗在后来十多个世纪里的高度发达，更离不开中国社会特殊的土壤条件。这里，拟从以下三个方面就这些问题做些粗略的探讨。

一　早熟的伦理道德观与《诗经》的产生

伦理道德观的早熟是汉民族文明演进过程中颇为令人惊异的现象，也是中国抒情诗很早便高度发达的一个深刻原因。为了说明这一问题，这里，我们需要首先简略分析一下古希腊民族的某些特征，以作为参照。

马克思在谈及希腊艺术时说："有粗野的儿童和早熟的儿童，古代民族中有许多是属于这一类的。希腊人是正常的儿童。"①（《政治经济学批判·导言》）作为"正常的儿童"，古希腊人除了具有丰富的想象力和旺盛的精神外，还有一个最重要的特征——对战争对异性的狂热和对伦理道德的茫然

---

* 本文发表于《语文函授》1991年第5期总第69期。荣获该年度山东省期刊优秀论文特等奖。

① 《马克思恩格斯文集》第8卷，人民出版社2009年版，第36页。

无知。对古希腊人来说，战争使人类狂热，也使人类战栗。当阿基琉斯（史诗《伊利亚特》中的英雄）英勇地战败敌人取得了最后胜利的时候，面对跪在自己膝下请求赎回儿子尸体的老国王，不禁失声痛哭。战争带来了死亡，给人们的心灵造成巨大的创伤，对此，古希腊人从来没有表现过，也从来没有体会过人性中的情操——同情与怜悯。而“他们所描绘的爱情是一种病症，是神安排的命运，是对所爱的对象没有任何伦理关系的一种狂热。”[①] 的确如此。在希腊史诗和悲剧中，我们可以看到他们为了争夺一个美丽的女人而狂热地发动一场大规模的战争，看到一个女人为了她的爱情而残忍地杀死自己的亲生儿女，但是，却丝毫看不到那种隐含在爱情里的审美和道德的评价。他们描绘的爱情，还只是停留在感官上的对异性的狂热，是命运的安排。处于人类童年时代的希腊人还不习惯于思考，也没有明确的是非观和伦理道德观。因此，“在那个时代的希腊作家的作品中，德行这个字眼并没有积极的意义，……在希腊人的诗歌中难得看到思考精神，真正深刻的感受就更少了”。[②] 所有这些，都只是“正常的儿童”所具备的弱点。

思考精神和伦理道德的匮乏使希腊人把一切都归之于命运。就连弑父妻母这样的残忍乱伦行为也在命运的安排下得到了合理的解释（见《俄狄浦斯王》）。而这种不可抗拒的命运的主宰者，就是天上的众神。天神宙斯、太阳神阿波罗、爱与美之神阿佛罗狄忒、战争之神阿瑞斯、智慧女神雅典娜……希腊人以其儿童般的天真而丰富的想象力编织了一个奇妙的神的世界。正是他们，导演了人间一出出曲折动人的悲喜剧。古希腊人的这种文化心理特征决定了他们必然偏重于编织和欣赏那些由命运构成的故事，从而使其作品篇幅浩瀚、情节曲折——这是希腊大型情节性史诗和戏剧之所以产生的深刻原因。

与希腊人相比，同一时期的汉民族则可称之为“早熟的儿童”。从《诗经》中可以看出，那时的人们已经有了比较明确的道德观念和是非判断，伴随而来的，还有十分丰富的细腻的情感体验。他们讽刺不劳而获、残暴贪

① ［法］斯达尔夫人：《论文学》，徐继曾译，人民文学出版社 1986 年版，第 46 页。

② 同上书，第 45—46 页。

婪、尔虞我诈、巧言伪善、骄奢淫逸；反对是非不分、善恶颠倒、卒劳百姓、陷害忠良、昏庸无道；咏叹辛勤的劳动、普通的生活、艰难的时道、不幸的命运；赞美淳朴善良、公正宽厚、英俊勇敢、风度翩翩。至于那些通奸、乱伦、谋杀亲子、活人殉葬等禽兽般的恶欲和残忍，更在无情鞭挞之内。总之，无论是国王还是平民，贵族还是奴隶，在诗的天国里，都要接收伦理道德的评判。

《诗经》中也歌颂战争。但是，战争除了“伐鼓渊渊，振旅阗阗”的豪壮和“如霆如雷”的激烈外，也给人们带来了“忧心悄悄，仆夫况瘁”《采薇》的忧伤与憔悴。“昔我往矣，黍稷方华。今我来思，雨雪载途。”（《诗经·小雅·出车》）士兵理解王事的多难，也为强大的军威所自豪，但他们更挂念家中的亲人与农事，并且自然地把战争和战争给他们个人带来的痛苦与灾难联系起来，表现出明显的非战情绪和厌倦心理。这与希腊人对战争的天真与狂热是大异其趣的。

至于爱情，则是早期汉民族伦理道德观表现得更为成熟的一个领域。《关雎》这首最有名的古老情歌典型地体现了当时爱情伦理观的早熟。“关关雎鸠，在河之洲。窈窕淑女，君子好逑。”这里，“淑女”是“君子”根据一定的审美标准筛选出的意中人。她不仅美丽而且文雅娴静，他对她的执着追求根源于发自内心深处持久的激情，而决非仅仅由感官的引起冲动与狂热。在《诗经》中，人们对这种激情的关注远远超过了其他事情。那种一日不见如隔三秋的缠绵依恋，誓死非他不可的坚定与专一，“无逾我里，无折我树杞”（《诗经·郑风·将仲子》）的矛盾与羞涩，投桃报李的甜蜜的定情，婚后“与子偕老”、“莫不静好”的枕边絮语，“维士与女，伊其相谑”（《诗经·郑风·溱洧》）的欢快聚会，以及对负心人的良心道德谴责，被遗弃后的无限哀怨、感伤与追悔……人们对爱情的感受是如此强烈、细腻、深刻、复杂，以致使其成为日常吟咏的最重要的内容。《诗经》是经过一定筛选、由后人编次的一部诗集，远非当时民歌创作的全貌，尽管如此，情歌还是占了大部分篇幅。这些情歌，单就情感素质来看，与现代人相差无几。人们在爱情生活中的复杂细腻的感受恰恰说明了当时伦理道德观的早熟。因为在人们的性行为没有道德的参与、风俗礼仪的规范和社会舆论的干预的时候，是很难产生深刻而执著的爱情的。当然也就更不会有由此而来的各种复杂矛盾的内心感受了。

《诗经》中的绝大多数篇章都可以证明我们的祖先在伦理道德方面远远高出希腊人的地方。我们很少发现类似希腊人那样的对命运的恐惧、猜测以及与此有关的天真烂漫的幻想。《生民》中关于姜嫄履帝武敏载生载育的故事或许可以算是最浪漫的神话了，然而后稷这位上帝的儿子一旦降临到人间，面临的仍是最为现实的人生。人们歌颂他，是因为他那艺之荏菽、茀厥丰草、诞降嘉种的平凡劳动为人们指示了一条淳朴的生活道路，从而使生活变得美好而充裕。早熟的伦理道德观说明当时人们的智力已达到相当的高度，智慧使他们能够识别神话的虚幻性，从而把注意力转向人间的现实。人们以极大的热情创造着生活，品味着生活，不仅从中看出了善、恶、美、丑，而且领略到了无限的情趣。于是，浓郁的诗情便由此充溢而出，化为一篇篇短小而又情韵悠长的篇章。没有曲折复杂的情节，没有惊心动魄的场景，也很少上帝的安排和神灵的启示。汉民族并非没有希腊人那天真烂漫的幻想时代，只是这个时代比《诗经》的时代恐怕要早得多。这一点，只要看看女娲补天、后羿射日、黄帝大战蚩尤等神话就十分清楚了。这些流传至今的远古神话说明我们的远祖们同样具有那种孩提般的天真丰富的想象力，但是，由于时代太古老，当时文字水平可能还没有发展到能将那些幻想的故事进行加工整理的程度，而一旦到西方出现荷马的时代，汉民族思维已成熟多了。这时候，人们对那些显然出于幻想的神话已兴趣不浓，而习惯于从自己的生活中发现诗情了。由此看来，抒情诗首先在我们这个国度里发达起来，实属历史的必然。

二　孔子、庄子对诗歌内在精神的提高

早熟的伦理道德观不仅酝酿了汉民族第一次诗潮，也孕育了一代思想巨人。从公元前 5 世纪到公元前 3 世纪，一批伟大的思想家孔子、孟子、老子、庄子等相继出现在华夏大地上。差不多与此同时，在古希腊，伴随着悲喜剧的兴起与衰落，也出现了西方的第一批思想巨人——苏格拉底、柏拉图、亚里士多德等。这是人类第一个巨人的时代，也是人类理性精神觉醒的时代。亚里士多德将关于文学艺术的科学从其他意识形态中分离出来，使之

成为一个独立的学科——艺术美学。不幸的是，他的《诗学》连同他所有的学说都随着古希腊的覆亡一起沉入了历史的长河，淹没了一千年之久。在这一千多年中，欧洲文学始终徘徊在史诗和悲剧之间，没有大的发展。亚里士多德的重新被发现、被认识已是近代的事了。

与西欧相反，在《诗经》以后，中国的抒情诗却在不断完善提高，一步步走向成熟，达到了光辉的顶峰。究其原因，首先还要追溯到孔子。与亚里士多德不同的是，孔子虽然生前时运多舛，身后却并不寂寞。在中国，新旧朝代的变革交替是在民族内部的分裂、战争和重新融合中完成的。民族文化传统始终在延续。孔子没有像亚里士多德那样为后人留下卷帙浩繁的宏篇巨制，然而他对社会人生的深刻思考，却对以后中华民族的文明进程产生了巨大而深远的影响。没有他，中国的历史或许会是别一种写法。孔子并不是一位诗人。在他那个时代，严格意义上的诗人还没有出现。诗歌还只是人民大众中的一种自发的吟咏。如果说亚里士多德面对的是一片丰收的原野，那么，孔子面前的还只是刚刚长出幼苗的良田。然而孔子对于诗的重要价值的发现，却使以后诗歌的发展获得了一条畅通无阻的道路；而他的伦理美学，则为以后的诗歌指示了一种更高的境界。

孔子是从社会政治和文明的角度来看待诗歌的。公元前5世纪前后的中国，诸侯纷争，战乱迭起，周王朝的一统天下已名存实亡。与罗马入侵导致古希腊覆亡不同，这是民族内部的战争。其深刻根源，乃在于社会机制内部的老化与瓦解。社会向何处去？怎样才能安邦治国？时代向孔子提出了一个棘手的问题。孔子对社会的思考是深刻的。频繁的战争，血淋淋的屠杀，使人类尚未克服的野蛮天性暴露无遗。思想家孔子首先看到了野蛮对文明社会的强烈冲击。“善人为邦百年，亦可以胜残去杀矣！”（《论语·子路》）而建立文明的社会秩序，胜残去杀是一个艰巨的任务，首要的前提是“善人为邦”。由此，他提出了“德政”的政治理想。“德”的基本核心便是伦理道德。所谓“为政以德，譬如北辰居其所而众星共之”（《论语·为政》）正是在这个意义上，他发现了《诗经》的重要价值。“《诗》三百，一言以蔽之，曰：思无邪”。所谓“思无邪”，即指其中蕴含的文明道德和美好情思。从建立文明社会的政治理想出发，发现伦理道德的巨大社会功用，又从伦理道德出发，发现《诗经》的美学价值，这就是孔子艺术美学观产生的内在逻辑。他并没有像亚里士多德那样，把文学作为一个独立的研究领域，而是以现实生活中人们的道德审美为标准来看待诗歌的。孔子发现了诗的重要价值，而且发现了它的巨大的社会功能。“诗可以兴，可以观，可以群，可以怨；迩之事父，远之事君；多识于鸟兽草木之名。”（《论语·阳货》）它是一部全面的关于社会人生和自然的教科书。就整个社会来讲，它上有助于执政者“观风俗之盛衰”，建立清明政治，下有助于人们对时政的识别批评，“怨刺上政”；就个人来讲，它可以帮助人们沟通感情，增长知识，提高素质，从而对内有助于巩固家庭关系，对外可以增强参政能力。他教育自己的儿子说：“不学诗，无以言。”（《论语·季氏》）

如前所述，《诗经》时代的汉民族已经有了较为明确的伦理道德观，但是，它毕竟是早熟的，还只停留在较为简单的道德是非判断阶段，而且评判者并未把自身列入其中。这种道德是非判断到了孔子便上升为一种饱含哲思的道德审美。他不但判断异己，更求诸内心，以反省内修的方式实现自身道德的完善。在他那里，伦理道德不仅是一种观念，更重要的是一种境界、体验，一种贯注于活生生的血肉之躯的内在精神，是理性思悟与情感气质融会而成的伟大而又平易亲切的人格美。这是灵魂的提高，是由社会的文明进步而促成的人类自身素质的飞跃。当然，能够认识到并自觉地实现这一飞跃的，只有少数人。这少数人便是“君子”。在孔子这里，“君子”与“小人”并非完全是富贵贫贱上的等级差别。君子之所以为君子，取决于他“文质彬彬”的内在素质。这种素质除了“学而时习之”的知识积累外，还要有“吾日三省吾身”的不断修养。从文学史的角度看，这种自觉的君子的出现是一件划时代的大事。这些人第一次以审美的眼光正视自己的灵魂，发现人生的价值。他们在日常生活中陶冶情操，丰富情感，日常的人伦生活成了他们道德实践的课堂。正如美籍学者杜威明先生所分析的：“他（孔子）的出发点是人伦日常的生活……‘仁者人也’，人是在天地万物中感性最敏锐，也就是感情最丰富的存有。人的不忍之情，人的忠恕之道，不是抽象的说教，而是体之于身的一种自然涌现的感情。”[1] 在实践中，道德被情感化了，

① ［美］杜威明：《从身心灵神四层次看儒家的人学》，见《中国哲学范畴集》，人民出版社 1985 年版，第 211 页。

这情感已经不同于《诗经》中单纯朴素的是非爱憎之情，它以深刻的理性认识为前提，又以崇高的境界为底蕴，是一种理性的情感境界，是人类精神世界中的阳春白雪。一百多年后，孟轲将这种理性的情感境界用四个字精彩地概括出来，这就是“浩然之气”。“浩然之气”为诗展开了一种更高的境界和新的前景，为诗向文人手中的转化提供了内在的依据。在孔子二百年后，当中国第一位伟大的诗人以特有的楚地乡音吟唱《离骚》的时候，词语间洋溢的激情正由此而来。一曲《离骚》，几乎就是孔子政治理想和人格理想的诗化。

我们还必须提到庄子。无论是庄子还是屈原，他们都是勤于道德实践的真君子。屈原的“伏清白以死直”固不待说，庄子之不为千金厚利与卿相高位所动，而甘愿为一漆园小吏，不也是一种崇高的殉道行为吗？在执著的实践中，诗人屈原迸发出强烈的激情，而思想家庄子则产生了新的思想。与孔子不同的是，他们不只是执著地进行自我身心修养，更注意到人类的原始野蛮与恶势力对文明精神的戕害和摧残，从而一变孔子的“仁者爱人”而为愤世嫉俗，一变孔子在积极参与社会活动中的反省内修而为遗世独立的洁身自好。诗人屈原虽时时想“远逝以自疏”，但事实上却始终没有放弃在现实社会中的上下求索，就基本精神来看，他和孔子仍然是一致的。而庄子则转而探求另外一条完善自我的途径。孔子的伦理美学，其出发点在于通过人本身素质的提高来促进整个社会的文明进步，而庄子看到，在当时“天下善人少而不善人多”（《庄子·胠箧》）的情况下，不单孔子的德政理想不通，就连君子的道德实践本身也要受各种社会条件的制约，于是他希望能有一种巨大的力量，向往着一种更加自由的境界。《逍遥游》中的大鹏“水击三千里，抟扶摇而上者九万里”不正是一种巨大力量的象征吗？那位藐姑射之山的神人，完全不受人间的约束，他既高洁，又自由，还能给人们带来幸福，“使物不疵疠而年谷熟。”庄子理想的人格是圣人、至人、神人；理想的境界是超尘脱俗、自由自在。远离现实的目的是为了更好地保持人格的完美，使其不受世俗的浸染。后代诗人们遵照孔子指示的方向进行道德实践而受到挫折的时候，总又能从庄子这里寻求到另外一种寄托。晚庄子约二十年的屈原，他那“折若木以拂日”，“聊逍遥以相羊”的想象很有些庄子气派，很可能是受了庄子的启发的。

庄子关于生命的思考尤其值得注意。有人说，西方文学的最高境界，往往是宗教的或神话的，而中国文学，则是人间的、时代的和历史的（见余光《中西文学之比较》），这话不无道理。在西方的宗教和神话中，人的一切都是由上帝来安排的，包括死后的归宿。上帝是永恒的，人似乎也是个永恒的存在。肉体的死亡只是使灵魂换了个地方。因此，他们不单重视今生，更重视来世，关心身后。这种灵魂不死的构想是神话和宗教中最为引人入胜的地方，以致许多作家对此深信不疑，并且由此而生出了许多瑰丽宏伟的文学想象。中国并非没有宗教，尤其魏晋以后的佛教，在生死轮回这一点上与西方的基督教颇为相近。但是，中国的作家却很少真正相信这种说法，（尽管也时而有人遁入佛门）因而也很少产生那种以宗教为背景的作家文学。之所以会产生这种情况，恐怕与庄子有很大关系。如果说孔子“祭如在，祭神如神在”，是对鬼神的存在尚持保留态度的话，那么，庄子则是一个彻底的无神论者。季路在向孔子请教鬼神的问题得不到答复后，接着提出了“死”的问题。孔子的答复是“未知生，焉知死?”这里的“知”，显然是哲学意义上的。在他看来，生是一个迫切需要解答的难题，而死则是一个较为遥远、但却更为复杂的难题。他把这个难题留给了庄子。

与同时期的希腊人相比，庄子对这个问题的回答显得惊人的成熟。他说，人“始而本无生，非徒无生也而本无形，非徒无形也而本无气。杂乎芒芴之间，变而有气，气变而有形，形变而有生，今又变而之死，是相与为春秋冬夏四时行也”（《庄子·至乐》）。在他看来，从无生到有生，从有生到死亡，都是自然变化的结果，既不是上帝的安排，也没有鬼神在作祟。生命是应当珍惜的，因此，《庄子》中的许多篇章都从养生出发，摒斥一切有损生命的思想情感和行为。但是，对生命的消亡也不必过于哀伤，因为这只是从“无”经历了“有”以后又回到了“无”。所以，庄子妻死，他“箕踞鼓盆而歌”（同上）。看起来有些怪诞，然而其中蕴含的思想却是深刻的。庄子关于生命的冷峻的思考与阐释打破了一切与此相反的神话般的构想。它使人们清醒地看到了死的虚无。于是，当人们将自己置身于永恒变化的宇宙时，既为生命的美好而激动，又为它的短暂而感伤，同时，也会自然地产生一种无所归依的空虚与幻灭之感。从屈原的“唯天地之无穷兮，哀人生之长勤”、《古诗十九首》中“生年不满百，常怀千岁忧”、曹操“对酒当歌，人生几何”，到《春江花月夜》“人生代代无穷已，江月年年只相似”、陈子昂“前不见古人，后不见来者，念天地之悠悠，独怆然而涕下”……这类由宇宙的无限与人生的短暂而引起沧桑之感常常成为中国抒情诗的主题。既然不管人们生前如何，最后的归宿都是同样的，生的追求意义何在？这种困惑在西方，是20世纪以后才出现的，而在中国，早在二千多年前，它就已经缠绕着人们的心灵。然而，正是这种困惑，使中国的古典诗歌获得了更加深广的哲理内涵。

总之，孔子庄子的思想比西方的宗教更富于哲理和智慧，也更具有实用价值。孔子庄子铸造了中国人的灵魂和性格。中国的诗人脚踏实地地生活，并由此迸发出浓郁的诗情。由此便可以解释为什么像赠别、寄内、悼亡、怀友等这类平凡的题材在中国诗人的笔下竟能产生那样动人的魅力；也可以解释为什么中国诗歌未能产生出像但丁《神曲》那样的大型情节性作品。对善恶的审美与评判常常集中于自身的修养中，而自身的修养又体现于日常的人伦生活中。一切都是实实在在的，于是，那些虚构的故事便与我们的诗人无缘了。

三　中国古典诗歌发展的社会土壤

当孔子庄子学说的价值终于被人们确认的时候，强大的汉帝国已出现了。汉代的统治者将“无为而治”运用于国家大政的筹划中，又用孔子的忠孝礼义规范它的臣民。中国社会出现了相对的安定和文明发展。与此同时，抒情诗也成了这个帝国的宠儿。统治者从孔子关于诗的论述中受到启发，看到它既可厚人伦、美教化，还可知民情，察时政，诗歌对他们来说，不仅是一种艺术享受，更重要的是一种信息，是社会治乱的晴雨表。所谓“治世之音安以乐，其政和；乱世之音怨以怒，其政乖，亡国之音哀以思，其民困。故正得失，动天地，感鬼神，莫近于诗”（《毛诗序》）。为此汉代统治者还进一步设置了一个专门机构——乐府。这个具有强烈政治色彩的官方文艺组织，重要任务是采集民间创作。

乐府机构的建立是中国诗歌发展史上具有决定性意义的大事。它不仅记录、保存了大量的民间诗歌，还直接引发开导着文人的创作，是诗歌由民间创作转向文人创作的一座桥梁。文人们从民间创作中得到了启发，汲取了营养，他们感时伤怀、抨击时政，获得了较大的创作自由。不论是清商艳曲，还是慷慨悲歌，只要写的是“乐府”，就会获得社会上下的认可。在世界文学发展史上，它受到的礼遇只有古希腊戏剧可以与之相比。然而，伴随着古希腊的覆亡，希腊戏剧在繁荣了两个世纪后，便结束了它的光辉历程；而中国的抒情诗，却以乐府诗为先导，伴随着封建社会的发展与繁荣，逐步走向光辉的顶峰。

从汉魏到隋唐，乐府诗的创作从民间逐渐向文人手中转移，并逐步确立了一种更为精致的文学样式——律体。律体在基本形式（即五、七言）上并没有脱离乐府，但形式的精美和内容风格的雅化使诗歌创作渐渐成为上层社会的一种时髦。一般文人学士自不待说，就连帝王权臣也附庸风雅，多有染指。诗歌艺术技巧的提高增加了创作的难度，使诗人的才华得到了考验；同时，诗与政治的传统联系又使诗人们具有一定的参政能力。于是，明智的统治者开始“以诗取士”，将一大批有才华的诗人充实到统治阶层。这是对诗人价值的最大肯定，也是对诗歌的最高奖赏。这时，诗已不是由官员们从民间采集起来以“察王政之得失”了，而是诗人们带着它直接参与朝政。诗人从政，亦宦亦文，形成了一个庞大的高智能的仕宦阶层。我们还不能肯定这种统治结构的调整对唐代社会的繁荣起着多大的决定意义，不过，没有这种调整，就不会有唐代诗歌的高度发展与繁荣，这一点却是可以肯定的。

盛大的唐帝国是一个真正的诗的国度。在这样一个诗的国度里，不仅诗本身得到了极大的发展与提高，而且社会生活的各个方面无不渗透着诗的精神。诗是政论，是书信，是别语赠言，也是理想寄托。更重要的是，它还是一个人知识素养和从政能力的标志。从某种意义上说，盛唐的人们正是用诗的精神、诗的激情创造了那辉煌灿烂的时代。

或许并非历史的偶然。从《诗经》、汉乐府到唐诗，中国诗歌发展的三个高潮是与封建社会的三个高峰同时出现的。处于这三个高峰的统治者，又都以极大的热情把诗歌引入政治领域。如果说先秦时期“不学诗，无以言”，诗还只是从政人员必备的一种知识素养，那么，汉代设乐府采诗以“察王政”，则已形成了诗对政治的参与；而隋唐之际的“以诗取士”又让诗人直接从政，组成了以诗人为重要成分的政治集团。伴随着诗的发展，我们还可以清晰地看到这样一条诗与政治互相渗透融合的轨迹。此种情形，在世界文化史上是极为罕见的。诗歌引入政治的结果，基本上说并不是政治束缚了诗歌。自从《诗》三百被奉为“经”以来，诗这块领地就变得无比神圣了。统治者借助它的感化力量，借助它兴观群怨的社会功能，不断加深和改善自己的统治，而对诗歌本身却较少直接干预。中国古典诗歌与政治的融合渗透，事实上是不断为它提供了发展的契机。

宋代是中国封建社会的重要转折时期。一方面，开始显示出诗成熟后的衰老与退化，另一方面，新的事物与新的趋向不断出现。在宋诗中，更多的是哲理的思考与经验的陈述。它的“黄金时代”已经过去了。在政治生活中，“以诗取士”被“以策论取士”取代，诗不再成为一门通向政治的学科；而北宋中期的“乌台诗案”表明，诗对政治的干预功能也基本被取消。传统的文人诗正在退出社会，走向书斋。尽管诗人们仍然在努力创造和开掘，但他们可以创造的天地毕竟小得多了。另一方面，在繁华的市井里巷中，乐府——曲子词带着它特殊的新鲜魅力，正在全面步入人们的生活。宋代的诗人们大都兼有诗词两方面的功夫，他们一面严肃认真地作诗，一面自由浪漫地填词。当西方世界的骑士文学将那种融入上流社会高雅情趣的浪漫爱情曲折生动地展现在人们面前的时候，在11世纪东方的中国，那些出入于繁华都市的学士才子们对爱情的体验也进入了一种新的境界。女性的美貌与男子的才情在雍容华贵的氛围中显示出新鲜动人的魅力。落拓不羁的才子们以从未有过的浪漫情调品味着爱情的酸甜苦辣，并且毫无顾忌地将它写入看来还是里巷歌谣的曲子词中。艳丽妩媚的宋初词人为此曾一再受到指责。然而我们却无法否认其中那跃动着青春生命力的内在美。以后，在波澜起伏的政治斗争和动荡不安的社会变迁中，素以国家兴亡为己任的诗人们又将深广的社会内容注入词中，“以诗为词”，大大提高了词的思想境界和艺术技巧，从而使它成为当时人们抒发各种情怀的一种得心应手的体裁。其风格流派之多，普及程度之广，艺术成就之高，使它成为有宋“一代之文学”的代表。词是诗的变体，不过，它却没有取代传统的抒情诗。北宋以后，词渐渐朝着雅化的方向发展，经历着与诗大致相同的发展历程。

元明清是戏剧小说的时代。可是对当时中上层文人来说，只有诗文才是堂而皇之的正统文学。由于他们的努力，诗词创作名家俊章时有出现。然而诗的盛世已一去不复返了。正当那些正统的诗人们为宗唐还是宗宋争论不休的时候，传统诗歌那活跃的灵魂却悄然影响着真正无愧于他们那个时代的戏剧小说家。诗歌衰落了，但它的内在精神和优美的旋律却融入戏剧和小说，继续影响着中华民族的精神和生活，直到今天。

论古代黄河吟咏及其民族精神*

黄河，是华夏文明的摇篮，中华民族的象征和骄傲。从古到今，炎黄子孙歌唱她，赞美她，充分发抒对她的依恋和热爱。

黄河，发源于巴颜喀拉山北麓的冰峰雪山之中，流经黄土高原而东注大海，她本来并非黄色，也不是什么“世界上最暴戾最任性的一条大河”。汉代以前，甚至并无“黄河”之称，一直被称作“河”。公元前21世纪至公元前8世纪的夏、商、周时期，中华文明的中心均在黄河流域。我们的祖先长期生息在黄河的怀抱里，对她产生了深厚的感情。

我国第一部诗歌总集《诗经》，就保存着数千年前人们对这条大河的咏唱。《关雎》、《新台》、《柏舟》、《君子偕老》、《河广》、《葛藟》、《清人》、《伐檀》、《衡门》诸篇，从不同的角度直接或间接地表达了对黄河的依恋和热爱。《关雎》开头“关关雎鸠，在河之洲”，摄取了大河上的一个优美画面作起兴，倾吐了对“窈窕淑女”的思慕。《伐檀》篇直接描述了“河水清且涟漪”的诱人、动人景象，并透过“不稼不穑，胡取禾三百廛兮”，“胡取禾三百亿兮”，“胡取禾三百囷兮”的重沓和“不狩不猎，胡瞻尔庭有县貆兮”，“胡瞻尔庭有县特兮”，“胡瞻尔庭有县鹑兮”的咏叹，使读者在体味到主人公对当时黄河两岸茂密的树林、肥沃的土壤和丰富的物产赞美的同时，还感受到对不劳而获者的强烈不满。《河广》以诙谐、轻松、幽默的笔调，透露了黄河的宽广和渡越的容易，反映了两岸人民交往的密切。《衡门》篇提到当时食鱼“必河之鲂”、“必河之鲤”的风俗，至今犹是。其他如“河上乎翱翔”、“河上乎逍遥”（《清人》），表现了人们嬉戏于岸边的欢乐；“在河之浒”、“在河之涘”、“在河之漘”的“绵绵葛藟”（《葛藟》）寄

---

* 本文以“浩荡黄河万古歌”为题发表于《语文函授》1989年第6期总第74期。

寓着依傍攀附黄河的情意。人们甚至用黄河来比喻美人的品格、容貌和胸襟："委委佗佗，如山如河。"（《君子偕老》）

春秋战国时期，黄河文化孕育出了空前的圣贤大哲如孔子、庄子、孟子等。他们对后来华夏民族的发展有着重要影响，他们也为全人类的文明做出了卓越的贡献。

战国之后，黄河中游地带的草原和森林遭到严重破坏，河水泥沙增多，至西汉已有"一石水六斗泥"（《汉书·沟洫志》）之说，"黄河"自始得名（《汉书·高惠高后文功臣表》）。《诗经》里水清波柔的黄河面貌从此消失。汉武帝刘彻写作的《瓠子歌二首》，第一次用诗歌描述了黄河在瓠子（今河南濮阳）决口的情形。第一首写黄河决口，灾情严重；第二首写水宽浪激，堵塞艰难。结尾则祈祷黄河能仍然像以前那样赐"万福"于人类。进入东汉后，黄河中游变成了草原牧场，植被得以恢复，加上在下游筑起了千里长堤，黄河得到控制。特别是魏晋南北朝时期，中游植被大量增加，黄河泥沙明显减少。人们创作了大量的咏河诗。曹魏嵇康《赠秀才入军》诗"浩浩洪流，带我邦畿。萋萋绿林，奋荣扬辉。鱼龙瀺灂，山鸟群飞"（其二），即是对当时黄河壮丽景象的描写。北周王褒以"还似洞庭波"（《渡河北》）写黄河之水，梁朝庾信也有"城影入黄河"（《拟咏怀》）之句。北朝乐府《折杨柳歌》"遥看孟津河，杨柳郁婆娑"，充满了对黄河美景的欣赏；著名的《木兰诗》写花木兰替父从军"暮宿黄河边"，"不闻爷娘唤女声，但闻黄河流水鸣溅溅"，其黄河之水的亲切可爱，豁然在目。郦道元作《水经注》，亲自考察黄河，其描述河南砥柱山屹立河中的情形："河水分流，包山而过，山见水中若柱然"（《水经注》卷四），这"中流砥柱"的奇特景观，令人赞叹。至如描述龙门壮丽，更是使人神往：

> 河中漱广，夹岸崇深，倾崖返捍，巨石临危，若坠复倚。古之人有言："水非石凿，而能入石"。信哉！其中水流交冲，素气云浮，往来遥观者，常若雾露沾人，窥深悸魄。其水尚崩浪万寻，悬流千丈，浑洪赑怒，鼓若山腾，浚波颓叠，迄于下口。方知慎子下龙门，流浮竹，非驷马之追也。

作者以诗般的语言把黄河龙门的声色气势、神奇雄丽描述殆尽。这时，直接描绘黄河局部的面貌构成了汉魏南北朝吟咏黄河的一个特点。

唐代的艺术大师们更多地喜欢从宏观、整体上把握黄河的精神与气势，大笔勾勒黄河给予人们的印象与感觉，行文渗透着浓厚的个人意识和充沛的感情色彩。如王之涣《凉州词》“黄河远上白云间”、《登鹳雀楼》“白日依山尽，黄河入海流”，如李白《将进酒》“黄河之水天上来，奔流到海不复回”，无不饱含着作者对黄河的独特感受和由衷的叹羡。李白《西岳云台歌送丹丘子》对黄河的描述最为引人注目：

西岳峥嵘何壮哉！黄河如丝天际来。黄河万里触山动，盘涡毂转秦地雷。荣光休气纷五彩，千年一清圣人在。巨灵咆哮劈两山，洪波喷流射东海。三峰却立如欲摧，翠崖丹谷高掌开。白帝金精运元气，石作莲花云作台。……

从遥远的天际奔腾呼啸而来的黄河，水流湍急，漩涡如轮，声似巨雷，水气成虹，辟山夺地，喷注东海……作者用多种艺术手法，生动地描述了黄河惊心动魄的壮观景象，昭示了她那势不可当、一往直前的巨大力量。而刘禹锡的《浪淘沙》“九曲黄河万里沙，浪淘风簸自天涯。如今直上银河去，同到牵牛织女家”，更以巧妙的构思和奇特的想象，写出了大河黄浪曲折万里奔腾的气势与神韵。其他如杜甫“闻道洪河坼，遥连沧海高”（《临邑舍弟书至……》），韦应物“寒树依微远天外，夕阳明灭乱流中”（《自巩洛舟行入黄河即事寄府县僚友》），李贺“折折黄河曲，日从中央转”（《日出行》）、“黄河冰合鱼龙死……百石强车上河水”（《北中寒》）等等，都从不同的角度歌颂了黄河壮阔的情景和蕴藏的深厚力量。

宋元时期的黄河吟咏往往将写实与写虚、历史与现实、社会生活与神话传说等融为一体，内涵更为丰满和深广。梅尧臣和王安石都有同题《黄河》诗。梅氏为五言古体：

积石导渊源，沄沄泻昆阆。
龙门自吞险，鲸海终涵量。

怒洑生万涡，惊流非一状。
浅深殊可测，激射无时状。
常苦事堤防，何曾息波浪。
川气迷远山，沙痕落秋涨。
槎沫夜浮光，舟人朝发唱。
洪梁画鹢连，古戍苍崖向。
浴鸟不知清，夕阳空在望。
谁当大雪天，走马坚冰上。

诗从黄河的发源起笔，述其莽莽奔腾、吞险夺道、怒涡惊流、激射无状的雄阔，写其雾气迷山、沙痕在岸、夜船晨歌、浮桥坚冰、浴鸟走马等不同层次、不同时序的景物。远山、夕阳的衬托，歌声、船声的渲染，浴鸟、走马的点缀，使黄河愈加可爱，充满了浓厚的生活气息。一代文豪苏轼有《登望洪亭》、《河复》诸作。前者描述了熙宁十年黄河决口水围徐州的情形："河涨西来失旧洪，孤城浑在水光中。"后者抒写河复故道的欣喜，结尾突出了水后"楚人种麦满河淤，仰看浮槎栖古木"的情景，反映了诗人怨爱交织的复杂感情。

南宋时期，由于黄河中、下游大部分地区处在金贵族统治下，宋金长期对峙，民族矛盾突出。这时南宋诗人往往带着强烈的爱国色彩和盼望祖国恢复统一的迫切心情吟咏黄河，把黄河和故乡热土紧密地连在了一起。"三万里河东入海，五千仞岳上摩天。遗民泪尽胡尘里，南望王师又一年"（《秋夜将晓，出篱门迎凉有感》）；"夜阑卧听风吹雨，铁马冰河入梦来"（《十一月四日风雨大作》）；"杀气昏昏横塞上，东并黄河开玉帐"（《九月十六日夜梦……》）；"追奔露宿青海月，夺城夜踏黄河冰"（《胡无人》）……爱国诗人陆游的这些著名篇章诗句，十分典型地反映了江南流民的普遍心理意识。

元代统一后，黄河又以新的面目出现在诗人们的笔下。萨都剌《黄河舟中月夜》描述月夜之下黄河舟行的感受："十丈云帆拂斗杓，星槎风急浪花飘。夜深露冷银河近，卧听天孙织绛绡。"大河星空、人间天上虚实交融，浪花声、织绡声相杂，想象之大胆奇特，意境之清新幽美，均显见出作者的匠心，也可窥见这位蒙古族诗人对中原大河的炽热情感。贡师泰的《黄河行》，堪称盖代之作而与李白《西岳云台歌送丹丘子》相媲美：“黄河水，水阔无边深无底，其来不知几万里。”诗从黄河的雄阔深广起笔，之后追述有关黄河的神话传说，写黄河的发源，河道的开辟，鲧禹的治理。继而描述河水汹涌澎湃、势不可当的壮观情景和洪涛巨浪震耳欲聋的巨大声响。其后状述黄河吞淮连海的宏伟气魄和舟行水上的视幻感觉：“扁舟侧挂帆一幅，满目萧萧鸟飞速。徐邳千里半日程，转盼青山小如粟。”末尾以击楫中流，飘然若仙的潇洒心绪和临流洒酒、祭奠河伯的深幽情景收束全篇。结构宏伟严谨而变化多端，既写出了黄河奔腾的猛烈气势，又突出了黄河古老、神奇的特点，字里行间表达了作者对黄河热爱眷恋的深情。其内容的丰广，艺术的精湛，可谓集咏黄河之大成。

明清时期吟咏黄河的诗篇大体沿袭前代，但更多借河抒怀之作。像清代著名学者顾炎武所写的《龙门》诗：“亘地黄河出，开天此一门。千秋凭大禹，万里下昆仑。入庙焄蒿接，临流想象存。无人书壁问，倚马日将昏。”前四句描绘黄河及龙门的雄壮气势，歌颂夏禹治水的不朽功绩；后四句抒写入庙临流的感慨。全诗以对黄河的赞叹曲折地表达了爱国忧时的深沉感情。近代魏源之《龙门》诗、谭嗣同之《潼关》篇均承顾氏，在表现热爱黄河的同时，多寓抚时感事之思。

黄河，在炎黄子孙的心目中，早已是祖国的象征、民族的象征和中华文明的象征。从上述古代对黄河的吟咏可以看出，千百年来人们一直在描绘黄河的精神，传达着热爱、崇敬、欣慕黄河的内心情怀。这归根结蒂是在表达热爱生活、热爱家园、热爱祖国的真挚情感。黄河创造了昨天的文明，也正在创造着今天的文明，她将永远是中华民族的骄傲。

论李白《梦游天姥吟留别》的构思与创新*

李白的名作《梦游天姥吟留别》是一首创新出奇、别具一格的"留别"诗，表现作者辞别友人、往赴吴越时的情感变化和心态意识，"梦游"只是表达"留别"心绪的表现手法，是一种虚拟的幻境。全诗紧扣"留别"主题，写出了道别的地点、别后的行程、到达的目的地以及内心的愿望。诗人一反描述留别情景的传统写法，动态地委婉地表现心态意识的变化过程，使作品既体现出浓厚的温柔敦厚的诗歌传统，又涵纳着新颖奇妙的艺术创造。

一　本诗主题："留别"而非"记梦"

李白此诗写的是什么？或者说这首诗的主题是什么？自唐迄今，多有视其为"记梦诗"、"游仙诗"者，甚至有人认为是"太白被放以后，回首蓬莱宫殿，有若梦游，故托天姥以寄意"（陈沆《诗比兴笺》）。这些意见，虽各成一家之言而又实在难避片面穿凿之嫌。

笔者认为，弄清本诗的主题可从两方面入手：一是题目，二是全诗的整体内容。题目是作品的眼睛，成功的作品总是紧紧围绕题目展开，而作品的内容又高度浓缩和凝聚在题目中。李白《梦游天姥吟留别》的主题首先就反映在题目上。该诗题目"梦游天姥吟留别"由两层意思或两部分内容构成，一是"梦游天姥"，一是"留别"，这两个内容通过"吟"的形式结合在一起，融为一体，前者是"吟"的内容，后者是"吟"的目的，二者之间又有主次之分。"梦游天姥"是本诗重点描写的内容，但并非本诗主旨，

---

* 本文为中国李白研究会在浙江新昌召开"李白与天姥国际学术研讨会"而作，收入《中国李白研究》，安徽文艺出版社2000年版，第17—24页。

而“留别”才是诗旨所在，才是题目的重心，这是本诗创作的起因，也是该诗写作的目的，是作品表现的核心主题。关于全诗的内容，无须详作剖析，只看诗中“别君去兮何时还”一句，足以知道是为留别而作，方东树说“留别意只末后一点”（《昭昧詹言》），即由此句而发。另外，该诗宋代刊本一般都在题下注云“一作‘别东鲁诸公’”，四部丛刊影印明刊本《河岳英灵集》题作“梦游天姥山别东鲁诸公”乃将二题合一，均可佐证是一首“留别”诗。

“留别”是诗歌传统的表现题材，它以情感交流为轴心、为生命，以心灵沟通为目的，一般抒发友谊、留恋、惜别，或表达开导、劝慰、理解、鼓励、愿望、志趣，等等，总之以抒情言志为宗旨。李白也未超出这一樊篱。但李白笔下的留别往往奇采焕发，多具变化。诸如他的《金陵酒肆留别》“风吹柳花满店香，吴姬压酒劝客尝。金陵子弟来相送，欲行不行各尽觞。请君试问东流水，别意与之谁短长?”清新隽永，活泼自然；《赠汪伦》“李白乘舟将欲行，忽闻岸上踏歌声。桃花潭水深千尺，不及汪伦送我情。”生动形象，轻快明晰。然而，这首《梦游天姥吟留别》则是截然不同的另外一种风格。由于作者抒发的感情因特定的环境及其艺术表现形式与表现手法的变化而呈现出一种较为复杂的状态，如不仔细体察，详加剖析，则易被雄奇虚幻的意境导入误区。“记梦”、“游仙”、“寄意去国离都”诸说就是如此。

二 构思追绎：“拟梦”以写“别绪”

题目已定，怎么来写是体现作家艺术气魄、艺术腕力的重要方面。李白的这首诗正是首先在整体构思方面表现出非凡的创新出奇之魄力。诗以表现自我、表现心灵、表现情绪变化为轴心，而以描述梦游天姥为主线，虚实结合，叙议相间，遵守传统而又不囿于规矩。一方面诗人严格区别“送别”与“留别”的界限，遵守“留言道别”的常情常理，将被送远游的对象作为表现的主体；一方面诗人又不去正面地描述分别场面、抒发友情，而是采用了直接与间接结合、重在迂回委婉的表现方法，表达对友人挽留的感谢及深厚的友谊，通过自己心态情绪的变化，表现对友人依恋的慰解，尤其是以“拟梦”的形式抒写“别绪”，构造雄奇迷离的意境，令人叹为观止。遗憾的是，前人评点，多赏其句段，或称其接连，而对整体构思的审视剖析则极为少见。此诗在结构方面，有三点值得注意。

其一是诗的开头四句为破题之笔。发端即言“海客谈瀛洲，烟涛微茫信难求”，东鲁近海，故言“海客”（李白《赠崔侍御》有“故人东海客”之句），此是与之“留别”的友人，同时点出了留别的地点。《十洲记》载：“瀛洲在东海中，地方四千里，大抵是对会稽，去西岸七十万里。上生神芝仙草，又有玉石，高且千丈，出泉如酒，味甘，名之为玉醴泉，饮之数升辄醉，令人长生。洲上多仙家，风俗似吴人。”历史上的秦始皇、汉武帝都曾梦寐以求，派人去寻长生不老药，无一成功。“谈瀛洲”、“信难求”透露了“东鲁诸公”曾盛情挽留诗人，邀其同游海上，共寻仙境，而李白则婉言逊谢，遂有“越人语天姥”之句，表达了辞鲁往越的决心和意向，自然地将诗笔引向了“天姥”。实际上诗的起句就点出了创作的动因，紧扣“留别”下笔。但由于这种开头法创新出奇，高雅不俗，被动接受的读诗方法往往难以追寻作者的思绪，故连方东树这样的学人也感叹“陪起令人迷”（《昭昧詹言》）。明代胡应麟曾谓此诗“无首无尾，窈冥昏默”，其言虽非甚确，却道出了他读此诗的感觉，尤其“无首”二字正道着了该诗开头以突如其来之笔写尽千回百转之意的妙处。“信难求”、“或可睹”如同戏剧中人物的内心道白，表达的都是诗人的主观判断，体现出选择的倾向性。其二是诗的结尾五句为揭题之笔，回应全篇。“别君去兮何时还”，既揭示了题目又照应了开头；“安能摧眉折腰事权贵，使我不得开心颜”，这脍炙人口的警言名句，不仅收束了全篇，给人以旷达、超脱、潇洒和轻松之感，而且与诗歌开头顿入的沉重形成鲜明的对比，在情绪和感情的表达上构成了一个完整的循环。其三是中间部分的“梦游天姥”，这是全诗的精华和主体，也是作者匠心独到处，故最能吸引读者，也最易迷惑读者。解开此诗奥秘的关键即在此一“梦”。

“梦”是文学作品常见的题材和内容。清代曹雪芹的小说《红楼梦》、明代戏剧汤显祖《牡丹亭》中的“游园惊梦”、元代杂剧王实甫《西厢记》中的“草桥惊梦”等，有口皆碑。宋代诗词中更是俯拾即是。苏轼因梦亡妻而有名作《江城子》“十年生死两茫茫”，辛弃疾感慨国事遂书《破阵子》“醉里挑灯看剑，梦回吹角连营”，爱国诗人陆游的记梦之作多达上百首，

《楼上醉书》"三更扶枕忽大叫，梦中夺得松亭关"、《书悲》"谁知蓬窗梦，中有铁马声"，感人肺腑，脍炙人口。如果仔细琢磨一下文学作品中的"梦"，其实内涵并不一样，至少有"实梦"与"虚梦"之分，而后者则往往是一种虚拟、虚构或者幻想、理想、梦想。研究作品需要具体分析，区别对待。

那么，本诗中的"梦"是"实"还是"虚"？是"记梦"还是"拟梦"？当作者在运用夸张、渲染、拟人等多种艺术手法描述了天姥的雄奇之后谓"我欲因之梦吴越"，接着叙述了"梦游天姥"的全部历程和所见、所闻及所感，且又有"忽魂悸以魄动，恍惊起而长嗟。惟觉时之枕席，失向来之烟霞"的诗句，从梦因、梦游到梦醒、梦感，顺序写来，不仅意境动人，而且情节完整，给人以确有其梦的感觉。但是，只要我们联系全诗内容和"留别"主题，搞清"梦"在全诗中的作用，"梦"的性质也就昭然若揭。

诗的主题既然是"留别"，内容自然与留别密切相关。而"梦"一般是人的潜意识反映，往往表达怀念、思念或向往，在时间上多具以往性、过去性的特点，正如杜甫《梦李白》所言"故人入我梦，明我长相忆"。如果李白诗中的梦境内容是与留别的对象密切相关，就是对诗歌主题的直接表达。然而，"梦游天姥"与"东鲁诸君"实在是风马牛不相及，没有直接的联系，更何况在友人相送的留别之际，也不会有做"梦"的条件。结合全诗来看，此诗梦境至少表达了诗人与友人分别之后将要往游的目标，由于诗人对这个地方的向往，此处表达的只是一种憧憬之情。简言之，"游天姥"不过是诗人的虚拟，这里的"梦"也只是"虚梦"、"拟梦"，而不是"实梦"、"记梦"。因此，这里的"梦"在诗中就变成了一种表现手法而成为诗人创新出奇的重要体现。诗中的"梦"，是诗人心绪情感的载体，是诗人道别的内容与话头。它反映了诗人仕途失意之后，向慕古贤而希求知音、倾心佛老意欲超世脱俗、陶醉山水以达物我两忘的心态，也传达了诗人的志趣和意向，成为诗人辞鲁往越的理由。由此，"梦游天姥"与"留别"就紧密地联系在了一起。前人谓"太白诗虽若升天乘云，无所不之，然自不离本位"（刘熙载《艺概》），于斯可见。《唐宋诗醇》称"此篇夭矫离奇，不可方物，然因语而梦，因梦而悟，因悟而别，节次相生，丝毫不乱"，正是看到了"梦"在全篇中的地位与"留别"的联系。

三 体制创新："以文为诗"与"融会众体"

杜甫称誉李白"白也诗无敌，飘然思不群"（《春日忆李白》），"思不群"不仅体现在诗歌的整体构思上，而且也反映在诗体的创新上。即如留别诗，唐人多用近体，如孟浩然《留别王维》（"当路谁相假，知音世所稀"）、李商隐《板桥晓别》等，都是这样。李白的《梦游天姥吟留别）不仅选用七言古体，充分发挥和利用其容量大、无拘束的优势，而且熔众体于一炉，糅诗赋散文为一体，各体律绝形式、各种散文句法，皆为其所用，因物赋形，随意选式，挥洒自如，工整的对仗、虚词的运用和手法的变换，形成长短参差、错落有致而气势雄浑的艺术效果。学界讨论古代各种文体的相互影响，言及"以文为诗"，往往以为杜甫发其韧、韩愈扬其波，其实，李白的这首诗不论在句法形式上还是在表现手法上，都大量吸收了散文的艺术因素，可视之为较早以文为诗的成功范例。

首先，作品合理吸收了散文的叙事成分，加强了诗歌的叙事性。诗歌和散文是人类发展史上产生最早的两种文学形式，中国古代，仅就汉民族文学而言，诗言情、文记事，功能各有偏重。李白此诗被认为是"记梦"诗，这本身就说明了两点：一是体现了明显的"记事"性特点；二是说明将散文因素融入了诗歌。叙事的完整性、顺序的一维性是记事散文的突出特点，在这里有着充分体现。故方东树从以诗记梦的角度认为此诗开记梦之先河，是韩愈"《记梦》之本"（《昭昧詹言》）。

其次，作品使用了大量赋与散文的字法、句法和章法。诸如"云青青兮欲雨，水澹澹兮生烟"、"忽魂悸以魄动，恍惊起而长嗟"，"列缺霹雳，丘峦崩摧。洞天石扉，訇然中开"，这些句式不仅字数参差，而且节奏有异。《唐宋诗醇》称李白七言歌行"穷极笔力，优入圣域"，前人谓《天姥吟》"以气为主，以自然为宗，以俊逸高畅为贵，咏之使人飘扬欲仙"，都与体制的创新相关联。当然，这种体制上的创新与诗人所要表达的内容密切相联，内容决定形式，形式为内容服务。

四　深厚的文化积淀：融化典实与浑化无迹

正如中国古代的诗歌风格多样、绚丽多姿一样，李白既有“床前明月光，疑是地上霜”（《静夜思》、“白发三千丈，缘愁似个长”《秋浦歌》）这样“清水出芙蓉，天然去雕饰”的妇孺称颂、雅俗共赏之作，也有如《蜀道难》一类“黄钟大吕”式学林激赏的高雅之篇。而后者往往含纳着深厚的文化积淀，《梦游天姥吟留别》即属此类。

文化积淀表现在作品的艺术形式、内容、风格等各个方面，其中融化典实是主要的表现之一；该诗全篇22句，作者明用、暗用、引用、借用、化用前代神话故事、历史事实、民间传说、古代典籍、前人诗赋等达30种以上，几乎句句含典实，字字有来处，而内容又紧紧围绕仙游。其引用《史记》、《汉书》、《述异志》、《十洲记》、《白羽经》中的故实自不必说，即如点化《楚辞》之《九歌》、《天问》、《云中君》，张衡之《西京赋》、傅玄之《吴楚歌》、郭璞之《游仙诗》以及《上元夫人步元曲》等作品中的诗句典故无不如此。天姥山本身就充满神奇色彩，其名字含纳着美丽的神话传说（《后吴录·地理志》“剡县有天姥山，传云登者闻天姥歌谣之响。”）而该诗从彷徨到解脱的整体构思则胎息于楚辞《远游》[①]。很多典故的使用达到了浑化无迹的境界，不仅含蓄深厚，而且给读者留下了丰富的想象空间。熟知出处，固然拍案叫绝，而不知掌故者亦不影响对诗歌本身的理解。如“势拔五岳掩赤城”以夸张渲染的手法极言天姥之高峻，其中“赤城”，由于作者暗用《登真隐诀》“赤城山下有丹洞，在三十六洞天数”之道教传说的内容，故除指山名外还可使人想到道教的三十六洞天。“半壁见海日，空中闻天鸡”写梦游过程中在峭崖陡壁的半山腰即看到海上日出之情景、听到空中天鸡的鸣叫声。《述异志》载：“东南有桃都山，上有大树曰桃都，枝相去三千里，上有天鸡，日初出照此木，天鸡则鸣，天下之鸡皆随之鸣。”诗人

① 《远游》开篇即写“悲时俗之迫厄兮，愿轻举而远游”，点明远游原因，交代郁结内伤，愁凄增悲，于是神形两离，独神游以求正气，突出描述了神游八极的情景，最后达到了“超无为以至清，与泰初而为邻”的至高境界，由原来的郁结愁凄变为彻底解脱，表现了作者强烈的出世思想。

化用此掌故，不仅使意境更加雄奇，而且增加了浓郁的神话色彩和深厚的情趣。再如“青冥浩荡不见底，日月照耀金银台”，写俯视悬崖之下所看到的那种昏暗浩渺、云雾缭绕之情景以及当时所产生的“日月照耀金银台”之幻觉。“金银台”乃指神仙居住的地方，此处点化郭璞《游仙诗七首》其六“神仙排云出，但见金银台”之诗句和班固《汉书》关于蓬莱、方丈、瀛洲“此三神山者，仙人及不死之药皆在焉，而黄金白银为宫阙，未至，望之如云”的说法，极写幽谷令人眼花缭乱的感觉和幻化的奇光异彩。诸如此类浑化无迹的用典，极大地增强了诗歌的高雅情趣，意境更开阔，也更耐人品味、寻味。刘熙载认为“太白诗以《庄》、《骚》为大源，而于嗣宗之渊放、景纯之隽上、明远之驱迈、玄晖之奇秀，亦各有所取，无遗美焉”，该诗甚为典型。

论燕乐的滋兴与词体的诞生*

公元7世纪前后，在辽阔的华夏大地上渐渐兴起了一种新的音乐——燕乐。伴随着它的流行，一种新的文学体式——词，也悄悄地应运而生，并绵延千载。词与燕乐几乎联袂而至，它依附于燕乐乐曲而临世。我们考察词的发展轨迹，研究词的衍化历史，必须首先探本溯源，因此应对孵化词体的燕乐有一个大致的了解。

燕乐是我国隋唐时期逐渐形成的一种新型的民族音乐系统。燕乐又称“宴乐”，古代“燕”“宴”相通，其功能多是宴饮时娱宾助兴，故称“燕乐”。我国自古即有以乐助宴的传统，从民间的篝火聚饮到宫廷的华灯豪宴，前代典籍屡见记载，隋唐时期燕乐的形成不过是对前代助宴之乐的进一步丰富和发展。从音乐史、文化史的角度审视，它又是一次重大的音乐革命，其主要表现就是对外来音乐和边疆民族音乐的广泛吸收和融合。宋人沈括《梦溪笔谈》卷五《乐律》云：

> 自唐天宝十三载，始诏法曲与胡部合奏。自此乐奏全失古法，以先王之乐为雅乐，前世新声为清乐，合胡部者为宴乐。

这里的“胡部”即是指与中土音乐相对而言的外来音乐。由沈氏言可知“宴乐”在天宝年间已正式形成，并成为正统音乐殿堂里的重要成员，它与“先王之乐”、“前世新声”先后继踵，比肩接武。此处所说“雅乐”、“清乐”、“宴乐”分别代表着我国古代音乐发展的三个历史时期，即先秦、汉魏六朝与隋唐。“宴乐”就是隋唐时期音乐革新的结晶。

---

* 本文发表于《语文函授》1993年第5期总第74期。

燕乐的脱胎形成也经过了相当长的历史时期。早在隋代之前，中原地区就开始掀起了吸收、融化和改造外来音乐的浪潮。至隋大业中，炀帝将“胡夷”之乐纳入正统，推进了燕乐的脱胎与成熟。逮至李唐，其风益盛。元稹《法曲》诗云：“女为胡妇学胡妆，伎进胡音务胡乐。《火凤》声沉多咽绝，《春莺啭》罢长萧索。胡音胡骑与胡妆，五十年来竞纷泊”；王建《凉州行》诗中甚至说“洛阳家家学胡乐”；可见唐代胡乐对中土影响的普遍和广泛。朝廷则于开元二十四年（736）明确宣布“升胡部于堂上”，“诏道调、法曲与胡部新声合作”（《新唐书·礼乐志》）。君倡于上，民应于下，天下熏然成俗，燕乐遂脱颖而出，大行于世。宋人郭茂倩《乐府诗集》卷七十九其《近代曲辞·序》对燕乐发展过程作了详细描述和介绍：

> 隋自开皇初，文帝置七部乐：一曰西凉伎，二曰清商伎，三曰高丽伎，四曰天竺伎，五曰安国伎，六曰龟兹伎，七曰文康伎。至大业中，炀帝乃立清乐、西凉、龟兹、天竺、康国、疏勒、安国、高丽、礼毕，以为九部。乐器工衣，于是大备。唐武德初，因隋旧制，用九部乐，太宗增高昌乐，又造讌乐而去礼毕曲。其著令者十部：一曰讌乐，二曰清商，三曰西凉，四曰天竺，五曰高丽，六曰龟兹，七曰安国，八曰疏勒，九曰高昌，十曰康国。而总谓之燕乐。声辞繁杂，不可胜纪。凡燕乐诸曲，始于武德、贞观，盛于开元、天宝。

郭氏梳理了隋至盛唐时期宫廷音乐的发展，昭示了燕乐的衍变情形和开元、天宝“声辞繁杂”的状况。从隋文帝杨坚始，历炀帝杨广、唐高祖李渊至太宗李世民，绵延半个多世纪燕乐方大体定位。由此我们既可看到外来音乐与中土音乐同化合流的轨迹线索，又可知道燕乐来源的广泛性和内容的丰富性。在燕乐系统的家族中，边疆民族的音乐和外来音乐已经占了绝大多数席位，中土固有的清乐也被改造纳入了燕乐的行列。因此燕乐形成的过程，就是一个不断吸收、融合外来音乐的过程，也是一个旧曲翻新、代有增益的过程。

燕乐作为一种新型的民族音乐流播中原，马上受到人们的普遍欢迎，从此在华夏中土落户扎根、广为流行，成为我国古代音乐史上继雅乐、清乐之后的第三大音乐系统，为词体的诞生创造了条件。据文献记载，燕乐的乐器种类繁多，尤以琵琶为主。清代凌廷堪《燕乐考原》卷一说："燕乐之原，出于琵琶"；又说："燕乐之器，以琵琶为首。"随便翻检唐诗，即可见到大量描写琵琶演奏情形的作品：

> 琵琶起舞换新声，总是关山旧别情。
>
> ——王昌龄《从军行》
>
> 乐府只传横吹好，琵琶写出关山道。
>
> ——顾况《刘禅奴弹琵琶歌》
>
> 低鬟缓视抱明月，纤指破拨生胡风。
>
> ——刘禹锡《泰娘歌》
>
> 四弦千遍语，一曲万重情。
>
> ——白居易《听琵琶妓弹〈略略〉》
>
> 琵琶弦促千般调，鹦鹉杯深四散飞。
>
> ——方干《陪李郎中夜宴》

琵琶演奏轻便灵活，既能独弹，又可合奏，甚至一人边弹边唱，音质缠绵凝重，还不受演出场地的局限和束缚，因此就更宜于侍宴助兴。大约最初，人们多半还只是欣赏燕乐乐曲，为这种富有新鲜气息的音乐所陶醉，故徐养源《律吕臆说》谓其初创制的燕乐乐曲"皆有声无词"（《俗乐论一》）。然而，由于人们文化层次的差异、艺术修养的不同和审美情趣的多样，加上我国古代歌、乐相佐艺术传统的影响，使得很多人不满足于只欣赏乐曲，而要求佐以歌喉，以增情趣。于是便出现了配辞歌唱的形式。人们首先将流行的燕乐乐曲添上歌词，然后演唱，"依曲填词"、"由乐以定词"成为时尚，所谓"乐童翻怨调，才子与妍词"（白居易《杨柳枝二十韵》），正是当时创制新曲、填写歌词的凝练概括。这样，继《诗经》、乐府之后，在我国古代文化史上出现了又一次音乐与文学的大联合，在这个过程中，一种蕴藏着巨大文学生命力的新诗体便呱呱坠地，降临世间，开始了它漫长的文学历程。简言之，词这种新的文学体式，实际上是外来音乐和边疆民族音乐以及中土音乐多向交触结合而孕育出的文学骄子，其本身又继承和发扬了汉民族文学的优秀传统，凝聚着中原文化的光华。

“依曲填词”，音乐与文学密切结合，“曲”与“词”两相发明，互为一体，既加快了燕乐的流播和普及，又扩大了文学的影响力，二者各自具有独立的艺术生命。在此后相当长的一段历史时期内，燕乐一直是词赖以生存和发展的温床，甚至成为词体兴盛衰微赖以变化的轴心。但实践证明，“词”的独立性和生命力更强，以至于后来乐虽失而词犹存，在中国古代文学史上发展成既能与诗文抗衡、又可同戏剧小说比肩的文体。

正如万事万物都有一个产生发展的过程一样，词也经过了结胎、诞生、发育、成长、定型、兴盛、衰微等不同的历史阶段。早期配合燕乐演唱的歌辞，并不全是我们现在意义上的“词”，其来源也不一样。概括起来，大致有如下几种情形：

其一，“乐人采诗以合曲”（《律吕臆说》）。这种选诗配乐的方式，其歌辞乃是诗的借用而已，自然不是“词”。所以，王灼有“李唐伶伎取当时名士诗句入歌曲，盖常俗也”（《碧鸡漫志》卷一）之说；胡仔（元任）亦称“唐初歌辞，多是五言诗，或七言诗，初无长短句”（《苕溪渔隐丛话》）。薛用弱《集异记》卷二所载王昌龄、高适、王之涣三位诗人“旗亭画壁赌唱”的著名故事，更是这方面的有力佐证。

其二，诗加和声、泛声或散声。李之仪《跋吴思道小词》说：“唐人但以诗句而用和声抑扬以就之，若今之歌《阳关词》是也。”沈括《梦溪笔谈》卷五亦谓：“诗之外又有和声，则所谓曲也。古乐府皆有声有词，连属书之，如曰贺贺贺、何何何之类，皆和声也。”朱熹提出“泛声”说：“古乐府只是诗，中间却添许多泛声。后来人怕失了那泛声，逐一添个实字，遂成长短句，今曲子便是。”（《朱子语类》卷一百四十）至方成培又有“散声”论：“唐人所歌，多五、七言绝句，必杂以散声，然后可比之管弦，如《阳关》诗，必至三叠而后成音，此自然之理。后来遂谱其散声，以字句实之。而长短句兴焉。”（《香研居词麈》卷一）他们都在探讨词体形成的途径，都以为词由诗变化而来。这种添加和声、泛声或散声的方式，虽然也是选诗配乐，但已将诗稍予改造，变换形态，以适应乐曲的节拍和旋律，其原诗当然不是“词”。但正如朱熹、方成培所描述的那样，这种形式却是由诗向词过渡的一架桥梁。

其三，“倚声制辞”（陆游《长短句序》）。这种方式产生的歌辞，才真正是现在意义的“词”。自然，这里的“声”还必须是新产生的燕乐乐曲。

那么，倚声制辞始于何时？这是探讨词体诞生的关键问题之一，然而，自古迄今，说法不一。宋代学人多持始于唐代说。诸如沈括谓“唐人乃以词填入曲中，不复用和声”，“贞元、元和之间为之者已多”（《梦溪笔谈》卷五）；胡仔云唐“自中叶以后，至五代，渐变成长短句”（《苕溪渔隐丛话》后集卷三十九）；南宋吴曾在《能改斋漫录》中说“开元、天宝间……始以乐工拍但之声，被之以辞。句之长短，各随曲度”。诸家皆道倚声制辞事实，故所言时间略有出入。至如李之仪谓“至唐末遂因其声之长短，句而以意填之”、陆游云“倚声制辞起于唐之季世”，所言时间虽一致，而较前面诸说更为晚矣。

如前所述，词体的形成是一个历史的过程。其结胎、诞生、发育、成熟必然需要时间和实践的不断哺乳育化，最后“流传已盛，遂成一体，即不得不谓之词”（先著《词洁》）。沈括、胡仔、吴曾等人看到的只是词体发育阶段的现象，而李之仪、陆游的唐季制辞说，已属词体定型阶段。词之萌芽与诞生，应更在其前。

宋人王灼曾言“盖隋以来，今之所谓曲子者渐兴。至唐稍盛”（《碧鸡漫志》卷一）；张炎《词源》亦称“粤自隋唐以来，声诗间为长短句”；二子皆将词体的诞生提前到隋代。王灼与张炎都是精通音乐、且较早开始深入研究词学的专家，其说具有较强的可信性，故对后世影响很大。明代部分学人多承其说而时发新见。

陈廷认为“词始于南北朝，转入隋而著，至唐宋仿制耳”。其《渚山堂词话序》云：

> 始余著词话，谓南词起于唐，盖本诸玉林之说。至其以李白《菩萨蛮》为百代词曲祖，以今考之。殆非也。隋炀帝筑西苑，凿五湖，上环十六院。帝尝泛舟湖中，作《望江南》等阕，令官人依声为棹歌。《望江南》列今乐府。以是又疑南词起于隋。然亦非也。北齐兰陵王长恭及

周战而胜，于军中作《兰陵王》曲歌之，今乐府《兰陵王》是也。

陈序讲述了对词之起源认识不断深化的过程和依据，已不同于宋人只谈结论的笼统说法。

杨慎与陈氏观点相近。他说“填词起于唐人，而六朝已滥觞矣”（《词品》卷一），其《词品·序》云：“在六朝，若陶弘景之《寒夜怨》、梁武帝之《江南弄》、陆琼之《饮酒乐》、隋炀帝之《望江南》，填词之体已具矣”。杨氏在《词品》中还指出：“乐府有《穆护砂》，隋朝曲也，与《水调》、《河传》同时，皆隋开汴河时，词人所制劳歌也”（卷一）。既言“劳歌”而歌必有辞，其谓“隋曲”当亦新制，则曲、辞应为同时。

陈、杨而外，王世贞在《词评序》中也曾批评有人将李白《菩萨蛮》、《忆秦娥》作为倚声填词之祖，并进而指出：“隋炀帝已有《望江南》词。盖六朝诸君臣，颂酒赓色，务裁艳语，默启词端，实为滥觞之始。”

陈、杨、王俱为明人，较宋人离隋唐已远，但他们研讨词的起源，较宋人一般性描述或臆测更为谨严和有据。三子不约而同地把目光投向六朝，大大提前了词的萌芽和诞生的时间，与燕乐渐兴的时间正相吻合。如前所述，北周、北齐都曾较早地吸收和改造外来音乐，燕乐首先在这些地方滋行，而词同时在这里酝酿发端也就不足为奇了。

明人讨论词源，大都顾及燕乐，故持论大体符合史实。清代学人虽然也有如毛先舒袭明人之论，以为“填词缘起于六朝”（《填词名解略例》）者，但毕竟屈指可数。他们更多地侧重于语言形态和文学自身的承袭延续，而往往忽略燕乐滋兴的时间，将词之发源提前到《诗经》、《楚辞》，立论偏颇，就难以令人接受了。如：汪森《词综序》“自有诗，而长短句即寓焉”；张百樸《词选·序》：“《三百》绳武，流为奇声”；许宗彦《莲子居词话序》：“滥觞楚《骚》，导源《风》、《雅》”；刘熙载《艺概》卷四：“词导源于古诗”等意见，或许可以纳入词体自身形式、内容、艺术诸方面对于前代文学承传因素的研究范围，但绝不可以看成是词体胚胎的标志或词体产生的本源。

总之，随着六朝时期音乐的变革和燕乐的滋兴，词至少在隋初即已开始萌芽。《旧唐书·音乐志》谓：“自周、隋以来，管弦杂曲将数百曲，多用西凉乐，鼓舞曲多用龟兹乐，其曲度皆时俗所知也。”这些流行的时曲，未必没有按谱填写的新辞，只是失于记载，难以详考明辨，民间传唱的曲辞，就更无法征考了，宋人朱弁《曲洧旧闻》指出：“词起于唐人，而六代已滥觞矣”，其说大体接近史实。

敦煌歌词新论*

公元1900年，甘肃敦煌鸣沙山千佛洞第288号藏经洞被打开，一批沉埋千年之久的华夏文化珍品——隋唐时期的歌词重见天日，为词史研究、为华夏文化研究提供了极其珍贵的资料。这些词因发现于敦煌而通常被称之为"敦煌词"、"敦煌曲"、"敦煌曲子词"、"敦煌歌辞"（"词"与"辞"通）等等，称谓虽有小别，但全都不约而同地昭示了这些作品的本质乃当时流行的"歌辞"，即如现代人抄录保存的流行歌曲曲辞一样。由于当时歌曲曲谱相对固定（犹如京剧中的"二八"、"流水"之类）而无须辞谱并录。毫无疑问，这些词与音乐有着极为密切的并生关系。因此，研究这些歌词，研究中国古代词的发展演变，就不能不考虑音乐的因素。一个多世纪以来，敦煌词的整理和研究取得了丰硕的成果，发展为敦煌学中的劲旅。然而，文学方面的研究则往往仅限于文本自身，研究视角和研究深度都有不尽人意处。本文拟从敦煌词的内容考察入手，研究其与音乐的互动关系，探讨其规律性的特点，以为当代文化建设提供借鉴。

敦煌词经过近人的整理，这些作品主要收存在王重民《敦煌曲子词集》（161首，非164首）、饶宗颐《敦煌词》（318首）、任二北《敦煌曲校录》（545首）与《敦煌歌辞集》（1200余首）、张修与黄会合编《全唐五代词》等著作中。诸书因取录标准不一，故数量悬殊。这里我们主要以《敦煌曲子词集》和《敦煌曲校录》作为考察主体，并适当参酌其他本子。

应当指出，敦煌词的创作年代与作者绝大部分都难以确考，任二北《敦煌曲初探·杂考与臆说》曾认为最早的作品当数咏五台山的《苏莫遮》一首，大约作于武则天末年；但那些无法考明年代的作品中，也不能排除有的

---

* 本文发表于《文学前沿》2000年第3期。

就产生于隋代、唐初的可能性，有人甚至认为其中有六朝遗曲。至于作者，除了屈指可数的几首确考为出自温庭筠、欧阳炯等人之手外，余者皆为民间无名氏所作。所以本文将敦煌词作为一个整体进行考察，征引作品避开具体作者和具体年代。

一　自由歌唱：敦煌词内容丰富与风格多样的基础

任何一种文体的出现、形成和流行，都不是孤立的，偶然的，它必然需要多方面因素的促成，词亦如是。燕乐孕育和孵化了词体①，在相当一段时期内成为词体赖以生存和发展的基础，同时词体的发育成熟还有待于众多歌辞创作家的长期共同努力。隋唐时期，燕乐分别在民间与宫廷同时广泛地流行，这种双轨并向发展的势头反映在歌词创作上，则出现了两种发展态势：一方面，伴随着燕乐在民间的广泛流行，产生了大量通俗质朴“里巷歌谣”式的民间词，并一直顺着口语化、通俗化的路子走：另一方面，燕乐传入宫廷，文人染指填词，于是歌谣在保持民间词传统风格的同时，又向着文采、雅化的方向不断演进。两条不同的创作道路，构成了词史上两条鲜明的发展线索而贯穿始终，或雅俗辉映，或两相交融，不同时期，不同作家，呈现着不同的景观和风采。

敦煌词是词的发展史上词早期阶段的产品，这个时期，人们尚未形成固定的词学观念，约束限制很少，创作比较自由，尤其在民间，很多歌者就是作者，题材的选择无所顾忌，加上受诗歌及其他艺术形式的影响，当时的表现对象十分开阔，内容相当丰富，或反映社会，或表现人生，或歌咏自然，大到政治、军事、经济、宗教、哲学、艺术，小至人情事理、衣食住行、花鸟草木，无不涉及。王重民《敦煌曲子词集·叙录》云：“今兹所获，有边客游子之呻吟，忠臣义士之壮语，隐君子之怡情悦志，少年学子之热望与失望，以及佛子之赞颂，医生之歌诀，莫不入调。其言闺情与花柳者，尚不及半。”任二北《敦煌曲初探》将其内容分为疾苦、怨思、别离、旅客、感慨、隐逸、爱情、伎情、闲情、志愿、豪侠、勇武、颂扬、医、道、佛、人

① 参见拙作《燕乐的兴起与词体的诞生》，《语文函授》1993年第5期。

生、劝学、劝孝、杂咀二十类，认为“宏开境域，凡百涵容，无所不至”，且云：“综观五百余辞内，国计民生所系，人情物理所渲，范围已不为不广：儒释道三教皆唱也；文臣、武将，边使、番酋，使客、医师，工匠、商贾，乐人、使女，征夫、怨妇……无不有辞也。”可知当时参与歌唱和写作的人群之广及歌词内容之宽。毫无疑问，只要读过敦煌词，都会领略其内容的丰富性和风格的多样性。但是，却很少有人细究个中奥妙。笔者以为，其间原因虽有多种，但最直接、最重要的则是“音乐”，是人们自由的歌唱。当时新兴的“燕乐”受到社会各阶层的普遍欢迎，被广泛地用于侍宴、娱乐和感情交流，它成为启动人们心扉、激发创作热情的因子，成为“歌辞”百花齐放的沃土。

二　恋情：敦煌词的主体

在中国古代文学发展史上，词因多表现月下花前、依红偎翠的男女恋情而被人称为“艳科”，其说虽偏颇，却也渊源有自，不为无据。敦煌词中，数量较多、分量最重而又最为出色的作品即是恋情词。这些早期词作，显露出以表现恋情为主的倾向，奠定了词向表现爱情发展的基础，使词在相当长的一段时期内，表现爱情、艳情成为主流。《云谣集杂曲子》中的作品几乎全都关涉恋情。考察敦煌词，如果将其中所有有关爱情、恋情的作品集中起来，作为一个有机统一的艺术整体，就会发现，它已经较为全面地表现了人生爱河中不同阶段情感生活的各个方面。从青春的觉醒和爱情意识的萌动，到因倾慕而求婚的情形，从初恋时的微妙心态，到定情时男女双方的海誓山盟，而更多的则是婚后夫妻生活历程的展现和各种心态情绪的描述。诸如新婚的缠绵与甜蜜，离别的眷恋与伤悲，思念的沉挚与悲苦，孤眠的寂寞与感伤，盼夫归来的焦急与期望，乃至夫妻危机的忧伤、情感破裂的苦闷、女子被遗弃的愤怒与痛苦……真可谓爱情的甜酸苦辣样样有，人物的心态性格各有别。在敦煌恋情词中，部分作品着意表现爱情的成功：

高卷珠帘垂玉牖，公子王孙女。颜容二八小娘，满头珠翠影争光，百步惟闻兰麝香。

口含红豆相思语，几度遥相许。修书传于萧娘，倘若有意嫁潘郎，休遣潘郎争断肠。

——《竹枝子》

睹颜多，思梦误，花枝一见恨无路。
声哽咽，泪如雨，见便不能移步。
五陵儿，恋娇态女，莫阻来情从过与。
畅平生，两风醋，若得丘山不负。

——《渔歌子》

枕前发尽千般愿，要休且待青山烂。
水面上秤锤浮，直待黄河彻底枯。
白日参辰现，北斗回南面。
休即未能休，且待三更见日头。

——《菩萨蛮》

这三首作品表现的都是爱情萌生并迅速发展，以至终身相许的情形，而各篇又略有不同。《竹枝子》描述了一对青春觉醒的年轻恋人两相倾慕互许终身的情景。作者先从女子的门第、年龄、服饰诸方面着力渲染其美丽动人，又以“口含红豆”暗示相思的细节，表现其聪颖，而“几度遥相许”则突出了她的多情主动；“潘郎”的“修书”与“断肠”，又有力地表现了男子追求的迫切。这对恋人，或许从小即是青梅竹马，大则不便过从，然相居不远，故有暗示、领悟、相许、传书诸细节。与此篇不同，《渔歌子》表现的则是一见钟情式的爱情。上片通过路遇时各自的心理情态，描绘双方的爱慕与缠绵；下片则写男追女从，两相欢爱，得遂心愿，且海誓山盟，至死不渝。他们的爱情来得如此突然，感情的介入和爱情的实现又异乎寻常地迅速，同时，其行动又是如此大胆地超越了封建道德的规范。《菩萨蛮》则直接写恋人“枕前”的誓盟，主人公选择了宇宙间根本不可能出现的六种现象作为爱情结束的先决条件，表现其爱情的忠贞、坚定、真诚、炽烈和永恒持久，至死不渝。三首作品中的主人公都是爱神的骄子，爱情的胜利者。

敦煌恋情词有的篇章也表现了不成功、不成熟乃至完全失败的爱情。《凤归云·幸因今日》以二首联章的形式叙述一位“锦衣公子”路遇娇娥，为其美貌吸引，竟至“垂鞭立马”，渴慕失态。他即路求婚，但其女已聘，且守志坚贞，因此被直言正告：“徒劳公子肝肠断，谩生心”，颇遭奚落，男主人公成为一个追求爱情而被拒绝的碰壁者。《喜秋天》则描绘了一位被愚弄的热恋中的痴情女子：

潘郎妄语多，夜夜道来过。赚妾更深独弄琴，弹尽相思破。

寂寂更深坐，泪滴浓烟翠。何处贪欢醉不归，羞向鸳衾睡。

词写其等候幽欢而情人失信时的心态行为。作者通过女主人公的埋怨情绪、更深弄琴、对烛垂泪等细节的描述，既刻画了其多情、痴情的一面，又写出了其被愚弄的一面。《南歌子》还描述了一位受聘而未嫁女子复杂微妙的心态：

争不教人忆，怕郎心自偏。近来闻道不多安。夜夜魂梦间错，往往到君边。

白日长相见，夜头各自眠。终朝尽日意悬悬。愿作合欢裙带，长绕在你胸前。

词中的女主人公与未婚夫相隔甚近，至“白日长相见”，她似乎听到些有关丈夫的风言风语，因此牵肠挂肚，神绕梦牵，既担心又不放心，生出了“愿作合欢裙带，长绕在你胸前”的奇想。《抛球乐》刻画的是一位被情人玩弄后遭到抛弃的女性：

珠泪纷纷湿绮罗，少年公子负恩多。

当初姊姊分明道：莫把真心过与他。

仔细思量着，淡薄知闻解好么？

她在爱情彻底失败之后，于悲痛感伤的同时，亦有所思悟，故一面叹惋少年男子的轻薄负恩，一面后悔当初没把姐姐的警劝放在心上，只凭着一星半点的了解，怎么就能知道他是一位好人呢？

敦煌恋情词中的多数篇章是表现婚后情感生活的起伏变化，其中尤以闺思闺怨为主。这些作品通过展示女性的心态情绪，反映了她们的生活境遇，表现了她们各自不同的性格，形成了姿态各异、性格有别的女性群体形象。这个群体形象带有鲜明的封建主义的社会特征。

通过它，我们既可体察到古代女子温顺多情、善良懦弱，或贤淑明达等多重性格，又可体察其社会地位的低下以及被玩弄、受侮辱的不公平待遇，尽管其中亦不乏命运的抗争者，却少得可怜。统观敦煌恋情词，没有发现一首直接地正面表现新婚夫妇甜蜜生活的作品，下面这首《怨春闺》虽然也包含着淡淡的闺怨成分，但主旨却是传达夫妻间的恩爱缠绵，且情景真切，意趣横生：

好天良夜月，碧霄高挂。羞对文鸯，泪湿红罗帕。时敛愁眉，恨君颠罔，夜夜归来，红烛长流云榭。

夜久更深，罗帐虚熏兰麝。频频出户，迎取嘶嘶马。含笑觑，轻轻骂。把衣桴撦。叵耐金枝，扶入水精帘下。

词的上片写女主人公于天净月明的美好夜晚在家等待夫婿归来时，那种喜悦的盼望之中又略含几分不能时刻厮守相伴的遗憾之情；下片写主人公香熏衾被，急切盼夫归来与夫妻见面后亲昵热烈的情景。全词以女主人公的心情变化为线索，先是轻松喜悦，次则感伤叹唱，继以殷切盼望，终于笑逐颜开，心花怒放，其中环境的渲染、心理的刻画、细节的描述交织成篇，真切细腻地展现了夫妻生活的缠绵与甜蜜，充满了浓厚的生活气息。生活五彩缤纷，就像时刻变幻的白云，并不是所有的家庭都能永久地保持着爱情的甜蜜，下面这首《渔歌子》反映的就是夫妻情感开始呈现裂痕的生活情景：

绣帘前，美人睡，庭前猧子频频吠。
雅奴卜，玉郎至，扶下骅骝沉醉。
出屏帏，整云髻，莺啼湿尽相思被。
共别人，好说我不是，你莫辜天负地。

大约这对夫妻的感情早已淡薄，故未待夫回，妻已先睡，至狗吠奴叫，夫婿醉归，女主人公悲伤的泪水早已“湿尽相思被”，因此，她指责丈夫昔日经常向别人言长道短，说妻子的坏话，而今日自己竟也做出了“辜天负地”、违背誓盟的事来。词截取了这样一个生活细节，从而真实地反映了家庭夫妻生活的一个侧面。

由于各方面的原因，有时夫妻之间不得不作暂时的分别，于是送行便自然地成为恋情词中的一部分，由此表现浓挚的儿女情长和缠绵的眷恋之态。比如：

> 昨朝为送行人早，五更未罢金鸡叫。相送过河梁，水声堪断肠。唯念离别苦，努力登长路。驻马再摇鞭，为传千万言。
>
> ——《菩萨蛮》
>
> 此时模样，算来似，秋天月。无一事，堪惆怅，须圆阙。穿窗牖，人寂静，满面蟾光如雪。照泪痕何似，两眉双结。
>
> 晓楼钟动，执纤手，看看别。移银烛，偎身泣，声哽咽。家私事，频付嘱，上马临行说：长思忆，莫负少年时节。
>
> ——《别仙子》

前一首采用回忆的方式，叙述送别情形，表现离别心态。“水声”句暗喻女子的哭泣，极言悲痛，写其不忍分别；结尾两句则突出男子的欲行又止、千嘱咐万叮咛的情形；从而传达了夫妻间的深厚感情。后一首写夫妻晓别的情景。上片以月照离人泪痕，虚写别前夫妇的话别与痛惜，下片描绘别时情形和双方情意绵绵的叮咛嘱托。柳永《雨霖铃》中“执手相看泪眼，竟无语凝咽”的意境，即由此化出。

分别如此眷恋缠绵，别后更是相思深切，于是思夫成为恋词中的大宗。《山花子》中的女主人公后悔让夫婿出游，自己在家备受孤独，她想象自己如果是江水是南山的话，也早已思念得“水竭山碎”：“去年春日长相对，今年春日千山外。落花流水东西路，难期会。西江水竭南山碎，忆得终日心无退。当时只合同携手，悔□□。”《渔歌子》中的女主人公则陈述了徒对美景而孤寂郁闷的情形，倾吐了丈夫未能早归的烦恼：“春雨微，香风少，帘外莺啼声声好。伴孤屏，无语笑，寂对前庭悄悄。当初去，向郎道，莫负青蛾花容貌。恨狂夫，不归早，教妾实在烦恼。”《破阵子》中的主人公因思念深切而转向怨恨，甚至猜疑：“莲脸柳眉羞晕，青丝罢拢云。暖日和风花戴媚，画阁雕梁燕语新。卷帘恨去人。寂寞长垂珠泪，焚香祷尽灵神。应是潇湘红粉继（系），不念当初罗帐恩。抛儿虚度春。”此词上片以白描手法自述动人的容貌和天气环境的优美宜人，表现“良辰美景无人共”之悲伤自怜；下片以垂泪、祈神的细节，写寂寞难熬和盼夫归来的心情，怀疑丈夫在外已结新欢，流连忘返，而将自己抛弃在家，空守闺房，虚掷青春，从反面写出了思念的焦虑。有的作品中的女主人公因为与夫婿分别得太久而后悔嫁错了人：“一旦娉得狂夫，攻书业抛妾求名宦。纵然选得，一时朝要，荣华争稳便。”（《倾杯乐》）

思夫词尤以思念征夫者为多、为优。如下面两首《凤归云》：

征夫数载，萍寄他邦，去便无消息，累换星霜。月下愁听砧杵，塞雁南行。孤眠鸾帐里，枉劳魂梦，夜夜飞扬。

想君薄行，更不思量。谁为传书与，表妾衷肠。倚牖无言垂血泪，暗祝三光。万般无奈处，一炉香尽，又更添香。

——其一

绿窗独坐，修得君书。征衣裁缝了，远寄边隅。想你为君贪苦战，不惮崎岖。终朝沙碛里。只凭三尺，勇战奸愚。

岂知红脸，泪滴如珠。枉把金钗卜，卦卦皆虚。魂梦天涯无暂歇，枕上长嘘。待公卿回故里，容颜憔悴，彼此何如？

——其二

词以二首联章的形式描述了主人公于“塞雁南行”的暮秋季节思念征夫的情形。前者写其分别数载的孤独和苦熬，后者写其月下对丈夫的体贴与盼望。“愁听砧杵”、“孤眠鸾帐”、“垂血泪”、“更添香”，曲尽深闺的孤寂与悲伤；而“修书”、“寄衣”、“金钗卜卦”、“魂梦天涯”又充分表现了主人公的贤淑柔肠和对团聚的渴望。两篇都是通过心态的展示和行为的描述，真实地反映了其思念的深切。与《凤归云》二首的直陈心事有所不同，《菩萨蛮》二首则更多地侧重于环境的渲染表达对征夫的思念：

朱明时节樱桃熟，卷帘嫩笋初成竹。小玉莫添香，正嫌红日长。四肢无气力，鹊语虚消息。愁对牡丹花，不曾君在家。

——其一

香销罗幌堪魂断，唯闻蟋蟀吟相伴。每岁送寒衣，到头归不归？千行欹枕泪。恨别添憔悴。罗带旧同心，不曾看至今。

——其二

前一首写初夏樱桃已熟，嫩笋成竹，牡丹花绽，春天已过而征夫未回，故心情不好，精神萎靡，既嫌日长难熬，又慵懒无力，从而婉转地表达了主人公盼望夫归终致失望的悲伤情形。后一首写其秋天为丈夫准备御寒棉衣的复杂心态。随着时间的流逝，主人公因思念而渐渐香消色减，秋天陪伴她的只有蟋蟀的悲吟，她孤独悲伤而又为丈夫担心：“每岁送寒衣，到头归不归?”殷切的盼望，辛辛苦苦地准备棉衣，到头来能否团聚？这种忧虑和担心，无疑更加重了主人公心情的沉痛和思念的急切。

男子的应征服役，戍边劳作，造成了夫妇的分离，所以部分思念征夫的作品将恋情与社会紧密地联系起来，主人公在思念征夫的同时，常常希望天下太平无事，不要因战争或徭役破坏家庭的温馨和幸福，从而拓宽并加深了词作内容的含纳量。诸如《破阵子·风送征轩迢递》、《洞仙歌·悲雁随阳》、《破阵子·年少征夫军帖》等等，都是这方面的代表作品。《破阵子》中的女主人公在“可堪孤枕，心焦梦断更初”的同时，盼望“早晚三边无事了，香被重眠比目鱼”。《洞仙歌》云：“悲雁随阳，解引秋光。寒蛩响，夜夜堪伤。泪珠串滴，旋流枕上。无计恨征人，争向金风飘荡，捣衣嘹亮。懒寄回文先往。战袍待稳，絮重更熏香。殷勤凭驿使追访。愿四塞来朝明帝，令戎客，休施流浪。”词在描述主人公孤独悲伤和对征夫思念体贴的同时，也表达了“四塞来朝”的美好愿望。《破阵子·年少征夫》中的主人公则一面“吞声忍泪孤眠”，一面祝愿“早晚王师归却还，免教心怨天”。下面这首《献忠心》更富典型性：

柳条垂处处，喜鹊语零零。焚香稽首告君情。慕得萧郎好武，累岁长征。向沙场里，轮宝剑，定攙枪。

去时花欲谢，几度叶还青。相思夜夜到边庭。愿天下销戈铸戟，舜日清平。待成功日，麟阁上，画图形。

主人公的丈夫是一位驰骋沙场的英武将军，夫妻分别数载，她既为夫婿的英勇杀敌、立功报国而骄傲自豪，同时又“相思夜夜到边庭”，期望夫妻团圆，所以她盼望天下太平，无有战争，“销戈铸戟，舜日清平”，夫妻生活在一起，永不分离。

在这部分思念征夫的作品中，也有少量独特而又奇异的篇章。如《送征衣》：“今世共你如鱼水，是前世因缘。两情准拟过千年。转转计较难，教汝独自眠。每见庭前双飞燕，他家好自然。梦魂往往到君边。心专石也穿，愁甚不团圆。”作者塑造了一位性格开朗豁达而又坚强的女性形象，她有怜而无怨，有艳羡和思念却不悲伤，坚信总有一天能够团圆。《洞仙歌》则描述了征夫归来时，欣喜绸缪的情景：

华烛光辉，深下屏帏。恨征人久镇边夷。酒醒后多风醋，少年夫婿。向绿窗下左偎右倚，拟铺鸳被，把人尤泥。

须索琵琶重理。曲中弹到，想夫怜处，转相爱几多恩义。却再叙衷鸳衾枕，愿长与今宵相似。

俗云：“新婚不如久别”，是说久别之后的夫妻团聚，情味更深更浓。此篇写征夫归来，夫妻如漆似胶、甜蜜绸缪的生活情景，真切感人，情趣浓挚。作品从接风洗尘写起，夫妇于屏帏间燃烛交盏，酒醒疲乏全无，自是一番夫妻欢爱，始是“左偎右倚”，继则“鸳被尤泥”恣尽儿女情事。后来，妻子用琵琶弹诉独居时的思念，更引动夫妻恩爱之深情，以致不得不“再叙鸳衾”。诸如此类的作品，词直而情深意婉，后世已难发见。晏几道虽然写过“今宵剩把银釭照，犹恐相逢是梦中”那样表现久别重逢时惊喜异常的词，但表现的只是与歌伎舞女间的恋情：李清照虽曾倾力表现纯真的夫妻之情，但也没有描写过久别团聚时的情景。

在众多的恋情词中，反映男性思念妻子的作品极为少见，因此下面这首《浣溪沙》就显得格外难能可贵：

> 玉露初垂草木凋，雁飞南去燕离巢。寸步如同云水隔。月轮高。远客思归砧杵夜，庭前霜叶堕银条。蟋蟀夜鸣阶砌下。恨长宵。

词通过“远客思归”婉转地表达了一位在外游子对妻子的思念。上片开头即以“草木凋”、“雁飞南去”点明季节，渲染出一派凄凉的气氛，且以离巢之燕自喻，说明客居在外的身份；继以“云水隔”与“月轮高”表现空间距离的遥远和“千里共婵娟”的意境，暗示了对家妻的思念。下片则由砧杵、坠叶、蟋蟀等不同的声响渲染夜间的寂静，暗写主人公的不眠与徘徊，“砧杵”声还使他想到妻子为他准备御寒棉衣的情形，从而进一步表达了对妻子的深切思念。结尾则由怨恨“良宵”之长表达心情的孤独、寂寞和烦躁。

在敦煌恋情词中还有部分反映婚姻悲剧的作品，表现了夫妻感情的破裂和爱情的毁灭。在这些作品中，承受不幸的总是女性，而造成这种不幸的原因又往往都是因为男子的轻薄与负心。如《南歌子》：

> 悔嫁风流婿，风流无准凭。攀花折柳得人憎。夜夜归来沉醉，千声唤不应。
>
> 回觑帘前月，鸳鸯帐里灯。分明照见负心人。问道些须（许）心事，摇头道“不曾”。

词中主人公的丈夫风流潇洒，却是个“负心人”，他迷恋花柳，而对妻子不贞，归时早已喝得烂醉，这使主人公觉得羞辱、忧愁、孤寂、无望，于是悔恨涌积心头，一腔委屈倾泻而出。作品实际是古代女子在对待个人婚姻问题上所得出的沉痛教训。如果说这位不幸的女子已有所觉醒的话，那么《醉公子·门外猧儿吠》中的主人公则已经麻木，丈夫淫靡醉归，“扶得入罗帏，不肯脱罗衣。醉则从他醉，还胜独睡时”，生活已使主人公的心态扭曲变形，逆来顺受，堪为可悲。更有甚于此者：

荡子他州去，已经新岁未还归。堪恨情如水，到处辄狂迷。不思家国，花下遥指祝神祇。直至于今，抛妾独守空闺。

上有穹苍在，三光也合遥知。倚屏帏坐，泪流点滴，金粟罗衣。自嗟薄命，缘业至于斯。乞求待见面，誓不辜伊。

——《拜新月》

这位可怜的懦弱痴情女子，一任命运的摆布，她被薄情的丈夫抛弃在家，独守空闺，唯有悲伤流泪，自叹红颜薄命，明知丈夫在外狂荡，却不想抗争，只要丈夫归来，她绝不计较，誓不怪罪，试图以自己的宽容换取丈夫的爱心，维系婚姻与家庭。有的作品则反映了另外一种类型的主人公，她们想方设法，试图通过主观努力来改变目前的境况和今后的命运。像《竹枝子·罗幌尘生》即描写了一位丈夫在外“游荡经年”而自己被抛弃在家的女子，她“笙簧无绪理”，也“不施红粉镜台前，只是焚香祷祝天”，她暗自伤心落泪，经过痛苦的折磨，终于下定决心，等丈夫回来劝其“须改往来段（断）却颠”。《渔歌子》中的主人公甚至设计出一整套方案：

洞房深，空悄悄，虚把身心生寂寞。
待来时，须祈祷，休恋狂花年少。
淡匀妆，周旋妙，只为五陵正渺渺。
胸上雪，从君咬，恐犯千金买笑。

当丈夫开始厌弃夫妻生活而外出寻花问柳追求新的刺激，主人公被抛弃在家，受到冷落，倍感寂寞，感情生活面临危机之时，她便想方设法拢回丈夫的心，免遭遗弃的下场。一方面主人公借助神的威慑力量从思想和心理上约束丈夫的不规与放荡，“须祈祷，休恋狂花年少”；另一方面又充分利用自己的姿色和聪明，修饰装扮，巧妙周旋，取悦丈夫，并竭力满足其生理上的需要，避免再去“千金买笑”。

以上这些表现儿女情长的作品，无论是成功者的欣喜，还是失败者的痛苦，也无论是情感危机中的忧伤，还是深情缠绵的相思、闺怨、送别……其反映的生活情景和表现的感情情调可谓千差万别，而表现的题材却没有超出婚姻的范围，在这里，我们不仅找不到一首狎妓词，甚至也没有格调低下、语言鄙俚的猥亵描述。由此可知，词在早期，人们的创作态度是认真的，特别是对于题材和内容的选择也相应地比较严肃，这与后世出现与发展起来的狎妓词、调侃词、游戏词绝然不同。

三 咏史：敦煌词的豪放篇什

歌咏史实、反映现实，这在古代词史研究中往往被作为突出的重点而特受关注。其实，敦煌词中已经有不少反映社会现实或社会矛盾乃至描写历史事实的作品。这部分作品气魄甚大，意境雄浑，开后世用词写史、咏史和反映重大社会现实问题之先河。王重民《敦煌曲子词集叙录》云："曲子集中所表现之史迹，在唐为农民起义，在敦煌为蕃军之乱。"诸如"黄巢作乱"（《献忠心》）、"宇宙充戈戟"（《菩萨蛮》）、"时世已参差"（《临江仙》）之类的句子并不少见。史载唐昭宗乾宁二年（895）宁王行瑜、华州韩健、凤翔李茂贞三帅曾因其请求未被朝廷批准而率精甲数千入京，杀掉了宰相韦昭度、李溪，长安城内一片混乱。次年，李茂贞再度入京，大肆焚烧宫室市肆。《酒泉子》即描绘了当时的情形："每见惶惶，队队雄军惊御辇。蓦街穿巷犯皇宫，只拟夺九重。长枪短剑如麻乱，争（怎）奈失计无投窜。金箱玉印自携将，任他乱芬芳。"其后，昭宗曾两度逃离长安。尉迟《中朝故事》云："乾宁三年（896），凤翔李茂贞与朝臣有隙，将欲构难，干犯神京，上乃顺动，欲幸太原，行止渭北华州，韩建迎归郡中"；《旧唐书·昭宗纪》亦云："乾宁四年春，正月，丁丑朔，车驾在华州。"其后又赴洛阳，次年方还京师。敦煌词部分作品反映了这一历史史实：

> 自从黄巢作乱，直到今年。倾动迁移每惊天。京华飘摇因此荒。空有心长思恋明皇。 愿圣明主，久居宫宇。臣等默始有望常殊。弓剑更抛涯计会，将銮驾步步却西回。
>
> ——《献忠心》[①]

---

① 王兆鹏主编：《唐宋词汇评 唐五代卷》，浙江教育出版社2004年版，第617页。

千年凤阙争雄奇，何时献得安邦计。銮驾在三峰，天同地不同。宇宙憎嫌侧，今作蒙尘客。阃外有忠常，思佑圣人王。

——《菩萨蛮》

再安社稷垂衣理，寿同山岳长江水。频见老人星，万方休战争。良臣安国步，今喜回銮驭。从此后泰阶清，齐钦主圣明。

——《菩萨蛮》

第一首写从黄巢起义到藩镇为乱，战事屡起，京都受祸，致使帝主不得不出逃避难；第二首写由于统治阶级上层的争雄斗势、权力争夺而导致战乱，结果使一代帝王流寓异乡，成为“蒙尘客”，人民所受的灾难不言而喻；第三首则写战争结束，回銮京城，企望清平。战乱也给人民带来了巨大的灾难：“自从宇宙充戈戟，狼烟处处熏天黑。早晚竖金鸡，休磨战马蹄。淼淼三江水，半是儒生泪。老尚逐经才，问龙门何日开?”此词虽然并没有直接描写战乱的凄惨，却借夸张的手法，以“淼淼三江水，半是儒生泪”，从一个侧面表现了灾难的深重。

敦煌词有的作品反映了军队将士与边塞郡民保卫国家疆土的决心和希冀版图一统的愿望，成为后世爱国词的滥觞。如“竭节尽忠扶社稷，指山为誓保乾坤”（《浣溪沙》）即以豪壮的语言表达了保卫国家的坚强决心。《望江南·边塞苦》歌咏敦煌人民起义归唐事，“背蕃归汉经数岁”，他们不畏劳苦，镇守边塞，好似万里长城一样保卫着国家的安全，所谓“每抱沈机扶社稷”。《望江南·龙沙塞》上片主人公回忆了自己的“留滞”蕃地和“抱屈”情绪；下片写了“圣泽遍天涯”与蕃汉的“通和”；全词通过一位滞留蕃地的边客得知通和消息时的心态，表现了对民族团结的向往与实现后的兴奋赞叹之情。像下面两首作品，王重民以为“真是外族统治下敦煌人民之爱国壮烈歌声”（《敦煌曲子词集叙录》）：

敦煌古往出神将，感得诸蕃遥钦仰。效节望龙庭，麟台早有名。只恨隔蕃部，情恳难申吐。早晚灭狼蕃，一齐拜圣颜。

——《菩萨蛮》

敦煌郡，四面六蕃围。生灵苦屈青天见，数年路隔失朝仪。目断望龙墀。

新恩降，草木总光辉。若不远仗天威力，河煌必恐陷戎夷。早晚圣人知。

——《望江南》

前者上片写敦煌在历史上的军事传统与起到的重要作用，下片写当时与中原隔绝的局面以及人们消灭“狼蕃”使国家一统的决心。后者上片写敦煌长期被围的形势和“生灵苦屈”，人们迫切盼望朝廷解救的心情，下片言敦煌仰仗朝廷威力而免遭陷于戎夷。二词都体现了敦煌人民向慕中原、热爱家国、顽强不屈的品格。

敦煌词里也有少量反映社会现实的作品，如《临江仙》：“岸阔临江底见沙，东风吹柳向西斜，春光催绽后园花。莺啼燕语撩乱，争忍不思家。每恨经年离别苦，等闲抛弃生涯。如今时世已参差，不如归去，归去也，沉醉卧烟霞。”词上片描绘自然春光的美好，引起对家乡的思念，下片感叹时世维艰，不如归隐田园。全篇通过主人公的思归表达了对现实的不满，婉转而含蓄地反映了当时交织的社会矛盾。《浣溪沙》与此篇旨趣略同：“卷却诗书上钓船，身披蓑笠执鱼竿。棹向碧波深处去，几重滩。不是从前为钓者，盖缘时世掩良贤。所以将身岩薮下，不朝天。”作品塑造了一位不涉尘俗的隐士形象。上片描绘其碧波垂钓，下片述说其隐居原因，婉转地批评了当时政治的黑暗，表现了主人公对社会的不满以及不愿与朝廷合作的态度。

四　歌唱群体：敦煌词中的人物画卷

敦煌词中部分表现武生、蕃将、学子、旅人、隐士等人物生活心态和情感的作品，不仅构成了一组长长的人物画卷，而且展示了一个由各种各样人物组成的演唱群体。这些不同类型、不同阶层的人物，又都有着不同的个性特质和心理情态。武生、蕃将往往勇猛自信，气盛志坚，一往无前，气魄非凡。如《苏幕遮》描绘了一位聪明而勇猛的武生，他武艺高强，雄心勃勃，自信以后定能为国建功：“聪明儿，禀天性。莫把潘安，才貌相比并。弓马学来阵上骋。似虎入丘山，勇猛应难比。善能歌，打难令。正是聪明，处处皆通娴。久后策官应决定。马上盘枪，辅佐当今帝。”《赞普子》展示了一位“蕃家将”的生活与心态。他长期牧马荒丘，环境恶劣，生活艰苦，却无半点悲伤消沉之意，坚信会有一天“抛沙塞”，受诏见，“拜玉楼”。学子往往是勤奋苦学而怀才不遇，他们虽经挫折却又自信自负：旅人多写其求官无成，羁绊外地，思念家乡。下面三首全写学子：

数年学剑攻书苦，也曾凿壁偷光露。堑雪聚飞萤，多年事不成。每恨无谋识，路远关山隔。权隐在江河，龙门终一过。

——《菩萨蛮》

云水客，书卷十年功积。聚尽萤光凿尽壁，不逢青眼识。终日尘驱役饮食，泪珠常滴。欲上龙门希借力，莫教重点额。

——《谒金门》

聪明儿，无不会。只为红鳞，未变归沧海。几度龙门点额退。所有红波，渌水归潭再。

摆金铃，摇玉佩。常有坚心，洒雨乾坤内。稍有行云口（头）顶戴。猛透强波，直向青云外。

——《苏幕遮》

此三篇不仅题旨相近，皆写落第举子的现实境遇和心态，而且所用典故亦有相同处，诸如“凿壁偷光”、“堑雪”、“聚萤”等苦学故事和科举应试鲤鱼跳龙门的典实。首篇的主人公权隐江河而自信终有跃过龙门成名之日；次篇的主人公则苦于衣食无着、终日奔波，他盼望贵人相助，金榜题名；末篇的主人公虽“几度龙门点额”，名落孙山，下第而回，但其大济天下的宏伟志向丝毫不变，他相信只要有人稍加提携引荐，自己不仅会“猛透强波”，跃过龙门，化鲤为龙，而且还能直上青云，实现其“洒雨乾坤”、广济苍生的夙愿。

与上面三篇不同，《菩萨蛮》、《鹊踏枝》二词表现的主体是两位求官不成而客居他乡的旅人，作品刻画了他们对家乡、对双亲的思念。前者云：“自从涉远为游客，乡关迢递千山隔。求官一无成，操劳不暂停。路逢寒食节，处处樱花发。携酒步金堤，望乡关双泪垂。”主人公饱尝离家求官的艰难劳苦和一事无成的悲酸，途中景色引起他对乡关的思念。后者云：“独坐更深人寂寂，忆念家乡，路远关山隔。寒雁飞来无消息，教儿牵断心肠忆。仰告三光珠泪滴，教他耶娘，甚处传书觅。自叹宿缘作他邦客，辜负尊亲虚劳力”。主人公于更深夜静之时，既思念家，更惦记父母，他因得不到家中消息而“牵断心肠”。当他祈祷天灵保佑时，仔细一想，自己行踪不定，父母不知住处，怎能寄书传信！结尾则慨叹旅居他邦，不能尽孝，辜负了父母的养育之恩。此二首旅行役词由于思念的对象沉然有异于恋情之篇，故不能归于恋情词中。尤其像后面这首思念双亲的词，在后世词中已很难见到，显得更为珍贵。

隐逸词是后世词苑中独具风韵的一支劲秀，敦煌词中的两首《浣溪沙》可视为源头：

云掩茅亭书满床，冰川松竹自清凉。幽境不曾凡客到，岂寻常。
出入每教猿闭户，回来还伴鹤归装。夜至碧溪垂钓处，月如霜。

——其一

山后开园种药葵，洞前穿作养生地。一架紫藤花簇簇，雨微微。
坐听猿啼吟旧赋，行看燕语念新诗。无事却归书阁内，掩柴扉。

——其二

二词均是通过描绘清幽雅洁的自然环境和放浪山水与垂钓吟咏的自适，表现隐逸生活的情趣和主人公超世脱俗的品格，意境幽雅俊美，静谧清新。与此相反，《长相思》描绘的则是尘世俗客的形象：

旅客在江西，富贵世间稀。终日红楼上，□□舞著词。
频频满酌醉如泥，轻轻更换金卮。尽日贪欢逐乐，此是富不归。

——其一

哀客在江西，寂寞自家知。尘土满面上，终日被人欺。
朝朝立在市门西，风吹泪点双垂。遥望家乡长短，此是贫不归。

——其二

作客在江西，得病卧毫厘。还往观消息，看看似别离。

村人曳在道傍西，耶娘父母不知。身上缀牌书字，此是死不归。

——其三

有学者以为此三首联章乃写商贾。若是，则后世稀有而弥足珍贵。其一通过红楼买欢逐乐、淫靡奢侈写其巨富时的生活情形；其二描绘其尘土满面、受人侮辱、贫愁落魄而思念家乡的景状：其三写得病潦倒，奄奄一息与暴尸野外、客死异邦的凄惨情景。三首分别描述了主人公由豪富到贫穷，最后病死的不同境遇，具有一定的故事性。

写景记游乃后世词主要的表现内容之一，这在敦煌民间词中已初露端倪。写景如“燕语莺啼三月半，烟蘸柳条金线乱”（《天仙子》）写明媚醉人的春光；“杨柳连堤绿，樱桃向日红”、“荷叶排青沼，云峰插碧空”（《南歌子》）状初夏优美的自然景物；“回顾玉兔影媚，明镜匣参差斜坠。澄波美，犹怯怕半钩衔饵”（《拜新月》）写秋月澄波之可爱；“楚江摇曳大川冥，天阕声名发动思”（《水调词》）状江涛风吼之气势；或柔媚艳丽，或自然清新，或清幽雅洁，或惊心动魄，无不各具神态和意境。有些篇章写景与记游紧密结合，意境尤为动人：

女伴同寻烟水，今宵江月分明。
舵头无力一船横，波面微风暗起。
拨棹乘船无定止，渔歌处处闻声。
连天江浪浸秋星，误入蓼花丛里。

——《西江月》

浩渺天涯无际，旅人船泊孤洲。
团团明月照江楼，远望获花风起。
东去不回千万里，乘船正值高秋。
此时变作望乡愁，一夜苦吟云水。

——《西江月》

云散金乌初吐，烟迷沙渚沉沉。
棹歌惊起乱栖禽，女伴各归南浦。

船押波光摇橹，贪欢不觉更深。
楚歌哀怨出江心，正值月当南午。

——《西江月》

上引三词写“女伴”月夜弄舟江面的情景。中间一首写“旅人”，似与事不属，实为游江所见。三词共为一体，记述了“女伴”们从“同寻烟水”到各归南浦月夜游览江面的经过和情形。其中明月、星空、浮云、微风、横船、行棹、游人、旅人、江浪、波光、水烟、沙渚、蓼花、荻花、惊禽、栖鸥、渔歌、棹歌……优美的自然景色和陶醉多情的游女，融为一体，组成了一幅阔大幽美、情韵兼胜的画面，使人不禁想起李清照的名作《如梦令》：“常记溪亭日暮，沈醉不知归路。兴尽晚回舟，误入藕花深处。争渡，争渡，惊起一滩鸥鸳。”另外一首《浣溪沙》也写船游江上；“五两竿头风欲平，长风举棹觉船轻。柔橹不施停却棹，是船行。满眼风波多陕汋（闪烁），看山恰似走来迎。仔细看山山不动，是船行。”上片写不用橹浆划动而借风力行驶的感觉；下片写水面波光闪动和岸上山峦迎面而来的景象；全篇突出和强调了游人的感觉，而游人、行船、波光、山影，相互映衬，交织如画，传达出一种轻松欢快的心境。《泛龙舟》描写在“春风细雨”中乘舟游江的情状，描绘出游人在船上看到的各种景象：奔流的江水；岸上的城郭和耸立的建筑；“飞出溪壑”的白鹤与翱游江面的鸥鸟：……既写出了江面的宽阔优美，直视无碍，又突出了无限生机与多种情趣，使人如临其境。

五 咏物：敦煌词中的隽章

咏物亦属词史望族，南宋中期以后，甚至衍成一派。考敦煌词中已有不少咏物之作，或咏海棠、松柏；或咏宝剑、骏马；或咏飞燕、孤鸿，各具神态，各有性格，有的则含义深远，耐人咀嚼。《虞美人》云：“东风吹绽海棠开，香麝满楼台。香和红艳一堆堆，又被美人和枝折，坠金钗”。作者抓住海棠的香、艳，极力渲染，并用美人的折枝佩戴予以衬托，既写出了海棠的柔丽，又写出了人们的喜爱。松柏自然是另外一种品格：

一树涧生松，迥向长林起。劲枝接青霄，秀气遮天地。

郁郁覆云霞，直拥高峰际。金殿选忠良，合赴君王意。

——《生查子》

此处所咏非松林中所生，乃长于深山涧壑的悬崖峭壁之上，劲枝连霄，秀气遮地，倔强挺拔，傲然屹立，超世脱俗，不同众类。作者描绘的是涧松的形象，反映的是涧松的品格，同时又寓以国家栋梁之意，更显得意味隽永，较之咏海棠之作，意蕴丰厚。咏马咏剑之篇，又突出了马的勇猛与雄风、剑的锋利与威武：

红耳薄寒，摇头弄耳摆金辔。曾经数阵战场宽，用势却还边。

入阵之时，汗流似血，齐喊一声而呼歇。但则收阵卷旗幡，汗散却金鞍。

——《酒泉子》

三尺青蛇，斩新铸就锋刃刚。沙鱼裹欛用银装，宝剑七星光。

曾经长蛇偃月阵，一遍离匣神鬼怕。鸿门会上佑明王，胜用一条枪。

——《酒泉子》

前者通过描绘马的躁动情态、惯战经历和驰骋沙场时的勇烈情形，刻画了战马的无所畏惧和勇往直前。后者摹写了宝剑的形状质地和装饰，叙述了其战斗的历史和巨大的威力。二词背后，无疑都有一个潜在的人物形象，故有一种咏马咏剑，同时又是写人的感觉。至如《浣溪沙》“海燕喧呼别渌波，双飞迢递历山河。坚志一心思旧主，垒新窠。出入岂曾忘故室，往来未必不经过。辞主南归声正切，感恩多”；《乐世词》：“失群孤雁独连翩，半夜高飞在月边。霜多雨（羽）湿飞难进，暂借荒田一宿眠”；无论是飞燕还是孤鸿，都有思想，有意识，因此显得情趣盎然，意味无穷。

敦煌曲子词中还有很多说佛传道、教孝劝学、反映人生等方面的作品。说佛传道者如《悉昙颂》、《归去来·出家乐赞》、《太子入山修道赞》、《南宗赞》、《禅门十二时》等；教孝劝学者如《皇帝感·新集孝经十八章》、《天下传孝十二时》、《十二时·发愤》、《五更转·叹五更》（叹息不识字所受苦处）；反映人生者如《丈夫百岁篇》、《女人百岁篇》、《缁门百岁篇》等等。这些作品虽然未必完全合乎后世人们衡词的标准，但的确是当时民间传唱的歌辞。另外像《定风波》三首分别介绍了“阴毒伤寒”、“夹食伤寒”、“风湿伤寒”的不同表现、不同症状、症结所在及其危险性，实医生歌诀，乃古代中医科学的经验总结。

六 几点启示

通过上面的简要分析，我们不难看出：敦煌歌词是由全社会各个阶层的不同人物共同参与创作的艺术整体，这些歌词贴近现实和生活，唱出了作者的心声，表达了真实的感情，内容丰富，题材宽广，风格多样，为以后词的健康发展奠定了基础，树立了榜样，后世词的发展几乎都可以从这里找到根源，此其一。其二，这些歌词具有通俗生动、易记易懂、朗朗上口的特点，体现出很强的配乐性和抒情性。其三，这些歌词体现出民族传统文化的丰富内涵。其四，这些歌词对当今歌词的创作具有重要借鉴意义。

草拟于1992年仲夏

"小山重叠金明灭"释义*

温庭筠有一首《菩萨蛮》：

小山重叠金明灭，鬓云欲度香腮雪。懒起画蛾眉，弄妆梳洗迟。
照花前后镜，花面交相映。新贴绣罗襦，双双金鹧鸪。

这是一首流传很广的"闺怨"词。作者别具匠心地摄取了"梳洗"、"弄妆"这样一个生活镜头，通过主人公形态举动的描写，表现其幽怨孤寂心情，把一位笃情善感的妇女形象栩栩如生地展现给读者。

然而，对起拍句的解释，历来众说纷纭，莫衷一是。当代各家注本，多以为写"绣屏"、"画屏"、"枕屏"："首句写绣屏掩映，可见环境之富丽。"（唐圭璋《唐宋词简释》）"小山句，谓画屏与初日的光辉照映成彩。"（朱东润《中国历代文学作品选》）"小山，枕屏上所画之景"，"金明灭，屏上之金碧山水，因日久剥落，致或明或灭。"（刘永济《唐五代两宋词简析》）这些解释，大都本于清代许昂霄《词综偶评》："小山，盖指屏山而言。"许氏诠注，何以为据，我们不得而知。但观飞卿词作，确有不少"屏"、"山"相连的诗句，如"枕上屏山掩"、"鸳枕映屏山"、"晓屏山断续"、"日映纱窗，金鸭小屏山碧"等等。毫无疑问，这些"山"，皆为"屏上之山"，许氏注"小山"为"屏山"，或据以类推。然问题正在这里。许注，就字生发，难避牵强之嫌。句中"小山"看不出与"屏"字有何缘分。立足一句，不顾全篇，不免失之孤义。全词笔墨集中人物身上，唯此一句写境，极不可解。以章法言，《菩萨蛮》起拍两句，多用对偶句，以表现一个独立境界。

---

* 本文发表于《齐鲁学刊》1983 年《古典文学专号》第 116—118 页。

如相传为李白所作《菩萨蛮》，首二句便是“平林漠漠烟如织，寒山一带伤心碧”，和谐地构成了一体。它如“水晶帘里玻璃枕，暖香惹梦鸳鸯锦”（温飞卿），“溪山掩映斜阳里，楼台影动鸳鸯起”（魏夫人），无不如此。若首句写环境“屏山”，与下句的“鬓云”、“香腮”显然唐突难接，不能融成一体。诗虽可跳跃，亦不至如此。何况温庭筠向以工造语、精雕琢著称，怎会如此硬直？

理解此句关键是“山”字。在古典诗词中，“山”不一定是实指。诗人常借用“山”的形象来写其他事物。如辛弃疾曾用“山”分别写浪头之大、怨恨之重：“截江组练驱山去”（《摸鱼儿》）、“新恨云山千叠”（《念奴娇》），所以，不能拘泥于字面本身，而应从全词意境出发，探求“山”字真义。对此，夏承焘先生《唐宋词欣赏》指出，这里的“小山”是指“眉毛”。夏老还特加小注，说明所解之据：“唐明皇造出十种女子画眉的式样，有远山眉、三峰眉等等。小山眉是十种眉样之一。”此解使起拍两句内容相接，“眉毛”、“鬓云”、“香腮”均写面容，显得和谐统一。然细加玩味，夏老所释，“‘小山重叠’即指眉晕褪色”、“‘金明灭’是说褪色的额黄有明有暗。”前者尚有可商榷之处。

唐宋诗词中不少用妇女的发髻来写“山”的形象。刘禹锡《望洞庭》：“遥望洞庭山水翠，白银盘里一青螺”，把平静的湖水比作“银盘”，而把坐落在湖水之中的君山比作一个发髻；雍陶的《题君山》：“疑是水仙梳洗处，一螺青黛镜中心”，他也以妇女发髻描写君山的形象；皮日休描写月夜中的群山形象更妙：“似将青螺髻，撒在明月中”（《缥缈峰》）。宋代黄庭坚脍炙人口的《雨中登岳阳楼望君山》，用更加细致的笔触直接以妇人之螺髻来写山影重叠的形象：“满川风雨独凭栏，绾结湘娥十二鬟。可惜不当湖水面，银山堆里看青山。”任渊注：“君山状如十二螺髻。”宋词中把山比作螺髻的现象更多。苏东坡不仅用“螺髻”写静态中的山峰：“北固山前三面水，碧琼梳拥青螺髻”（《蝶恋花》），而且还用“云鬟倾倒”（《减字木兰花》）写船行时看到的山态。周邦彦《西河·金陵怀古》描写建康城外，青山环绕、隔江对峙时情景说：“山围故国绕清江，髻鬟对起。”辛弃疾也写了“遥岑远目，献愁供恨，玉簪螺髻”（《水龙吟·登建康赏心亭》），把江水比作玉簪，远山喻为发髻。

笔者以为，温词起拍句中的“山”也是利用与“发髻”轮廓上的相似点，巧妙地比喻为“发髻”。他以“小”饰“山”，更突出了“发髻”的特点。“重叠”即描述其盘缠隆起之状。这一点我们还可从《菩萨蛮》创调特点来加以佐证。据唐苏鹗《杜阳杂编》载：“大中初，女蛮国入贡，危髻金冠，瓔珞被体。号‘菩萨蛮队’。当时倡优遂制《菩萨蛮曲》，文士亦往往声其词。”五代孙光宪《北梦锁言》载：“宣宗爱唱菩萨蛮词，令狐相国（绹）假其（温庭筠）新撰密进之。”温庭筠这首《菩萨蛮》写于大中年间，其内容自然与词牌相关，苏鹗所说“危髻金冠”正是指此调起因。再则，《菩萨蛮》又名《重叠金》。“重叠金”系指金属首饰，也与人物装束有关。温词中“金明灭”也是着笔首饰，“明灭”者，首饰光泽以晨起尚未佩戴而不存之意。

综上所述，“小山重叠金明灭”乃是写妇女初醒发状，以示其惺忪懒散神态，与下句“鬓云欲度香腮雪”正相协调吻合。则全词写妇女晨起梳洗打扮、表现“红香翠软”之情趣。

论中国古代诗词的品鉴方法*

古代诗词的品鉴，不仅是学习了解中华民族优秀传统文化、弘扬光大爱国主义民族精神和创造社会主义新文化的重要渠道，而且也是提高人们文学修养、文化素养、文明气质的有效途径。中国是世界上的诗词大国、诗词王国，华夏先民和古代圣哲在他们生活的那个时代创造了大量时代性、思想性和艺术性都很强的优秀作品，在物质文明高度发达、高新科技飞速发展的当今时代，这些作品依然是满足人们日益增长的精神文化需求不可或缺的重要内容。方法关系效果，方法决定成败。掌握古代诗词品鉴的科学方法，无疑会事半功倍，提高学习的效率。古代诗词的品鉴，字句剖析是基础，宏观把握为前提，下面分而述之。

一　诗词品鉴中的字句剖析

如何品鉴诗词？有无规律性的方法可以遵循？这对每一位有志学诗、治词的同志来说，都是一个十分迫切需要了解的问题。

在古代，人们对诗词的品鉴和欣赏尽管非常普遍，却没有形成完整、系统的鉴赏理论，诗词的鉴赏基本上停留在自发、模糊、个人领悟或师友切磋的感性阶段，故有“可意会而不可言传”的说法，呈现着既简单又深奥的玄学状态。其对具体作品的鉴赏，也往往只着眼于篇中的精警字句，或立足于内容、艺术的某一侧面，鲜见全面、系统、详细的分析。近代以来，这种局面始有改观，特别是改革开放以来，伴随社会主义新文化建设的兴起，赏析文章、赏析专著大量涌现，著名词家的鉴赏专集不胜枚举，高度密集型的

* 本文以“谈宋词鉴赏中的字句剖析”为题目发表于《语文函授》1988 年第 6 期总第 45 期。

鉴赏书籍如《唐诗鉴赏大辞典》、《唐宋词鉴赏辞典》等，也相继面世，表明当今的词作鉴赏已由古代“不可言传”的玄学境界转变为既可意会、又可言传的显学。这种状况为认识、总结和探讨文学鉴赏的经验与规律，提供了坚实的基础。诗词一理，这里，我们拟从方法论的角度，就如何鉴赏宋词中的具体作品，作些粗浅的探讨。

文学鉴赏即对作品艺术表现境界的分析和判断，它包括鉴、赏两个方面，一般又侧重于后者。词作为一种个性鲜明的文学样式，人们在长期鉴赏过程中，已经有意或无意地形成了一套与这种文体相适应的鉴赏方法。在千姿百态的词作鉴赏文章中，我们不难发现，微观剖析与宏观把握相结合，已成为人们遵循的基本原则之一。这里先谈谈微观剖析的问题。

微观剖析，即对作品字、词、句的具体、细致分析。这是理解作品内容、认识其艺术表现手法的基本手段。通过字句分析，读者才能领略作品本身的意趣、情趣、理趣、风趣或谐趣，绎理作品的结构脉理和底蕴，发见作者的匠心与腕力，从而充分感受其艺术境界之美，作出正确的判断和中肯的评论。比如张先的名作《天仙子·水调数声持酒听》以委婉含蓄的手法抒写细腻感伤的怀旧之情，其换头“沙上并禽池上暝，云破月来花弄影”两句尤为人称道。“沙上并禽”，以水边沙滩上水鸟成双的景象反衬了主人公的茕茕孑立、只身独处，蕴含了他对恋人的深切思念。“池上暝”，景色带有模糊、浓厚的感伤色彩，从而衬托和反映了词人的惆怅心怀。下句作者把视线移向空中。“云破月来花弄影”，极写花儿在月光下婆娑其姿、筛影于地的娇柔软媚。作者拈出“破、来、弄”三个表现力极强的字眼，分别描绘“云、月、花”三种不同景物的动态形象，似乎它们都对词人怀有窥视、嘲弄或挑逗之意，构成了充满动感的优美意境，饱含浓郁的情趣和意趣。故杨慎盛赞此句“景物如画，画亦不能至此”（《词品》）、王国维推称“著一‘弄’字而境界全出”（《人间词话》）。然而，景愈美，愈反衬出词人的凄楚冷落相思之深切。通过字、词、句的分析，我们可以看出，换头两句作者摄取不同层次的景物，采用对比和反衬的手法，绘词人触目伤情之状，抒对恋人的思念深情，构思精巧，韵致深妙。

再如李清照的《声声慢》，以凄怆悲凉的笔调抒写国破家亡后对亡夫诚挚沉痛的思念，起拍“寻寻觅觅，冷冷清清，凄凄惨惨戚戚”连下十四叠字，被推许为“千古创格，亦绝世奇文”（陆以湉《冷庐杂识》）。倘若只着意形式而不作字句剖析，就很难领会其中的奥妙和作者的苦心而流于皮相。这里词人挑选意思相近而又略有区别的字眼、巧妙地选用在一起，有层次、有深浅，自然贴切地表达了孤独、寂寞、凄凉、悲苦、忧愁、感伤等等复杂细腻的情感和心境，从而奠定了全词的基调，起着笼罩全篇的作用。“寻”“觅”都有“找”的意思，两个动词迭用展现了主人公神情恍惚、踌躇徘徊、空虚寂寞而又无所依托的情态；“冷”“清”都是人对外界客观事物的主观感觉，二字分别迭用，则将环境的萧条冷落与内心凄凉的感触融合为一，渲染了寂寞悲伤的气氛；“凄”“惨”“戚”三字都有伤心、忧愁、悲哀之意，它们的重叠，强化了词人内心悲伤、沉郁、忧惧等复杂矛盾的情感。此三句以作者心绪为主线，分别侧重人物情态、环境感受和内心情感，逐层深入地写出了内心的悲愁。同时，作者还充分利用双声叠韵、唇音齿音相互交错的发音效果，表达心情的沉痛，读来吐音沉重，顿挫有致，荡气回肠。罗大经谓“创意出奇”（《鹤林玉露》），陆蓥称“气机流动”（《问花楼词话》）、茅暎说“情景婉绝”（《词的》），无不意识到了这个起拍在叠字形式里面所包含着的妙谛与作者惨淡经营的匠心。

由上举二例不难见出，作品鉴赏必须落实到字句，作具体细致的分析，方能品味其境中之境、象外之象、韵中韵、味外味。

微观剖析侧重于作品的字句，准确理解至关重要。这就要求在鉴赏时必须避免望文生义和牵强附会，力求准确理解，深刻体味作品的意蕴。试看下面二例：

> 香囊暗解，罗带轻分，漫赢得青楼薄幸名存。
>
> ——秦观《满庭芳》
>
> 满地黄花堆积，憔悴损，如今有谁堪摘！
>
> ——李清照《声声慢》

秦观的《满庭芳》是一首送别词。“香囊暗解”是离别时恋人解佩相赠以作留念的细节描写，表现双方相依相恋的缠绵情感；“罗带轻分”则是与恋人轻易离分的痛惜感喟，故其下有“漫赢”之句。在古代诗词中，“罗带”常作为恩爱夫妻的象征，《敦煌曲子词》即有“罗带同心谁绾”（《南歌子》）之语，秦词中的“罗带”同样用的是比喻义，写双方关系之密、感情之深。但有些注家和鉴赏者只停留在字面本身的意思上，甚至出现了极为庸俗的解释，其理解就偏离了作品本身的内容而流于肤浅，走入歧途。李清照的《声声慢》主要抒写暮秋季节词人无法排解的悲愁和对亡夫的沉痛思念。上引三句写睹物怀人之情。“满地黄花堆积”之“堆积”实言菊花之盛，但由于观者满怀忧伤，故不觉其美，唯见层层叠叠如“堆积”之状，从而以感情外射的手法表达了自己的心境。次句“憔悴损”写词人衰老憔悴，肌骨瘦损。末句“如今有谁堪摘”写心情，花、人、情、景、今、昔均集于一笔。过去与丈夫并肩共赏秋菊，何等甜蜜幸福！而今花开人亡，其心情之沉痛，不言而喻。此三句暗含着同往昔的对比，感情极为伤悲深沉。一些注家或赏析者却将“堆积”、“憔悴”解释为“菊花凋零，落英满地”，显然与作者的原意大相径庭。

诸如此类理解不当的例子，在目前众多赏析文章里，绝非偶然一见，像辛弃疾的两首名作《破阵子》和《西江月》，有的鉴赏者将“醉里挑灯看剑，梦回吹角连营”里的“梦回”解释为“一觉醒来”或“酣然入梦，一梦醒来”；将“稻花香里说丰年，听取蛙声一片”里的“说”字理解为“人们的对话”，都难免有望文生义之嫌。有些字句分析甚至坠入牵强附会，如晏殊《蝶恋花》煞拍“欲寄彩笺无尺素，山长水阔知何处”，上句被释为“将许多难于说或不愿说的情事，轻轻地推托于‘无尺素’，就获得了意在言外、有余不尽的艺术效果”；秦观《鹊桥仙》“飞星传恨”句理解成牛郎星“奔赴约会”等等。这些解释不能自圆其说，更难说得上准确理解。望文生义、牵强附会地曲解词句，就谈不上什么鉴赏了。

微观剖析如何达到准确理解的最佳效果呢？《文心雕龙·知音》指出：“夫缀文者情动而辞发，观文者披文以入情，沿波讨源，虽幽必显。”这就从创作、欣赏内在联系的角度，说明了准确理解的途径。鲁迅也说：“倘要论文，最好顾及全篇，并且顾及作者的全人，以及他所处的社会状态，这才较为确凿。”（《且介亭杂文二集·题未定》）也是指不要把作品中的字、词、句割裂开来作孤立、片面的理解，而应根据整篇作品所表达的思想内容，结合上下文的联系，作具体分析、阐释和评论。上面提及的反例，正是违背了这一原则才出现了偏差或舛误。如能顾及全篇和上下文的联系，则辛弃疾《破阵子》里的“梦回”就不难看出是表现由“醉里挑灯看剑”而引起的沉思凝神并进入幻境的状态，而非真的做了一个梦；《西江月》里“说丰年”的，无疑是青蛙而不是“人们”，作者不过是采用拟人化手法以丰富意趣；秦观《鹊桥仙》里的“飞星”即流星，它同起句中的“纤云”一样，都是天空中的自然景观，在词中起着衬托、渲染的作用。

苏轼的《念奴娇·赤壁怀古》是有口皆碑的名篇佳制，然而，对本篇某些字句的理解却颇有分歧。且看词的下片：

> 遥想公瑾当年，小乔初嫁了，雄姿英发。羽扇纶巾，谈笑间、樯橹灰飞烟灭。故国神游，多情应笑我、早生华发。人间如梦，一尊还酹江月。

“羽扇纶巾”曾一度被认为写的是诸葛亮，而“故国神游”两句亦被看成是作者本人神游故国，自笑多情。我们只要遵循“顾及全篇”、上下观照的方法去领会，就会发现上述理解是欠妥的。上片“人道是、三国周郎赤壁”句写怀古的地点，同时也暗示了怀慕的人物即是“周郎”，是下片内容的伏笔，故“遥想”五句集中笔墨塑造青年将领周瑜的形象以示艳羡。作者叙写公瑾的婚姻、仪态、装束和功业，渲染其年青得意，反衬作者的不得志，何容节外生枝，插进一个诸葛亮来呢？对此，不少学者已作过精辟翔实的考辨，此不赘言。其“故国”两句承上而来，词人设想，周瑜如果现在也来游赤壁的话，他该笑我头发都花白了，还一事无成！赤壁只能是当年东吴大将周瑜之“故国”；周瑜自然不能再来赤壁旧地重游，来的只能是他的魂灵，故用“神游”。可知“故国神游”的是周瑜，而非作者苏轼。下面的“多情”也是指代周瑜。“故国”二句以假托的手法，委婉含蓄地表达了作者理想抱负得不到实现的悲愤情怀，想象奇特，情厚意长。倘作别解，便韵味索然，难免辜负了词人的一片苦心。由此可见，顾及全文、上下观照，乃是准确理解作品字句的必然途径。

总之，在宋词作品的鉴赏中，字句分析极为重要，我们必须力求准确理解，防止望文生义或牵强附会，其方法便是顾及全文、上下观照。当然，能够做到准确理解，并不意味着鉴赏可以进入完美的境界，有些作品还必须依靠不同层次的宏观把握，去分析、认识和归纳作品的特点、意义、价值与影响。

二 诗词品鉴的宏观把握

诗词作品鉴赏的传统办法往往以字句的微观剖析为中心，这对弄清作品本身当然是必要的。但是，如果仅止于此，则不能充分认识作品的特点、意义、价值和影响。因此，我们还必须提倡从宏观层面和文化层面把握的方法，搞清其如何继承了前代艺术、作品自身的创新以及对后世创作的影响等等，使鉴赏具有一定的历史深度和文化广度。

宏观把握是指从更高层次上去观照、理解、分析和评鉴具体作品。以宋词来说，冯煦谓晏殊“去五代未远，馨烈所扇，得之最先”（《宋六十一家词选·例言》）；陈廷焯《白雨斋词话》评周邦彦“前收苏（轼）、秦（观）之终，后开姜（夔）、史（达祖）之始”；王国维说清真词“深远之致不及欧（阳修）、秦（观），唯言情体物，穷极工巧”（《人间词话》）；均从词史的高度评述作家的继承、创新、地位与影响。

具体作品的鉴赏亦应如此。《白雨斋词话》说范仲淹《御街行·纷纷坠叶飘香砌》“淋漓沉著，《西厢》长亭袭之”，即指出了此篇的风格特点和在文学领域内对戏剧创作的直接影响。《横槊气概　英雄本色》一文[①]鉴赏苏轼《念奴娇·赤壁怀古》，开头部分写了本词“在社会上是流传广泛，影响深远”的事实、北宋虚弱的国势和边防的危机、词人贬谪黄州的遭遇和游览赤壁的时间、周瑜大败曹操之赤壁与苏轼所游之赤壁地点的不同、作者关心边防的事例和“报国疆场”的壮志等等；中间部分是对作品字句的串讲剖析；而结尾部分又重点评述了这首有口皆碑的名作在词学史上“革新独创”的重要意义及其对南宋抗战词派的直接影响，指出其“在北宋词史上第一次以如椽大笔塑造了英武盖世的人物形象”，“其境界之宏大，格调之豪壮，气象之峥嵘，都是前所未有的”，它虽然“被同时人目为‘别调’、‘变格’，

---

① 刘乃昌：《苏轼文学论集》，齐鲁书社2004年版，第154页。

但它却以崭新的面貌，显示了不可忽视的生命力，而为宋词的长足发展‘指出向上一路’，成为南宋蔚为大观的抗战词派的一个滥觞。”这样，鉴赏者就分别从社会历史概况、作家生平思想、作品产生背景及其发生的影响、意义诸方面来观照、分析作品，使读者能充分了解这首词写作的具体背景、词人的思想基础和景慕周瑜的复杂原因，从而加深了对作品内容、意义、价值的理解和认识。

与苏轼的《赤壁怀古》不同，宋初王禹偁唯一的传世词作《点绛唇》并不是举世瞩目的篇章：

> 雨恨云愁，江南依旧称佳丽。水村渔市，一缕孤烟细。
> 天际征鸿，遥认行如缀。平生事。此时凝睇。谁会凭栏意。

这首描写江南“水村渔市”风景、抒发有志难酬感慨的词作，如果只作字句剖析，就很难了解其特点、意义和价值。倘若从作品整体、宋代词史甚至整个词学史的高度去观照、认识，则不仅可以充分领略它清新的意境美、质朴的语言美和含蓄深沉的格调美，而且还将发现这是宋代较早的一首文人农村词。它在体裁方面学习继承了晚唐五代双调小令的形式，上片写景，下片抒情，形式虽没有什么突破和创新，但其题材、风格在宋初词坛上却具有开拓性和独特性，故能流传不泯。同时，它对苏轼、范成大、辛弃疾等后代词人的农村词不无启迪和影响。王禹偁是北宋诗文革新运动的先驱者，他曾痛斥晚唐五代以来“秉笔多艳冶”（《五哀诗》）的文风而锐意改革，要求文章“传道而明心”（《答张扶书》），写景须“幽其旨趣”，“使云愤泉愁，岩羞谷耻”（《桂阳罗君游太湖洞庭诗序》）。这首《点绛唇》一反软媚浓艳之常调，呈清新隽丽之景象，足见作者的革新精神，故有人说“在北宋词坛上，最早开创新词风的是王禹偁”（见《唐宋词鉴赏词典》）。

上述范仲淹《御街行》、苏轼《念奴娇》、王禹偁《点绛唇》诸篇的鉴赏评述，均是在较高层次上来观照、认识、分析和评论的，这些内容虽然不全是作品本身的具体内容，但却与作品本身有着极为密切的联系，可以说，它们是作品形成或流传的幕后潜在因素或更高层次的内容。宏观把握就是通过它们使鉴赏进入新的境界、新的高度。

宏观把握有不同层次之分。假如我们把作品的只字单句视为微观的话，那么，从作品的整体出发即是一个低层次的宏观把握。郎加纳斯说：“有创见、善于安排和整理事实，不是在一两段文章里所能觉察出来，而是要在作品的总体里才显示得出”（《论崇高》），指明了作品整体把握的必要性和重要性。这个层次包括着对作品中心内容、感情基调、艺术构思、表现技巧、语言风格、意境韵味诸方面的把握。陈廷焯谓周邦彦词“一篇皆有一篇之旨，寻得其旨，不难迎刃而解”（《白雨斋词话》），所言即是对具体作品整体的把握。前人称评晏几道《鹧鸪天·彩袖殷勤捧玉钟》“词情婉丽”（胡仔《苕溪渔隐丛话》）、姜白石《八归·芳莲坠粉》“声情激越，笔力精健，而意味仍是和婉，哀而不伤”（《白雨斋词话》）等，都是立足于作品整体的把握。《凤凰台上忆吹箫·香冷金猊》是李清照的代表作之一，鉴赏者刘乃昌在对作品进行了深入细致的微观剖析之后，于文章结尾部分写道：“本篇特色，可以用深、曲、雅、畅四个字来概括。”（《情浓意密离恨深》，见《李清照词鉴赏》）接着便评述了其词感情沉挚、意不浅露而语无穷尽、浑厚典雅、自然疏畅等特点，文章精练概括和透辟评论的前提与基础，便是对作品的整体把握。它使鉴赏者改变视角，跳出了字句的束缚而有居高临下之势，既有助于发现作品的突出特点，又可以提高字句理解的准确性，减少偏差和舛误。

从作家的全部创作着眼，这与具体作品相对而言，又是一个层次的宏观把握。一般说来，作家创作的体裁、题材、风格等等，都具有多样性、丰富性的特点，通过创作全貌的把握，则可以防止以偏概全的倾向，对作品作出恰当而有分寸的评论。《四库全书总目提要·集部·词曲类·芦川词提要》在评价著名词人张元干的《贺新郎·曳杖危楼去》与《贺新郎·梦绕神州路》二篇时，以为为全集“压卷”，“其词慷慨悲凉，数百年后尚想其抑塞磊落之气。然其他作则多清丽婉转，与秦观、周邦彦可以肩随”。《提要》的作者就是在统观和把握了张元干《芦川词》创作全貌的情况下，既高度评价了两首《贺新郎》的写作特点和艺术成就，又兼顾到其他方面的风格及成就，因此显得切实中肯而不片面。沈谦《填词杂说》言及辛弃疾《祝英台近·宝钗分》时谓“稼轩词以激扬奋厉为工，至‘宝钗分，桃叶渡’

一曲，昵狎温柔，魂销意尽”，亦是在把握了辛词主导风格的同时，突出了《祝英台近》的艺术个性。至于同作品有直接联系的作家的生平思想、文学主张等等，也属于这个层次的把握范围，它有利于加深对作品的理解和认识。另外，一首作品与整个文体发展的联系，在文学领域内同其他文体的联系、在文化领域内同其他艺术门类的联系，乃至在比较文学领域内同他国文学的联系等等，都是不同的更高层次的宏观把握，它们对于认识作品的意义和价值都是十分重要的。

各种不同层次的宏观把握，又有纵向和横向之别。一般说，纵向宏观把握侧重于“史”的角度，大都体现在体裁形式、题材内容、表现技巧、风格基调诸方面的流变和对后世的影响方面。梁启超赞赏欧阳修《蝶恋花·谁道闲情抛掷久》，曾言辛弃疾《摸鱼儿·更能消几番风雨》“起处从此脱胎”(《艺蘅馆词选》)；刘熙载评论晁补之词亦谓：“人知辛稼轩《摸鱼儿·更能消几番风雨》一阙，为后来名家所竞效，其实，辛词所本，即无咎《摸鱼儿·买陂塘旋栽杨柳》之波澜也”(《艺概·词曲概》)。梁、刘之说，即是着眼于“史”的角度，点出了作品形式或内容的承继与衍变。范仲淹的《渔家傲·塞下秋来风景异》是宋词中的名篇，有的鉴赏文章开始即从北朝乐府描写塞上风光的诗歌谈起，继而谈到了唐代边塞诗派的形成及特点，然后落笔于作家本人的特殊境地和作品自身的内容与艺术。这样，鉴赏者就从文学史的角度突出了这首词在题材上的继承性，开阔了读者的视野。从词学史的角度看，它又是宋代最早的描写边塞风光、抒发报国壮志的词篇，它突破了词为艳科的樊篱而首次将宋代有关国家、社会的重大问题反映在词里，因此，在词的表现题材上又有极大的开拓性，恢复了我国早期民间词写边塞、抒豪情的优良传统。其意境的苍凉雄壮、笔力的遒劲豪宕等等，则体现了作品在艺术境界和风格基调方面的创新，成为苏、辛豪放词派的滥觞。

再如柳永描写杭州繁华景象的《望海潮·东南形胜》，如果把这首为人称颂的作品放在词学史、文学史、文化史的高度去认识就不难发现它在体裁、题材、技巧、风格诸方面的开创性。第一，这是柳永自己创制的长调慢词，其曲牌的格律体式前所未有，它的问世丰富了词牌曲调，有助于扩大词体的内容含纳量，也为后人填词提供了新的调式。第二，用词描写和反映城市的优美、繁华，此篇首开先例。南宋姜夔的名作《扬州慢》即受其影响，而在表现的景象、抒发的情感诸方面有所不同。第三，作者创造性地学习汲取汉赋的手法，层层铺叙，层层渲染，对偶排比，发扬声势，加强了词的艺术感染力，也丰富了词的表现技法，被后人奉为圭臬，如李清照就把“铺叙”作为衡词标准之一。第四，其壮观秀丽的景色，劲峭隽美的语言，缜密严谨的结构，宏丽恣肆的风格，亦是前代词坛所鲜见，这对晚唐以来的柔艳软媚词风，不能不说是带有一定的革新精神。第五，此词的影响，已超出了文学领域。宋人罗大经《鹤林玉露》（《丙编》）云：

此词流播，金主亮闻歌，欣然有慕于“三秋桂子，十里荷花”，遂起投鞭渡江之志。近时谢处厚诗云：“谁把杭州曲子讴？荷花十里桂三秋。那知卉木无情物，牵动长江万里愁。”余谓此词虽牵动长江之愁，然卒为金主送死之媒，未足恨也。至于荷艳桂香，妆点湖山之清丽，使士大夫流连于歌舞嬉游之乐，遂忘中原，是则深可恨耳。因和其诗云：“杀胡快剑是清讴，牛渚依然一片秋。却恨荷花留玉辇，竟忘烟柳汴宫愁。”盖靖康之乱，有题诗于旧京宫墙云：“依依烟柳拂宫墙，宫殿无人春昼长。”

柳词使金主完颜亮有渡江南侵、立马吴山之意并终致其死；南宋朝廷因此词而忘靖康之耻，建都临安，不思恢复；这些说法不无夸张附会之嫌，未可足信。但是，它们却充分说明柳词的影响已远远超出了文学领域。近代以来的某些史学著述也多征引此词作为研究北宋经济和城市发展的重要史料，亦可证其意义的深广。所有这些，我们如果仅仅局限于作品本身的理解而不作纵向的宏观把握，就很难得出上述较高层次的分析认识。

横向宏观把握一般是指对作品背景材料的把握，如与作品内容有直接关系的作家生平思想、文学主张、总体风格、写作背景、社会局势、文坛风貌等等，同时，也包括对同时代作家作品和同题材乃至不同体裁、不同风格作品的比较以及世人的评价等等。前面言及的《赤壁怀古》鉴赏，其文章开头部分即是简要而全面的横向宏观把握。再如李清照《醉花阴·薄雾浓云愁永昼》的某一鉴赏者，起笔指出“这是李清照为思念丈夫而写的一首离情词”，接着又交代了其“夫妇感情深厚”（见《李清照词鉴赏》），言简意赅地点明了创作的起因和基础；文章还征引古人“无一字不秀雅”、“令人再三吟咀而有余味”等评语，说明此词的艺术特色。张孝祥《六州歌头·长淮望断》的鉴赏者，开头即云：“这首词作于孝宗隆兴元年（1163），是张孝祥任建康留守时所写”，下面又介绍了“是年”南宋北伐失败，“主和派得势，并派人至金议和”的社会背景和政治形势，点明“在一次宴席上，孝祥对此义愤填膺，即席赋写这篇词章”（见《唐宋词鉴赏辞典》），从而清楚地交代了此词写作的时间、地点、原因、社会背景和具体环境。诸如此类的内容，均是横向的宏观把握，它们对于深化作品的认识和理解，无疑具有举足轻重的作用。

鉴赏也可从题材、风格、技巧境界诸方面同异的比较进行横向把握。如苏轼的次韵友人之作咏物名篇《水龙吟·似花还似非花》，就有人以同原韵比较而分析苏词的艺术成就。宋人朱弁谓“章楶质夫作《水龙吟》咏杨花，其命意用事，清丽可喜；东坡和之，若豪放不入律吕，徐而视之，声韵谐婉，便觉质夫词有织绣工夫”（《曲洧旧闻》卷五）；王国维云：“东坡《水龙吟》杨花词，和韵而似原韵，章质夫词，原唱而似和韵”（《人间词话》）。通过对比显然更能显示作品的个性。再如秦观歌咏牛郎织女纯真高洁爱情的《鹊桥仙》，同柳永的《二郎神·炎光谢》、欧阳修的《渔家傲·喜鹊填河》、苏轼的《菩萨蛮·风回仙驭云开扇》这三首同题材的作品相比，其构思、语言、意境、格调诸方面有着更为突出的特点，故尤为人们称颂。苏轼《念奴娇·大江东去》与辛弃疾《永遇乐·千古江山》都是词学史上豪放风格的代表作，题材也都是缅怀古人，发抒块垒，但二首在艺术方面又各有千秋。就同一位作家而言，辛幼安的抗战词向以“横绝六合，扫空万古”（刘克庄《后村诗话》）著称，他的《摸鱼儿·更能消几番风雨》却以惜春、宫怨抒发壮志难酬的悲愤和对国家时局的忧虑，化刚为柔，“极沈郁顿挫之致”（《白雨斋词话》）。凡此种种，均属横向的宏观把握。不难看出，横向宏观把握不仅可以帮助我们加深对作品整体的理解和认识，而且还能够深入挖掘作品的个性特征和艺术成就。

总之，宏观把握具有多层性、多向性的特点，不同层次、不同角度的把握，各自有着不同的作用。宏观把握还具有一定的选择性，在鉴赏过程中，必须根据具体作品的实际情况，确定其把握的层次和角度，要注意防止生拉硬扯式的强挂乱套。宏观把握要求鉴赏者必须具备较为广博的知识面和较为系统的专业知识，与微观剖析相比，它要求更高、难度更大。另外，宏观把握还必须同微观剖析相配合，才有坚实的基础，才能显示其作用和意义。简言之，微观剖析与宏观把握构成了宋词作品鉴赏不可偏废的两大主体，二者相互兼顾，有机结合，才能使鉴赏进入较为完美的境界。

绝世双璧：毛泽东《沁园春·雪》与苏轼《念奴娇·赤壁怀古》的文化冲击力*

毛泽东的《沁园春·雪》和苏轼的《念奴娇·赤壁怀古》，可以说是自古迄今，中国词史影响最大的绝世“双璧”，气势大、意境高、造诣深。

沁园春·雪

北国风光，千里冰封，万里雪飘。望长城内外，惟余莽莽；大河上下，顿失滔滔。山舞银蛇，原驰蜡象，欲与天公试比高。须晴日，看红装素裹，分外妖娆。　　江山如此多娇，引无数英雄竞折腰。惜秦皇汉武，略输文采；唐宗宋祖，稍逊风骚。一代天骄，成吉思汗，只识弯弓射大雕。俱往矣，数风流人物，还看今朝。

念奴娇·赤壁怀古

大江东去，浪淘尽，千古风流人物。故垒西边，人道是，三国周郎赤壁。乱石穿空，惊涛裂岸，卷起千堆雪。江山如画，一时多少豪杰。　　遥想公瑾当年，小乔初嫁了，雄姿英发，羽扇纶巾，谈笑间，樯橹灰飞烟灭。故国神游，多情应笑我、早生华发。人生如梦，一樽还酹江月。

毛泽东的《沁园春》以“雪”起兴，写所见所感。首句“北国风光”

---

* 本文以“力拔山兮气盖世——再读毛泽东《沁园春·雪》”为题发表于《党建》2014 年第 1 期总第 313 期，有删减，《新华文摘》2014 年第 6 期总第 546 期转载。今恢复原文。

交代区域地点。次句“千里冰封”以静景点明季节时间，“万里雪飘”以动景渲染气氛，而“千里”“万里”有远近之别，“冰封”“雪飘”有高低之分，层次分明，动、静互衬。以“封”写“冰”、用“飘”状“雪”，既抓住了“冰”、“雪”特点，生动形象，又体现出炼字功力，精警准确。

“望”字拎起下面内容。“长城内外”既言其远又言其广，“惟余茫茫”突出大雪飘洒宇宙间、天地浑然一体的视觉感受；“大河上下”描述纵向流动态势，“顿失滔滔”描绘河面凝固的静止状态，又暗含奔腾千里的气势对比。

“山舞银蛇”写白雪覆盖的群山高低起伏、连绵不断，好像巨蛇在宇宙间奔腾飞舞；“原驰蜡象”描述白雪覆盖的原野景物，好像白蜡制作的群雕在奔驰；而奔腾的群山、奔驰的原野似乎有意与“天公”比试高低！这三句，借助目光转移的视觉效果，把静止的景物，描绘成气势飞动的姿态，既雄奇瑰丽、生动形象，又富有意趣和情趣！

以上七句，是“北国风光”的具体化。“长城”、“黄河”都是最具民族特色和区域特色、最具世界影响力的地标性景物，是中华民族的象征，历史厚重感突出，文化内涵深刻。

“须晴日、看红妆素裹，分外妖娆”，由实转虚，想象雪停天晴之后，情景会更加优美，收束上片写景。

换头“江山如此多娇”呼应上片内容，次句“引无数英雄竞折腰”展开抒情。“惜”字七句以惋惜和遗憾的方式评点英雄美中不足。秦始皇生于邯郸、汉武帝生于长安、唐太宗生于陕西、宋太祖生于洛阳、成吉思汗生于漠北，他们都是“北国”最“风光”的“英雄”，都是伟大的战略家、军事家、政治家，为中华民族强盛，做出过巨大贡献。然而，词人以为，他们功可盖世，而文治不足。秦始皇嬴政统一中国、“四海为一”而有“焚书坑儒”之举；汉武帝刘彻破匈奴、征西域、并朝鲜，却“罢黜百家、独尊儒术”；文化战略都未尽如人意。唐太宗李世民开疆拓域，且成“贞观之治”；宋太祖赵匡胤陈桥兵变而一统天下；唐、宋两朝都重视文化，兴办学校，完善科举，人才辈出，文化繁荣，宋代甚至佑文抑武，但唐太宗、宋太祖个人文章造诣未精（宋太祖《咏初日》“太阳初出光赫赫，千山万山如火发。一轮顷刻上天衢，逐退群星与残月”可窥一斑）。至于元太祖成吉思汗，善战擅谋，建立蒙古帝国，率铁骑征服欧、亚，版图之广，空前绝后，然而蒙古当时尚无文字，成吉思汗虽曾下令创制，却未能实行，他本人更没有文章流传。

以上七句，作者以理想主义的标准，评点中国古代五位创业帝君，既充满敬佩，又希望完美。“略输”、“稍逊”、“只识”都是“惜”的具体化。潜在含意是，如果他们有更高的文化素养，事业就会更辉煌！

结尾“俱往矣、数风流人物，还看今朝”，既呼应上面内容，又收住历史回顾，回到眼前现实，断定当代俊杰，将会超越前代，创造更加辉煌灿烂的丰功伟绩，以高度自信、积极昂扬的格调结束全词。

苏轼词以“江”起兴，着眼于“人”。开头“大江东去，浪淘尽、千古风流人物”，由眼前实景想到时间流逝，将空间景象与时间纵深联系在一起，领悟个体生命的短暂和时不我待的紧迫。次句“故垒西边，人道是、三国周郎赤壁”以特殊的地点，引出缅怀的对象。“乱石穿空”以夸张手法，极写高耸入云的山岩石柱，穿破了天空中的行云，想象奇特，化静为动，既有力度又有声响。“惊涛裂岸”极写汹涌的巨浪击打江岸岩石，发出震耳欲聋的声响，突出其惊心动魄的巨大力量。“卷起千堆雪”描述“惊涛”被“乱石”阻挡摔碎后，化为无数细浪返归江面的情景。以上三句从形、声、色三方面描绘赤壁古战场雄奇壮丽的景观，“乱石”、“惊涛”、“穿空”、“裂岸”等又有着空间层次的区别。“江山如画，一时多少豪杰”收束写景，铺垫抒情。

换头“遥想公瑾”由写实转入写虚，实现时间空间转换。“小乔初嫁了，雄姿英发，羽扇纶巾”分别从婚姻得意、体态风貌、言谈举止、内在气质和衣着装束等方面描绘周瑜形象，突出神采气度和潇洒儒雅。“谈笑间、樯橹灰飞烟灭”以指挥若定突出其成竹在胸的智慧与自信，以对方惨败渲染周瑜功勋，同时点明赤壁大战的火攻特点。以上六句写尽周瑜风流儒雅，功业有成。

“故国神游，多情应笑我、早生华发”，词人设想周瑜来游赤壁，会笑话自己（苏轼）头发花白，仍然没有为国家做出大贡献。赤壁属东吴，而周瑜去世八百多年，故称“故国神游”。“多情”即周瑜，呼应“公瑾”。作者通过跨越时空的奇特设想，将历史与现实融合为一，由虚转实，周瑜的辉煌与词人贬居形成强烈对比，深沉含蓄地抒发壮志未酬的郁闷。

煞拍“人间如梦，一樽还酹江月”感叹人生短暂，洒酒祭奠古人。“江月”即倒映在江中的月亮，“酹江月”既祭奠了天地，又祭奠了古人，由此回应了题目，呼应了全篇敬慕前贤的内容，实现了首尾圆合、时空圆合。

这首词创新性和文化性很强，在宋词传播排名榜中位列第一。首先是题材创新。苏轼之前，词多写月下花前、红香翠软、羁旅行役；《赤壁怀古》把重大的历史事件、杰出的英雄人物、雄奇的壮丽景观和崇高的报国理想纳入词中，令人耳目一新，极大地提高了词的文化品位。其次是风格创新。作品融写景、议论、抒情于一炉，意境雄奇壮丽，情感深沉浓厚，语言精警劲拔，形成豪放于外、委婉其内的独创风格。

以上两首词的作者，毛泽东是举世公认的一代伟人，苏轼是旷世无双的文坛盟主。他们相隔八百多年，而诗词、书法、文章等方面的精深造诣，相近相似处甚多。两首词的艺术境界，也有惊人的相似处。

一是豪情激荡。都是借景抒情，雄奇壮丽，情景交融！二是意境雄奇。三是结构规范。都采用“上片写景、下片抒情，由景及人、前后呼应”这样最规范、最常见的结构形式，而着力于思想内容的创新出奇，所谓“出新意于法度之中，寄妙理于豪放之外”（苏轼《书吴道子画后》）。四是笔力劲健。思想表达、材料运用、艺术手法和语言提炼诸方面，都体现出大家巨擘独有的文化创造力，体现出广博丰富的知识学养和深厚扎实的艺术功底。五是年龄相近。毛泽东时年43岁，苏轼时年45岁，都是期待事业有成的壮年时期。

风格意韵也有明显区别。一是境遇格调有区别。《沁园春》写于1936年2月，毛泽东率长征部队胜利到达陕北。而《念奴娇》写于1082年苏轼被贬黄州时。前者是处于政治地位上升态势的高层政治家，后者是处于逆境的文学家。心情、心态、情绪的不同，必然反映到作品中。二是艺术气象有区别。《沁园春》居高临下、气吞山河、积极乐观；《念奴娇》艳羡周瑜、希望建树，心有期待而又无可奈何，孤独郁闷，深沉含蓄。三是艺术境界有区别。毛泽东的词属“无我之境”，侧重物象，人在物外，而万物皆备于我，以局外人的眼光，描述景物和评论历史，超脱大气；苏东坡的词属“有我之境”，着眼于人，身在词中，物我为一，情感深沉而执著，人情味浓、生活味浓，思想行为更像普通人，也更贴近人情事理。四是艺术表现有别。《沁园春》以“横扫千军如卷席”的气势，平面描述大景象，纵向议论大人物，宏大而不乏细腻，咏雪而不拘泥于雪。《念奴娇》则紧扣题目，以周瑜一人贯穿始终，精于布置，针脚细密，前呼后应，充分展现了文学巨擘的深厚功力和精深造诣。两首词体现出鲜明的艺术个性，成为中国词史上的绝世“双璧”。

据说，毛泽东创作了《沁园春》，九年后在重庆谈判时，赠给柳亚子，意在争取国民党高层人士的支持。《新民报》副刊率先发表，《大公报》等也相继刊载，“和词”与评论，几近百篇。

蒋介石看后很恼火，问陈布雷：“你看毛泽东的词如何？”陈布雷说：“气势磅礴、气吞山河，可称盖世之精品。”蒋介石气愤地说：“我看他毛泽东野心勃勃，想当帝王，称王称霸，想复古，想倒退。你要赶快组织一批人，写文章批判他。”数日后，《中央日报》刊登出了“围剿”《沁园春》的作品。

周恩来指导重庆进步文化界，积极回应。郭沫若率先发表和词，延安黄齐生、解放区邓拓、陈毅等，都依韵奉和。

为打压和消解毛泽东词的巨大影响，国民党还发出内部通知，组织创作，上报中央，挑选佳作，拟以主要领导人的名义发表，但没有一首中意。其后，又在南京、上海等地重金雇佣“高手”创作，依然没有中意者，只好作罢。由于国民党的三次较量都在暗中组织，又未成功，所以高度保密。直到20世纪80年代，才由知情者透露出来（参见《党史纵横》2008年第7期）。

这无疑是一次文化实力的较量，是最高层面的文化决战，是征服精英人心、“不战而屈人之兵”的高招妙招！这对争夺有话语权、有影响力的国民党高层人士，发挥了重要影响，此又非战争手段所能比。

《西厢记》艺术成就的多维审视*

王实甫的《西厢记》被前人视为“千古绝技”（明·王骥德《曲律》）、“古今绝唱”（明·李梗《西厢记考据》）、“千古第一神物”（《汤海若先生批评西厢记·序》）；当代著名学者郭沫若亦称《西厢记》“是超过时空的艺术品，有永恒而且普遍的生命”（《西厢记艺术上之批判与其作者之性格》）；日本研究中国古代戏剧的权威波多野太郎则指出《西厢记》“已成为世界戏剧史上的伟大文学作品”（蒋星煜《明刊本西厢记研究·波多野太郎序》，中国戏剧出版社1982年版）。本文拟就《西厢记》的孕育问世、境界旨趣、关目处理和戏剧中心人物塑造诸方面，略作研讨绎述。

一　历史的衍化与群体的参与：《西厢记》的创造轨辙

《西厢记》卓越的艺术成就是在相当漫长的一段历史时期内逐渐孕育形成的，它是中华民族集体智慧的结晶，凝聚着华夏文化的精华，而并不属于王实甫一人，故清人金圣叹说“《西厢记》不是姓王字实父此一人所造”（《读第六才子书〈西厢记〉法》）。

《西厢记》主要演述崔莺莺与张生曲折的爱情故事，故事的源头便是中唐诗人元稹的传奇小说《莺莺传》。《莺莺传》又称《会真记》、《会仙记》，讲述唐代贞观年间，张生游于蒲州，住在普救寺，恰巧姨母崔夫人携女儿莺莺和儿子欢郎住在这里。时逢乱军“大掠蒲人”，崔氏母女“旅寓惶骇，不知所托”，由于张生“与蒲将之党有善，请吏护之，遂不及于难”。事后，崔张得以相见，引出了一段曲折缠绵的爱情故事，如情诗挑逗，待月西厢，

* 本文发表于《中国文化研究》2000年第3期总第29期。

幽会私合，长安寄书等。故事的结局是“始乱之，终弃之”，“崔已委身于人，张亦有所娶”。作者称“时人多许张为善补过者”。《莺莺传》问世后，因为故事本身就很富有戏剧性，又很适合当时文人的思想情趣和意识，因此受到士大夫们的喜爱，广为传播。元稹还写了《会真诗三十韵》，他的友人李绅为此写了《莺莺歌》，白居易等人也都有诗唱和。故鲁迅说“其事之振撼文林，为力甚大”（《唐宋传奇·稗边小缀》），在《中国小说史略·唐之传奇文（下）》中，又谓“元稹以张生自寓，述其亲历之境，虽文章尚非上乘，而时有情致，固亦可观，惟篇末文过饰非，遂堕恶趣……”指出了作品的生活基础及艺术特点。

入宋之后，元稹的这篇传奇被收入宫廷编辑的《太平广记》，并成为民间说唱的题材。人们以各种不同的体裁、形式传诵这个故事，以至于家传户诵，妇孺皆知。据赵令畤《商调蝶恋花》鼓子词叙说，“至今士大夫极谈幽玄，访奇述异，无不举此以为美谈；至于倡优女子，皆能调说大略”。可见传播广泛。苏轼的门人秦观、毛滂就分别用当时盛行的《转踏》调笑令或“调笑”的歌舞曲形式咏其事。但因体裁短小，容纳量小，不能写出完整的故事。赵令畤深憾于此，便采用当时流行的另一种民间的说唱形式鼓子词，写了“句句言情，篇篇见意”（《侯鲭录》）的《商调蝶恋花》“会真记”，以十二支曲子和各曲前后的散文道白，连说带唱，使内容和形式都充实、扩大了，并且否定了《莺莺传》所谓“始乱终弃”、“善补过”的落后部分，使崔张的爱情故事有了新的发展和提高。

宋金对峙时期，金章宗时，在中国北方，董解元又把崔张故事改编为诸宫调《西厢记挡弹词》，俗称《董西厢》，将不足两千字的传奇，拓展为八卷约六万字的长篇讲唱文学。除演述崔张故事外，又加进了郑恒、法聪等人物，使故事更为曲折，并且改变了《莺莺传》宣扬封建意识的主题，赋予了崔张故事以明显的反抗封建礼教的意义，在人物和情节上也有了较大的丰富和提高。特别值得提出的是，《董西厢》是现在流传下来的所有崔张故事的文学作品里第一部打破悲剧性结局的著作。作者改变了张生轻薄少年的形象，也不再把崔莺莺看成“不妖其身，必妖于人”的“妖孽”，最后让崔张双双出奔，表现了“从今至古，自是佳人，合配才子”的主题。《莺莺传》的矛盾冲突主要在崔张之间，而在《董西厢》里，则形成了崔、张、红与老夫人、郑恒两方的矛盾冲突，这就使主题思想上升到反封建制度、背叛封建礼教的高度。崔莺莺成了“相国小姐”，她经过了曲折的斗争，突破了封建礼教的束缚，勇敢地与张生结合，什么“父母之命，媒妁之言”、“门当户对”、“自献之羞”都不能阻挡她为追求幸福而斗争，终于成为胜利者。张生也由“始乱终弃”变为对爱情坚贞不渝、把功名置于第二位的具有反封建思想的人物。红娘和法聪既出谋又出力，对崔张的结合起了决定性的作用。崔老夫人在传奇中几乎是一个没有性格、没有行动的人物，到《董西厢》里，却成了矛盾冲突一方的代表。在艺术表现手法上，《董西厢》也取得了多方面的成就。

与《董西厢》同时流行的有关崔张爱情故事的还有话本《莺莺传》（南宋罗烨《醉翁谈录》）、宋官本杂剧《莺莺六么》（周密《武林旧事》）、金院本《红娘子》、南戏《崔莺莺西厢记》等等。这些作品都没有流传下来，虽然不知其思想内容与艺术的创造如何，却说明了人们参与创作的广泛。

元统一全国之后，这些在南北流行的有关崔张爱情故事的各种戏曲、讲唱形式，又重新在大都、杭州等戏曲中心汇合起来，得到了交流。王实甫正是在前人创作的基础上，运用自己的戏剧天才，重新进行了艺术的再加工、再创造，写成了一部思想和艺术都臻于完美的《西厢记》。

西厢故事经过了近五百年的流传，其不断流传的过程，实际上就是不断加工、不断创造的过程，也是不断溶进人们的审美情趣和意识理想的过程。

二 爱情的升华与理想的追求：《西厢记》的境界旨趣

明代统治者曾指斥“《西厢记》诲淫”，是“淫媟之戏”，且“禁书坊不得鬻，禁优人不得学，违则痛惩之”（陶奭龄《小柴桑喃喃录》），清统治者亦称《西厢记》“引诱聪俊之人，是淫书之尤者也，安可不毁”（见《元明清三代禁毁小说戏曲史料》增订本，上海古籍出版社 1981 年版），乾隆皇帝甚至亲下“圣训”禁斥。对此，金圣叹曾严加驳斥：“《西厢记》断断不是淫书！断断是妙文”，“说《西厢记》是淫书，此人后日定堕拔舌地狱”（《读第六才子书〈西厢记〉法》）。《西厢记》之是否诲淫，乃是读者自身的理解，指斥与驳斥，皆为接受主体产生的意识，就其文本而言，《西厢记》表现的却是纯真的爱情和对理想的追求。其故事的原型经过了长期的流传和众多艺术家的不断加工，基本情节和主要人物都已初具规模，王实甫以杂剧的形式演述，作者在进行艺术再创造的过程中，又予以高度的提炼、升华、丰富、发展，其间既溶入了自己的思想和愿望，又深化了故事的主题和旨趣，提高了艺术境界。

《西厢记》全剧五本，共有二十折，外加五个楔子（有的本子把第二本中"惠明送书"视为一折，成五本二十一折，另有四个楔子），演述了崔莺莺和张生曲折复杂的自由恋爱故事。作品描写了崔张爱情的发生、发展、波折与结局，表现了崔张对爱情的追求和执著，并通过他们的美满结合，给予了热情的肯定和赞颂。同时，作品还通过以老夫人为代表的封建势力对崔张爱情的破坏与阻挠，揭露了封建礼教对青年追求自由幸福的摧残，从而提出了婚姻自由的主张和"愿普天下有情的都成了眷属"这样一个崇高理想。

自由婚姻的严重障碍是封建的门阀制度。在元稹笔下，是门阀战胜了爱情，这是唐代现实的反映。到了董解元手中，由于时代的变化，改变了故事的结局，一变而为爱情战胜了门阀制度。王实甫则更深刻、更细致地揭示了其社会的尖锐性、复杂性，以及最后成功的必然性。在王西厢那里，莺莺成为相国千金，张生虽为尚书之后，而实是"白衣饿夫穷士"，这就把崔张的恋爱变成了落拓书生与相国小姐的恋爱，使故事本身就具有了深刻的叛逆精神和理想色彩。一位落拓的穷书生，敢于大胆地追求相国的千金小姐，而相国的千金小姐也敢于热爱落拓的书生。莺莺以身相许，绝无门阀观念，张生也丝毫没有因为自己地位的低下而怯懦自卑，相反，他坚信相国小姐与自己是理所当然的"美夫妻"。不仅如此，他们都把爱情看得高于功名利禄，认为"但得一个并头莲，煞强如状元及第"，他们诅咒"蜗角虚名，蝇头微利，拆鸳鸯在两下里"。这些就构成了他们共同的思想基础，使他们的爱情经受住了那样曲折的严重考验。如果说他们的相遇是偶然性的机缘，那么，他们共同的思想基础，倒是促使他们相爱至深的必然性因素。这样，崔张的爱情就排除了世俗、庸俗的观念而得到了净化，升华到一个纯洁的境界。

"父母之命，媒妁之言"是门阀制度的保证。在私有制社会，特别是封建社会，"决定这个问题的绝对不是他个人的意愿，而是家庭的利益"，[①] 所以，在封建社会里，青年男女不仅没有婚姻自由，而且平时还受着种种封建礼教的约束和桎梏。王实甫通过对崔张爱情的歌颂和赞扬，就彻底否定了封建礼教。他写崔张的月下私期，是那么美满欢畅、有情有义；写他们的长亭分手，是那么的缠绵婉转，难解难分；这就使处在封建统治下的无数青年男女为他们这种美满的恋爱生活所歆动，所陶醉，引起了他们对于"父母之命，媒妁之言"婚姻的不满和反抗，使《西厢记》既能在当时受到广大市民阶层的欢迎，又能于后世受到无数青年读者的喜爱，成为中国古典戏剧中最富有生命力的作品之一。

王实甫在剧末还提出了"愿普天下有情的都成了眷属"这一著名的思想。由《西厢记》可以看出，作者对生活中恋爱婚姻的悲喜剧有着明确的态度；他赞美以爱情为基础的婚姻，而反对以"父母之命，媒妁之言"为基础的婚姻。王氏认为，"有情的"结成婚姻才是美好的，值得赞美的。然而在封建社会，这只能是一种理想，特别是对于有一定地位的人来说，婚姻一般是不可能以"有情"为基础的。这正如恩格斯在《家庭、私有制和国家的起源》中所指出的，对于统治阶级来说，"结婚是一种政治的行为，是一种借新的联姻来扩大自己势力的机会，起决定作用的是家世的利益，而决不是个人的感情。在这种条件下，爱情怎能对婚姻问题有最后决定权呢?"[②] 王实甫提出的理想，不仅在当时不能实现，即使在《西厢记》产生多少个世纪后也还不能实现。正因如此，《西厢记》写出了真实可信感人肺腑的爱情，但却无法令人信服地解决崔张的婚姻，只好采取妥协，让张生中了状元，然后团圆。尽管如此，王实甫毕竟提出了"愿普天下有情的都成了眷属"这样一种理想，一种符合人们愿望的美好理想，一种对青年男女来说颇具吸引力的理想，成为人们在婚姻问题上向往的目标，因而具有积极的力量。

① 《马克思恩格斯文集》第4卷，人民出版社2009年版，第92页。

② 《马克思恩格斯选集》第4卷，人民出版社1995年版，第76页。

三 情节的跌宕与结构的缜密:《西厢记》的关目处理

明代著名的戏剧大师汤显祖曾指出,《西厢记》“叙其所以遇合,甚有奇致焉”(《汤海若先生批评西厢记·序》),指出了《西厢记》关目处理方面的突出特点。纵观全剧,情节生动曲折,波澜横生,错落跌宕,扣人心弦,而结构宏伟严谨,伏应接转,开阖变化,缜密多变,从而使情节和结构达到了臻于完善的艺术境地。

《西厢记》演述的故事所发生的时间、地点、人物都很集中,这对于展开故事的曲折和复杂,都有相当的难度。王实甫在深刻把握事件发展和人物性格发展的内在逻辑的前提下,巧妙地安排关目,取得了很大成功。整个崔张故事,作者安排了两条相关联的情节线索,一是崔、张、红对老夫人的矛盾斗争,二是崔、张、红三人之间的误会性冲突。崔、张爱情的产生不能不冲击封建礼教,随着崔张爱情的发展,一方面使崔、张、红对老夫人的矛盾逐渐尖锐,同时也引起了三人间的误会性冲突。全剧就紧紧围绕这两条线索展开。第一本写崔张爱情的发生。作者安排了“惊艳”(一折)、“借居”(二折)、“隔墙酬韵”(三折)、“搭斋”(四折)四场戏,着重表现了崔张的相互倾慕,特别是莺莺的娇丽含情与张生的倾心爱慕。剧中充满了爱情的喜悦。然而开头的楔子已经讲明,莺莺早就许给了崔夫人的侄子郑恒。这就使观众和读者在为崔张爱情顺利发生并有进展的情况下,一方面为他们高兴,一方面又为他们担心。事态将如何发展?在第二本里,作者安排了“寺警”(一折)一场戏,使崔张的爱情故事突然出现了新的情况,贼人孙飞虎要抢莺莺做压寨夫人,崔张爱情面临严重的威胁,使观众与读者全身为之紧张。然而,“围寺”迫使崔夫人宣布“但有退兵之策的,倒赔房奁,断送莺莺与他为妻”,张生由是写书退兵解围,因祸得福。至此,崔张的爱情故事又发生了重大变化,似乎可以公开化、合法化了。所以“请宴”(二折)一场戏,极写张生兴高采烈、手舞足蹈之情状,使人在放下“兵围”时那颗提起来的紧张的心的同时,又为崔张爱情的即将成功而庆幸。不料,在“赴宴”(三折)中,老夫人变卦“赖婚”,令崔张以兄妹相称,眼看崔张的爱情又化为泡影,使观众由“白马解围”的庆幸坠入惋惜遗憾,在同情崔、张的同时，又怨恨崔老夫人。故事至此又是出乎意料的巨大变化。既然夫人已把话讲明了，崔张的爱情故事到此似乎可以结束而没有什么戏可写了。但作者又安排了“月夜听琴”（第四折）一场戏，使故事断而复续，崔张互诉衷肠，夫人的“赖婚”反倒使二人的感情向前发展了一步，相互了解更深了一层。第三本则写了“寄诗”（一折）、“闹简”（二折）两场戏，崔张的爱情进一步发展，特别是莺莺主动以诗相约：“待月西厢下，迎风户半开，隔墙花影动，疑是玉人来”，给人以“好事可成”的感觉。但到张生赴约，意外的事情又发生了，莺莺变卦“赖简”（三折），斥责了张生，致使张生相思之病日笃，性命难保。读者至此，既惑于崔之变卦，又担心张之性命，真有“山穷水尽疑无路”之感，因为同老夫人的变卦不一样，莺莺的变卦则可能使二人的爱情彻底毁灭。恰值至关紧要之时，红娘又送来了莺莺的诗简：

> 休将闲事苦萦怀，取次摧残天赋才。
> 不意当时完妾命，岂防今日作君灾？
> 仰图厚德难从礼，谨奉新诗可当媒。
> 寄语高唐休咏赋，今宵端的云雨来。（四折）

此诗简不但立时医好了张生的相思之病，而且也让观众再次放下了一颗紧悬着的心。崔张的爱情故事进入新的阶段。第四本描写崔张私合欢爱（一折），正当读者也像崔张一样沉浸在爱情的欢乐之中，作者又安排了“拷红”（二折）一场戏，崔张私合之事被老夫人发觉了，这不由不使观众刚轻松了一下的心又立时紧提起来。然而，经过红娘机智的斗争，迫使崔夫人承认了现实，答应将莺莺许配张生，读者的心才又重新放下来（二折）。由于老夫人“不招白衣女婿”，让张生“明日便上朝取应”，崔张二人“美爱幽欢恰动头”，而又开始品尝别离之苦。“长亭送别”（三折）、“草桥惊梦”（四折）着重刻画了崔张难舍难分的绸缪。张生进京应举结果如何？崔张能否最后团聚成婚？这是每一位读者或观众所共同关心的问题。在第五本里，作者回答了这些问题。张生中了头名状元，这下可以满足了崔夫人的要求而能与莺莺完婚了，偏是好事多磨，张生被留任京师又加之染病，拖延了回蒲州的时间，而老夫人的侄子郑恒却接信来到蒲州，使观众又为之紧张担心起来，经过“争艳”之后，崔张终于得以成婚。崔张的爱情故事得到了令人满意的结局。全剧就是在这样一波未平、一波又起的曲折过程中展开了一个个戏剧冲突，表现了作者在关目处理上的高度艺术。

《西厢记》以五本二十折加五个楔子的宏伟篇幅连演一个故事，但其结构却极其严密紧凑，每本之间，每折之间，都有密切的联系。如每本最后一折的《络丝娘煞尾》曲子，都预示了下一本戏的内容：

第一本：只为你闭月羞花相貌，
少不得剪草除根大小。

预示了第二本“兵围普救寺”的内容。

第三本：因今宵传言送语，
看明日携云握雨。

预示了第四本崔张的私合幽欢之戏。就具体事件而言，亦是如此。例如剧本第一本开头的《楔子》交代了莺莺已许给崔夫人的侄子——郑尚书之长子——郑恒为妻，因“父丧未满，未得成合”，现写信“唤郑恒来相扶回博陵”。这就为第二本三折的“赖婚”，第五本三、四两折的“争艳”作了伏笔和交代，“赖婚”中崔夫人曰：

……奈小姐先相国在日，曾许下老身侄儿郑恒。即日有书赴京唤去了，未见来。……

至五本三折郑恒首次出场，上场时云：

……先人在时，曾定下俺姑娘的女孩儿莺莺为妻，不想姑夫亡化，莺莺孝服未满，不曾成亲，……数月前写书来唤我同去扶柩去。

于是演出了“争艳”的喜剧。

再如第四本写了莺莺主动前往张生处私合欢会一场戏，而在此之前，作者已多次作了预示和交代：二本四折，崔夫人“赖婚”之后，张生害相思病，莺莺让红娘去给张生传话云：“只说道……好共歹不着你落空……”，已透露出私荐枕席之意；至三本四折，红娘送去莺莺私约云雨的情诗，又对张生说：“虽然是老夫人晓夜将门禁，好共歹须教你称心”；这就使得幽欢一节既不突然，而故事前后关联又极为严谨密切。所有这些，都可以见出作者在关目处理方面的匠心。

四　心灵的外化和扭曲的表象：莺莺的娇美与假处

《西厢记》成功地塑造了一系列生动鲜明的艺术形象，作者通过刻画人物的外貌和展示人物的心态心境，表现人物的不同性格，创造了一个五彩缤纷的艺术群体，并以此展开错综复杂的戏剧冲突，使全剧充满了喜剧色彩。《西厢记》描写了十数个人物，而以莺莺、张生、红娘为轴心，故金圣叹说：“《西厢记》只写得三个人：一个是双文，一个是张生，一个是红娘。其余如夫人，如法本，如白马将军，如欢郎，如法聪，如孙飞虎，如琴童，如店小二，……俱是写三个人时所忽然应用之家伙耳”（《读第六才子书〈西厢记〉》法）。

莺莺是剧中的圆心人，也是作品着力塑造的第一个艺术形象，剧中所有的故事情节、戏剧冲突都是由她引起并逐步展开的，故金圣叹说《西厢记》只为写一个人，“一个人者，双文是也”，“写红娘止为写双文，写张生亦止为写双文”（《读第六才子书〈西厢记〉法》）。王实甫根据莺莺的家庭出身、生活环境等条件，着重刻画了其娇丽多情、聪颖灵慧，感情深沉而炽烈、做事果断而又谨慎的性格，表现了她蔑视门第观念和功名利禄、大胆地追求爱情幸福、勇敢地向封建礼教冲击的斗争精神。

莺莺是一位出身于相国之门的娇丽多情的千金小姐。剧本一开始就对她的美貌作了多方面的渲染。如一本一折“惊艳”，通过张生之口，极写莺莺勾魂摄魄的美丽：

［莺莺引红娘拈花枝上云］红娘，俺去佛殿上耍去来。［末做见科］呀！正撞着五百年前风流业冤。

［元和令］颠不剌的见了万千，似这般可喜娘的庞儿罕曾见。只教人眼花缭乱口难言，魂灵儿飞在半天。他那里尽人调戏亸着香肩，只将花笑拈。

［上马娇］这的是兜率宫，休猜作了离恨天。呀，谁想着寺里遇神仙！我见他宜嗔宜喜春风面，偏宜贴翠花钿。

［胜葫芦］只见他宫样眉儿新月偃，斜侵入鬓云边。

［旦云］红娘，你觑"寂寂僧房人不到，满阶台衬落花红"。［末云］我死也！

未语人前先腼腆，樱桃红绽，玉粳白露，半晌恰方言。

［幺篇］恰便似呖呖莺声花外啭，行一步可人怜。解舞腰肢娇又软，千般袅娜，万般旖旎，似垂柳晚风前。

这几支曲子，通过张生初次见到莺莺时的印象、感觉、视觉和听觉，写尽了莺莺迷人的容貌、声音和体态，纯洁可爱，端庄娇丽，如在月前。一本四折"闹斋"一场戏又通过张生之口描写了莺莺的美貌竟引动得众僧魂不守舍：

［得胜令］恰便似檀口点樱桃，粉鼻儿倚琼瑶，淡白梨花面，轻盈杨柳腰。娇娆，满面儿扑堆着俏；苗条，一团儿真是娇。［众僧见旦发科］［末唱］

［乔牌儿］大师年纪老，法座上也凝眺；举名的班首真呆傍，觑着法聪头做金磬敲。

［甜水令］老的小的，村的俏的，没颠没倒，胜似闹元宵。稔色人儿，可意冤家，怕人知道，看时节泪眼偷瞧。

［折桂令］着小生迷留没乱，心痒难挠。哭声儿似莺啭乔林，泪珠儿似露滴花梢。大师也难学，把一个发慈悲的脸儿来朦着。击磬的头陀懊恼，添香的行者心焦。烛影风摇，香霭云飘；贪看莺莺，烛来香消。

［得胜令］里正面描述莺莺的娇美；［乔牌儿］、［甜水令］用衬托、渲染的手法写其貌美（包括［折桂令］），连莺莺的哭声、泪珠也是那么优美动人。

莺莺不仅外形美丽，而且还具有炽烈而又深沉的感情。她向往自由，追求爱情的幸福。然而，生活环境却严重地限制着莺莺的这种向往和追求，使她处处受着封建礼教的束缚和桎梏。对于这种束缚，莺莺并没有屈服，而是勇敢地向封建礼教挑战、冲击和斗争，表现出其叛逆者的性格。莺莺出场所唱的第一支曲子中“花落水流红，闲愁万种，无语怨东风”（一本楔子），就表现了其少女怀春的感情。佛殿游玩，碰见张生，红娘唤她回家，莺莺不是回避急退，而是“回顾觑末下”，以目传情，引动了张生，“且休题眼角儿留情处，只这脚踪儿将心事传。慢俄延，投至到栊门儿前面，刚那了一步远，刚刚的打个照面，风魔了张解元。……小姐啊，只被你兀的不引了人意马心猿！”即刻张生罢赴京师应举之念，“饿眼望将穿，馋口涎空咽，空着我透骨髓相思病染，怎当她临去秋波那一转！休道是小生，便是铁石人也意惹情牵。”（一本一折）。张生听说夫人节操之严后还埋怨“小姐呵，你不合临去也回头儿望。……赤紧的情沾了肺腑，意惹了肝肠。”（一本二折）。莺莺深知自己已被许人，但是她的婚姻是由父母包办的，其对张生的爱慕因此也就具有了冲击封建礼教、追求自由幸福的意义。当红娘告知张生那幕富有喜剧性的自我介绍时，她已深知张生之意，而叮嘱红娘“休对夫人说”（一本三折），这就避免了引起夫人的极早警觉。在听了张生那富有挑逗性的吟诗之后，她不仅称赏“好清新之诗”而且依韵作了一首：

兰闺久寂寞，无事度芳春。
料得行吟者，应怜长叹人。（同上）

以此说明她不只理解了张生的诗意，而且还借此诉说了自己的“寂寞”，使这场“隔墙酬韵”成为二人爱情的开始。“闹斋”（一本四折）一场，莺莺用“泪眼偷瞧”，说张生“外像风流，青春年少，内性儿聪明，冠世才学”（同上）已经袒露了爱慕顾盼之情。至二本一折的“寺警”，作者让莺莺自己诉说了对张生的倾慕与相思：

> 自见了张生，神魂荡漾，情思不快，茶饭少进。……
>
> 这些时坐又不安，睡又不稳，我欲待登临又不快，闲行又闷。每日价情思睡昏昏。
>
> 想着文章士，旖旎人；他脸儿清秀身儿俊，性儿温克情儿顺，不由人口儿里作念心儿里印。

表现出莺莺内心燃烧着的炽烈的爱情之火。“长亭送别”（四本三折）、“草桥惊梦”（四本四折）两场戏，更是淋漓尽致地刻画了莺莺真挚灼烈、深沉缠绵的感情。

莺莺这种炽烈深沉的感情同她生活的环境形成了突出的矛盾。“小梅香伏侍得勤，老夫人拘系得紧”（二本一折），使她对爱情的表达，不得不异常谨慎。“闹简”（三本二折）、“赖简”（三本三折）、“寄方”（三本四折）三场戏，精心描绘了莺莺心灵深处的奥秘。

老夫人赖婚之后，张生染上了相思，病体日笃，莺莺请求红娘代为探望，捎回了张生的信简悄悄放在了妆台上。莺莺故意以理妆作掩饰：

> 晚妆残，乌云軃，轻匀了粉脸，乱挽起云鬓。将简帖儿拈，把妆盒儿按，开拆封皮孜孜看，颠来倒去不害心烦。

红娘所唱的这段曲词，表现了莺莺看简时的情形，“轻、乱”，言其理妆之假，“拈、按”说明了莺莺当时复杂的心理及考虑将如何处理的情态，一旦拆开，她就反反复复孜孜不厌地看个不够了。当其从深情中警觉，又马上换了一副面孔，怒责红娘：

> 小贱人，这东西哪里将来的？我是相国的小姐，谁敢将这简帖来戏弄我，我几曾惯看这等东西？告过夫人，打下你个小贱人下截来。

拿出了相国小姐的身份，打出了老夫人的牌子，企图将红娘唬住，一旦红娘看破，故意要自行出首，她又“揪住”红娘说：“我逗你耍来！”“闹简”之后，莺莺给张生写了“待月西厢下”的情诗让红娘转交，却说“着他下次休是这般”（三本二折），声明“相待兄妹之礼如此，非有他意”，并且“掷书”于地，装出生气的样子，企图瞒过红娘。张生见帖如期赴约，但因红娘在侧，莺莺又不得不变卦，怒责张生，似乎并不曾有过约帖：

> 张生，你是何等之人！我在这里烧香，你无故至此；若夫人闻知，有何理说！

“无故”一词，竟把干系推得一干二净，而“闻知”又暗示给张生，红娘可能会泄露真情。其实，红娘知道得比她还清楚，只不过不点破，偏看莺莺如何演戏罢了！在三本四折里，莺莺给张生写了月夜私合幽欢的简帖，“只说道药方，着红娘将去与他”。莺莺的所有这些“假处”，都表现了她在处理与张生爱情关系上的小心与谨慎，也反映了她的聪颖灵慧和识见，更是客观环境迫使她扭曲的表象。

莺莺最值得颂扬的当然还是她那反对门第观念、蔑视功名、对爱情坚贞不渝的斗争精神。在“长亭送别”中，她认为“但得一个并头莲，煞强如状元及第”，她痛恨“蜗角虚名，蝇头微利，拆鸳鸯在两下里”。因此临行叮嘱张生“此一行得官不得官，疾便回来”（四本三折），自己声称“不恋豪杰，不羡骄奢，自愿的生则同衾，死则同穴”（四本四折）。这种超脱世俗观念羁绊的纯真爱情，对于出身于相门的千金小姐来说，的确难能可贵。

五　执著的追求和多重的性格：张生的痴情与至诚

张生是《西厢记》中的又一主要人物，清代的戏剧理论家李渔甚至认为“一部《西厢》止为张君瑞一人”（《闲情偶寄》）。作品通过描述其大胆追求莺莺的过程，精心刻画了他直率而又鲁莽、痴情而又懦弱、聪明机敏而又幼稚单纯、风流博学而又志诚忠贞等多方面的性格。

张生本为尚书之子，父母双亡，成为落拓书生，书剑飘零，赴京师博取功名。路经普救寺遇见莺莺，为其非凡的美丽和多情所倾倒，产生了深厚至诚的爱慕之情。自见了莺莺，他夜里“睡不着如翻掌，少可有一万声长吁短叹，五千遍捣枕捶床”（一本二折）。“隔墙酬韵”之后，对莺莺的感情进一步发展，更是“怨不能，恨不成，坐不安，睡不宁”（一本三折）。自己发誓说“我得时节手掌儿里寄擎，心坎儿里温存，眼皮上供养”（一本二折）。由此，张生不顾自己穷落拓书生的身份与处境，开始了对莺莺的大胆追求。首先，他想尽一切办法尽可能地接近莺莺，而决定“不往京师应举也罢”（一本一折）。“借居”是他采取的第一个措施：

> 今日去问长老借一间僧房，早晚温习经史；倘遇那小姐出来，必当饱看一会。（一本一折）

这样“虽不能够窃玉偷香，且将这盼行云眼睛儿打当”（同上）。听说崔家做道场，莺莺拈香，他又请求“搭斋”（一本二折），借此机会“看个十分饱”（一本四折）。为了达到目的，张生还留心了解莺莺周围的情况。如他见红娘来向方丈问事，故意取笑法聪说：“崔家女艳妆，莫不是演撒（勾搭）你个老洁郎?”“偌大一个宅堂，可怎生别没个儿郎，使得梅香来说勾当?”由此了解到“老夫人治家严肃，内外并无一个男子出入”（一本二折）的情况，并决定在红娘身上用心，所以他以“更衣”为名，提前走出方丈，而在路口等待红娘。红娘一到，他就“拜揖”不迭，并以那奇特的方式作了可笑的自我介绍：

> 小生姓张名珙字君瑞，本贯西洛人也，年方二十三岁，正月十七日子时建生，并不曾娶妻。

向一位素不相识的女子作这样的自我介绍，看来多么滑稽可笑，然而，这正是张生的用心处。因为唯其如此，才能引起对方的注意，红娘把它作为笑话讲给莺莺听，实际上已经在不知不觉当中，成了张生的传情人。而红娘的抢白之词，又使张生进一步了解到夫人的“冰霜之操”、莺莺的约束之紧等情况。虽然如此，张生仍不甘心，继续寻找机会。搬至寺中后，他听和尚们说，“小姐每夜花园内烧香”，于是就“先在太湖石畔角儿边等待”，准备“饱看一会”（一本三折）。莺莺烧香后，张生又机敏地以诗探试，“高吟一绝，看她则甚”：“月色溶溶夜，花荫寂寂春；如何临皓魄，不见月中人?”莺莺的和韵，更坚定了他追求的信心。做道场时，他又在面前“扭捏着身子儿百般做作，来往向人前卖弄俊俏”（一本四折），大献殷勤，以博得莺莺的好感。“寺警”中，张生又巧施计谋，“笔尖儿横扫了五千人”，退了贼兵，使他对莺莺的追求更加合法化。“听琴”中，张生不仅表露出自己的才能，并歌之以“凤求凰”，赢得了莺莺的赞叹和“知重”（二本四折）。张生染病，莺莺派红娘看望，他又借此机会写了呈露才华的信简，所谓“染霜毫不构思”（三本一折）。所有这些，都表现了张生的聪明机敏和对爱情的大胆追求。

张生对莺莺的倾心和痴情，又使得他时常表现出直率、鲁莽，甚至于滑稽、呆气。例如他常常狂热地遐想：

> 若是回廊下没揣的见俺可憎，将他来紧紧的搂定，只问你那会少离多，有影无形。
>
> ——（一本三折）

此是“隔墙酬韵”前的遐想。二本二折的“请宴”，红娘刚走，他就自己遐想起来了：

> 我比及到得夫人那里，夫人道：“张生，你来了也，饮几杯酒，去卧房内和莺莺做亲去！”小生到得卧房内，和姐姐解带脱衣，颠鸾倒凤，同谐鱼水之欢，共效于飞之愿。
>
> ——（二本二折）

这些遐想，正是他对莺莺爱慕之情的畸形体现，有时又化为鲁莽的行动。如“隔墙联吟”时，他听了莺莺的和诗，便突然“撞出去”（一本三折）；他接到莺莺“待月西厢”的约简，如期赴约，见有人来，不加分辨，误将红娘“搂住”（三本三折），莺莺来到花园，他又毫无顾忌地“跳墙搂旦”（同上），在红娘面前将莺莺抱住，致使莺莺变卦，二人都陷入了难堪的境地。而在更多的时候表现出滑稽可笑的呆气。为了多看一会莺莺，他希望做道场的时间再长一些：

再做一会也好，那里发付小生也。

——（一本四折）

“听琴”一节，他盼望夜幕早些降临，以哀求的口气招呼月亮：

月儿，你早些出来么！

——（二本四折）

为了夜晚赴约，他又与天争理，希望太阳赶快落下去，天快黑下来：

天，你有万物于人，何故争此一日，疾下去波！

——（三本二折）

“白马解围”之后，张生听说夫人要请他赴宴，以为好事将成，于是高兴得在书房着力打扮，眼巴巴地等着红娘来请：

夜来老夫人说，着红娘来请我，却怎生不见来？我打扮着等她。皂角也使过两个也，水也换了两桶也，乌纱帽擦得光挣挣的。怎么不见红娘来啊？

红娘来了，又请红娘帮他看看打扮得怎么样，红娘讥笑他说：

来回顾影，文魔秀士，风欠酸丁。下工夫将额颅十分挣，迟和疾擦倒苍蝇。

然而，正是在这些直率、鲁莽乃至于滑稽的行动中，见出了张生对莺莺的一片痴情，所以鲁莽得可气而不可厌，痴呆得可笑而又可爱，被红娘称之为“傻角”。

张生热烈地追求着莺莺，每当遇到挫折，又表现得那么懦弱。他兴高采烈地去赴宴，夫人令莺莺“近前拜了哥哥”，张生一听“声息不好”，夫人要赖婚，便立时“眼倦开软瘫作一垛”（二本三折），夫人的变卦，甚至使他起了自寻短见的念头，要“解下腰间之带，寻个自尽”（同上）。为了求得红娘的帮助，他常常双膝跪倒，甚至哭求，如三本二折：

> ［末跪下揪住红科］
> ［末跪哭云］小生这一个性命，都在小娘子身上。

给人一种软弱可怜的感觉。张生接到莺莺的情诗并如期赴约，由于自己的莽撞行为遭到了莺莺的一顿指责，此时他是“叉手躬身，妆聋做哑”（三本三折），连暗中观看事态发展的红娘也替他着急：“张生背地嘴哪里去了？向前搂住丢翻，告到官司，怕羞了你！”当着莺莺的面，红娘两次为张生提起辩白的话头：

> “谁着你夤夜入人家？……”
> “谁教你夤夜辄入人家花园？”

但他好像是根本没有听见似的，既不辩白，也不提莺莺相约之事。莺莺红娘走了以后，他才敢朝着莺莺的背影自己嘟哝：“你着我来，却怎么有偌多说话！”（三本三折）故红娘讽刺张生“是个银样蜡枪头”（四本二折）。这些表面上的懦弱，实际上正透露出了他对爱情的志诚。正是由于这种志诚，才使得他终于获得了最后成功，与莺莺结为夫妻。金圣叹推称“《西厢记》写张生，便真是相府子弟，便真是孔门子弟，异样高才，又异样苦学，异样豪迈，又异样淳厚。相其通体，自内至外，并无半点轻狂，一毫奸诈”（《读第六才子书〈西厢记〉法》），大体是符合实际的。

六　爱情的天使和善良的化身：红娘的心灵与情操

红娘是《西厢记》中光彩动人的奴婢形象，在崔张的恋爱中，起了关键性的作用，故有人说“没有红娘就没有《西厢记》。”红娘形象的最突出特点就是聪明机智、泼辣俏皮，热心助人，富有正义感。

在崔张恋爱的最初阶段，红娘并不热心，而只是观望，采取了既不破坏也不成全的态度。崔张第一次在佛殿邂逅相遇，她就告诉莺莺："那壁有人，咱家去来。"（一本一折）当张生向她"拜揖"，问及"小娘子莫非莺莺小姐的侍妾么?"并主动作了自我介绍时，聪明的红娘已经知道了张生的用意，故抢白张生："今后得问的问，不得问的休胡说。"而在抢白的同时，又告诉了张生老夫人治家之严，意在提醒张生莫作妄想。回去之后，她把张生"不曾娶妻"的自我介绍当作笑话讲给莺莺听，实际上是一种试探，当莺莺嘱咐她"休对夫人说"（一本三折）时，红娘已经了解到了崔张互相爱慕的真情。故在月夜烧香时替莺莺祝告"愿俺姐姐早寻一个姐夫，拖带红娘咱!"（一本三折）。崔张联吟后，张生莽撞地"拽起罗衫欲行"，向莺莺走去，而莺莺也"陪着笑脸儿相迎"，恰在此时，红娘赶忙阻止：

> 姐姐，有人，咱家去来，怕夫人嗔着。
>
> ——（一本三折）

张生埋怨道"不做美的红娘太浅情"（同上）。在"闹斋"一场里，红娘甚至悄悄地与莺莺议论张生：

> [红云] 我猜那生。[么篇] 黄昏这一回，白日那一觉，窗儿外那会镬铎。到晚来向书帏里比及睡着，千万声长吁捱不到晓。
>
> ——（一本四折）

尽管红娘对崔张二人的心事了解得如此真切，但她并没有去告诉老夫人，虽然她时常提醒或警告莺莺，执行着"行监坐守"的职责。

"寺警"之后，红娘对崔张恋爱的态度大为改变，由原来的观望换成了同情和支持，并为之出谋划策。张生一封书信退了贼兵，使莺莺一家乃至全寺得保平安，因此得到红娘的好感：

> [红云] 我想若非张生妙计呵，俺一家儿性命难保也呵。
>
> ——（二本二折）

[红云] 我想咱们一家。若非张生，怎存俺一家儿性命也？

——（二本二折）。

她认为“张君瑞合当钦敬”（二本二折），对于夫人的“赖婚”红娘愤愤不平。她指责老夫人“忘恩”（二本四折），言而无信，“悔却前言”（四本二折）。“夫人失信，推托别词，将婚姻打灭，以兄妹为之”（三本一折）。由此，红娘开始卷入了崔张的恋爱之中。“月夜听琴”是她亲手安排下的第一件事。老夫人的“赖婚”，使张生手足无措，要寻短见，这时红娘对张生说：

你休慌，妾当与君谋之。……妾见先生有囊琴一张，必善于此。俺小姐深慕于琴。今夕妾与小姐同至花园内烧夜香，但听咳嗽为令，先生动操，看小姐听得时，说什么言语，却将先生之言达知。若有话说，明日妾来回报。

——（二本三折）

“听琴”使莺莺更加情思绵绵，而恰在此时，红娘又用智相激：

姐姐只管听琴怎么？张生着我对姐姐说，他回去也。

——（二本四折）

急得莺莺赶紧央求红娘：“好姐姐呵，是必再着他住一程儿！”（同上）从此以后，红娘就为崔张的爱情来回奔走，递书传简。张生请她捎回简帖，红娘表示“我愿为之，并不推辞”（三本一折），“我须教有发落归着这张纸，凭着我舌尖儿上说词，更和这简帖儿里心事，管教那人儿（莺莺）来探你一遭儿”（同上）。“放简”、“闹简”更表现出了红娘的机灵。她知道“小姐有许多假处”，因此把信简悄悄放在妆台上。果然不出其所料，莺莺看完之后开始“作假”，严厉责怪红娘，而红娘却理直气壮地回敬道：

[红云] 小姐使将我去，他着我将来。我不识字，知他写着什么？

[快活三] 分明是你过犯，没来由把我摧残；使别人颠倒恶心烦，你

不惯，谁曾惯？（白）姐姐休闹，比及你对夫人说呵，我将这简帖儿去夫人行出首去来。

——（三本二折）

立时使莺莺丢掉了“假处”，急忙“揪住”红娘作解释。

红娘对莺莺的“假处”是不满的。她批评莺莺“你性儿太惯得娇了”；“你用心儿拨雨撩云，我好意儿传书寄简。不肯搜自己狂为，只待要觅别人破绽”；“对人前巧语花言，没人处便想张生，背地里愁眉泪眼”（三本二折）。莺莺以诗相约张生，但却瞒着红娘，红娘知道了莺莺信中的内容后说：

你看我姐姐，在我行也使这般道儿。

——（三本二折）

对于莺莺出于谨慎而出现的不信任，红娘虽有怨言，甚至因此而开了个小小的玩笑，她趁崔张相会的时候故意待在莺莺身边，似乎要给他们难堪，但是，最后还是由她来收场，让张生“跪下”，借数落张生，暗暗地揭穿了小姐“作假”的秘密，而最后又为张生求情，给崔张一个下台的机会。在实际行动上，红娘则仍然是毫无怨意，热情帮助崔张爱情的发展。她捎给张生一封莺莺二次相约的信简之后，又帮助莺莺出主意：“有甚的羞，到那里只合着眼者”（四本楔子），并且亲自抱着被子枕头陪莺莺前往张生处，还告诫张生“放轻者，休唬了她（莺莺）”（四本一折）。自己“在门儿外等着”，“提心在口”，替他们担心害怕，连咳嗽也不敢，“我在窗儿外几曾轻咳嗽，立苍苔将绣鞋儿冰透”（四本二折）。崔张的结合，标志着爱情的成熟，这同红娘的热情帮助和大力支持是分不开的。

“拷红”一场，可以说是红娘性格发展的高潮。她的聪明机智在这里得到了最好的体现。崔夫人发现莺莺近来“语言恍惚，神思加倍，腰肢体态，比向日不同”（四本二折），便断定莺莺“做下来了”，便立即唤红娘拷问。红娘确信莺莺张生的爱情是合理的，自己是无罪的，即使在老夫人的淫威面前，她也要为莺莺张生力争一个较好的结果。临行前，她对莺莺说：

姐姐在这里等着，我过去。说过呵，休欢喜；说不过休烦恼。

到了夫人处，首先夫人来了个下马威：

[夫人云] 小贱人，为什么不跪下？你知罪么？

[红跪云] 红娘不知罪。

对于老夫人为何发怒，红娘是十分明白的，在来之前，她已经和莺莺说过了，但是，既然夫人不直问，红娘也就避而不答。夫人无可奈何，只好再换一招，单刀直入：

[夫人云] 你故自口强哩！若实说呵，饶你；若不实说呵，我直打死你这个贱人！谁着你和小姐花园里去来？

[红云] 不曾去。谁见来？

红娘显然是在试探老夫人有没有真凭实据，如果没有，她就可以完全推掉了。当老夫人指出“欢郎见你去来”之后，她知道已无法回避了。于是，就编了个合乎情理而又是现实的话头：

[鬼三台] 夜坐时停了针锈，共姐姐闲穷究，说张生哥哥病久。咱两个背着夫人，向书房问候。[夫人云] 问候呵，他说什么？[红云] 他说来，道：“老夫人事已休，将恩变为仇，着小生半途喜变作忧。”他道：“红娘你且先行，教小姐权时落后。”[夫人云] 她是个女孩儿家，着她落后怎么！[红唱] 我只道神针法灸，谁承望燕侣莺俦？他两个经今月余只是一处宿，何须你一一问缘由？他们不识忧，不识愁，一双心意两相投。

夫人得好休，便好休，这其间何必苦追求？常言道：“女大不中留。”

书房探望有救命之恩的病人，顺乎情理，无可指责；而借病人、恩人之口指责老夫人，且是事实，这就使老夫人陷于难堪，自觉理亏，顿时杀去了威风。然后又说张生先打发走了红娘而留下了小姐，做下了儿女情事，说明这与红娘无关。而现在小姐与张生情投意合，“经今月余只是一处宿”，指出生米已成熟饭。在这个基础上，她又劝夫人“得好休，便好休，这其间何必苦追求?”这样，红娘不仅成了局外人，而且还是个和事佬，因为，老夫人毕竟与她的女儿亲，设如红娘承担了全部干系，事情就不会出现喜剧性的场面了。同时，红娘的一番回答，又为下面的主动出击、迫使老夫人接受她的建议作了舆论准备。归结起来，红娘这段回话有如下几个要点：一是杀了老夫人的威风；二是脱清了自己的干系；三是说明了现实情况；四是指出了“好休”的路子。从而使开始的被动、坚守转为主动出击。夫人听后，虽然仍怪罪红娘“这端事都是你个贱人”，但是口气已经是软了三分。尽管如此，红娘也不轻轻放过，又乘胜追击，直欲摧垮老夫人，迫使投降：

> ［红云］非是张生小姐红娘之罪，乃夫人之过也。［夫人云］这小贱人倒指下我来，怎么是我之过?［红云］信者人之根本，“人而无信，不知其可也。大车无輗，小车无軏，其何以行之哉?”当日军围普救，夫人所许退军者，以女妻之。张生非慕小姐颜色，岂肯区区建退军之策?兵退身安，夫人悔却前言，岂得不为失信乎?既然不肯成其事，只合酬之以金帛，令张生舍此而去。却不当留请张生于书院，使怨女旷夫，各相早晚窥视，所以夫人有此一端，目下老夫人若不息其事，辱没相国家谱，张生日后名重天下，施恩于人，忍令反受其辱哉?使至官司，夫人亦得治家不严之罪。官司若推其详，亦知老夫人背义而忘恩，岂得为贤哉?红娘不敢自专，乞望夫人台鉴：莫若恕其小过，成就大事，㨹之以去其污，岂不为长便乎?

在这里，原来的审问者与被审者颠倒了位置，威严的老夫人成了被指控、被审问、被指责的对象，而红娘却成了神气十足的法官与裁判。红娘的说辞首先指出了老夫人的两大罪过：一是失信于张生，二是“不当留请张生于书院”。这两大罪过才造成了张生莺莺现在的情况，因此过在夫人，而不在张生莺莺红娘身上。其次，红娘“以子之矛攻子之盾”，指出了“不息其事”的三大害处：一是辱没相国家谱，二是日后受辱，三是夫人获罪。这就使夫人听后不觉汗下，产生了畏惧感，甚至于束手无策。最后，红娘又给夫人指出了“恕其小过，成其大事”的出路。红娘步步紧逼，使老夫人不得不接受了她的建议，称“这小贱人也道得是”。终于下了决心，把莺莺“与了这厮吧！”“拷红”是崔张爱情取得决定性胜利的时候，也是使红娘形象更加鲜明突出、更加惹人喜爱的时候。

红娘对于崔张爱情的帮助，是无私的，这是红娘形象产生光辉的一个不可忽视的原因。三本一折张生请求红娘捎简给莺莺，并声称“小生久后多以金帛拜酬小娘子”。红娘的回答是：

> 哎，你个馋穷酸来没意儿，卖弄你有家私，莫不图谋你的东西来到此？先生的钱物，与红娘作赏赐，是我爱你的金赀？……我虽是个婆娘有志气。
>
> ——（三本一折）

三本四折中，红娘捎去了莺莺约张生幽欢的简贴，张生高兴地对红娘说：“今夜成了事，小生不敢有忘。”红娘则当即表示：

> 不图你白璧黄金，只要你满头花，拖地锦。

这种不怕自己辛苦，助人为乐而又一无所求，为别人的欢乐而高兴的高尚品格，使得红娘形象光彩照人。金圣叹说王实甫“写红娘，凡三用加意之笔。其一，于‘借厢’篇中，峻拒张生；其二，于‘琴心’篇中，过尊双文；其三，于‘拷艳’篇中，切责夫人。一时便似周公制度乃尽在红娘一片心地中，凛凛然，侃侃然，曾不可得而少假借者”（《读第六才子书〈西厢记〉法》），可谓知言。

明人何良俊在《四友斋丛说》中称“王实甫才情富丽，真辞家之雄”，都穆、王世贞都把王西厢推为北曲的“压卷”，李贽则誉《西厢记》为“化工”，称“其工巧自不可思议”（《焚书·杂说》），故清代戏曲家李渔说：“自有西厢而迄于今，四百余载，推西厢为填词第一者，不知几千万人”（《闲情偶寄》。可以说，王实甫《西厢记》是对前代爱情文学的大总结、大提高，同时又为后世的爱情文学开辟了新天地、新境界。在中国古代文化史上，《西厢记》与《牡丹亭》、《红楼梦》形成了爱情文学的三座艺术峰巅。

张寿卿及其杂剧《红梨花》*

元代作家张寿卿的《红梨花》杂剧，曾赢得了时人的赞许并流传至今。然而，对于其人其剧，迄今尚无专文论及。

张寿卿，山东东平府（今山东东平县）人。他同绝大多数元剧作家一样，也是姓名不见于史传，行实亦无可稽考，生平资料几乎没有什么记载，以至我们连他的名、号都不知道，其生卒年月更无从谈起。首次将张氏载入卷册的是元人钟嗣成。他在《录鬼簿》“前辈已死名公才人有所编传奇行于世者”栏下作了如下记述（据曹楝亭刊本）：“张寿卿，东平人，浙江省掾吏。谢金莲诗酒红梨花。”这是目前唯一有关张氏的最重要的资料。其后，贾仲明在补写［凌波仙］吊词时又有重要的补充：“浙江省掾祖东平，蕴藉风流张寿卿。《红梨花》一段文笔盛。花三婆独自胜。论才情压倒群英。敲金句，击玉声，振动神京。”

张氏何时出任掾吏？如果解决了这个问题，就可以相应地推知其大体的生活年代，从而有益于对其作品的理解。为了弄清这个问题，我们必须从“浙江省”入手。

元代的“浙江省”与今天的“浙江省”内涵不同。前者是官署之称，后者为行政区域。“省”在元代又有两种情况，一是“中书省”的简称，一是“行中书省”的简称。元以中书省为中央政府，直辖腹里二十八路，又在诸路之上置“行中书省”、即中书省派出的办事处或行署，简称“行省”。“浙江省”即是这一类行省。张寿卿出任的自然是行省掾吏。检《元史·志》，知元代行省亦有不同。《元史》卷九十一载：“国初，有征战之役，分

---

* 本文发表于《齐鲁学刊》1989 年第 4 期总第 91 期，《高等学校文科学报文摘》1989 年第 6 期总第 33 期摘编。

任军民之事，皆称行省"。那么，张寿卿出任掾吏，是"国初"的"行省"还是"中统、至元间"的"行中书省"呢？元代初期，疆域尚未统一，处于南方的江浙一带不会有什么行省。南宋的最后灭亡是在1279年，元统治者在这以后才有可能设江浙行省。据《元史》载："江浙等处行中书省。至元十三年，初置江淮行省，治扬州。二十一年，以地理民事非便，迁于杭州。二十二年，割江北诸郡隶河南，改曰江浙行省，统有三十路、一府。"这段文字不但说明了江浙行省的沿革，更重要的是记载了设立江浙行省的确切时间——至元二十二年，即公元1285年。由此，我们可以基本确定：张寿卿出任掾吏的时间必在此年或者其后。

确定了张寿卿出任掾吏的时间，足以说明其在至元二十二年前后是在世的。假如我们能进一步对张氏出任掾吏的年龄作出较为合理的估计，那么，就可以大致推导出他的生年、乃至卒年，其生活的年代也就有了大体的轮廓。这里，又有必要了解一下"掾吏"的性质。

《元史·百官》载，都事"从七品"，"都事"以下都是不入官品的职事。清代的黄本骥在《历代官制概述》中论及元代时，亦谈到："中书省之掾属……汉人省掾、回回省掾。"无论"掾吏"、"掾史"还是"省掾"，称谓不同而性质却都一样，其地位都是很低的小吏。

根据当时中原南北对峙、社会动荡不定的情况，张寿卿在弱冠之年游宦江浙的可能性不大。而中年以后，也不会远离山东老家，跑到江浙去充当一名掾吏，虽然这是当时晋升的一条门径。依照古人远游的习惯，张寿卿在壮年时出任江浙掾吏的可能性最大。假定张氏1285年约在三十岁左右，则他的生年大约在公元1255年左右；设若他活到六十岁左右，其卒年当在公元1315年前后。简言之，张寿卿大约生活在公元1255年至1315年之间。

上面，我们大体地推出了张寿卿的生活年代。诚然，这个推论是欠严谨的，但它至少有如下几点是可以肯定的：第一，从推导的结果看，张寿卿的生活年代包括了至元、大德时期，这是元杂剧发展的兴盛期，其后杂剧南移并逐渐衰落。这与张寿卿是前期作家的传统观点相一致。第二，钟嗣成的《录鬼簿·序》撰写于至顺元年，即公元1330年，这代表着成书的时间。此时距我们推断的张氏卒年晚了十五载，而继先视寿卿为"前辈已死名公才人"，推论的结果与此相符。第三，如前所述，它至少可以说明张寿卿于公元 1285 年前后是在世的。另外，这个结论还可以从张氏的作品所反映的某些思想内容中得到印证。

张寿卿的作品目前见到的只有杂剧《谢金莲诗酒红梨花》一种，现存《元曲选》（第六十二）、《柳枝集》（第十一）、脉望馆校《古名家杂剧》（土集第二，影印本名《元明杂剧》），另有《元曲大观》本、顾曲斋刊本。凌蒙初校印的《红梨记》传奇附刻本。

《红梨花》是一个才子佳人的风情剧。此剧的本事出自小说《赵汝舟传》（现存冯梦龙《情史类略·情媒篇》）。赵汝舟的故事约在南宋初即有流传，金院本已有《红梨花》杂剧，陶宗仪的《辍耕录》作了记载。就小说本身而言，纯属才子佳人的风情轶事，思想艺术均无甚可取，只不过具有一定的传奇性而已。张寿卿以这个题材作基础创作的剧本《红梨花》，不但使故事有了新的表现形式，而且也赋予了新的内容和生命。仅就内容而言，张氏的《红梨花》起码有两点值得注意。其一，作品对那个特定时代的文人士子的思想意识有所表现。元代自窝阔台灭金后曾于公元 1237 年开科取士，此后由于各种原因中断了科举达 78 年之久，至元仁宗延祐二年（公元 1315 年）方恢复科举。张寿卿的生活年代恰在其间，作者对当时处于娼丐之间的文人士子的思想，不能没有反映。因此，作品通过谢金莲之口，一方面说出了“秀才每受辛苦十载寒窗下，久后他显才能一举登科甲”的愿望，指出“文官把笔平天下”的不可忽视的作用，一方面又发出了“秀才无路上云霄”的怨愤。这使作品带有了鲜明的时代特征。其二，全剧的结局虽然是“有情人终成眷属”，但由于谢氏“上厅行首”的特定身份而终于做了“头名状元”的元配夫人，这对壁垒森严的封建婚姻等级制度和传统的爱情观念，不能不说是一个强烈的冲击和挑衅。

《红梨花》的戏剧艺术成就首先表现在作品塑造了“上厅行首”谢金莲这样一位官妓的形象。元杂剧前期的作品中有不少的妓女形象，如《救风尘》中的赵盼儿和宋引章、《百花亭》中的贺怜怜、《货郎旦》中的张玉娥、《金线池》中的杜蕊娘等。但是，把官妓作为表现的主要对象，却不多见。有些作品虽然也写了“上厅行首”，但无承应官府之实，表现的往往是妓女与虔婆之间的矛盾。《红梨花》则把“身在乐籍”的官妓谢金莲作为戏剧主角，通过其自身的矛盾，反映了当时的社会。作为官妓，她受着官府的拘制，没有人身的自由；作为现实生活中的活生生的“人”，她又有强烈的自我意识，追求幸福，渴望自由。作品正是把主人公放在这个矛盾之中，进行了较为充分的表现。如在“应差”的过程中，她透露了强烈的自我意识，情不自禁地向梅香说出了自己的内心真情：“我久以后嫁人呵，则嫁这等风风流流的秀才。”然而，想到自己名在乐籍，身不由己，空作这痴心妄想，又不由地烦恼起来。她毫无理由地责怪梅香，正是其内心矛盾的生动体现。作品还通过主人公的表白，展示其内心的矛盾。谢氏内心萌动的纯真的爱情，在她那种犹豫踌躕、左右顾忌的本能的娇羞中充分表现出来，其怨其恨，其羞其慕，溢于言表。花园初会，使谢金莲的感情有了发展，她从梦想开始大胆地向现实追求，希冀把握自己的爱情，因此许以赵汝舟次晚复会，并在相见后将终身托付赵汝舟。值二人“正是有情”，谢金莲“被嬷嬷逼将回去”，她用自己的智慧和虔诚争取到的这点自由又被中止了。此后，谢、赵无法相见，直到汝舟得官复回，方得以会面。元代的统治者，为满足享乐的需要，征役民间艺人，为其所用。这些名入官籍的艺人，较一般的艺人又多了一条挟制的锁链。张寿卿通过谢金莲在应差和爱情上的矛盾（这一矛盾最后又达到了统一），真实地反映了这一社会问题，是具有典型意义的。

《红梨花》杂剧的艺术成就还表现在全剧结构的设计和戏剧冲突的组织方面。剧本围绕谢、赵爱情这一主题事件，精心结构。作者一方面把赵汝舟作为贯穿全剧的线索人物，使故事的起因、发展、变化、结局有了依附，线条清晰；一方面又以“红梨花”作为全剧的“戏胆”，组织冲突，形成波澜。“红梨花”既是谢金莲形象的象征，又是谢、赵聚欢离合的见证；既是推动剧情发展的基础，又是绾和故事的线索。一折的初会，谢金莲许赠红梨花，为剧情的发展作了伏笔；二折复会，谢、赵以红梨花唱和；使剧情顺利地发展；三折中，三婆以红梨花说鬼，使剧情突变；四折用红梨花说明原委，解决了矛盾，结束全剧。由于作品以赵汝舟作线、复用红梨花为胆，使得全剧结构严密紧凑，针角缜密，发展脉络清晰可见。在组织戏剧冲突时，作品则通过计谋、误会、突转、意外等手法的交替使用，使故事愈加富有传奇色彩，曲折生动，引人入胜，呈现出强烈的喜剧性效果。全剧的故事都是在太守刘公弼的“计谋”中展开的，从而构成了一个又一个的戏剧冲突：谢金莲改装使赵汝舟错认；花三婆说鬼令赵汝舟惧怕急走；持花侍宴让赵汝舟魂惊胆颤。这些冲突，使全剧波澜横生，吸引着观众情不自已地关注着剧情的发展。剧本在事件冲突中运用计谋法，而在构造人物冲突时则使用了误会法。这主要表现在谢金莲与赵汝舟之间的冲突中。花园相会，赵汝舟对面不识向慕已久的名妓谢金莲；花三婆的话，又使赵汝舟错把谢氏当鬼；直到了解了实情，误会才被解除，而全剧就此结束。从这个角度说，全剧的冲突又全是由误会法构成的。误会法的运用，同时也就埋伏着意外法和突转法。对于赵汝舟，谢金莲的“嫁人”、“王同知女儿”的出现、花三婆的话语、“王同知女儿”的侍宴，乃至他同谢金莲的结合，都是出乎意料之外的。而于谢金莲，由“应差”到相爱、从唱酬到分离、再到侍宴成婚，则都体现出了突转的特点。作者使用多种戏剧表现手法组织冲突，使剧情一波三折，扣人心弦，折折有戏，处处有戏，大大增强了故事的戏剧性，呈现出强烈的艺术效果。

《红梨花》在语言方面也有突出特点。贾仲明的吊词曾从文笔和声律两个方面给予高度评价，谓其“文笔盛”、“敲金句，击玉声”；涵虚子则把张寿卿同董解元、刘时中、康进之、纪君祥等著名杂剧作家等同视之，称之曰“其词势非笔舌所能拟，真词林之英杰也”（《太和正音谱》卷上）。《红梨花》的曲、白都以洗练、通俗、生动、富于表现而见称，尤其曲辞，充满了诗情画意。如第一折［仙吕点绛唇］、［混江龙］两支曲子：

恰才个满目繁华，可又早落红飞下。
春潇洒。苔径轻踏，香衬凌波袜。
则在夕阳西下，黄昏啼杀后栖鸦。
看一庭花月，几缕烟霞，暮雨有情霑杏蕊，春风无处不杨花。
我裙拖翡翠，鞋蹙鸳鸯，行过低矮矮这个荼藤架。
我则见花穿曲径，草接平沙。

这是谢金莲在暮春的傍晚前往后花园时唱的曲子。始以“落红飞下”，交代季节，继用“苔径轻踏”叙其入园，然后描写了“夕阳西下”与黄昏啼鸦，既以景物点明时间，又用声音衬托了凄凉的心境。“花日”、“烟霞”、“杏蕊”、“杨花”、“春风”、“暮雨”，交织成了一幅幅恍惚迷离而又色彩纷的图画，裙拖佩响的主人公就在这画面中踏草穿花、隐约而行。曲辞“且婉且丽，又幽又芳，境清调绝，骨韵声光”［（清）黄图珌《看山阁集闲笔》］，且意境清新优美，富有表演性，诚为化工之笔。另如第三折中的［红绣鞋］、［石榴花］、［斗鹌鹑］、［快活三］等曲子，也是婉丽秀雅，妙趣天成，极富文采。“能于浅处见才，方是文章高手”（《闲情偶寄》），清代的梁廷枏曾举《红梨花》［一煞］“你休愁我衾寒、枕剩、人孤另，我则怕你酒醒、灯昏、梦不成”为“一剧中之警句”（《曲话》卷二），即言其能于浅处见才；都对其曲辞作了高度评价。

毋庸讳言，《红梨花》亦有疏漏之处。如第三折是戏中之戏，作为举足轻重的卖花三婆缺乏必要的交代，出现得突然，消失得无踪，未能做到“毋令一人无着落”（王骥德《曲律》），是一个缺憾。尽管如此，《红梨花》仍不失为元代曲苑中的奇葩。它突出的艺术成就，在当时就“震动神京”，赢得了人们的热烈喜爱。与张寿卿大约同时的作家石子章根据这个剧本创作了《竹坞听琴》杂剧，也有人编写了南戏《诗酒红梨花》（尚有铁曲）；入明后，徐复祚的《红梨记》、无名氏的《红梨花记》、王元寿的《梨花记》等传奇戏；皆本于张剧。《红梨花》的不断改编和广为流传，正说明了它的重大影响。

元曲三题*

在宋杂剧和金院本基础上发展起来的元曲，是我国古典文学的又一骄傲。它不仅题材广泛，富于时代精神，而且在艺术表现方面形成了自己独特的民族特色，标志着我国古典戏剧文学的成熟。这里分别从公案剧、爱情剧和历史剧中撷取三题，略作介绍。

无名氏之《陈州粜米》

《陈州粜米》是元曲公案戏的代表作，其作者无考。《录鬼簿》在陆登善名下有《开仓粜米》，或以为即此剧。剧本写陈州亢旱三年，朝廷差官赈灾。放粮官员私抬米价，欺压百姓，打死了灾民张撇古。包公微服私访，查实罪证，用计剪除了赃官，伸张了正义。

剧本借包拯的传说故事，反映了元代社会的黑暗现实，对当时的邪恶势力作了深刻的揭露。花花太岁刘衙内打死人“如同房檐上揭一片瓦”，其子小衙内揣歪捏怪，放刁撒泼，见了人家的好东西，“就白拿白要，白抢白夺”（《楔子》）。他们父子依势挟权横行霸道，为所欲为。小衙内陈州赈灾，仗着“钦赐的紫金锤”为非作歹。他打死了张撇古，还扬言：“把你那性命则当根草，打甚么不紧！是我打你来，随你那里告我去！”刘衙内父子，正如《望江亭》里的杨衙内、《生金阁》里的庞衙内、《鲁斋郎》里的鲁斋郎一样，是元代社会残忍的贵族统治者的代表。作者对他们的深刻揭露和批判，无疑代表了广大人民当时对这些邪恶势力的愤怒和痛恨！

剧本也描写和赞扬了正义的力量，包拯便是代表。这位年近八十、历尽

---

* 本文发表于《语文函授》1985年第6期总第27期。

宦海的老包公，不再是神化了的铁面青天，而是一位富有情感、思想上充满了矛盾的有血有肉的人物。他“不避权豪势要”，“和那权豪每结下些山海也似冤仇”（第二折）。而仕途的险恶，也使他产生了忧谗畏讥的思想和归隐山林的念头：“想前朝有几个贤臣，都皆屈死，似老夫这等粗直，终非保身之道，”“不如及早归山去，我则怕为官不到头，枉了也干求”（第二折）。但是，一遇到邪恶势力，他那嫉恶如仇、刚正不阿的品格，就立即占据了主导地位。小撇古的喊冤，使他忘记了刚刚发下的“从今后，不干己事休开口；我则索会尽人间只点头，倒大来优游”的誓言，立刻答应“老夫与你做主”（第二折）。刘、杨的戕害百姓，激起了他的满腔怒火。这位暮景衰年的老人，不顾访察初回的鞍马劳倦，决定竟往陈州去为民除害。作者还描写了包拯的幽默、平易近人和智慧。陈州路上，他对张千的善意警训、乔扮“庄稼老儿”为粉头笼驴、把酒肉喂驴等戏，无不饶有风趣，充满了喜剧色彩。至陈州，他先用敕赐的势剑将杨金吾枭首市曹，又着小撇古也用紫金锤打死了小衙内，为父报仇，最后则利用刘衙内求来的“赦书”保护了小撇古，取得了大快人心的喜剧结局。总之，剧本塑造了一个真实而又丰满的包拯形象。他是当时现实中的活生生的一个人，同时又体现着那时人民的希望和理想。

剧本还塑造了一个正直、纯朴而富有反抗精神的农民形象——张撇古，歌颂了他的斗争勇气和宁死不屈的顽强精神。张撇古指责贪官污吏：“都是些吃仓廒的鼠耗，咂脓血的苍蝇。”（第一折）。对于小衙内这样的“权豪势要”，他也满不在乎：“休道我不敢掀腾。柔软莫过溪涧水，到了不平地上也高声”（第一折）。他前去粜米，严厉地谴责库吏的作弊行为，并怒骂刘、杨“你这两个害民的贼！于民有损，为国无益！”被小衙内打死苏醒后，仍大骂不止，诅咒其“有一日受法餐刀正典刑”。临死前，他嘱咐儿子去告状，冤屈不伸，“便死在幽冥，决不忘情，待告神灵，拿到阶庭，取下招承，偿俺残生，苦恨才平”（第一折）。张撇古的这种宁死不屈的斗争品格，正是那时广大人民群众反抗精神的真实写照，其悲惨遭遇，也是当时受苦百姓的缩影。

剧本的关目结构，精巧缜密，剧情发展，层次清晰，富有波澜。如《楔子》的议差，既为刘、杨作案提供了条件，又为二次差员陈州埋下了伏线；

有了二次议差，方引出了包公之戏。再如遣包拯事定，刘衙内着了慌，缠住范仲淹不放，范曰："你放心，老夫就到圣上跟前说过，着你亲身为使命，告一纸文书，则赦活的，不赦死的，包你没事便了"（第二折），其语意含混，正为后面的保护小撇古留下了余地。另外，包拯让小撇古锤毙小衙内，本为快事，却又出人意料地拿下了小撇古，作品波澜横生。

石子章之《竹坞听琴》

石子章，名建中，大都（今北京市）人。金末诗人元好问《遗山全集》卷九有《答石子章因送其行》诗，李显卿《寓庵集》卷二有《送石子章北上》诗，由此可以推断石氏是由金入元的，元世祖至元前后在世。石子章是一位专写爱情剧的作家。其作品可考者有《黄桂娘秋夜竹窗雨》，《秦翛然竹坞听琴》。前者剧本已佚，唯有第一折［仙吕宫］的全套曲子被保存在明代张禄的《词林摘艳》里。

《竹坞听琴》写秦翛然与郑彩鸾指腹成亲，后因双方父母皆亡而失散。秦翛然进京应举，巧遇在竹坞草庵做了尼姑的彩鸾，几经波折，终成伉俪。

郑彩鸾内心的爱情与外在的表现，构成了人物性格的戏剧性，她热爱生活，富于感情，但又受着道教清规的约束。她虽然声称"要至心修炼"，却受不了道观里枯燥单调的生活；嘴说看破红尘，而一与秦遇，便两相合欢。翛然赴京，她深被相思之苦，亲身体验到："人说道出家的都待要断尘情，我道来都是些假！假！"（第二折）在嬷嬷面前，她一再表白"心如皓月连天静，性似寒潭彻底清，休想有半点俗情"（第三折）。嬷嬷劝嫁，她一面斥责"是什么言语"，一面连自己也觉得舌短："其实我便说不得也波哥，我便说不得也波哥"（第三折）。秦翛然得官归觐，梁州尹欲借观中款待，以玉成其事。彩鸾不知就里，以"外观不雅，荤了锅灶"为理由拒之，并发誓说："跳出俺那七代先灵来，我也不肯！"待见了秦后，态度立即翻了过来。瞬息之间，截然相反的态度，构成了喜剧性的场面。老道姑的性格也富有喜剧色彩。她在战乱中失散了亲人而出家。彩鸾决定出家，她曾告诫"休要半路里还了俗"（《楔子》）；彩鸾还俗，她气得大骂，并气势汹汹地跑到状元府问罪："我教你弹琴，正要清心养性，倒教你引老公不成？"还声言“到道录司去告”。正闹得不可开交，请出州尹劝解，她倒首先认出了失散多年的丈夫，立时脱了道衫还俗。这喜剧性的变化，更增添了故事的戏剧性。

日本学者青木正儿曾视《竹坞听琴》为“才子佳人成亲”的“风情剧”（《元人杂剧概说》），其实这只说对了一半，而没有领悟到作者的深心。剧本通过彩鸾和老道姑的戏剧性格，赞扬了纯真的人世间感情，也揭露了道教教徒的虚伪。作者充分肯定了彩鸾的“正道”，剧末，还让彩鸾作了归结：“但则要捉对儿云期雨约，便是俺师徒每全真了道”（第四折），就连侍奉彩鸾的小道姑也声称自己“孤孤另另”，“不如寻个小和尚去”（第四折）。所有这些，不能不说是对道教的批判、讽刺和嘲弄。《录鬼簿》吊词［凌波仙］的作者用“高山远，水流深”评价子章剧作，堪称知音。

罗贯中之《风云会》

罗贯中既是一位卓越的历史小说家，又是一位杰出的历史剧作家。著录于《录鬼簿续编》的《三平章死哭蜚虎子》、《忠正孝子连环谏》、《宋太祖龙虎风云会》等，均出其手。《风云会》尤为著名，其第三折《雪夜访普》，已经成为折子戏里的传统剧目，至今活跃在当代的戏剧舞台上，获得了长久的艺术生命。

《风云会》是罗贯中被保存下来的唯一的剧作，描写了宋太祖赵匡胤建立赵宋王朝的经过。作者尊重史实而又不囿于史实，在表现剧情的同时，融入了个人与时代的思想。剧本对五代奸雄争霸的战乱状态及由此引起的悲惨情景均作了描写和揭露；对人们厌恶军阀混战、渴望太平和统一的愿望，也作了如实的反映。同时，作者对自称出身于“粗鲁寻常百姓家”的赵匡胤，能顺应时势和民心，统一天下，特别是对其贵为天子“尚不肯逸豫”而呕心兴邦的精神，进行了充分的肯定。这些都不无积极意义。剧本也流露了作者的正统观念和反元情绪。他希望结束“龙蛇混”、“豺虎乱”的局面，能够“得蛮夷拱手遵王化”，“正统立中华”（第一折），他甚至不承认蒙古贵族的统治。这些，又为作品打上了时代的印记。

剧本在关目的组织和处理上，体现了作者的匠心。第一折作者把赵匡胤放在广阔的历史背景中，正面描写其雄心壮志；第二折陈桥兵变从侧面表现其“威望素著”；第三折雪夜访普，则集中刻画其“晓夜无眠”，勤劳治国；第四折收平四国，又从反面着笔，写“圣人一出，群妖顿息”，并与开头呼应。四折层层展开，步步推进，紧紧围绕戏剧的中心人物宋太祖安排关目，引人入胜。同时，作者没有把太祖写成超人、神人。戏的第三折，是戏中之戏。太祖与赵普的闲话家常，就生动表现了这位开基帝主的富于感情。

剧本的语言与当时的一般杂剧本子有所不同，曲辞既富文采，而宾白也绝少庸俗之语和无聊的插科打诨。如第三折［滚绣珠］：“似纷纷蝶翅飞，如漫漫柳絮狂”，描写瑞雪飘洒，生动形象；第四折［双调新水令］：“九重天上五云飞，月朦胧晓光初霁。鞭鸣金佩响，帘卷玉钩垂。仙乐初齐，和气满殿庭内”，典雅整丽；至于那些抒壮志、写军旅的曲子，更是作者的擅长，显示出俊秀挺拔的笔力，青木正儿称此剧“曲辞典雅”，“作者决非凡手”（《元人杂剧概说》），是极有见地的。

文话考辩三种

一 《归震川先生论文章体则》一卷（明）归有光撰

归有光（1506—1571），字熙甫，号项脊生，人称震川先生。昆山（今属江苏）人。九岁属文，六十及第，释褐知长兴县，后为南京大仆寺丞，卒于官，享年六十五岁。著有《震川文集》四十卷。《明史》卷二八七有传。

是书乃撰者七世孙归朝煦由《文章指南》中辑录而成，校正后附刊于《震川大全集》末。据《文章指南·原序》，归有光未第时，授徒于荒江老屋，曾编选古文集，细予评点。入仕后将其授与同年南海县事詹仰庇，詹氏复授友人黄鸣岐，黄氏校而刻之，名曰《文章指南》。该书宗旨乃在讲习与指导古文写作，而以前人名作为范例，故先有导言，后示范文，所谓“要总于前而大纲以举，类分于后而细目以张。记其则，则六十六条；记其文，则百十八篇”（《原序》）。后因原版毁失，清人吴颖泉又汇抄成帙而付梓，书前冠以《归震川先生总论看文法》、《归震川先生总论作文法》，此实采自吕祖谦《古文关键》，知后刊本已“杂以他人之说”（邵齐熊《跋》）。清乾隆末年，归梅圃从《文章指南》中辑出六十六条导语，且“依家藏本厘而正之，附刻于全集之后”（《跋》）。辑本立目六十二，而将原“通用义理则第一、通用养气则第二、通用才识则第三、关世教则第四、占地步则第五”并为一目，统隶“通用则”下。个别字辞亦稍有变动，如二十五则“条”易“逐”、三十七则“缴”改“缀”、三十八则“捲”作“转”等。

是书要言不繁，逐层展开，明晰而深入，精当而易懂。首十二则着眼于文章的整体性，强调“以理为主”、“必在养气”、“才识俱备”、“关世教”、“占地步”、“立论正大”、“用意奇巧”、“遣文平淡”，等等。其次九则重在修辞，指出“譬喻”、“引证”、“化用”等常用的手法。又次十四则转而讲章法结构，如“前后相应”、“总提分应”、“文势层叠”、“结上生下”、“转换灵活”等。再次十三则示范句法与字法，诸如“叠上转下”、“拦截上文”、“设为问答”、“含意不露”、“字少意多”、“相题用字”、“下字影伏”，等等。末十八则专讲文章结尾的多种样式和基本要求，如“缴应前语”、“结意有余”、“竿头进步”、“结末括应”、“结末推广”、“结末垂戒”等。归有光乃唐宋派的重要代表，不仅制艺雄于一代，理论亦颇有影响，故四库馆臣称“自明季以来，学者知由韩柳欧苏沿洄以溯秦汉者，有光实有力焉”（《四库提要》）。

该书无单行本，仅存于清乾隆六十年王伦堂刻本《震川大全集》末，北图有藏。

二 《䙡斋论文》六卷（清）张谦宜撰

张谦宜（1648？—1731？），字稚松，一字山农，晚年字号山南书隐老人，山东胶州人。康熙四十五年进士（一说康熙三十二年癸酉科进士，见匡超《增修胶志》卷二十五），卒年八十三岁。清代李图《胶州志·文苑传》述张谦宜生平事迹曰“少年落拓以诗名，中年折节读书，尤沉酣程、朱之书，多所心得。暮年中进士而不仕，闭户著书，终身不辍”，大体得之。张氏著有《䙡斋诗》、《沉郁集》、《尚书说略》、《四书广注》、《质言疏义》等，又有《家学堂遗书二种》。

是书为《家学堂遗书二种》之一，前有自序，后有跋语。该书撰于康熙六十年（1721）六月，“竭六日力”，“得百八十条”（《自序》），手编成帙，友人叹赏，悉为梓行。著者谢世后，其子张颀从家中遗书和日记中搜集整理先父有关论文之文字，“努力编集，得三百七十余则，合原本有八十条，略分类次，抄为六卷，谨藏于家。”（《跋》），时在雍正十二年（1734），上距始撰十三载。而该书锓版则是乾隆年间事。是书为语录体式。虽然著者自谓“想到便书，亦无伦次”（《自序》），而经其子重新整理编排，已自成统系。首卷之《统论》多从宏观角度谈论为文目的、要求和原则，强调“原本经术”、“载道明理”、“根极理要”、“循理明义”，强调“意正”、“理正”、“意从理出”，强调作者之道德、人格修养和富学博识。卷二至卷四为《细论》：卷二着眼于源流、品格、章法、笔法、调法、句法，论古文之“按衍”、“变化”与艺术境界、诸般技巧；卷三立足于文章体制，结合创作史实，辨析近三十种文章具体体裁样式的本质、特点、作用和要求，并结合前人范文指示各体作法；卷四继续论述文章作法，且以历代名作为例阐释说明。卷五之《评品》多侧面、多层次评论历代名家名作风格、成就与艺术得失。卷六包括两部分：《初学入手》从方法论角度正面指示初学途径，提出习文“先立志”、读书“须静耑”；《丛语》论为文之弊端，以警后学。

是书作者“自十三便学古文，成童后读古人书渐多，乃日有所得。壮年读全部《史》、《汉》，沃闻士君子之论，证诸名公谈文攻击驳辩之言，所见又一进。晚读朱子书，通论名臣大儒并其著述得失，则又闻所未闻。举前日之宗法服习日耽玩而不忍舍者，乃深见其离合向背之所以然”（《自序》），故所论多中肯切实，确有独诣处，方其成帙，人即“叹其精切”（《跋》），“为时所重”（《胶州志》）。

该书清代《胶州志》、《增修胶州府志》、《中国丛书综录》均有著录。后者著录时将“规”字形误为“砚”。“规”乃“茧”之古字（说见许慎《说文·系部》），张谦宜以“规斋”名室自号，深寓意焉。今有清刊《家学堂遗书二种》本流传，北京大学、清华大学收藏。

三　《文坛列俎》十卷（明）汪廷讷编著

汪廷讷，字无如，生平事迹未详。是书乃文章选编，而非专门的文话著述。然自南宋吕祖谦《古文关键》面世，文章评点风行士林，角度或有不同，要之各具手眼。复有学人将其议论评点之语褒辑成帙、付梓印行，以供研学。明代此风方兴未艾，影响较著者如徐师曾《文体明辨序说》即其类也。今将《文坛列俎》各卷导引序言亦作如是观，当不谬。

是书分《经翼》、《治资》、《鉴林》、《史摘》、《清尚》、《掇藻》、《博趣》、《别教》、《赋则》、《诗概》十卷，末卷可略而不论。每卷冠以导言，阐释旨意和选篇原则，评述文章流变与士林观念，不乏自得之处。如《掇藻》谓“摭采流华，自是人间世一种伟观”，即从美学角度肯定了文章华采存在的自然合理性，委婉地批评了那种片面尚质而鄙丽的文章观。又如《别教》称“聪明辨智之徒，苟能读二氏（释、老）书，必能尊儒道”，对那些为维护儒家正统独尊地位，而一味竭力排斥释老的行为与观念，表示异议。是书有明万历三十三年（1605）环翠堂刻本，北京大学图书馆善本室收藏。

“先进”与“先进性”概念的历史考察

一

在当代人们的生活中，对于“先进”这样一个极为普通、极为常见的词语概念，可以说是妇孺皆知，人人会说，人人能用，人人耳熟能详，诸如“评先进”、“学先进”、“赶先进”，“先进人物”、“先进集体”、“先进事迹”、“先进思想”、“先进典型”、“先进水平”、“先进技术”……等等，与“先进”组成的词组短语，不胜枚举，不仅于报端随处可见，而且经常活跃在人们的口头。没有人怀疑自己对这些词语概念含义理解的准确性，也很少有人去关注这个概念的生成和内涵的衍变，就连权威性的《现代汉语词典》[①] 对“先进”一词也只作如下解释：“进步比较快，水平比较高，可以作为学习的榜样的、先进的人或集体。”这种解释自然是没有什么错误之处。但是，仔细品味，似乎又觉得少了点什么，感觉不够味、不到位，而对“先进”一词的性质、特点和内涵似乎都没有说清楚、讲透彻。

其实，人们在现实生活中对于“先进”一词的使用、理解和表达，一般说来都不会出现什么歧义或错误，人人能够心领神会，也没有必要去做学究式的研究探讨，细抠字眼儿，尽管在不同的时代或不同的语境中，其含义也会有所不同。但在一些特殊的语境中，情形就大不一样了。比如，最近中央在全党开展以实践“三个代表”重要思想为主要内容的保持共产党员先进性教育活动，这里出现的关键性词组“共产党员先进性”，其内涵如何准确地理解、界定和把握？词组中的关键词“先进”的含义是什么？“先进”

① 中国社会科学院语言研究所词典编辑室编：《现代汉语词典》，商务印书馆2012年第6版。

与“先进性”有什么区别？这些问题都必须搞清楚、弄明白。这就迫使我们不得不进行深入细致的思考，不得不首先在文字的理解和把握上下一番必要的工夫。

人类语言的发展规律告诉我们，任何词语概念的发生和形成，都是人类社会实践的结晶，都是一个历史的发展过程，而且一个词语概念的内涵，往往随着时代的发展而变化，不同语境中的同一个词语，其内涵也往往是既有联系又有区别。“先进”一词当然不能例外。准确理解和把握“共产党员先进性”的内涵，必须首先了解“先进性”一词的基本含义，这自然需要从把握“先进”一词的内涵入手，历史考察尤其重要。

其实，在中国古代汉语言文化发展史上，“先进”这个词最早的意思主要是表达行为动作次序在前、顺序领先。凡是读过《论语》的人，自然都会知道其中的“先进”篇。然而，此处的“先进”与现代汉语或现代意义上的“先进”大相径庭。首先，这里的“先进”实际上是两个相对独立的字，而不是一个独立性的合成词。孔子所说的“先进于礼乐”、“后进于礼乐”，“先”与“后”对举，表述的是行为动作进行的次序状态，而特别强调的则是顺序的“先”与“后”。《穆天子传》卷一“先进乘韦”之“先进”、《战国策》卷十九“不能趋走，是以不先进”之“先进”、《楚辞章句》卷九“郑卫妖女”“使之先进”之“先进”，诸如此类的情形，都是同一种用法。值得注意的是，孔子出于修辞方式和增强语言美感的需要，将两个意思独立的字并连在一起使用，语言表达和结构方式都非常自然地契合了汉语构词双音节发展的规律要求，且“先进”与“后进”对应，不但为生成和创造一个独立的词奠定了基础，而且有了次序上的区别。而正是这种对次序、顺序的表达和优美的语言形式，成为后世“先进”一词最基本、最原始的含义。当然，《论语》之用法也一直为后人所沿袭，比如宋代文学巨擘苏轼《苏幕遮·咏选仙图》词“凤驾鸾车，谁敢争先进”，这里的“先进”即是一例。总之，次序的领先性成为“先进”一词内涵中最原始、最基本、最稳定的重要成分。

后人在这种表达次序在前、顺序领先的基础上，开始把“先”与“进”合并在一起使用，构成一个独立的词，用于称呼年龄较大或资历较深的前辈。《汉书·翟方进传》称宿儒胡常为“先进”，与方进同经，而其“名誉出方进下"（卷八十四）；晋人《上疏请修学校》说"先进渐忘揖让之容，后生唯闻金革之响"（《全晋文》卷十九）；将"先进"与"后生"对举。谢承《后汉书》也有"拜觐乡里耆老先进"（《初学记》卷二十）之语可参佐。可以看出，这些例子中的"先进"，突出的依然是顺序的领先性，都属于中性词，没有什么褒扬之意。大约从唐代开始，这种用法增加了恭敬、钦佩与自谦的意思。如韩愈《答刘正夫书》"凡举进士者，于先进之门，何所不往？先进之于后辈，苟见其至，宁可以不答其意邪"；柳宗元《虞鸣鹤诔》"名卿是挈，先进咸推"；杜牧《投知已书》"先进之士以小生行可与进，业可与修，喧而誉之"……其或与"后辈"、"小生"对举，或与"名卿"并称，尊敬之意沛然其间。宋代文坛盟主欧阳修《与郭秀才书》中也有同样的用法。

汉唐时期，有学人着眼于人物或品质的优秀，使用"先进"一词，赋予了评价和褒扬的含义。如汉代蔡邕《答对元式诗》"先进博学，同类率从。济济群彦，如云如龙"，"先进"与"博学"连用；晋代《涅槃无名论》说"圣旨渊玄，理微言约，可以匠彼先进，拯拔高士"（《全晋文》卷一百六十五），将"先进"与"高士"并称；毗末罗蜜多罗论师《临终裁书》"轻以愚昧，驳斥先进，业报皎然，灭身宜矣"，则以"愚昧"反衬"先进"；这些都是很典型的例子。至如宋人李昉等《太平御览》载顾邵相"小吏资质佳者，辄令就学，择其先进，擢置右职"（卷二百六十一），其意思已经与现代没有什么很大的区别了。

大约自宋朝开始，有人在著作中将"先进"与"典型"联系起来，扩大了适用面、涵盖面。《四库全书总目提要》卷一百四十一著录明代耿定向撰《先进遗风》二卷，《提要》说"是书略仿宋人《典型录》之体，载明代名臣遗闻琐事，大抵严操守、砺品行、存忠厚者为多"。由此可知宋人所著《典型录》与《先进遗风》属同一类型的著作，记述和表彰的都是当时可以为人表率的优秀人物、优秀事迹和优秀品德。《四库全书总目提要》卷一百四十三还著录了明代谈修所撰《避暑漫笔》，谓"是编皆掇取先进言行可为师法，乃近代风俗浇薄可为鉴戒者，胪叙成篇"，其立意更是在于树立人们学习的典范和榜样。

通过上面的历史考察，我们不难发现"先进"一词的内涵具有如下特点：一是主体对象都是“人”，即与人或人的行为密切关联；二是使用范围逐渐扩大，内涵不断丰富发展；三是含有次序在前、顺序领先的意思而且稳定性较强；四是含有敬佩的意思；五是含有评价和褒扬优秀事物的意思。而现当代意义上的“先进”内涵，正是在这五大特点基础上的综合创新和发展。

2004 年 11 月 20 日写于北京万寿庄宾馆

论中国古代先贤对文化力量的深刻认识

每个时代、每个国家、每个民族都有自己的先进文化。华夏民族在自己的发展历程中，不仅创造了辉煌灿烂的历史，而且也创造了辉煌灿烂的文化。公元15世纪之前的中国，一直居于世界领先地位，这与中国先进的文化有着密切关系。中国古代很多有识之士对于先进文化都有极为深刻的认识，因此，他们努力创造、努力建设和努力传播先进文化，为促进社会进步和文明发展做出了重要贡献。

宋代理学家张载有四句极为深刻、极为精彩的名言："为天地立心，为生民立命，为往圣继绝学，为万世开太平"（《张载语录》）。这四句精警、简练、格言式的语句，表达的就是他对先进文化本质、作用、地位和任务的深刻理解与深刻认识。论者虽然没有展开论述，而内在逻辑严密，内涵丰富，层次分明，表达到位，自成系统，将科学文化特别是社会科学文化的任务、作用、意义提升到很高的境界。所谓"为天地立心"，就是探讨、认识宇宙和社会的发展规律。天地本无心，古人云："心者，生之本，神之变也。""天地之大德曰生，则以生物为本者，乃天地之心也。……天地之心，唯是生物"（《横渠易说·上经》）；"为生民立命"，就是研究和探讨人类的生存、发展；"为往圣继绝学"，就是学习、研究、探讨、继承、弘扬和发展先贤创造的先进的文化、思想和学术；"为万世开太平"，就是研究和探讨如何创造新文化、如何保证人类社会能够千秋万世和平发展。张载的这四句话对社会科学作用、任务和意义的概括精彩、得体、到位。

宋代文化巨子苏轼写过一篇短小精悍、博大精深的散文名作——《六一居士集叙》。这篇为欧阳修文集撰写的书序，全文不足800汉字，而创意新颖、运思奇特、思想极深刻、内涵极丰富、见解精警独到，既是优美的散文精品，又是精粹的学术精品。其意义已经大大超越书序、文学、学术的层面而进入文化创造、社会发展与人类文明的境界。

众所周知，欧阳修是一代宗师、文坛领袖，为宋代文化的繁荣与发展做出了巨大贡献。他不仅在文化的诸多领域都建树卓越，而且奖掖、提携和培养了包括苏轼在内的一大批文化名人，成为一位扭转文坛乾坤、树立一代文风、影响极为深广的文化巨人。为这样一位特殊人物的文集写序，非大手笔而不能为。序者以政治家、思想家的雄伟气魄和文化大师高瞻远瞩的敏锐眼光，站在历史和时代的高度，从文化创造与社会发展、人类文明关系的角度，评述欧阳修的历史贡献、社会影响和文章特点，既紧紧围绕作序主题阐发个人见解，又切合著者实际和历史实际。

文章开篇以“夫言有大而非夸，达者信之，众人疑焉”起笔，提出一个新人耳目却又合乎常理的论点。接着征引了两条史料进行论证。其一是孔子公元前496年由卫之陈，途经“匡”地（今河南长垣附近），被围困拘禁时所说的一句话：“天之将丧斯文也，后死者不得与于斯文也”（《论语·子罕》）。意思是说，如果自己死在这里，周代创造的先进文化，会因此而不能流传，后世的人们不但失去了享受这种文化成果的机会，而且失去了学习、弘扬这种文化的可能，所谓“以斯文自任”。其二是孟子“禹抑洪水，孔子作《春秋》、而予拒杨、墨”（《孟子·滕文公下》）之语。孟子认为自己推行“仁义”主张，抗拒和抵制杨朱极端自私、墨翟不合情理的兼爱学说，保证了孔子思想主张的传播，其社会功德与历史意义，同“禹抑洪水，孔子作《春秋》”一样伟大。这里涉及三件需要搞清楚的事情：一是禹抑洪水；二是孔子作《春秋》；三是孟子拒杨、墨。

大禹治水的故事，数千年来一直在华夏大地上以各种文化形式广为流传，历代以来，妇孺皆知。近代科学已经证明，地球在冰川末期，因为气候转暖，曾经发生过一次世界性的大洪水，人类的生存面临绝境。关于这次洪水灾难，世界上很多国家或民族的神话、传说中都有反映。古希腊神话中关于宙斯降水为灾，普罗米修斯之子丢卡利翁得到神示，造舟与妻子皮拉脱险；《圣经·创世记》所载希伯来神话关于诺亚方舟的传说；印度古代关于摩奴在小鱼帮助下幸免于难的传说；中国的苗族《古歌》、壮族《布伯的故事》，分别描述了英雄姜央、布伯其各自的儿女躲在大葫芦里逃过洪水灾难的情节；《女娲补天》对于洪水的描述更是为大家所熟悉。

中国古代典籍如《尚书》、《左传》、《孟子》、《庄子》、《山海经》、《水经注》等等，有很多关于这次大洪水或大禹治水的记载与描述。在滔天洪水严重威胁人们生存的时候，大禹率众“导川夷岩”，《庄子·天下》说，大禹“堙洪水，决江河，而通四夷九州也，名川三百，支川三千，小者无数。禹亲自操橐耜而九杂天下之川，腓无胈，胫无毛，沐甚雨，栉疾风，置万国”，形劳天下，《吴越春秋·越王无余外传》说他“劳身焦思，以行七年。闻乐不听，过门不入，冠挂不顾，履遗不蹑”。《史记》也有“禹抑洪水十三年，过家不入门”的说法。大禹最后终于征服了洪水，使人民能够继续生存下来。

大禹治水的丰功伟绩、盖世功德，千秋传颂。《左传·昭公元年》说“美哉禹功，明德远矣”；《汉书》称“昔禹治水……万世赖之”；李白则有“大禹理百川，儿啼不窥家，杀湍堙洪水，九州始蚕麻”（《公无渡河》）的著名诗句，歌颂大禹治水的功劳。在中国民间围绕大禹治水而产生的各种各样的故事和传说更是数不胜数。

孔子作《春秋》。孔子的思想核心是“仁”。《孟子·滕文公下》称：“世衰道微，邪说暴行有作，臣弑其君者有之，子弑其父者有之。孔子惧，作《春秋》。”可见这本书开始编著的目的，就是想借助历史和舆论的力量，规范社会的道德和人们的行为，使社会健康有序地发展。故《左传》说《春秋》是“惩恶而劝善”。

孟子拒杨、墨。孟子是孔子学说最优秀的继承和发扬者。孔子谢世后，孟子继承和发扬孔子“仁”学，并进一步深入思考社会健康、有序、文明发展的关键，提出“王道”说。当时，杨朱、墨翟各持一家之说，与孔子的思想不一致，容易造成人们思想的混乱。孟子对杨、墨的批评和抗拒，使他们的学说受到抑制，不能流行，从而保证了孔子思想对社会的影响力度。

孔子作《春秋》，孟子拒杨、墨，都是属于文化层面和思想层面的行为，与大禹治水相比，这些是属于社会高层次、深层次的活动，给人民和社会带来的实惠，不会像大禹治水那样直观、直接，容易得到社会的普遍称颂与赞扬。然而，生活在春秋战国时期的孔子、孟子，他们所处的时代，诸侯互相征伐，社会动荡无序，人类相互残杀，道德沦丧，所谓“弑君三十六，亡国五十二，诸侯奔走不得保其社稷者，不可胜数”。这种状态，使人们的生存受到严重威胁，同时也严重地破坏了社会的发展与进步。孔子的仁学思想和孟子的王道学说，正是针对这样的社会现实而提出的。他们均以称扬和标榜唐虞三代社会的安定统一、文明有序为基础，反映了当时人们厌恶诸侯征伐、厌恶人类自相残杀的思想心态和情绪，反映了人民大众向往社会和平、向往秩序稳定、向往有序发展的普遍要求与愿望，反映了时代发展和社会进步的要求，成为当时先进文化的代表，也代表了那时先进文化的前进方向。

尽管孔、孟的主张在当时并没有为统治者完全采纳，但“自《春秋》作而乱臣贼子惧，孟子之言行而杨、墨之道废”，其在当时社会产生的积极影响是不言而喻的。孟子谢世以后，“违道而趋利，残民以厚主”的申不害、商鞅、韩非之学各行于世，以至战乱频繁，陈胜、吴广起义，刘邦、项羽争霸，生民死者十八九，苏轼认为，洪水之患，不至如此。有鉴于此，汉代“罢黜百家，独尊儒术”，孔孟学说开始成为中国封建社会统治阶级的指导思想，对维护封建社会的长期统治和保证封建文明的稳定发展，发挥了重要作用，在世界上也产生了深刻而广泛的影响。

显而易见，大禹治水解决的是人类与自然之间的突发矛盾，而孔子、孟子致力解决的则是影响人类自身发展的根本矛盾，即社会秩序、社会制度、社会道德以及人与人之间的矛盾，是如何保证社会稳定、有序、文明发展的问题。

其下，作者缕述春秋战国至秦汉隋唐社会发展变化的历史事实，从正反虚实等不同角度，说明孔子、孟子所说的话，已为历史事实所验证。

汉代以后，凡不用孔、孟思想的统治者大都江山易主，所谓“晋以老庄亡，梁以佛亡”。至唐，韩愈认为孟子“功不在禹下”，他发扬光大孟子、董仲舒的儒学传统，倡言古文、“古道”，极言“仁义道德”，所以，苏轼称扬他“文起八代之衰，而道济天下之溺”，而学者则认为韩愈的文化业绩可与孟子相媲美。

宋代的欧阳修，其思想与韩愈、孟子、孔子一脉相承，文章“著礼乐仁义之实，以合于大道”；北宋“自欧阳子出，天下争自濯磨，以通经学古为高，以救时行道为贤，以犯颜纳说为忠，长育成就，至嘉祐末，号称多士，欧阳子之功为多”。其对推动当代文化发展做出的巨大贡献可见一斑。

大禹治水、孔子修春秋、孟子拒杨墨、韩愈为古文，这些事件表面上似乎与欧阳修文集没有多大关系，但是，它们却有一个共同的特点：就是对人类生存、社会发展和文明进步起着至关重要的巨大作用。承认“禹之功与天地并”，孔子、孟子之功“与天地并”，那么，韩愈、欧阳修之功同样“与天地并”；突出文化对人类文明发展和社会进步的巨大作用，同时也就突出了欧阳修在人类文化史、文明史上的伟大贡献，突出了欧阳修文集的价值和意义。这正是苏轼的高明之处、过人之处。

文章高屋建瓴，高瞻远瞩，茹古涵今，大笔如椽，而又构思精妙，迂回婉转，气魄大，立意高，思考深，观点新。

不论是理学家张载精彩、简练的格言概括，还是苏轼《六一居士集序》婉转巧妙的表述，都说明了这样一个事实：中国古代已经深刻地认识到了文化特别是先进文化对于人类生存、社会进步和文明发展所具有的巨大意义。毫无疑问，这里的文化主要是指社会科学方面的文化。

管窥篇

转益多师与创新方法

王水照先生的人格魅力与学术境界*

今天大家从世界各地汇聚复旦，参加王水照先生八十诞辰庆寿会，非常兴奋！因为我们又见到了温润儒雅的先生，见到了和善慈祥的师母，见到了这么多熟悉亲切或未曾谋面的学兄学弟、学姐学妹们。感谢会议给了我先发言的机会，不过，我自己感觉很惭愧。因为大家都能长期坚守在教学科研第一线，不仅勤奋治学，持之以恒，而且矢志不渝，成果丰厚，让我既敬佩又羡慕！

刚才水照师和几位前辈的讲话，是非常亲切、非常生动的思想教育，情深意切，使我深受触动！昨天晚上十点多赶到上海，一进房间，就看到会务组发的一个光盘，里面有水照先生亲自书写的赠语："何时一樽酒，重与细论文。"当时我的眼眶就湿润了。先生选择和借用杜甫的这两句诗，表达的思想内涵和情感外延太深太多了！当时我想，这里面深含着多少先生对大家的惦记、关心和思念，也包含着多少对以往问学治学情景的美好回忆与重新欢聚的殷切期盼！今天，大家终于欢聚一堂，听先生讲如何做人、如何做事、如何做学问，一起交流深厚的感情和丰富的收获，这是多么温馨、美好的场景！先生的庆寿会，也为大家提供了互相认识、互相交流的机会，我们坐在一起，心潮澎湃，追随先生问学的往事不断涌现眼前！

我们知道，中国古代常以"道德"、"文章"论前贤，这既是一个普遍的文化现象，又是一个衡鉴学人境界的普遍规律。德、文并茂，是只有少数宿学鸿儒能够达到的理想境地，进入此等境界，非贤即圣。水照先生恰恰在人格魅力与学术境界这两个方面，得到海内外学界的一致称扬和赞誉。借此机会，我也谈几点切身感受。

---

* 本文是 2013 年 6 月 1 日在王水照先生八十诞辰座谈会上的发言。

第一，庆寿会风格与王先生品格高度一致。我感觉先生的庆寿会，最突出、最鲜明的特色是低调、质朴、高雅、真诚。这恰恰与先生为人处世的一贯作风和品格相一致。先生为人谦让，做事低调，从来不事张扬，故在学界德高望重，口碑甚好，大家对他的评价都非常高，无论齿长齿少，无不敬重有加。由于我个人工作岗位的原因，这些年来，接触到很多学界名人、一流专家，潜意识地有过对比，使我逐渐理解了什么叫“大家风度”、“长者风范”，什么叫“文质彬彬”、“气质高雅”，有了比较，概念就变得具体、变得清楚。原先只是一种理念层面上的感觉，我对先生高山仰止，从心底里升腾起敬重感、崇尚感。但是，一旦接触到我们国家各个学科的上千位著名的专家学者，就感觉到先生在其中的确是让人肃然起敬的佼佼者。记得第一次请先生参加评审会的时候，我的同事和不少学科秘书一定要看看王先生，一睹先生风采。在他们心目中，王先生是真正的名家、大家，是学人的榜样。当然，老一辈的大家也有很多，比如费孝通先生、季羡林先生、任继愈先生、周有光先生、袁行霈先生等等，都是德高望重的学者。在他们这些名人中，有一个相同之处：凡是真正赢得人们钦佩的、敬仰的，都是那种低调，但又很有学问、非常有修养的学者。王先生在这一方面表现出的特质，骆玉明老师概括得非常全面而准确。大道甚矣，卓然独立，而姿态很低，谦下不争。与那些张灯结彩、奢华高调、红红火火做六十大寿、搞从教五十年纪念之类的大会相比，今天王先生的庆寿会简朴低调，这是符合先生的性格修养与做事的一贯风格的。低调不等于低俗，先生的文化修养和人格修养都非常高雅。今天，我们坐在一起交心谈心，以文相会，既质朴，又真诚，就体现出先生的高雅追求和求真求实的思想风格。

第二，先生“上善若水，宏文如照”。我从1990年在江西上饶辛弃疾国际学术研讨会上首次拜晤先生，至1993年考入复旦师从先生，迄今已二十多年。与先生的交流、接触，可能没有像很多学弟、学妹们那样多，但是感受各有不同。刚才王先生解释过他的名字的含义。我对先生的名字却有自己的理解与诠释，即是“上善若水，宏文如照”。在我的感受中，先生的境界正如这八个字。老子说“上善若水，水善利万物而不争”。先生“利万物而不争”的品格，我们王门每一个人都深受裨益。我仅举一个具体的例子，可能这个例子里面的受益者本人都未必清楚。先生参加评审国家项目，而师母行动多有不便，需要照顾。从工作层面讲，先生是支持国家规划办工作，促进学科建设的健康发展，同时从个体角度说，也是给大家创造和争取一个承担国家项目的机会，因为先生对相关领域的研究情况非常熟悉。因此，先生排除万难，舍下师母自己一人在家里，匆匆赶到北京去。为了尽快赶回上海，评审刚结束，马上赶往机场。我想送送先生，都没有赶得上。由此足可以见出先生的善良之心，更不用说先生平时对大家的关心、爱护和扶植！所以"上善若水"，先生对大家的关心、支持与帮助，是发自内心的，是默默奉献的。至如悉心指导论文、为学生即将出版的著作写序，可能大家都有深切体会。所以说先生博大胸怀，先生品格动人，是贯穿在他的一言一行中，而不是嘴上说说而已。至于先生的著述，我说"宏文如照"。先生的文章充分体现了他的学养、修养、理念与实践，给我们树立了一个实实在在的典范。当然，水照师曾经是钱锺书先生的得力助手，又长期思考研究钱锺书先生的治学方法和学术成果，在为人和为文两方面都深受钱先生濡染熏陶，钱先生学术视野的开阔和学术思考的深刻，在水照师的著作里都有充分体现。读先生的文章，是一种享受。我跟先生攻读博士之前，一直在高校教书，苏轼研究，是读的先生的著作；散文研究，也是读的先生的文章。因此，在学问上，我们每一个王门弟子，甚至学界后生，都深得其益。先生的《宋代散文选注》、《苏轼选集》、《唐宋文学论集》、《苏轼评传》、《唐宋散文精选》、《南宋文学史》、《王水照自选集》、《半肖居笔记》、《历代文话》等等，无不沾溉当代学子，也必将衣被后世。先生的文章，大家读得很多，认识和体会比我深刻，此不多说。

第三，座谈会题目精彩。今天的议题策划得非常好，有学问、有智慧、有品位。"学术师承"避免了"庆寿会""祝寿会"之类的平庸俗气，而充满了"文化味"、"书香气"。先生刚才讲了对师生关系的理解，深意在焉。尤其谈到学科建设问题、学术发展问题，实际上已经上升到国家层面和文化建设层面来认识，充分体现出很高的学术境界和思想境界。今天的座谈会、王门的学术师承，不是仅仅属于一个师门的事，而是与整个宋代文学研究学科相关的事。表面上看，这是话往大里说，但正如苏轼为欧阳修《六一居士集》作序时所说"言有大而非夸"，我们说的是大话，但并不夸张，实际上是实事求是。学科建设、人才培养，是国家的大事。现在我们国家提出文化强国战略，这是整个国家全民参与、共同实现的目标。先生所做的，即是其中一个组成部分。先生的著述那么丰富，但还不足以反映先生的贡献。先生的最大贡献，应该是在培养了我们这“一百零八将”。（大家笑）我们在各自的岗位上，都发挥了很大的文化传承作用。而我们这“一百单八将”，又带出自己的学生，培养若干新的“一百单八将”。这一学术群体逐渐壮大，传承体系已经形成，势必会产生不容轻视的影响。这次中央十八大提出要建立中华民族优秀传统文化传承体系，将这一历史使命提到了相当的高度。插一句，我在这里不是作政治演讲，我只是传达一个信息。所以，今天座谈会的题目起得的确精彩，包含着学术传承与学科建设这样两个关键词。单就学术传承而言，我现在思考的是，我们要传承的究竟是什么？我觉得，应该将先生这种学术精神、学术境界与学术气魄传承下去。先生思考的都是一些重大的问题，如宋型文化、中国古代文章学之类。先生创刊《新宋学》，亲自组稿、审稿和改稿，加强海外文化交流，培养学术新秀；创建“宋代文学研究会”，开展学术讨论，成为古代文学研究领域中最活跃的学术团体；如此等等。以文学而言，宋代文学有两大支柱，一个是诗，一个是文，另外一些体裁都是诗和文的派生。先生在宋诗研究与宋文研究两个方面，都作出了杰出的贡献。王先生之所以能够在学界获得这么多的赞誉，有这么高的评价，这与他扎扎实实做学问，数十年如一日的刻苦、勤奋、执著，是绝对分不开的。先生刚才谈到范文澜先生的治学名言“板凳甘坐十年冷，文章不写半句空”，这十四个字即是先生自己学术之路的真实写照。先生的学术精神，我个人认为，首先在于他对学术发自内心的尊重与热爱，并愿意为之执著一生，乐在其中而不以为苦。直到现在，先生脑子里考虑的还是学术问题。先生刚刚提到，昨天晚上，他又把韩愈的《师说》再读了一遍，把学术传承这一话题的思路理了一下。这样踏实的态度，一般人是难以企及的。先生勤于读书、敏于思考、精于研究和求真求实、求善求美的学术精神不仅是我们努力追求的目标，也是学人的榜样。我们一定要把先生的学术精神与学术情怀传承下去，不负先生对我们的期望，站好学术的岗位，守住学术的家园，坚实我们的人生之本。

古人常以“德、学、才、识、胆”品评学界的杰出贤俊，这五者是呈现一个人一生之中所作贡献大小的重要方面。骆玉明老师刚才谈到，王先生在道德方面几乎是无可挑剔。他超卓而谦和、严正而包容的胸怀品格，让后学敬佩不已。大家接触的老师、先生都很多，在比较中自然会对王先生的道德修养有更深刻的理解。学问方面，先生从在北京大学读书开始，从写“红皮文学史”开始，即走上学术之路，近六十年来坚持“文章不写半句空”，他是有强大的、丰厚的知识积累作基础的。做到“文章不写半句空”，首先就要读很多的书。先生总是能够在别人没有发现问题的地方，超前性地提出一些学术前沿命题，包括对杜甫的评价、对苏轼政治诗的定位等问题的讨论，尤其是对宋型文化的转变问题，已经涉及唐宋两代社会、历史、文化的综合型研究。这些都是我们可以努力而难以企及的。但是，我们继承先生的学术精神，就是要从这种高度去思考问题。问题意识是学术研究的前提。一个人连问题都找不到，研究又从何谈起呢？找问题不是靠坐着空想，而是靠读很多书，靠关注社会和现实，才能找到有价值、有意义的研究课题。至于才，我认为先生是才子，他的语言表达之条畅雅洁，他的思路之敏捷开阔，可以说是极为出色的，在同侪中不为多见。尤其是在识与胆这两方面——既要有自己的见解，又要有胆量说出来——都非轻易能做到，而先生在学术著作中皆表现得淋漓尽致，让人印象深刻。我认为，创造性地继承和弘扬光大先生的学术精神，是我们王门弟子对先生的最好报答，也是大家应该下工夫的地方。

以上是我的三点感受。古人说：“智者乐，仁者寿。”刚才骆老师说王先生身体好，以我接触长者的经历看，长寿的先生，都与王先生有很多相似之处。周有光先生一百零七岁了，前年我们在一起开会，他听了四个小时，最后总结了六条，着实让人惊讶而敬佩。我觉得王先生与周先生有很多相同的地方，首先就是性格平易宽和，对人循循善诱，从不疾言厉色。一个待人友善的人，自己内心也会得到快乐，外国谚语讲“赠人玫瑰，手有余香”，很有道理。先生就是这样一个人，他内心善良，就像骆老师说的那样“很少批评人”，给每一个人以充分的空间发挥自己的创造力，发展自己的学术个性。但是对待自己，要求却很高很严，做起事来，太认真。我老是提醒先生，您不要把自己搞得太苦太累。但先生还是习惯于事无巨细，亲力亲为，自己把关。我的博士论文，先生逐字逐句修改，而且写的都是一笔一画工整的楷书，让人感动。记得有一处我写的是“乾隆认为”，先生添了两个字，改为“乾隆弘历认为”，一下子感觉就不一样了，因为“乾隆”只是一个年号，而“弘历”才是行为动作的主体。先生严谨的治学之风，于此可见。

傅璇琮先生的思想境界与学术实践*

——使命意识·国家意识·创新意识

傅璇琮先生是一位以人格魅力和学术建树赢得学界敬佩并享誉海外的著名学者。偶然的机缘和工作的性质，使我认识了这位受人尊敬的学术前辈，并在交往中感受着先生的长者风范。回想起来，我作为一位中国古代文化的学习者、爱好者和研究者，读先生著述已逾三十载，即便从首次面晤聆教算起，也已十度春秋，先生的道德品格和学术境界，使我深有感触，深受感动，更深得教益。

书香缘与忘年交

对傅先生的敬慕始于1979年初春。那时，作为才疏学浅的年青学子，我对先生知之无多，但手捧沉甸甸墨香尚浓的《黄庭坚和江西诗派资料汇编》（上下册），着实让我肃然起敬，高山仰止的感觉油然而生。是书搜罗典籍之广博宏富、选择内容之精审细密，令我惊叹和震撼。此后，这部《汇编》成为我研究黄庭坚过程中受益最大的案头书，伴随我完成了国家社科基金“六五”重大项目《中国文学史》宋代部分书稿的撰写，完成了山东省“七五”重点项目《黄庭坚与宋代文化》书稿的撰写，成为我与傅先生忘年友谊的根本原因和重要基础。同时，随着我学术的成长以及与学界交往的增多，对《汇编》作者的了解也越来越多、越来越深入，敬慕与日俱增，而

---

* 本文以“傅璇琮的学术境界”为题目发表于《光明日报》2007年8月9日第9版，文字有删减，现恢复原稿。

常以未能拜晤为憾。

1999 年 5 月下旬，在浙江新昌召开的“‘李白与天姥’国际学术研讨会”上，我第一次见到了心仪已久的傅先生，得以当面聆教。会议期间，先生不仅对我提交的论文《李白〈梦游天姥吟留别〉的构思与创新》鼓励有加，而且还亲自作为介绍人推荐我加入了中国李白研究会。几天的接触，使我充分感受了先生的亲切平和与温润博雅，充分感受了先生奖掖后学、提携后进的真诚与热情。回京后，先生还把自己手头的《黄庭坚研究论文集》送给了我，鼓励我继续深入开展研究。这一年的金秋，傅先生受聘参加了建国后的首届国家社科基金项目优秀成果评奖工作。先生深厚广博的学识和敏锐超前的学术眼光，尤其是客观公正的见解和认真负责的态度，给大家留下了深刻的印象。先生是国家社科基金最早的学科评审组专家，1983 年就同程千帆先生一起在桂林参加了全国哲学社会科学“六五”规划项目的评审，这次评选优秀成果时，又提出了不少关于加强社会科学研究规划的好建议，使我对先生的品格有了更深入的了解。自此以后，先生或颁示手札，或惠赠新作，或电话交流，经常使我如沐春风。

2002 年，拙著《黄庭坚与宋代文化》付梓，先生不仅精心审读了全部书稿并撰写了三千多字的《序》，而且还以《黄庭坚文化现象的历史启示》为题，亲自撰写了书评在《光明日报》刊出。这让我在备受感动的同时，再次深切地感受到了先生真诚扶植后学的热情，感受到了先生对后学成长的殷切厚望，感受到了先生对学术研究之时代脉搏和发展态势的准确把握。三年之后的又一个金秋季节，我与傅先生同机飞南昌、又驱车赴修水，一起参加了黄庭坚 960 年诞辰暨学术研讨会。其间先生对学术研究和文化发展的很多见解，对改进和完善国家社科基金项目评审和管理工作的积极建议，都给了我很大启发。

思想境界与学术实践

实事求是地讲，20 世纪末，我与傅先生直接的接触和深入的交流并不算很多，而更多的是从先生的文章著述中、从学界同好的交流中了解了先生的人品与文品。先生的学术品格、学术精神和学术建树，无疑令世人敬仰，其“精思劬学，能发千古之覆”（钱锺书所赠《管锥编》题签）和“一心为学，静观自得”（《李德裕年谱新版题记》）的突出特点，实事求是、科学严谨、善于创新的优良学风，学界多有公允精到、中肯切实、精辟具体的论述，我都十分赞同。傅先生在学术活动中表现出的“斯文自任”的使命意识、文化建设的国家意识和与时俱进的创新意识，更是集中而深刻地反映了其博大宽广的学术胸怀。

首先，“斯文自任”的使命意识体现着傅先生的文化自觉。“斯文自任”是古代华夏学人传承千载的优良传统。“斯文”与“学术”密不可分。前人讲“学术乃天下之公器”，学术对于文化建设、社会进步和文明发展作用巨大，所以宋代张载有“为天地立心，为生民立命，为往圣继绝学，为万世开太平”之说。正因如此，很多志向高远的学人往往都试图通过“斯文自任”的途径，实现经世济世的报国理想和奉献社会的个人价值。傅璇琮先生可以说是当代学人发扬光大这一优秀传统的典型代表。他不管在什么样的环境和条件下，都把研究当事业，视学术为生命，把全部的热情和精力投入到学术活动中，表现出强烈的历史使命感和时代责任感。先生认为，“中国学者有责任也有义务发扬光大我们自身的学术传统，向世界展示中国学术的优势，为世界学术作出贡献”（陈良运《周易与中国文学·序》）。他称扬学术大师陈寅恪关于“士之读书治学，盖将以脱心志于俗谛之桎梏，真理因得以发扬”的观点（《理性考索所得的愉悦》）；赞誉顾颉刚先生在遭受不公正待遇的特殊背景下欣然接受翻译《尚书》的任务，“表现了一个知识分子对自己民族文化高尚的责任感和理性的使命感”（《启示》）。先生乐于奉献而不求回报，他“相信庄子的话：‘鹪鹩巢于深林，不过一枝，偃鼠饮河，不过满腹’”（《坎坷的经历与纯真的追求》），执著于学术事业而又淡泊名利，明确表示“我们许多古典文学的研究者是准备献身于我们所从事的这一项事业的”（《岂无他好，乐是幽居》）。这些都反映出先生事业上入世入俗而思想上超世脱俗的不凡境界，体现着高度的文化自觉精神。

其次，文化建设的国家意识体现着傅先生对中华民族优秀传统的弘扬。文化是民族的血脉和根本，是国家实力的重要组成部分。文化发展则社会进步，文化繁荣则国家富强。所以，文化建设始终是国家高度重视的重点工作。文化建设的最高层次是学术研究，献身于学术研究，就是献身于国家的文化建设，也是具有强烈国家意识和爱国情怀的具体表现。傅先生正是站在民族振兴和国家富强的高度来认识学术发展的意义，并通过扎扎实实的努力工作来推动学术事业的健康发展。比如，他在《文化精品与学术窗口》一文中谈了对中央关于加强社会主义精神文明建设的深刻理解；其《祝贺〈中国古籍善本书目〉编成》一文则认为“中国古籍也是全人类的宝贵财富”，“有取之不尽的宝藏为社会主义现代化服务”；《开展地域文化的研究》称赞浙江人民出版社编辑出版的“浙江文化研究丛书”“能从传统文化的研究来观照现实问题”，“进一步丰富了整个中华民族文化研究的内容”。《文化意识与理性精神》一文还总结了清华大学学风具有“清晰的文化意识”、“鲜明的当代意识”、“对中华的历史和文化有强烈深沉的爱”三大特点——所有这些都充分体现了傅先生思考学术研究的高度。傅先生还通过勤奋工作努力推动国家的文化建设。他在中华书局组织策划和出版了一大批学术品位高、社会影响大的著作；在担任国家古籍整理出版规划领导小组秘书长、副组长职务期间，积极策划和推动古代典籍的整理，并担任《中国古籍总目》编纂委员会主任。他与任继愈先生一起担任影印文津阁《四库全书》的编纂委员会主任、与顾廷龙先生一起主编了1800多册的《续修四库全书》；他策划并组织撰写《中国古代诗文名著提要》这一收入2000种典籍的大型图书；他参与主编了72巨册4000多万字的《全宋诗》——所有这些，都是国家文化建设的重要工程。

第三，与时俱进的创新意识反映了傅先生学术研究的不懈追求。学术的生命在于创新，创新更是学术研究的灵魂。傅先生一方面积极呼吁“力求务实创新，切忌急功近利”，大力倡导新学风，一方面躬行实践，努力探索学术创新的路子和规律。先生认为，“就科学的意义上说，研究客体是无所谓重要不重要的，重要的是研究过程中表现出来的突破与创新的程度”（《一种开拓的胸怀》）；“新世纪伊始，一种全新的古典文学研究形态，一个全新的学术研究任务，历史地摆在我们面前”（《中国古代文学通论·总序》）。他主张学术研究应当立足本土、面向世界，要关注国外对中国文化的研究，促进世界文化的交流，特别是应当将中国文化推向世界（参见《他山之石》）。他提出“古典文学界应当开拓自己的研究领域，打破固有的樊篱，把视野展向域外的汉文化区”（《读〈日本汉诗选评〉》）；提出要培养“一代新的学风：一种严肃的、境界高尚的治学胸怀，融合中西文化、广博与精深相结合的治学手段，不拘一格、纵逸自如的治学气派”（《学养深厚与纵逸自如》）。先生在《唐代科举与文学自序》中称，“这本书把唐代的科举与唐代的文学结合在一起，作为研究的课题，是想尝试运用一种新方法”，同时又提出，“鉴于社会是在不断地发展，社会生活又是如此的纷繁多彩，研究方式也应有所更新，要善于从经济、政治与文化的相互关系中把握住恰当的中介环节”。记得先生早在1991年就承担了国家社科基金项目《中国古典文学在世界的传播与研究》，显示出全球的视野和前瞻的眼光。他与蒋寅同志共同承担的2002年度国家社科基金重点项目《中国古代文学通论》，组织了全国近六十所高校及科研单位的120多位专家学者，历时四年，形成了300多万字的成果。而这项成果则“是多角度地宏观把握中国古代文学史的尝试，同时也是一项跨学科的综合性的学术探索”（《中国古代文学通论·总序》），极富开创性和建设性意义。先生认为，“我们民族的学术发展必将应上古代学人的一句名言：日新之谓盛德”（《从一本书看一种学风》），对学术创新充满了信心。所有这些，对于当前的学风建设，无疑都具有很强的现实意义。

傅先生为学术的繁荣和文化的发展做出了重要贡献，成为一代名家，这是学界的光荣和骄傲，也是我们晚辈学习的典范与榜样。先生年届八旬，依然孜孜不倦地为推进学术事业的发展而努力，令人钦佩，令人敬仰！

2007年7月初稿

学术精神与文化气魄

——“先秦诸子还原”与文化经典研究

杨义先生新著《老子还原》、《庄子还原》、《墨子还原》和《韩非子还原》四书出版后，我有幸先睹为快。敬佩之余，很受感动，深受教益，也多有感触。“还原”四书的出版面世，为学术界和社科界提供了新成果，为文明传承和文化建设增添了新亮色！杨义先生选择如此厚重的研究课题，澳门大学给予多方面的有力支持，而中华书局则精心地组织出版，充分反映了研究者、支持者、出版者学术眼光、文化眼光的敏锐和远大，也表现出一种令人敬佩的文化胸怀与学术境界！毫无疑问，四书必将引起海内外学者的广泛关注，必将产生积极深广的文化影响，也必然在获得良好社会效益的同时，获得丰厚的经济效益。

我个人以为，成功的学术著述，总会有创新，有突破，有建树，能够给读者提供智慧营养，为社会发展提供有益帮助，古今中外，无不如是。“老、庄、墨、韩”，都是先秦时期的著名文化经典，产生、传播、诠释、研究的历史已有数千年，其历久弥新的强大文化生命力，正在于其丰富深厚的文化内涵。研究这样的经典著作，资料之多、难度之大，不言而喻。著者付出的心血汗水、凝聚的才学胆识和体现的学术境界，同样不难想见。在学习浏览这四本书的过程中，时常感受到一种学术激情的躁动和创新思维的冲击，时常被吸引、被感动、被折服！其中，给我感受最深的有如下四点。

第一是著作内含的学术精神。

学术精神是治学风格的集中体现，是传统文化、民族精神与时代气息高度融合的结晶，也是反映学术追求的思想境界。“还原”四书以“求真求实”为根本，以创作个体为主线，以经典作品为主题，以创新观点为基础，以方法创新为手段，搜罗剔择，精审细辨，正本清源，体现着多方面的突破与创新。在方法上，不仅明确提出了“还原”概念，返回诸子生活的年代与环境，考问诸子的生活状态和生命历程，与诸子进行跨越时空的对话与交流，而且将撰写的研究文字与搜集的历史资料组合成一种新的学术表达方式，即前有正文论述、后有资料长编，二者有主有从、互动互释，结合为有机的整体。在内容上，对诸子文本作“全息”的研究、考证和阐释，深入探索了老、庄、墨、韩研究中的38大问题，硬是“从丰厚的资料中‘拱’出来”超越前人的创新性成果。其治学的刻苦与勤奋，更是令人感动。著者“大量阅读先秦两汉文献，以及相关的考古材料，对于有关老子其人其书的疑难问题进行逐一清理”，“出入于浩如烟海的上古文献和出土简帛之间，反复体味《老子》五千年的深层意味”（《老子还原》后记）；写《韩非子还原》前，作者把各种版本的《韩非子》读了五遍，才开始整理动笔。凡此种种，均可见出著者的执著与全身心的投入。

第二是著作体现的文化气魄。

“还原”四书从历史发展和社会变化的广阔背景中审视、考察和研究经典著作，从事物发展变化的复杂联系中寻绎和探索内在的规律与关联，跨学科、多层面、多维度地诠释和解决历史上长期留存的疑难问题，不囿成见，度越前贤，体现出大视野、大视角、大胸怀、大气势、雄视古今的文化气魄。

正如著者所概括的那样，以往“由于历史与现实的原因，学界对诸子的研究主要集中在考证、辑佚、订补、校勘等文献领域，以及义理性的专题研究。而透过文献“还原”诸子的生命和文化基因，又从文学、文化角度对诸子文本进行系统“生命还原”式解读的文章，似乎还比较匮乏”（《庄子还原》序）。“还原”四书以世界性的和现代性的学术视野，进行宏观的文化比较、生命分析，从而进入到新的学理深度。

例如，著者认为，清人在“辑佚、校勘、训诂等文献方面的研究，下了很多硬工夫，留下了坚实的基础”，但大抵侧重版本和章句，绝大多数回避或轻视民族和民间问题。作者在借鉴考据、义理合理成分的基础上，“以充分的现代意识，开拓人文地理学、文化人类学、民族学、考古学、民间口头传统等等丰富的研究维度，对诸子的生命和文化基因的过程性和整体性，进行全息的还原研究”。又以“考证的方法综合了人文地理学、民俗人类学、口头传统、家族姓氏制度、文献与训诂、考古与文物、历史编年学等诸多领域，不拘一隅，各用所宜，在交叉为用中指向诸子的生命深处”（《老子还原》序）。

对于《墨子》，著者指出，墨学的草根性质和东夷色彩是解决问题的关键。“史前时期的东夷部落的文明发展程度，并不低于华夏族，只不过华夏族统一中原，掌握了话语权，就把别人看作蛮夷了。墨学的不少文化基因都与东夷相关，只不过墨子活动于鲁、齐、宋、楚诸地，鉴于当时的主流意识形态，不好亮出东夷的旗帜。然而二千余年后，我们再来反省中华民族共同体的形成过程，就不应回避华夷之辨和华夷互动的问题。没有华夏与四夷的互争互斗、互动互补、互渗互融，中华民族是不可能有后来的大气浩然、生气勃勃的发展的”。“墨辩的科学思维方式，竟然随着墨学的中绝，而长期受到压抑并边缘化的对待，这也是关系到中华民族的文化性格和历史命运的超级命题，值得整个民族都来深思”。作者还特别指出，“华夏与四夷在漫长的历史中的对峙、互动和融合，乃是中华民族共同体形成和发展的一个至关紧要的大命题。这个命题在先秦诸子争鸣的时代已经存在了，将它引进思想文化史领域深入讨论，既是文化史观念的深刻变革，也是一个现代大国全面清理自己的思想构成和文化进程所应该重视的问题”。因此，作者站在当今时代变化和国家发展需要的高度，“采用了许多文献及出土材料，运用了包括人文地理学在内的全息研究方法”，进行深入探讨。

著者把《韩非子》全书看作韩非的生命痕迹，在全息式透视和考证基础上，把春秋战国的文献，以及诸子嬗变的源流，进行文献学的校勘、比对，人文地理学的发掘、阐释，对历史资料进行综合的编年学的处理，建立韩非生命运行轨迹真实的社会文化语境。

第三是著作丰富的启迪元素。

“还原”四书在学术研究的课题选择、明确的问题意识、强烈的国家观念、浓厚的时代气息、宽广的文化视野、深厚的学术功力、严谨的治学态度等方面，都给人以深刻的启示。恰如作者所说，“做精深的人文学术，需要有宁静澄澈的心境和高远深邃的眼光，辅以长期积累的厚实知识，以及处理千姿百态的研究对象、历史文化疑难的能力”。杨义先生乃当代学术名家，著述极其丰厚，而且贯通古今，融汇中外。他的《中国古代小说史》三卷、《中国现代文学图志》、《中国古典小说史论》、《中国叙事学》、《重绘中国文学地图》、《中国古典文学图志》、《楚辞诗学》、《李杜诗学》等等著作，均以深厚的功力、新颖的视角和独特的见解，为人称道。“还原”四书的面世，无疑又展示了一个全新的境界。其“搜集史料要全，审查史料要真，了解史料要透，选择史料要精”的“全、真、透、精”四字要诀（《老子还原》编者前识）；著者的勤奋刻苦、敏锐发现、善于思考，“斯文自任”的历史使命感和社会责任心，等等，都富有引导示范意义。这里不再展开。

第四是著作激发的敬畏之心。

“还原”四书重在学术，而且是“有思想的学术”。众所周知，“学术乃天下之公器”，人类的进步看文化，文化的重心是理论，理论的发展靠学术。学术事关文化的传承与理论的创新，事关人才的培养和民族的振兴，事关社会的进步与人类的文明。学术研究需要具有崇高的学术品德与思想境界，需要投入大量精力，付出辛勤劳动，更需要甘愿奉献的牺牲精神，不害怕艰苦，耐得住寂寞，坐得住冷板凳，不为五彩缤纷的物质世界所诱惑。既要有“独上高楼，望尽天涯路”的学术渴望与思想追求，又要有“衣带渐宽终不悔，为伊消得人憔悴”的顽强毅力和探索精神。“众里寻他千百度，蓦然回首，那人却在灯火阑珊处”的惊喜，乃是经过千辛万苦、艰难探索历程之后的收获。因此，我们要敬畏学术研究的神圣，敬畏学人品格的崇高，敬畏学术成果的来之不易。

目前，社会科学研究的总体氛围越来越好，中央重视，国家支持，财政投入越来越多，研究队伍越来越大，研究平台越来越广。但是，传世精品甚少。所谓“马如的卢飞快，弓作霹雳弦惊”，课题、论文、著作，铺天盖地，表面上轰轰烈烈，而实际上是“凄凄惨惨戚戚”，“为稻粱谋”者众，沉潜治学者寡。这些除了体制机制的社会原因之外，与研究队伍自身素质有着直接关系。比如说，学术研究的深度不够，忽视规律探讨；厚度不够，学术分量单薄；高度不够，思想境界偏低；热度不够，精力投入不足；广度不够，学术视野较窄；气度不够，融汇百家者少；力度不够，问题意识不强……如此等等。“还原”四书的出版面世，给后学树立了一个好的榜样。我坚信，在前辈学者的指导引领下，学术研究一定会出现新的面貌，涌现一批批优秀学者。我们期待更加精彩的诸子还原新著面世，期待更多文化经典研究的新著面世！

2011 年 4 月 22 日

《岁月深处》的艺术魅力

一　总体感受

亲切熟悉、生动感人，是国家图书馆馆长詹福瑞诗集《岁月深处》给我的深切感受！我于新诗，一向关注不多，知之甚少。福瑞先生亲笔题签，惠赠诗集，让我受益良多。

福瑞先生为政与治学，皆建树卓越，蜚声海外，其于中国文化特别是魏晋文学、诗人李白以及诗歌理论，都有精深独到的研究。福瑞先生的人格修养、才华学问和勤奋严谨的治学精神，一向让我敬佩折服！展读其诗，被深深吸引和打动，几乎每读一篇，都写下随笔小记！

我认为，《岁月深处》实质上是对特定历史的回忆和对人生历程的思考，是作者道德人品和才华学养的自然流露，体现着敬畏天地、感恩父母、倡扬正气和创新文化的强烈意识。作品有思想、有境界、有学问，处处流溢着真情至性，打动人心、感人肺腑。同时，作品处处呈现着深厚的文化功底和独到的艺术创新，充满着情趣、意趣和奇趣，风姿独具，格调优雅，语言平实，既化育人心，启迪智慧，又给人以美的艺术享受。

二　三大特点

《岁月深处》精彩纷呈，亮点甚多。其中最突出、最打眼、给人印象最深刻的有以下三点。

其一，真挚真诚的思想情感。

《岁月深处》最基本的内容、最集中的主题是抒写亲情、乡情和友情。

这是一种淳朴之情、至爱之情、高尚之情，彰显着作者的人品人格、道德修养和思想境界。此类作品在诗集中达七成以上。

亲情是人世间最普通、最普遍而又最真挚、最珍贵的情感，人人有体验、人人有感受。作者笔下的亲情，充满了更多更浓的温馨、关爱与和谐。

比如，《三十印象》通过描绘春节除夕全家其乐融融的生活情景，体味父母子女间乃至家族中的至爱亲情，最是令人难忘。“雪打扫得干干净净的院子里，爹劈着木材/斧光一闪一闪”，“母亲是这一天最得意的厨子，她炸出的豆腐丸子又松又脆，走过油的猪肉红得像蜜蜂。她站在雾腾腾的灶火间，像是变幻无穷的魔术师，一弯腰/一抬头，桌子上就摆满了盘盘碗碗”，“那是一年里最祥和最温馨的日子”！父母的勤劳慈爱、家庭的和睦欢乐，全都跃然纸上！而字里行间充满着对父母的敬爱与感激！

《母亲》以九个诗节描述母亲的朴实勤劳、邻里和谐以及对子女的精心呵护，特别是对儿子的理解体贴和支持，展示了母亲的朴实与伟大。在“卧床不起”的时候，知道儿子回来看望，“挣扎着穿起衣服，腿僵直，打不起弯”，这是为了不让儿子担心，儿子则看在眼里，记在心中；“屋里没人时母亲突然拉住我的手说，三儿，我年岁大了，不想再活着拖累你们，我死了，你不要回来，路远，工作忙，家有他们呢！这成了母亲的遗言”！读着这样的诗句，又有谁能不落泪！母亲的慈爱无以复加，而对母爱的怀念恸彻肺腑！

《遗产》描述了父母仙逝弥留之际的沉痛情景，“父亲在弥留时叫着我的小名—三儿，那是他留给我的最后遗产，那么地清晰，是永远令人震撼的，父亲的牵挂”，“母亲当然比父亲更知疼我，而且/更加细心，她给我熬了一辈子秫米粥，怕我操心，在我上班时悄悄离去！但她显然后悔没有看上老儿子一眼，怔怔的眼睛/望着前方/望着远方，我赶到身边/轻轻地抚摸一下/她才阖上”。读着这样的诗篇，怎能不流泪，怎能不悲痛欲绝！

《燕子》抒写对母亲的深切怀念。作品突出了母亲的淳朴善良与慈祥，“织了一辈子布”的母亲说“燕子是咱家的人哩”；而“今年的燕子如期归来，屋子里，母亲常坐的炕头却空了”，思念之深之切，不能不让人热泪盈眶！

其他如《青龙河》回忆儿时爹妈带他在河边玩耍的情景，《温情》描绘爱人细腻的柔情细节，《岁月》中对父母的惦记与对侄儿的嘱咐，等等，都是抒写至爱亲情的佳篇。

与抒写亲情相似，抒写故乡情思也是《岁月深处》的光彩亮点。作者不仅将“故乡”单独编为一辑，而且浓墨重彩，纵情挥洒，描述家乡的可爱。一切景语皆情语。作者对家乡景物的生动描绘，无不充满对家乡的热爱之情。“被太阳仁慈地融化了”的春风（《风》），“极鲜艳地敞开着”的新耕作的土地（《土地》），“慢条斯理儿走在田间”的牛（《牛》），还有初春的“打碗花和菊菊花”（《野花》），这些是作者笔下富有浓浓乡情的景物。《蝉》通过“回忆夏天的蝉鸣”，“回忆故乡的老家，回忆家里的静谧和温馨”。《蛩声》回忆儿时家乡生活情景，充满了纯真的童趣和农村生活的情趣深厚。作者对友情的抒发，在第三辑“旅途”中有着更多的体现。因篇幅，不再展开分析。

《岁月深处》抒写的亲情、乡情和友情，都是作者的亲身感受和亲身体验，因此，既真挚真诚，又感人至深！

其二，深刻深厚的文化内涵。

众所周知，任何一部著述，都保存和含纳着大量文化信息，这些信息如同密码，需要读者去破解、发现和挖掘，并在接受信息的过程中激活信息，进行艺术再创造，从而发挥作品的思想影响力和艺术感染力，彰显化育和美育功能。《岁月深处》当然也不例外，其中保存与含纳的文化信息丰富多彩，很艺术、很深刻，耐人寻味，发人深思。这主要表现在以下方面。

一是思想内容与艺术形式的价值取向。如上所述，诗集作品的基本主题是抒写亲情、乡情和友情，其中不但饱含着知恩感恩的思想情结，而且深含着华夏优秀传统文化仁爱和谐的精髓。作者用诗歌来引导向善，不忘根本，启发良知，化育人心，含寓着个人品德情操和社会道德要求，体现着新时代对儒家思想精华的传承与弘扬。在艺术形式上全用当代新诗体，也体现了作者不囿旧式、与时俱进、勇于探索、大胆创新的主张。

二是文化积累的丰厚广博。如关于反映民风民俗：“三十最神圣的事儿是上坟，这件事总是爹带着男人来做”“在祖宗和爷爷奶奶的坟前，摆上一碗肉/一碗豆腐/一碗粉条，热得滚烫滚烫的烧酒，当爹摆起供品时/我们/就点起烧纸/放起鞭炮，爹总忘不了嘱咐我们，给你太爷太奶烧几张啊，给你大爷大奶烧几张啊，不要忘了说/过年了/过年了”（《三十印象》)，情景描述真切动人。又如“端午/爹妈拉我去河里洗百病，冲走一冬的寒气和烟熏火燎”(《青龙河》)。这些内容，具有弥足珍贵的文化意义。

《命运》是篇幅最为恢宏的作品，共有六段20节。作者议论人生的艰难与困惑、奋斗与前行，“运足力气/艰难地跋涉”，“高扬起鞭子，我不得不茫然赶路，行色匆匆”，其中讨论孔子、庄子、佛陀的论断，思考法国著名哲学家笛卡儿“我思故我在”命题，以丰富多彩的文化信息议论人生、感慨人生，深寓哲理，既发人深思深省，又催人积极奋进！关于历史文化、国外风情等方面的文化信息，在在皆是，无须赘述。

即使编辑体例的策划，也不无文化信息。如三辑六十首，在中国古代文化中，三为成数，而六十一为甲子。第一辑以“四季”为题，作品编排以春、夏、秋、冬为序，合自然之理，也容易使人想到《庄子·知北游》“天地有大美而不言，四时有明法而不议，万物有成理而不说”的名言。

大家都说，文化是民族的灵魂。《岁月深处》文化信息不仅让我认识了作者深厚的诗外功夫，而且让我认识到，文化更是诗歌流动的血液和艺术活力的源泉。

其三，多姿多彩的艺术表现。

思想美、情感美、意境美、语言美、节奏美，是《岁月深处》给我的又一深刻感受。陈建功作序以“美是不能辜负的”为题，实乃点穴之笔，慧眼独具。

诗之优美，更多地得力于艺术表现。《岁月深处》亦如是。作者在弘扬传统的基础上进行创新，形成独有的艺术风格。比如作者继承发扬了中国古代“温柔敦厚”的诗教，而艺术构思方面多是以小见大，或以时空转换为结构线索，叙事元素和色彩增强，设色炼字功夫深厚；典故多是为人熟知、流传广泛，不僻不生不涩；以文为诗，诗文融合；等等，意境深沉，耐人寻味，感人至深。

总之，诗集中的作品在诸如诗歌思想性与艺术性的统一、思想道德价值取向、民族优秀文化的传承与创新（比如温柔敦厚之诗教、委婉含蓄之手法、谋篇布局之构思、炼字运意之巧妙等等），中国当代诗歌的创作与未来的发展（多样化、多层化、丰富多彩、多种多样、百花齐放），诗歌的大众化与化大众，文化的社会性、大众性，诗人的历史责任，等等方面，都给人以丰富启示。当然，由于采用的诗歌体裁形式本身的特点，受此种形式自身因素的影响，作品文本易读易懂但不易记，可阅可诵但不易口头流传，可品可赏但不易学，深厚精彩但与格律诗词大不相同。

潘天寿诗歌的民族精神与文化品格*

潘天寿先生是中国20世纪卓有建树、影响深广的文化名家，不仅绘画、书法、篆刻开拓新境，独树一帜，饮誉海外，与吴昌硕、齐白石、陈之佛、傅抱石并称“五大家”①，而且诗歌创作也匠心独运，造诣精深，境界非凡。他以卓越艺术家的眼光观察世界、思考问题，且融通多种艺术体验，创作诗歌，抒发情感，表达见解。尤其难能可贵的是，潘天寿先生自觉弘扬华夏学人“斯文自任”的优良传统，融历史使命感和社会责任心于笔端，创作出既蕴含深厚爱国情感，又反映时代特点的众多诗篇，形成富于民族精神和创新意识的文化品格，为现代文学和当代文化增添了亮丽色彩。本文拟就此谈点认识与体会，就教方家。

一　知人论世与时代特征

中国诗歌讲究“意境”。明代朱承爵《存余堂诗话》云：“作诗之妙，全在意境融彻。”指出了诗歌创作的肯綮和秘诀。“意境融彻”就是“意”与“境”即情感内容和创作环境的高度融合。研究诗歌，也必须由此入手，因此，“知人论世”成为必然要求。

《孟子·万章下》云：“颂其诗，读其书，不知其人，可乎？是以论其

---

* 本文发表于《社会科学战线》2010年第7期总第181期，收入《潘天寿与传统诗词》，浙江人民美术出版社2011年版，第14—25页。

① 卢炘：《潘天寿年表》“1984，甲子，作品20件参加文化部主办的‘二十世纪五大画家（吴昌硕、齐白石、潘天寿、陈之佛、傅抱石）’巡回展，先后在巴黎、伦敦、纽约、新奥尔良、蒙特利尔等地展出”，《潘天寿》，中国青年出版社1997年版，第402页。

世也，是尚友也。”① 这段关于学习方法的议论，被后世学人概括为著名的“知人论世”说，成为千百年来文学研究的重要原则和文学批评的不二法门。毫无疑问，“知人论世”，才能深入了解历史背景，准确理解作品内容，才能科学把握艺术特点，深刻认识创新之处，真正成为作者的“尚友”和知音。学习和研究潘天寿先生的诗歌，也必须“知人论世”，唯其如此，才能深刻认识潘天寿诗歌的思想境界和艺术造诣，深刻认识其在中国现代文学发展和民族文化发展中的贡献。

潘天寿（1897—1971）先生生活的时代，正是人类文明发展经受严峻挑战和严重考验的时代。在世界范围内，封建主义日薄西山，资本主义疯狂扩张，社会主义方兴未艾。经过五千年文明发展的中华民族，则处于大转折、大动荡、大变革的年代。一方面，中华民族饱受帝国主义侵略、内忧外患交织、民族灾难深重；另一方面，各族人民奋起抗击外侮、争取民族独立和解放、反对封建压迫，最终推翻了帝国主义、封建主义、官僚资本主义三座大山，迎来了中华人民共和国的诞生并开始迈向社会主义革命和建设的新阶段。

作为一位艺术家和诗人，潘天寿先生师杜甫“感事哀时”（《登燕子矶感怀》）②、学陆游“身似放翁”（《游北山傍晚返金华》），自比“寂寥孟东野，徒尔作诗囚”（《徒尔》），宣称“多难万方许赋诗”（《辛巳初春奉部令返逝皖采集画材留别超士良公诸同仁》），他善于思考，勤于创作，勇于创新，用诗歌抒发了关注时代、关切时局、关心民生的激情，表达了热爱祖国、热爱人民、热爱生活的赤子之心，体现出很强的民族性。

二 关切时事与忧国忧民

关切时事与忧国忧民是民族精神的重要体现，也是中华民族优秀学人的光荣传统。宋代爱国主义诗人陆游“位卑未敢忘忧国”（《病起书怀》）的吟

---

① 杨伯峻注释本：《孟子》，中华书局 1980 年版。

② 本文潘天寿诗歌作品均引自卢炘、俞浣萍校注《潘天寿诗存校注》，中国美术学院出版社 1997 年版。

唱为历代文人所共勉，清初著名思想家顾炎武“天下兴亡，匹夫有责”① 的名言更是激励着众多仁人志士献身于国家和民族的发展。这种高度的历史使命感和社会责任心在潘天寿诗歌中也有充分体现。其写于抗日战争时期的《顾有》诗云：

顾有头颅在，敢忘国步危！
八公皆草木，何处不旌旗！②
人事原知愧，天心自可期。
瞢腾倚长剑，起视夜何其。

作者起笔即开宗明义地宣称，只要自己还活着，就不敢忘记国家的艰辛和民族的危难。三四两句运化我国历史上以弱胜强著名战例“淝水之战”中“八公山上，草木皆兵”的典故，描述中华大地处处都有抗日队伍的形势，从而传达出抗战必胜的信心。五六句则进一步从“人事”和“天意”方面说明正义必然战胜邪恶。结尾二句借用《诗经·庭燎》“夜如何其？夜未央”之意，以梦“倚长剑”和夜不能寐表达诗人报国志向。全诗反映了作者愿为国家献身的思想境界。诗人在《病余》诗中自言“未谢围棋劫，敢忘蓄艾谋”，表达国家在危难之时，局势变化不定，自己不能懈怠，要有“蓄艾”（蓄藏多年的艾草）之谋，积蓄力量，随时为国效力。

潘天寿诗歌关切时事与忧国忧民的民族精神，集中反映在声讨日本侵略、鼓励人们抗战的作品中。1931 年 9 月 18 日，日本制造“柳条湖事件”，发动了侵略中国东北的战争。全国人民以各种形式奋起反抗，掀起了空前规模的抗日救亡运动。潘天寿先生用诗歌表达了自己的爱国感情。1933 年秋天，他在参加南京中央大学举行的画展时，游览燕子矶，触景生情，写了组

① （清）顾炎武：《日知录·正始》：“保天下者，匹夫之贱，与有责焉耳矣。”

② （唐）房玄龄等：《晋书·苻坚载记》：“坚与苻融登城而望王师，见部阵齐整，将士精锐；又北望八公山上草木皆类人形，顾谓融曰：‘此亦劲敌也，何谓少乎？’怃然有惧色。”八公山：山名，也叫北山，在安徽寿县（寿州）北，位于淝水以北、淮水以南。相传汉·淮南王刘安曾同八公（门客苏非、李尚、左吴、田由、雷被、毛被、伍被、晋昌八人）登此山，故得名。

诗《登燕子矶感怀》四首：

其一

掠波燕子势无伦，翠壁丹崖绝点尘。
四塞烽烟谁极目，江风吹上独吟身。

其二

感事哀时意未安，临风无奈久盘桓。
一声鸿雁中天落，秋与江涛天外看。

其三

虎踞龙蟠扼上游，剧怜自古帝王州。
欲因今夜矶边月，铁板铜琶吊石头。

其四

泥马君王事劫灰，平沙无际水潆洄。
莫教此堑分南北，尽遣金人铁骑来。

组诗《其一》起笔紧扣“燕子矶”描述其独特优美的风景，表达对祖国壮丽河山的无限热爱；然后笔锋急转，以“四塞烽烟”描述诗人“极目”眺望的联想和民族遭受侵略的危机局面；结句以“江风吹身”的感受，委婉含蓄地表达对国家时局与民族命运的担忧。《其二》前两句直抒“感事哀时”的忧国忧民情怀，表达诗人忧心如焚的“无奈”；后两句用“鸿雁”与“江涛”的意象表达心中的激愤与不平。《其三》侧重历史，用以小见大的手法，先议论南京“虎踞龙蟠”的地理形势与“自古帝王州”的重要地位，极写华夏民族历史的悠久，然后暗用苏东坡“赤壁怀古”的故事，由“矶边月”引起“吊石头”。苏轼当年游览长江岸边的“赤壁矶”时，曾冲破词坛红香翠软、“男子作闺音”的樊篱，创作了千古传颂的名篇《念奴娇·赤壁怀古》。这首词“一洗绮罗香泽之态，摆脱绸缪宛转之度，使人登高望远，举首高歌，而逸怀浩气，超然乎尘垢之外”①，成为豪放词的代表，被

① （宋）胡寅：《酒边词序》。

认为“须关西大汉，铜琵琶、铁棹板，唱‘大江东去’”[①]。苏轼《赤壁怀古》通过对古代英雄的敬慕和艳羡，表达作者报国的愿望与理想。潘先生在这里檃括和运化苏轼《赤壁怀古》的意境，不仅时地景色相近，而且心情愿望相仿，增强了诗作思想内容的蕴含量，发人深思，耐人寻味[②]。《其四》融化“泥马渡康王”的民间传说，以金兵南侵、赵构逃亡渡江后建立南宋王朝而偏安江左，致使国家破碎的沉痛教训，表达以史为鉴、抗击侵略的主张和对国事的担忧。这四首诗，既各自独立成章，又互为联系成为一体。诗人因事见景，触景生情，情景相生，在艺术上由近及远，由实到虚，构思巧妙，意境开阔，感情深沉，从不同角度、不同层面充分表达了诗人忧国爱国的情怀，蕴含着浓厚的民族精神。

据潘公凯先生讲，1945 年春天，潘天寿先生在重庆创作了一幅中堂《浅绛山水》画，画面江水浩荡，山岩突兀，近处林木参差，远处屋宇连绵，山岩上三个小人，在俯瞰这非凡的形势。画者在画的左下角用瘦劲的隶体题写了《登燕子矶感怀》（其二），表达感事哀时、忧国忧民的情怀。当时虽然抗日战争接近胜利，而国民党中的反动派却在阴谋消灭共产党，准备打内战，他对祖国的前途殊感忧虑。这幅画直到“文革”前，都一直挂在诗人的画室里[③]，可知为诗人得意之作。

1937 年，日本侵略者为了发动全面侵华战争，驻华日军故意制造事端，于 7 月 7 日夜间以军事演习为名向中国驻军挑衅，悍然发动了举世震惊的“卢沟桥事变”，向卢沟桥中国守军发起进攻。中国守军奋起还击，展开激战，掀开了中华民族全面抗日的序幕。潘天寿先生创作的七言绝句《卢沟桥》即以此为题材：

狼火从兹午夜生，血流漂杵复漂城。
可怜一片卢沟水，犹带当时呜咽声。

① （宋）俞文豹：《吹剑续录》。

② 潘天寿先生另有《题江洲夜泊图》“浪淘沙尽几英雄，倒海潮声岁岁同。铁板铜琶明月夜，何人更唱大江东”可以参读。

③ 潘公凯：《高风峻骨见精神——谈谈我父亲潘天寿艺术风格的一个基本特征》，参见吕章申编《潘天寿艺术》，安徽美术出版社 2011 年版。

诗的首句概括描述卢沟桥事变的发生，作者以“狼火”代指日本帝国主义发动的侵略战争，揭示侵略者的豺狼本性，表现对侵略者的极端痛恨；次句借用《尚书·武成》“血流漂杵”的典故描写激战后的悲剧景象，反映日本帝国主义给中华民族造成的巨大灾难；三、四两句以移情于物的方法，通过“卢沟水”的“呜咽”，表达诗人对抗战将士的凭吊之情。全诗充满了对侵略的愤恨，表达了对爱国将士的敬仰。

另如，写于1939年的《月石亭晚眺》“登临无限感，四海劫尘冥”，描述了诗人在亭子上对兵火战乱和人民蒙受苦难的感慨；次年写于呈贡安江的《看明月桥晚步》（其二）“蓦然有所忆，何日靖烟尘”表达了对抗日战争胜利的期盼之情。1940年，抗日战争进入艰难期，诗人在云南写下了《雨中渡滇海》组诗，《其六》云：

烽火连年涕泪多，十分残缺汉山河。
有谁便上昆阳道，细雨斜风吊郑和。

郑和是中国明代最著名的航海家和外交家，先后奉朝廷之命率领船队七下西洋，为推行和平外交、维护国家安全、发展海外贸易、传播中华文明做出了重大贡献，而郑和生活的时代也是明朝国力强盛、中华民族扬眉吐气的时代。这与诗人目前面对的国家遭受侵略、山河破碎、“烽火连年”、人民陷入水深火热之中的残酷现实，形成强烈对比。诗人“吊郑和”既表达了对郑和的敬仰，也反映了民族强盛的期盼。

诗人写于1943年抗日战争时期的《梦渡黄河》，对民族命运的关心和国家危难的担忧更具代表性：

时艰有忆田横士，诗绝弥怀敕勒歌。
为访幽燕屠狗辈，夜深风雪渡黄河。

“时艰”正是当时抗日战争处于艰难时期和中国人民水深火热情景的概括写照，侵略与反侵略的残酷战争，自然会使人向往“敕勒歌”中“风吹草低见牛羊”的和平生活情景。所以，诗人化用《史记·田儋列传》、《史记·刺客列传》中的故事，希望在民族危难之际，能有战国时期“田横”、“幽燕屠狗辈”那样的忠勇之士，来消灭侵略者，拯救国家和人民。读潘先生之诗，令人想到宋代爱国诗人陆游《十一月四日风雨大作》“僵卧孤村不自哀，尚思为国戍轮台。夜阑卧听风吹雨，铁马冰河入梦来”、《胡无人》“追奔露宿青海月，夺城夜踏黄河冰。铁衣度碛雨飒飒，战鼓上陇雷凭凭。三更穷虏送降款，天明积甲如丘陵。中华初识汗血马，东夷再贡霜毛鹰”的诗句。陆游是借梦幻之境直接抒发收复中原报效国家的豪壮情怀，而潘天寿则是以委婉的笔法表达对民族命运的担忧和抗日胜利的期盼。这与陆游诗歌表现的同样是一种浓厚的爱国情怀。

再如，《徒尔》“至道牛驮去，荒兵马未休。劫深沧海立，天老塞鸿秋。已尽三年艾，难医百世愁。寂寥孟东野，徒尔作诗囚”，前四句运化《史记·老子韩非列传》典故，感叹日本侵略造成兵荒马乱、战争不止，后四句化用《孟子·离娄上》“三年之艾”、元好问《论诗三十首》“东野穷愁死不休，高天厚地一诗囚”语意，表达对时事的感慨和对国家命运的担忧；《登天台莲花峰拜经台作》其五“碍眸烽火炽胡笳，无奈盘桓日已斜。为问人天千万劫，忍将无语证莲花”，作者在对造成烽火连天景象原因的质问中，包含着对国家命运与社会现实的深沉思考，抒发了忧国忧民的情怀；《小极》“何时洗兵甲，扶杖圣湖边”化用杜甫《洗兵马》“安得壮士挽天河，净洗甲兵长不用”诗意，抒写盼望结束战争，回到家乡“圣湖”生活的心情。1963年，潘天寿先生任中国书法家代表团副团长访问日本，飞机从香港飞往东京，经过台湾上空正是夜晚时分，诗人写下了《飞过台湾作》“依稀月色漾银澜，万里高飞星斗间。梦下有谁思汉土，微茫灯火过台湾”，表达他期盼祖国统一和对台湾人民的深切惦念。上述作品都是诗人抒发关切时事与忧国忧民情怀的典型。

三　抨击侵略与反映民生

抨击日本帝国主义发动侵略战争、反映战乱给人们造成的灾难和痛苦，是潘天寿诗歌民族精神的又一重要体现。抗日战争时期，潘先生随国立杭州艺专避寇川滇，辗转流离，亲身体验和耳闻目睹了战争给人们带来的灾难，他把这些见闻感受都形之于诗歌，创作了一批痛恨侵略、关切民生的诗篇。

1937年，卢沟桥事变之后，诗人与家人随艺专学校经诸暨、鹰潭西上避乱，途中家眷晕车生病，滞留建德，写了《丁丑冬避寇建德姜坞，梦醒闻雨感别》：

亲情莫复问芭蕉，别后空山信寂寥。
梦醒一灯青欲炧，不眠如昨雨潇潇。

全诗在艺术构思上，化用宋代李清照《添字丑奴儿》“窗前谁种芭蕉树？阴满中庭。阴满中庭，叶叶心心舒卷有余情。伤心枕上三更雨，点滴霖霪。点滴霖霪，愁损北人不惯起来听”、清人纳兰性德《采桑子》“谁翻乐府凄凉曲，风也萧萧，雨也萧萧，瘦尽灯花又一宵；不知何事萦怀抱”词意，描述“梦醒”后“雨打芭蕉”产生的联想及心中的复杂情感，反映战乱给人们生活造成的巨大痛苦。大约同一时期的《答个簃海上》是为答友人王个簃《怀人诗》[①] 而作：

海上洵何似，新章慰我思。
淡交乱世见，独往苦心知。
旧学花春浦，微澜绮砚池。
何时烽火熄，抵掌共谈诗。

首联问候友人并感谢来诗，颔联运化《庄子·山木》“君子之交淡若水”和《礼记·儒行》“特立独行”语意写深厚友谊，颈联回忆昔日一起切磋学问和从事创作的情景，尾联化用《战国策》苏秦说赵王“抵掌而谈”的故事写盼望和平安定、能与友人谈诗论艺的心情。全诗不仅反映了战乱造成的朋友分离和学术研究的中断，而且反映了战争对艺术创作环境的破坏。

① 王个簃：《怀人诗》：“不求人共悦，此意见君奇。好景离常态，真源无尽期。避兵卸双屐，讲学下垂帷。江海容吾辈，花开借短篱。”

1939年，诗人任教昆明，由信中获悉幼子赦儿随母亲逃难，在浙江缙云被日本飞机狂轰滥炸惊吓而死的噩耗，悲痛至极、悲愤至极，写下了《哭幼子赦儿》：

此儿非霸子，明丽玉为神。
何事乱离里，竟违慈母身！
问天天亦老，疑梦梦难真。
万里投荒外，泪涔舐犊人。

诗人先写爱子赦儿生性温润如玉、无丝毫强悍之气，透露出对儿子的无限喜爱；再以反诘句式写爱子在"乱离"中丧生离母的痛苦心情；五六句化用李贺《金铜仙人辞汉歌》"天若有情天亦老"语辞和俗语"梦难成真"的含意抒写对爱子逝去、亦幻亦梦、痛不欲生的悲哀之情；尾句化用唐·柳宗元《别舍弟宗一》"一身去国六千里，万死投荒十二年"诗语意、南朝范晔《后汉书·杨彪传》"犹怀老牛舐犊之爱"典故，极写远在云南、痛失爱子的沉痛。全诗将家仇国恨糅为一体，既抒发了对幼子撕心裂肺的痛怜之情，也表达了对日本侵略者的无比愤恨。此与宋代杨亿《殇子述》有异曲同工之妙。大约写于同一时期的《日久未得家书作此寄之》抒写了因为日本的侵略而家人分离、音信不通的烦闷痛苦心情："眼中风物渺愁予，秃柳阑珊红蓼疏。海色秋驮千里雁，乡情云滞万金书。且期不日归铜马，得遂初心荷月锄。莫说于陵陈仲子，百般辛苦累踌躇。"诗中表达了家人团聚、正常生活的愿望。

1941年，诗人由四川返回浙江，路经贵州，写了《都匀夜醒见月》二首。《其一》：

千山复万山，拔天何崭绝。
兼旬梯云飞，车轮转欲折。
昨晚抵都匀，荆火红蛮窟。
投宿土人家，矮楼拟曲突。
惫极不自知，倒枕如永诀。

梦回张双眸，瓮牖明恍惚。
急急披衣起，有恐失早发。
挨壁昂头看，斜挂一钩月。
水影沈邻墙，吠犬惊栖鹘。
烟树黯微茫，横山亘一发。
既醒难再睡，觉我身飘忽。
鸡鸣又前程，今夜何处歇。

开篇四句描述道路之险绝难行；次六句叙述夜宿都匀和身体的疲惫至极；其下描述不能安睡的情景和醒后看到的景象；收尾四句写等待起程的煎熬和夜晚投宿的担忧，表现了诗人身心受到的摧残。全诗深刻地反映了战乱给人们造成的流离颠簸的痛苦。《其二》以拟人化的手法，将月视作“别样明眸剪秋水”、“踪迹飘忽翩若惊鸿”的“红线隐娘奇女子”，表达了结束流离颠簸、回到家乡生活的愿望：“何日同归西子湖，波光如镜侪鸥凫，六桥三竺闲提壶。把杯泥饮五人俱，古无怀天长欢娱。”全诗寓沉痛于轻松，幽默中见深沉，情趣盎然。

1943 年，诗人在武夷山创作了《流香涧》，抒写了对当时战乱的愤恨不平和盼望和平安居的理想：“团蕉何处可安居，剩水残山万劫余。拟拓涧边数弓地，饱胡麻饭读奇书。”“团蕉”即“团瓢”，谓一瓢之地，极言其小。这首诗化用《北齐书·神武纪》“徙居并州”“止团焦中”故事、唐杜甫《游何将军山林》“剩水沧江破，残山碣石开”诗句，表达了对国家山河破碎的愤慨和对和平安定生活的愿望。

这些写于抗战时期的作品，体现着诗人鲜明的爱憎和浓厚的民族感情，也反映了诗人对生活的热爱和对和平的期盼，表达了中华民族在这一特定时期的普遍感受。

四 讴歌抗战与必胜信念

讴歌抗战、表达必胜信念和报国志向是潘天寿诗歌民族精神的又一重要表现。

1938年，诗人随国立艺专学校迁至沅陵，住在甲第巷23号。这年中秋，诗人创作了《戊寅中秋避乱辰州，清晨细雨恐夜间无月，作此解之》：

每忆秋中节，清光无等伦。
料知今夜月，怕照乱离人。
血泪飞鼙鼓，江山咽鬼神。
捷闻终有日，莫负储甘醇。

中秋节是中华民族的传统节日，也是花好月圆的吉祥节日，更是阖家团圆、共同赏月、享受亲情的美好节日。但是由于日本帝国主义的侵略，许许多多的人们成为流离失所的难民，成千上万个家庭离乡背井而不能团圆。值此中秋，“清晨细雨恐夜间无月”而不能与家人“千里共婵娟”，欣赏“清光无等伦”的中秋之月，无疑在遗憾中充满了沉痛；“料知今夜月，怕照乱离人”，诗人运用拟人化的手法，猜测月亮的心态，反衬了“离人”的悲伤，不是月“怕”照“离人”，而是“离人”“怕”月照，因为“清光”会引起诗人更为强烈的心理刺激，让人感伤！诗人还化用白居易《长恨歌》“渔阳鼙鼓动地来”、杜甫《寄李十二白二十韵》“诗成泣鬼神”诗意，以“血泪飞鼙鼓，江山咽鬼神”表现烽火连天、惊心动魄的残酷现实，揭示了月“怕”照人的原因。而诗的结尾则以“捷闻终有日”高调收束，传达出抗战必胜的信念，具有鼓舞人心的效果。

1939年，潘天寿在昆明国立艺专执教时写了《己卯端午聚饮昆明万胜楼醉后书此》：

苦雨无佳节，相酬意倍亲。
天酣宜死醉，海渴任扬尘。
眉鬓师陈老，江山血战春。
卿云应有旦，迟我古虞民。

前四句叙写端午下雨而环境凄凉、友人相聚则倍增亲热的感觉，以及借酒浇愁、痛饮不止的情形；五六句缅怀明末清初爱国诗人陈佐才义士，既是描写“江山血战春”的社会现实，又是表示抗战的决心。尾二句化用《尚书大传》所载虞舜让位大禹时作的《卿云歌》“卿云烂兮，纠缦缦兮。日月光华，旦复旦兮”歌词语意，表达抗日战争一定会取得胜利的信念。《卿云歌》昭示着一个民族所特具的巨大生命力与创新精神，中华民国初期被尊为国歌而广为传唱，成为中华民族鼓舞人心和斗志的光明颂歌，“迟我古虞民”是说光明迟早会照耀到我们这些古代虞舜臣民的后裔身上，含蓄地表达了抗日战争一定会取得胜利。这样，就把前面心情的沉重转变为高昂，给人希望和力量。

1941年初春，潘先生奉当时教育部的命令到浙江、安徽采集画材，临行前写了《辛巳初春……留别超士良公诸同仁》，以“看梅且订明湖约，奏凯歌旋预有期”共勉共励；同时又有《简茀之璧山》以“东南尽有佳山水，布袜青鞋待子旋”，鼓励友人吴茀之坚定信心，胜利必定实现，他会在自己的家乡等待友人的归来；《简刘振缨云阁昆明》结尾“便下襄阳期不远，邕宁已报建旌旗”，把广西出兵抗日的消息告诉自己的朋友，鼓舞友人；1944年创作的《甲申元旦》“椒花应制颂，已近太平时”则判断抗战很快就会胜利以鼓舞友人……这些都是很典型的例子。其《惊心》一诗的主旨也是向友人传送抗战即将胜利的消息：

杜子支离鬓久丝，怎能了不为秋悲。
苍天真死黄天立，泥马尽隳堕铜马驰。
但有河流清可俟，未容海竭止无期。
惊心涕泪衣裳满，闻会东南百万师。

首联以杜甫曾经有过的身世境遇并化用其“支离东北风尘际，漂泊西南天地间”(《咏怀古迹》)、“万里悲秋常作客，百年多病独登台”(《登高》)诗句，来喻写自己因为日本的侵略而长时间地离乡背井，头发鬓角都已经花白，秋天已到，自然更会增添悲伤的情感。颔联笔锋急转，化用东汉末年张角率众起义“苍天已死，黄天当立”(《后汉书·皇甫嵩朱俊列传》)的口号、宋代赵构“泥马渡康王”建立南宋王朝的民间传说和西汉刘秀利用农民“铜马军”兴复汉室的故事，来隐喻中华民族如火如荼奋起抗日的鼓舞人心的大好形势。由此，诗人进而断定，“河清”可待，“海渴”难容，中华民族反侵略的抗日战争必定会取得胜利，颈联两句化用汉·枚乘《忘忧馆柳赋》“河清海竭”的语意，融会古人“黄河清，圣人出”的说法，并以“海竭”（“渴”即“竭”）比喻日本侵略给中华民族造成的灾难景象，表达日本侵略者横行霸道不会长久、中国人民抗日必定胜利的信念。尾联两句化用杜甫《闻官军收河南河北》“剑外忽传收蓟北，初闻涕泪满衣裳”和《春望》“感时花溅泪，恨别鸟惊心”诗句，表达听到胜利消息时的兴奋和喜悦情形，“闻会东南百万师”揭示了创作这首诗歌的真正原因，使全诗虽然多用典故而主旨鲜明，充满鼓舞人心的力量。

诗人写于抗战初期的《读史偶书》“半壁河山任小看，非关天堑限层澜。恐扪虮虱闲王猛，故展棋枰付谢安。三楚少虫飞浩劫，八公风鹤奏奇寒。炎黄帝胄原神种，牧马如何问马鞍”。以“淝水之战”的案例，激励民族抗日的士气。全诗气势磅礴，激情四溢，尤其是结尾“炎黄帝胄原神种，牧马如何问马鞍”两句充满了民族自豪感和民族自信心，格调高昂。

五　崇尚气节与称扬操守

崇尚民族气节、称誉操守品格是弘扬民族精神的重要方式和基本手段。潘天寿诗歌高度赞扬具有伟大民族气节和崇高操守品格的先圣前贤，是民族精神的重要体现。这方面最为典型的就是《论画绝句》第十一对宋末著名爱国诗人兼画家郑思肖的称誉：

不多笔墨已离披，纫佩何心唱楚辞。
同于夷齐无寸土，露根风叶雨丝丝。

据《潘天寿诗存校注》，这首诗题于1938年所作的《楚兰》图轴。众所周知，郑思肖不仅吟出了“宁可枝头抱香死，何曾吹落北风中”（《寒菊》）的咏菊名句，而且尤以画“露根兰花”闻名于世。元军南侵，他积极建言抗击侵略；南宋灭亡，他改名“思肖”（原名不详）以示思念赵宋（“肖”即繁体“趙”字之部首，寓赵宋灭亡已“走”意）；又取字忆翁、号所南、居处名“本穴世界”（移“本”字之“十”置“穴”字之中，即成“大宋”二字），均志不忘赵宋故国，表现了坚贞不屈的民族气节。此诗起笔“不多笔墨已离披”，概括描述画面兰花在“白露既下降百草”（《楚辞·九辩》）的情况下，虽然“离披”散乱而高雅气质犹存的神态，“不多笔墨”则是赞叹画技精湛。次句“纫佩何心唱楚辞”化用屈原《离骚》“纫秋兰以为佩”句意，表达对兰花的珍爱和痛惜，“何心”是不忍心、不能够的意思。三、四两句“同于夷齐无寸土，露根风叶雨丝丝”，是通过揭示伯夷叔齐、“露根”兰花皆“无寸土”的共同特点，表达对坚持气节操守的敬佩。据《吕氏春秋·诚廉》记载，伯夷、叔齐是商朝末期孤竹君的两个儿子，因不愿继位，先后逃到周国。但周武王伐纣时，二人叩马谏阻，意欲保护自己的国家。武王灭商后，他们耻食周粟，采薇而餐，饿死于首阳山，成为封建社会抱节守志的典范，因为他们原来的国土均已属周，故言“夷齐无寸土”。兰花“露根”则“根”不是埋在土中，人问其故，郑思肖说“土为番人夺去”，“露根兰花”不仅寄寓着沉痛的亡国之恨，而且表现着作者崇高的民族气节。“风叶雨丝丝”既有画面给人的真切感，称赞画技神妙，又有情感凄惨缠绵之感，富有打动人心的艺术效果。诗中运用的典故和涉及的人物，都紧紧围绕高尚的爱国情怀与民族气节，除郑思肖外，诸如伟大的爱国诗人屈原、抱节守志的伯夷与叔齐等等，使全诗选取的具体意象与抒发的爱国情感达到了高度统一，从而深刻地表达了作者对爱国抱节先贤的无限敬仰之情，深刻地传达了诗人思想道德的价值取向。诗人另有《题吴茀之墨兰》“最爱湘江水蔚蓝，幽香无奈月初三。楚骚遗意谁能解，应忆当年郑所南。”对郑思肖能够真正理解和弘扬屈原《离骚》爱国精神表示钦佩与敬仰。

1938 年春天，诗人随艺专学校内迁经长沙渡湘江时，写了《渡湘水》组诗。《其一》云：

> 岸天烟水绿粼粼，一浆荡然离乱身。
> 芳草满江歌采采，忧时为吊屈灵均。

首句极写乘船前看到的湘江水面浩淼辽阔、水波荡漾的景象，然而，这样壮观美丽的景象由于日本的侵略却无心、无法尽情欣赏，“一浆荡然离乱身”，内含着飘零孤寂之感和对日本侵略者的愤恨。后两句“芳草满江歌采采，忧时为吊屈灵均”，运化《离骚》“昔日之芳草”和《尚书·皋陶谟》“言其人有德，乃言曰载采采”语义，揭示以凭吊屈原来表达忧时爱国情怀的旨意。“歌采采”就是赞颂美德。屈灵均即屈原（约公元前340—约前278），是中国古代伟大的爱国主义诗人，也是我国最早的著名诗人、思想家和政治家。在《己卯端午聚饮昆明万胜楼醉后书此》一诗中，作者以“眉鬓师陈老，江山血战春”的高昂格调，对明末清初的爱国诗人陈佐才表示了由衷的敬佩和赞扬。陈佐才在国家民族危亡之际，曾驰骋疆场血战，暮年仍然坚守气节，曾自选石凿棺，题诗其上“明末孤臣，死不改节。埋在石中，日炼精魂。雨泣风号，常为吊客。”“师陈老”表示诗人学习发扬陈佐才民族气节和民族精神的决心。

《登莫干》“直上最高顶，群峰眼底归。岩花明谷雨，苔色上征衣。避世吾何敢，寻山愿不违。欲求铸剑处，唯有白云飞。”既是持剑报国思想的表露，也是对“干将、莫邪”坚韧不拔、精益求精、高超技艺精神的赞美和敬仰。在中国古代传统文化中，“干将、莫邪”既是民族精神的象征，也是民族文化的体现，《登莫干》是凭吊，也是怀念。其后又有《重游莫干》“为爱莫干好，重来云上岑。时闻流水声，不觉入山深。剑气回风冷，吴王霸业沈。感时与怀古，微雨意萧森。”作者“感时与怀古”的旨意，正在于对先贤操守的敬仰。

1956年清明节，诗人到浙江，游龙山，寻访越王台，归来作《龙山怀古图》，并题写《登龙山》：“卧薪霸业久尘埃，谁向龙山拄杖来。唯有无边春草色，依然绿上越王台。”据《史记·越王勾践世家》载，公元前496年，吴王阖闾派兵攻打越国被击败，阖闾身亡，夫差为王。此后，越王勾践出兵，被夫差包围，勾践假降，饱受三年侮辱，放回越国。勾践“乃苦身焦思”，卧薪尝胆，励精图治，发愤图强，最后终于吞并了吴国，成就了霸业。作者对于勾践爱国精神和恒心毅力表示无限钦佩，所以拄杖龙山，凭吊纪念。“无边春草色”“绿上越王台”，正是对这种爱国精神生机无限的歌颂与赞扬。

六 弘扬传统与开拓创新

传统文化是民族精神的重要载体，开拓创新是文化发展的血脉灵魂，弘扬传统与开拓创新共同形成展现民族精神生机活力的衍化过程。创新必须以继承为前提，发扬优秀的民族文化传统，开拓创新才会有坚实厚重的基础。潘天寿先生终其一生在文化艺术领域里一方面努力学习、继承和弘扬民族文化的优秀传统，一方面积极实践开拓创新的主张，取得了举世公认的杰出成就。他的诗歌创作，更是弘扬传统与开拓创新相辅相成的艺术结晶，成为反映和体现民族精神的重要方面。

潘天寿先生主张诗贵“自得”，强调继承传统与开拓创新并重。他明确提出了“既贵有所承，亦贵能跋扈”（《论诗》）的创作主张，要求在继承前人的基础上实现超越和突破。其《论诗》云：

无邪三百篇，允称诗之祖。
有志学诗者，于此力可努。
汉魏递晋唐，辗转万门户。
既贵有所承，亦贵能跋扈。
痒若手搔癣，丽若春葩吐。
得之自相同，何关今与古。
——其一

这首诗既是作者学诗写诗的经验体会，又是对后来学子诗歌创作的方法指导。检潘天寿传世诗歌，在艺术表现方面有三大突出特点：一是体裁形式均为律绝或古体，没有一首“五四”新文化运动以来流行的“新体”自由诗；二是喜欢用典，反映出潘天寿先生中国古代传统文化学养厚、修养深、知识渊博的特点；三是艺术风格和表现手法总体上是继承古代温柔敦厚、委婉含蓄的传统，而更多的学习了唐宋诸名家大家的路数，既有宏肆奔放、气势磅礴的一面，也有生新瘦硬、精于锤炼的一面。就艺术表现而言，可以说是继承多于创新。与此同时，他又“不效丰隆挥，独树有门户”（《庚辰暮春……记以诗》)，在内容上以反映和表现时代为主，抒写具有典型意义的个人见闻感受与思考体验，其中忧国忧民、感慨时事及谈诗论画者尤有特色，更多地体现出创新性。值得特别指出的是，潘天寿先生用诗歌探讨、描述和揭示艺术创作的规律，令人耳目一新。作为画家兼诗人，他对诗画关系的探索和表现尤为独到。

1949 年潘天寿先生在“国画与诗”的讲演中，说到苏轼名言“味摩诘之诗，诗中有画，观摩诘之画，画中有诗”① 时，他说，“摩诘为盛唐大诗人，对诗画两者，均有极高深之造诣，故能即诗即画，即画即诗，融合而贯通之。原来吾国之诗学自三代至唐，达于高潮。而诗之最高原则，则为意境、节奏、趣味、格律，以及意境中之渊深、浑穆、雅逸、超妙诸项，须以高超之天才，清醒之头脑，灵锐之感觉，幽静之环境，精纯之感情，静观之态度，运用其诗的技巧而出之。故诗的美感，可以说是一种极高尚、极精深、极幽静的美感。融于绘画之中，绝非‘六法’中之‘应物象形，随类赋彩，经营位置，传移模写’诸法，所能解释。”这是潘先生对诗的理解和诠释，也是其对诗歌创作的艺术追求。其《听天阁画谈随笔》指出：“荒村古渡，断涧寒流，怪岩丑树，一峦半岭，高低上下，欹斜正侧，无处不是诗材，亦无处不是画材。穷乡绝壑，篱落水边，幽花杂卉，乱石丛篁，随风摇曳，无处不是诗意，亦无处不是画意。有待慧眼慧心人随意拾取之耳。‘空山无人，水流花开’，惟诗人而兼画家者，能得个中至致。”这段话深刻阐述了诗画创作题材的普遍性和一致性，同时指出了创作者个体不尽相同的特殊性，由此形成了艺术作品风格的多样性。

潘天寿先生论画诗多达四十余首，其中《论画》绝句二十首，每首评论一位名家，评判其在中国画史上的创新之处和独特贡献，品评公允精当，既有历史的高度，又有个人的见解，实际上是以诗歌的形式写成的中国古代简明画史，而评论的画家都是经过精心选择，有着内在的紧密联系。如《其一》评论顾恺之：

神妙无方迥绝尘，游丝风格至今新。

---

① 苏轼：《东坡题跋》卷五《书摩诘〈蓝田烟雨图〉》。

妍媸莫论先张陆，千古传神第一人。

顾恺之（约346—约407），字长康，小字虎头，是魏晋时期擅长人物肖像的著名画家，也是中国古代画史上善于创新、影响深远的艺术大家。起句是笼罩全诗的眉目，从总体上赞叹顾恺之作品所达到的艺术境界。“神妙”既是作品呈现出的艺术风貌，也是诗人品评作品的感觉与判断；“无方”是说没有固定的框子，长于创新，富于变化，所以超世脱俗，与一般画家迥然有别——“迥绝尘”。次句是从具体画技风格上称赞顾长康“游丝描”画法的艺术独创性，称赞“游丝风格”在中国绘画史上的巨大影响，“至今新”既是对“游丝风格”独创性与艺术生命力的充分肯定，又是对首句“神妙”的具体照应。“妍媸”句是以衬托和对比的手法突出顾长康的“绝尘”境界，妍为美丽，媸即丑陋。据张彦远《历代名画记》载，当时的著名画家陆探微、张僧繇都曾效法顾长康，然“终不及矣”。收句高度评价顾恺之“千古传神第一人”的画史地位与深广影响。顾恺之最早提出“以形写照”的理论及“置陈布势”的见解，为南朝刘宋谢赫总结概括“气韵生动、骨法用笔、应物像形、随类赋彩、经营位置、传移模写”等“六法论”奠定了基础。“传神”也是对起笔“神妙”的呼应。全诗四句，从画史的角度高度评价了顾恺之的艺术成就，突出强调了顾恺之的创新之处和历史贡献，体现了诗人对前贤的敬仰与倡导创新的主张。

《其九》评论苏轼：“高名大节千秋映，据德依仁百艺余。端得此君游戏旨，闲将朱墨任毫书。”首二句高度地概括了苏轼的创作特点。诗人紧紧抓住苏轼“高名大节”的深广影响和思想品质，指出苏轼“志于道，据于德，依于仁，游于艺”（《论语·述而》）的人格魅力的艺术特点，从而强调了创作主体思想道德的重要性。后二句以苏轼首创“朱笔画竹”故事的具体事例，说明苏轼达到的艺术境界。据《莫廷韩集》载：“朱竹起自东坡试院时，兴到无墨，遂用朱笔，意所独造，便成物理；盖五彩同施，竹本非墨，今墨可代青，则朱亦可代墨矣。”“闲将朱墨任毫书”一句写尽了苏轼的艺术兴趣、创作灵感、善于创新和驾驭艺术的能力与境界。

潘天寿先生对于诗画关系的认识，无疑是对艺术规律的深入探讨，这对于推动艺术创新和建设新文化有着重要意义。

民族精神是诗歌艺术的魂灵和生命，更是作家品德与人格的反映。民族精神的核心则是爱国主义。“爱国主义是一种神圣情感，是对生养自己的山川土地、人民大众的挚爱和眷恋；同时又是一种理性要求，表现为对国家民族前途命运的高度责任感和奉献精神。”① 毫无疑问，爱祖国、爱人民，是崇高道德的体现。

中国古代先贤圣哲认为，作家的“德、学、才、识、胆”是决定艺术境界和成就高下的五大关键因素，而“德”冠于首。重“德”是中华民族的优秀传统，也是华夏民族精神的突出特点。“厚德”才能“载物”，才能衣被天下，流泽万世。“德”始于“实”，成于“大”。大“德”必有大胸襟、大视野、大眼光、大境界、大思路，如孔子之创立儒学。爱国爱民是“德”的重要方面，关注现实、关心社会、关爱人民是大“德”的重要体现。每当发生事关国家或民族存亡的重大事件，都是检验和突显民族精神的关键时刻，也最能见出作家的民族气节和道德品格。中国古代流芳百世的著名作家如屈原、杜甫、岳飞、陆游、辛弃疾、文天祥等等，其艺术风格与创作成就尽管有别，而代表作品无一不倾注着对国家、对人民、对民族的真挚深情，充满着强烈的民族精神。抗日战争时期，齐白石曾画螃蟹并题词“看你横行到几时”，表达对日本侵略者暴行的愤慨；徐悲鸿以奔腾骏马和威武雄狮的画作，传达在民族危亡时刻，振奋民族精神、鼓舞民族斗志的情怀；他们用画笔表达着强烈的爱国主义精神。潘天寿先生则用诗歌来体现。他的诗歌作品不同于“金刚怒目”、“叱咤风云”式的表达，而是以一位艺术家诗人的文化气质和中国古代诗歌的传统表现手法，来抒写民族情怀和爱国感情，深刻厚重，感人至深。即使是在“文化大革命”中被诬陷而遭受严重迫害期间，他也始终不渝地表达着对祖国、对人民的那一份深厚的情感。比如，1969 年，已过古稀之年的诗人被押解到家乡宁海批斗，在返回杭州的火车上，他用捡到的一个香烟纸壳写下了《已酉严冬被解故乡批斗归途率成》三首，《其一》“千山复万山，山山峰峦好。一别四十年，相识人已老”，表达了对祖国壮丽山河的无比热爱和对家乡父老的深厚感情，毫无消极低沉的情绪；《其三》“莫此笼縶狭，心如天地宽。是非在罗织，自古有

① 秋石：《从爱国主义到中国特色社会主义》，《求是》杂志 2009 年第 17 期。

沉冤”，更无丝毫抵触的意思，见出诗人宽阔的胸襟与崇高的品格。

潘天寿先生在绘画中努力表现中华民族自强不息、坚忍不拔、顽强向上之精神。“他画的松树，往往是向下断折后又倔强地往上生长，树干上布满疤痕和苔草，粗大的枝干上只有不很茂密的松针，这是他根据生活的真实塑造的饱经风霜的老苍松的典型形象。他画的芭蕉，画的野花，往往是受到摧残后在断枝败叶中又抽出新的花叶。兰花，有时只画两三支叶子，而花却开得娇艳动人。石下的小草，水边的青蛙，以及蜘蛛、小虫，都表现了自然环境中的（不是温室中的）不可摧毁的生命力。”① 潘天寿先生的诗歌亦如其画，是中华民族伟大精神的体现与载体，是华夏民族灿烂文化为现代文学和当代文化增添了亮丽色彩的重要组成部分。

2009 年 11 月上旬于北京长椿苑

① 潘公凯：《高风峻骨见精神——谈谈我父亲潘天寿艺术风格的一个基本特征》，参见吕章申编《潘天寿艺术》，安徽美术出版社 2011 年版。

国家观念与世界视野

——"中国古代文学研究:视野与方法"研讨札记*

"中国古代文学研究：视野与方法"这一题目，对于推进中国古代文学研究的深入和提高研究队伍的素养，具有重要意义。中国人民大学是中国古代文学研究的学术重镇，而《文学评论》和《文学遗产》编辑部都是中国古代文学研究的前沿指挥部，确定这样一个题目，有很强的学术针对性和实践指导性。围绕议题，我谈几点粗浅思考。

一　从国家社科基金项目看中国古代文学研究现状

学术创新是学术研究的永恒追求。中国自改革开放以来，中国古代文学研究也一直体现着这种追求。比如20世纪八九十年代，中国古代文学研究曾经围绕文学史的解构与重建展开过大讨论，而进入新世纪后，中国古代典籍的整理与研究逐渐成为热潮。其实，从国家社科基金项目结题的整体情况看，研究成果的学术水平并不尽如人意，无论研究的深度或者体现的广度，都有待开拓和提升，特别是学术视野和研究方法这两大影响研究深入的重要因素，亟待改善。

目前，就国家社科基金方面掌握的情况看，有这样几个突出特点。一是中国古代文学研究队伍庞大。据2013年度全国社科研究情况数据大调研的不完全统计，我国社科研究队伍超过50万人，中国文学研究者约占十分之一，而其中一半以上研究重点在中国古代文学领域。二是国家社科基金项目

* 本文发表于《江苏师范大学学报》（哲学社会科学版）2014年第1期总第177期。

申报数量巨大。近几年国家社科基金年度项目申报实行限额制，以尽量减少低水平的重复申报，每年一般大都控制在3万项以下，中国文学每年申报量都在3000项左右，其中六成以上属于中国古代文学研究。三是中国古代文学学科建设强大。中国古代文学属于传统学科，也是老学科，前辈名家多，世界影响大，博士授予点多、研究基地多、重点学科多，研究成果多，学界后起新秀和中年著名学者多。四是中国古代文学研究课题设计规模宏大。近几年，伴随国家社科基金重大招标项目数量的扩大和资助强度的增加，大规模的古籍整理和研究、大规模的地域文化整理与研究、大规模的文化专题数据库建设、跨学科的综合性研究课题申报量激增。如《〈子海〉整理与研究》、《东亚〈楚辞〉文献的发掘、整理与研究》、《〈王世贞全集〉整理与研究》之类。五是中国古代文学研究成果数量大。仅2012年中国文学就有150多部专著申请课题结项，优良率在80%左右，说明古代文学研究学风还是比较扎实的，当然，这与学科自身的特点也有密切关系。

但不容忽视的现象是，中青年个体研究低水平的重复多、年度项目自选课题和后期资助项目成果偏窄偏小的多、研究成果学术分量不厚重且不具有创新突破的多、结项成果不具有重要学术价值和重要文化意义的多、总体水平难以达到精品力作的多。以上“五大”与“五多”的现象与态势，已经持续了数十年，如果没有强力的组合措施与科学手段，今后一个时期内这种状况还将继续存在，甚至还会蔓延。这次会议从学术研究的“视野与方法”层面来展开研讨，我个人以为，不仅是一个很好的观察点、切入点和深入点，而且很有学科建设的指导意义和人才培养的现实意义。

二 当前是推进中国古代文学研究的重要机遇期

20世纪80年代前后，国内曾经伴随国学热而出现古代文学研究的高潮。进入新世纪后，伴随国家经济建设的快速发展和人们日益增长的精神文化需求，中国古代文学研究迎来又一个春天。

一是国家制定了文化强国战略，提出建设中华民族优秀文化传承体系，把中国优秀文化推向世界，而中华文明至少连续发展五千年，中国古代文学是巨大的文化资源、思想资源和精神财富，也是发展文化事业和文化产业的重要基础。二是中国改革开放三十多年，经济持续高速增长，中国已经成为世界第二经济大国，“中国模式”吸引了全世界的关注。世界人民需要深入了解中国，中国文化必须走向世界，增强中国文化的世界影响力和学术话语权，中国古代文学必然成为重头戏。大的历史背景和文化环境对推进中国古代文学研究十分有利。我们必须紧紧抓住这个有利时机，深入研究中国古代文学的历史意义和时代意识，深入发掘其强大的艺术吸引力与艺术生命力。

三是国家提出建设社会主义核心价值体系，建设哲学社会科学创新体系，提出体系创新、方法创新、观点创新，提出中国文化“走出去”。这次十八届三中全会《决定》又特别提出，提高文化开放水平，扩大对外文化交流，加强国际传播能力和对外话语权体系建设，推动中华文化走向世界。所有这些，既是中国古代文学研究义不容辞的责任与义务，又是推进学术研究的重要机遇和发展平台。

三　开拓视野是中国古代文学研究的必由之路

刘勰《文心雕龙》称“思接千载”、“视通万里”，“此盖驭文之首术，谋篇之大端。”我以为，中国古代文学的研究更当如此。

纵观以往具有重大学术突破和重大文化意义的研究成果，都有一个共同的特点，就是学术视野开阔。历代名家大家的研究，历代具有强大社会影响力和学术生命力的成果，都具有鲜明的开创性、开阔性。先秦儒学、两汉经学、宋代理学，都很典型。近现代享有国际盛誉的著名学者和成就卓著的学术巨子，都具有学术视野开阔的共同特点。国学大师王国维的《宋元戏曲考》、《殷周制度论》，鲁迅的《中国小说史略》都是堪称典范的开山之作。

开拓视野、开阔眼界，才可能发现新问题、确定新题目、找到好角度，才可能发现新材料、产生新见解、形成新结论，甚至纠正讹传，填补空白。

四　开拓学术视野的规定性与学术视野自身的多维性

学术研究有其自身的规律性，开阔视野也必须自觉遵循，避免任意性和随意性。中国古代文学研究要定位明确、目标明确、范围明确、时限明确，紧紧围绕研究的中心主题来展开。

开拓视野必须回归本位。中国古代文学研究的定位必须是文学研究，着眼点与落脚点都必须是文学自身，而不是什么文化研究或其他学科的研究，尽管不能仅限于文学学科。但必须紧紧围绕文学这一轴心来展开，不游离、不偏离，更不能脱离。既要撒得开，又要收得拢。

学术视野具有多维性特点。比如，横向与纵向，历史与现实，时间与空间，本学科与跨学科，本国与世界，理论与实践，补白与拓展等等，但最终必须回到文学本身。

五　开拓学术视野与创新研究方法的统一性

“工欲善其事，必先利其器”。学术研究的方法选择，不仅关系目标能否实现，关系工作的效率，而且尤其关系着结论是否科学与准确。

开拓视野是深入思考和探索规律的重要途径，其实也是研究创新的重要方法。是“器”而非“道”，是“筌”而不是“鱼”。方法只是手段，不是目的。方法创新服务于研究目的，方法的选择使用必须讲求科学、讲求效率和效果。开阔视野与创新方法具有关联性和统一性。

其实，方法也有不同的层面。比如，马克思主义的历史唯物辩证思想方法、思维方式之类的较高层面的，也有技术层面的比如实证的、逻辑的、历史的、推理的、对比的、统计的、图表的等等，甚至数模之类，只要科学严谨，不妨一试。只要有利于开展研究的先进方法、科技手段都可以运用，包括自然科学研究使用的一些方法。

六　开拓学术视野与创新研究方法的基本原则

中国古代文学研究，开拓学术视野与创新研究方法，必须以实事求是、科学严谨为基本原则，以学术研究的重大创新和学术观点的重要突破为基本目标。必须以细读原典为基础，以正确理解为前提，以历史梳理为经，以时代比较为纬，以文学研究为轴心，以文化研究为羽翼，以探讨规律为重点，以借鉴当代文化建设为目的。

策划选题要考虑国家的需要与当前的要求，立足现实，着眼长远，关注社会，研究要厘清相关领域的前沿状况，要科学运用已有高新科学技术。

2013 年 10 月 26 日草拟

2013 年 12 月 18 日修改

国学与传播

——首都师范大学国学传播研究院成立随记*

国学传播研究院的成立，既是首都师大的喜事，也是社科界的喜事！作为国家社会科学规划工作的参与者和国学研究的爱好者，我感到由衷的高兴，真诚地表示祝贺！

作为北京市属综合性重点大学，首都师大有着深厚的人文积淀；成立国学传播研究院，体现出深刻敏锐的学术胆识和“斯文自任”的奉献精神。这里谈三点感想。

第一，精准定位凸显学科特色。“国学”，应当是中华民族优秀传统文化的统称。学界尽管对“国学”概念的理解见仁见智，而对基本内涵的认知却有着高度的一致性。传统文化历史悠久、博大精深，是中华民族五千年文明发展历史实践的智慧结晶，也是世界人民共有的精神财富和宝贵的思想资源，积极开发利用，对于推进社会进步、促进人类文明健康发展，具有重要意义。

然而，古代文化，特别是那些文献典籍，只有在传播阅读和深入研究的过程中，才能激活其内在的强大生命力。否则，只能是长眠于图书馆中的“藏书”，只能处于“藏在深‘柜’人未识”的无奈境地。国学传播的实质，就是通过读者，让“藏书”活起来，让书中的思想内容活起来，让生活在当代的人们和世界各国人民，共同分享中华民族在推进社会进步和历史发展过程中创造的文化成果，充分发挥国学启迪心灵智慧、提高文化素养、增强创造活力的巨大作用。

---

* 本文发表于《都市文化报》2013 年 11 月 28 日《国学》周刊第 35 期。

我国改革开放以来，20世纪80年代曾经掀起学习研究中国传统文化的高潮，大家至今记忆犹新。近些年来，全国很多高等院校纷纷成立国学院，讲授国学知识，培养高素质人才，为新时期的国家发展和文化建设作出了重要贡献。但迄今为止，鲜见专门研究国学传播的机构。首都师大首开先河，成为第一家。研究院将传播作为切入点、着眼点，创造作品与读者互动的客观环境和氛围条件，抓住了中国古代文化传承体系建设的肯綮与关键，具有填补学科建设空白的学术意义和很强的现实针对性。同时，研究院工作既目标明确，重点突出，有着区别于其他高校国学院的鲜明特点，又开拓了推进国学研究深入开展的新领域、新途径。

第二，磨砺十年奠定坚实基础。这里主要是说技术支撑。传播必须有合适的渠道和科学的方法，才有实现预期效果的可能。在高新科学技术飞速发展的当今时代，国学传播怎么样才能满足国家文化建设需要，满足人民群众日益增长的精神文化需求，怎么样才能充分利用和充分发挥国学的最大价值，的确需要深入思考，深入研究。这次成立大会同时进行国学传播方法与途径的学术研讨，意义正在于此。

首都师大从20世纪末就着眼于这方面的考察策划，着手于这方面的探索实践，体现出令人钦佩的学术远见和创新胆识。比如，1999年就研制出《国学宝典》，2000年开通国学网站，2002年开始古籍数字化研究、网络文献检索开发，研制开发的《中国古代文学史电子史料库》、《中国历代诗歌数据库》、《宋辽夏金元史数据库》等一批古籍全文检索软件相继问世，在古籍资料的数字化加工、数字化管理和数字化成果研发利用方面，积累了丰富的实践经验，2007年又成功组织召开了首届中国古籍数字化国际学术研讨会，并成立了国学传播中心，逐渐成为高校实施中国古籍数字化的学术重镇。运用高新科技手段来实现国学传播的现代化，可以说首都师大起步早、影响广、实力强。这使国学传播研究院的成立，有了坚实的实践基础和充分的技术准备。

第三，立足效果着力方法创新。首都师大国学研究队伍强大，实力雄厚，中国古代文化包括古代汉语、古代历史、古代文学等不同学科与不同方面，都可以说是人才汇集，名家辈出。前辈学者如廖仲安、欧阳中石、张燕瑾等先生，后起新秀如赵敏俐、左东岭、吴相洲等先生，都敏于思考、勤于治学，成果丰富，深得学界赞誉。国学传播研究院有这样强大的学术力量作后盾，着力于传播手段和传播方法的创新，诸如国学水平测试法、中华诗词散文吟诵法等等，既注意吸收当代游戏软件中的合理元素，又注意发挥古代创造的成功经验，很有吸引力。

总之，国学传播是一个既老又新的大课题，实践性和理论性都很强。首都师大以六十年的学术积累和十数年的技术开发为基础，成立国学传播学院，将教学、科研和实践结合一体，推进学术发展、人才培养和文化建设，立足现实，着眼长远，很有战略眼光，也很有文化气魄！这对落实中央提出的文化强国战略，对于建设中华民族优秀文化传承体系，提高文化开放水平，扩大对外文化交流，提高全民族的文化修养与文明素质，对于推动中华文化走向世界，让世界深入了解中国，都具有重大的现实意义和深远的历史意义。

我们期待首都师大国学传播研究院走出一条学术理论与社会实践融合一体的新路子，既出思想、出思路、出经验，又出人才、出成果、出效益。

2013 年 11 月 27 日凌晨草拟

学术著作的持久文化生命力

——中国社会科学出版社 35 周年华诞

值此庆祝中国社会科学出版社 35 周年华诞之际，谨致衷心祝贺！并向出版社全体同仁表示崇高敬意！

中国社会科学出版社以出版学术著作而享誉海内外。众所周知，图书出版是文化发展繁荣和国家文化实力的重要标志，也是文化传播与文化创造的重要方式。图书出版的兴盛发达，体现人类文明的发展程度。学术著作研究问题、探索规律、表达思想，往往引领时代、影响历史，是民族文化与民族智慧的集中体现。而文化的重要内容是理论，理论源于实践、成于研究，学术著作必然是文化产品的重要支柱。中国社会科学出版社自诞生之日起，就定位于出版社会科学研究的学术著作，以此作为自身发展的基本专业与重要特色。出版社始终坚持马克思主义的指导地位，始终坚持正确的学术导向，既联系和团结了一大批国内的优秀专家学者，又与世界数十个国家和地区建立了合作关系。35 年来，出版发行了大批影响深广的优秀学术著作和传世精品，多次获得诸如国家图书奖、中国图书奖、中国出版政府奖等业界重大奖项，成为首批获得中宣部与新闻出版总署联合授予的全国优秀出版社。中国社会科学出版社的 35 年历程，就是不断发展壮大和不断创造辉煌的历程。毫无疑问，出版社为国家新时期的文化建设、学术繁荣、人才成长以及国民文明素质与文化修养的提高，为推进世界学术交流和中国文化走向世界，发挥了重要作用，做出了不可磨灭的突出贡献，赢得了作者、读者乃至全社会的尊敬和赞扬，也赢得了学术界、社科界和出版界以及海外学人的广泛赞誉。

中国社会科学出版社还与全国哲学社会科学规划办公室开展了广泛深入

的密切合作，共同推进国家学术事业的繁荣发展。1999 年，首届国家社会科学基金项目优秀成果评奖结束，近 80 万字的《获奖成果简介》就是由中国社会科学出版社印制，不仅装帧极其精美，而且保存了中央主要领导同志发表重要讲话的珍贵照片，保存了费孝通、雷洁琼等著名学者在主席台领奖的珍贵照片。近些年来，中国社会科学出版社不仅成为国家社科基金项目成果出版的重镇，而且成为"国家社会科学成果文库"和后期资助项目的重要推荐单位，2012 与 2013 年度推荐和入选的著作数量，在各大出版社中排名第一。入选"国家社会科学成果文库"的著作，代表当前我国相关研究领域的前沿水平，需要经过严格的评审程序，每年全国只评出 60 项左右，而中国社会科学出版社近三年推荐入选的就达 32 种之多。而推荐入选的后期资助项目则有上百种。关于译著出版，《剑桥中国史》、《新编剑桥世界近代史》，一直被视为经典著作。近年来中国社会科学出版社又相继启动了"剑桥史翻译工程"，并获得了国家社科基金重大招标课题立项资助。他们还积极申报国家社科基金中华学术外译项目，不少成果获准立项，其中与剑桥大学出版社合作出版的《古代中国社会生活史：宋辽金西夏卷》堪称中国学术走向世界的代表性著作之一。

总之，中国社会科学出版社是业界助推我国学术文化事业繁荣发展的优秀出版社，经过 35 年艰苦拼搏和辛勤耕耘，在社会效益和经济效益两方面都创造了骄人的业绩，目前拥有一支有思想、有境界、有活力的强大团队，拥有一批学殖深厚、经验丰富、事业心和责任心很强的编辑队伍。我们期待中国社会科学出版社在实现文化强国战略目标、提高学术文化对外开放水平、实现中华民族复兴伟大梦想的历史进程中，发挥更大作用，作出更大贡献！

2013 年 11 月 26 日凌晨改定

古籍整理与古为今用

——记《〈子海〉整理与研究》首批重大成果发布会

国家社科基金的重大特别委托项目《〈子海〉整理与研究》首批阶段性重大成果发布，是学术界值得庆贺的大事与喜事！谨向课题组和参与项目研究的台湾学界同人、向做出重要贡献的凤凰出版社和台湾商务印书馆，表示崇高敬意！

《〈子海〉整理与研究》是国家文化建设的基础工程。2010 年立项以来，山东大学高度重视，鼎力支持，不仅成立了校长牵头负责的领导小组，而且协调各方，在机构设置、人才引进和资金筹措等方面给予特殊支持；课题组攻坚克难，勤奋拼搏，在建章立制、选聘专家和开展研究等方面，做了大量艰苦细致、卓有成效的工作。从整体上看，项目研究保障有力，工作开展有章法、有秩序、有成果。2011 年 6 月即推出了《子海特辑》十九种未刊稿影印本，精装三巨册，得到学界关注；现在又推出了《〈子海〉珍本编》第一辑 175 巨册，其中影印的子部珍贵古籍达 500 多种，仅此一项，就足以振奋学界。国家社科规划办对项目的整体进展情况，对课题组表现出来的“斯文自任”的历史使命感和责任担当意识是满意的，规划办将继续实施滚动资助。当然，我们在表示赞许的同时，也充满新期待。

众所周知，中国古代典籍是中华民族历史实践的智慧结晶，也是世界人民共有的精神财富和宝贵的思想资源。而古籍整理与研究则是中国文化传承和文化创造的重要方式。孔子从三千多篇古诗中选取“可施于礼义”者三百零五篇，裒为一集，沾溉万世，至今流传（《史记·孔子世家》）；刘向、刘歆父子校理藏书，编《别录》、成《七略》，开目录学之先河；郑玄注五经，“囊括大典，网罗众家，删裁繁芜，刊改漏失，择善而从”（《后汉书·

张曹郑列传》本传)，创立了影响深广的“郑学”。至如汉代“古文经学”与“今文经学”两大流派的形成、宋代程朱理学思想的昌明兴盛，无不以古籍整理为基础，无不以深入研究为前提。此类典型案例，在中国古代文化发展史上比比皆是，不胜枚举。

《〈子海〉整理与研究》发扬光大中华民族优秀文化传统，搜集和选取中国古代典籍中最富思想价值、最富文化意义的典型性、代表性著述，融整理、传播、研究、开发、运用于一体，以学术研究的方式，既具体扎实地传承古代优秀文化，服务于当代新文化建设，又向世界传播和介绍博大精深的中国传统文化，让世界人民更具体、更深入地了解中国，增强中华文化国际影响力，促进人类文明和谐发展，这将会成为“古为今用”的典型范例。

这次推出的《〈子海〉珍本编》第一辑，不仅可窥诸子著述思想内容的深厚广博，而且在古代书籍制度、版本与校勘，乃至于装帧形制、艺术审美等方面，都有着重要的学术价值与文化意义。特别是宋金元时期的47种刻本、84种稿本，以及224种明刻本、148种元明清抄本，都是难得一见的珍贵版本，具有很高的文献价值和收藏价值。尤其难能可贵的是，由台湾地区“国家图书馆”、“故宫博物院”和“中研院傅斯年图书馆”三家提供独藏底本，台湾商务印书馆印制的台湾卷50册，与大陆卷珠联璧合，配套发行，是海峡两岸学界同仁共同推进弘扬中华民族传统文化、共同促进中华民族伟大复兴的成功实践，也是“为巩固深化两岸关系和平发展、增进两岸同胞福祉”作出的重要贡献(《祝贺中国国民党第十九次代表大会召开》，《人民日报》2013年11月11日)。文化学术，“两岸一家”，同根同本同枝叶，这次学界同仁的亲密合作，可喜可贺，可歌可颂!

众所周知，古代典籍只有在传播阅读和深入研究的过程中，才能激活其内在的强大文化生命力。正如杨玉环遇上李隆基方演绎出轰轰烈烈的爱情一样，收入《珍本编》的善本、孤本和手抄本，只有在学者眼中，才会产生怦然心动的“西施”效应。否则，只能是长眠于图书馆中的“藏书”，只能处于“‘藏’在深‘柜’人未识”(白居易《长恨歌》“杨家有女初长成，养在深闺人未识”)的无奈境地。《珍本编》的面世，无疑将在加速文化传播和推进学术研究诸方面发挥重要作用。

文化传播的实质，是让世界各国人民共同分享人类在推进社会进步和历史发展过程中创造的文化成果和思想资源，达到相互深入了解、相互借鉴融合、共同促进人类文明的健康发展。《〈子海〉珍本编》将会让人们开拓视野、扩大眼界、丰富知识、提升文化素养。

《〈子海〉珍本编》的出版发行，向学界和世人展示了国家社科基金重大项目《〈子海〉整理与研究》厚重的阶段性成果，标志着项目研究迈出了坚实有力的第一步，有了一个精彩漂亮的开端。但完成课题设计的全部目标和任务，还有大量艰苦细致的工作在等待着我们，还要走很长很远的路，还需要各方面继续同心协力、奋斗拼搏，课题组必须作好长期攻坚克难的思想准备和实力储备，必须继续立足目前，着眼长远，高标准、严要求，围绕高境界、重创新、出精品、出思想、出人才、出效益，扎实推进。

一要高境界。要确实把《〈子海〉整理与研究》上升到实施国家文化强国战略的高度来认识。文化的重心是理论，理论源于实践，成于研究。学术研究是文化发展繁荣的重要基础，文化强国，理论先行，学术研究必须打先锋。中央提出建设国家哲学社会科学创新体系、建设中国特色社会主义核心价值体系、建设中华民族优秀传统文化传承体系，提出大力推进国家文化事业和文化产业的大发展、大繁荣，大力推进中国文化走向世界，力求在不久的将来，让文化产业成为国民经济发展的支柱产业。所有这些，都必须以中华文明五千年连续发展的文化创造和文化积累为基础。对中国古代典籍的整理、研究、发掘和运用，是创造中国特色、中国风格、中国气派学术话语体系的具体实践，是服务国家建设、促进人类文明的具体体现，也是弘扬前贤“斯文自任”传统的具体表现和学界义不容辞的历史责任。

二要重创新。创新是学术研究的生命和灵魂。要努力发现新材料、提炼新观点、寻找新方法、创造新模式。这次与台湾地区学界同仁的密切合作，就是学术研究层面机制模式的一个重大创新和重大突破。课题组要继续开拓思路，充分利用现代科技手段，运用新的研究方法，创新成果形式、创新管理模式、创新人才培养机制、创新传播渠道，积极探索古籍整理和研究的新路子。要继续保持开阔的学术视野，注重版本搜集的世界性，注重中国文化传播影响的世界性。要多层设计，丰富成果形式，注重累积效应，逐步建设大型权威数据库，形成面向世界的中国古代文化研究权威基地。用科学规范的管理和优秀丰富的成果，努力争取成为中国古籍整理的典范、中国文化研究的典范、服务国家文化建设的典范。

三要出精品。影印出版只是迈出的第一步，实质性的整理与研究尚未开始。标点、校勘、笺注、疏证乃至于内容研究和相关外文翻译，都需要大量精力投入，都是对课题组学术能力的挑战和考验。必须确保研究成果的科学性、严谨性和权威性。文献整理务必求真、求善、求美，下工夫甄别确定好版本、好底本，下工夫精校细审、订舛正讹，体现深厚的学术功力和科学的治学精神。要严格学术规范，确保持之有据，言之成理，有征必引，无征不信，力争不出舛误、不出疏漏。要以古人的恬淡心态，做当今时代的学问，努力做到不急、不躁、不浮，竭尽全力，不留缺憾，展现良好学风，创造权威版本，做成传世精品。

四要出思想。学术研究的优秀成果，必然是有思想、有创造、有独到见解的好成果。"有思想的学术"，才称得上高水平、高层次、高品位。《中庸》有"致广大而尽精微"之说，这是学术研究必须遵循的重要规律。要从大的历史背景与文化环境中去深入思考，从作家思想主张与具体作品中去细致考察。"春江水暖鸭先知"（苏轼《惠崇春江晚景》），要充分发挥学者思想敏锐、眼光超前的优势，立足现实，着眼长远，围绕中心，服务大局，为实现中华民族伟大复兴之梦做出新贡献。要在课题研究的过程中，努力发现和挖掘有利于推进人类文明健康发展、有利于促进当代新文化建设的思想资源和学术资源，实现学术研究服务于国家发展和社会进步的目的。

五要出人才。学科建设、学校发展、学术兴盛、文化繁荣，人才是关键。要通过课题研究，既推出经得起学界和历史检验的优秀成果，又培养"德、才、学、识、胆"全面发展的优秀学者，努力推出若干学科建设的领军人物和一批训练有素的专门人才，形成科学合理的学术梯队，奠定长远发展的坚实基础。

六要出效益。学术"乃天下之公器"（梁启超语），是说学术研究成果的效益具有长期性、公益性和社会性，而主要体现在社会影响方面。要创新和创造多种方式与渠道，及时宣传成熟的重大阶段性成果，与学界共同分享；及时宣传课题组科学严谨的治学精神，积极引导学风建设；及时宣传研究过程中创造的新方法、新经验，在"鸳鸯绣了从教看"的同时，也"把金针度与人"（金代·元好问《论诗绝句》）。"工欲善其事，必先利其器"

（《论语·卫灵公》）。课题组既要弘扬乾嘉学风，探颐索隐，钩深致远，重训诂而通辞章，重考据以明义理，又要注意探索治学的规律和特点，把创新方法作为古籍整理和文化研究的重要方面，避免“重道轻器”、“得鱼忘筌”，努力扩大学术影响，传递学术文化正能量。

党的十八大报告提出，“让一切文化创造源泉充分涌流，开创全民族文化创造力持续迸发”；十八届三中全会决定深化文化体制改革，提高国家文化软实力和国际影响力，提高文化开放水平，增强全民族文化创造活力。古籍整理与研究是文化创造的重要形式，所谓“辨章学术，考镜源流”，返本而开新。同时，也是一项难度高、强度大的创造性劳动，不仅需要知识储备厚、文化素养深、专业技能好，而且需要奉献精神强，受得了辛苦，耐得住寂寞，而承担国家重大项目，更需要足够的学术勇气和担当精神。山东大学是中国古代文化研究的重镇，名家辈出，影响深广，诸如冯友兰、童书业、高亨、冯沅君、陆侃如、王仲荦、殷孟伦、萧涤非等一大批著名学者，先后创造了学术研究的辉煌，我们热切期待山东大学新世纪的学术新辉煌！

2013 年 11 月 30 日

文化境界与科学精神*

——记德国顾彬教授《中国文学史》与汉学国际学术讨论会

国外汉学研究既是中国文化走向世界的重要体现，又是继续扩大世界影响的有效方式。改革开放以来，伴随经济全球化程度的不断提高和信息电子化技术的迅速发展，伴随中国综合实力的不断增强和国际威望的大幅提升，学术界“西学东渐”兴盛而汉学外播乏力的局面大有改观，“汉学热”、“孔子学院”方兴未艾，国外汉学研究新成果不断涌现。最近，德国著名汉学家顾彬教授主编的十卷本《中国文学史》中文版面世，更是引起学界的广泛关注。

这部汉学研究著作的问世，不仅是国外汉学界的大事喜事，而且也是中外文化交流史上值得庆贺的盛事！笔者作为中国本土的一位古代文学的爱好者和研究者，更是在深怀敬佩的同时，享受着中国文化走向世界的自豪感！由于个人专业研究和学术关注点、兴奋点的缘故，笔者尤其对第四卷《中国古典散文》充满兴趣和期待。与近些年来国内研究中国古典散文专著如郭预衡《中国散文史》、谭家健《中国古代散文史稿》及各种断代散文史竞相面世的情形有所不同，国外汉学界鲜见这方面厚重的研究成果，这使顾彬教授《中国古代散文》（下称“顾著”）更具吸引力和影响力。虽然目前因未见该书而无从认识具体观点，但从《中文版序》中已略可窥见其文化境界与科学精神。

众所周知，文化境界与科学精神决定着学术研究的价值和生命，它既是学术研究必需的基本素养，又是衡鉴学术研究成果的重要尺度。在这方面，顾著表现出宽阔开放的文化境界和实事求是的科学精神。这至少体现在两大方面。其一是人类文化整体性理念。著作选题本身说明，作者是在遵循人类

* 本文发表于《国际汉学》第十八辑，大象出版社2009年版，第294页。

文化多样化和民族文化独特性的同时，摒弃了狭隘的民族主义而将中国文学放在了人类发展和世界文化的层面上来研究，恰如《序》中所言，是“超越了中国文化的界限”。作者特别指出，“从《诗经》到鲁迅，中国文学传统无疑属于世界文学，是世界文化遗产坚实的组成部分”。作为德籍学人，作者依据文化发展的历史实际强调指出：“早在第一批德国诗人开始创作前的两千年，中国诗人就已经开始写作了。在经历了几个世纪之后，德国才有诗人可以真正同中国诗人抗衡。”从而突出了中国文学创作的历史之久远。这种从人类发展高度和世界文化视野来分析中国文学创作和本国文学发展实际的方法，不仅充分体现出学术视野的开阔，尤其是表现出实事求是的科学精神。这对于深入探讨世界文化发展的内在规律，对于促进世界各民族文化相互借鉴、共同发展，无疑具有积极意义。

其二是执著严谨的治学态度。顾彬先生对中国文化有着深厚的感情，从1967年的大学时代就把中国的抒情诗作为自己的“最爱”，至顾著面世，40年如一日，如其所言，“将自己所有的爱都倾注到了中国文学之中”。正是这种对中国文化的执著热爱，奠定了其学术研究的坚实基础并不断提供着强大的思想动力。著者辩证地分析评论历史文学现象和文化现象，认为当今德国没有“敢跟歌德相提并论”的作家，眼下中国也没有“敢跟苏东坡叫板”的作家；提出不能“期待每一个时代都产生屈原或李白这样的文学家”；认为“一些文学家的产生是人类的机遇”，“一个杜甫只可能并且只可以在我们中间驻足一次”。这些见解和观点，都在告诉读者，任何伟大作家的出现都是历史发展的产物，都具有时代性和唯一性的特点。著者还在借鉴王国维“意境”与刘若愚“境界”说的基础上，通过描述中国思想的发展，即通过“对中国思想的深度和历史之探求”，来深入研究中国文学的发展规律，力求学术观点的创新和突破。这些无不给人以启迪。

20世纪初，德国著名汉学家威廉·格鲁贝撰写了《中国文学史》，曾对中国文化的世界传播产生了重要影响；百年之后，顾彬教授主编的《中国文学史》以其创新的思路和见解，使著作具有的文化意义、时代意义和学术思想的方法启示更深刻、更丰富，我们也期待其影响更广泛、更久远。

2008年11月9日拟

书法艺术发展与国家文化建设

——关于汉字书法艺术的三点认识

党的十七大提出，要全面认识祖国传统文化，取其精华，去其糟粕，使之与当代社会相适应、与现代文明相协调，保持民族性，体现时代性；要加强对外文化交流，增强中华文化国际影响力；要推动学科体系、学术观点和科研方法创新，推动优秀成果和优秀人才走向世界。这些关于国家文化建设的重大战略思想和重大战略部署，为书法艺术的发展指明了方向。以鲜明的时代意识、国家意识和世界意识，深刻认识书法艺术在国家文化建设中的重要作用，积极开展书法艺术的创新研究，推进学科体系建设，更加自觉地推动文化的发展繁荣，更加主动地促进人类社会的文明进步，已经成为书法文化工作者义不容辞的历史责任。

一　关于书法文化的认识

任何文化都是人类社会实践与精神创造的智慧结晶，都是具体经验和精神认知的历史积累。中国汉字书法文化更具典型性。作为华夏民族文明发展和文化实践的智慧创造，书法文化是中国传统文化极富生命活力的艺术精华，充满着历久弥新的艺术魅力和薪火相传的文化活力。书法艺术实践性强、艺术性高、要求严、功夫深。优秀书法家不仅品德好、学问广、智慧高，而且有识见、敢创新，所谓“德、学、才、识、胆”兼备；而优秀的书法作品，则“意、趣、情、韵、气、势、形、神、章法、结构”各色俱佳，借用苏轼评文论画之语，可谓或“如行云流水，初无定质，但常行于所当行，常止于不可不止。文理自然，姿态横生”（《答谢民师书》），或“出新意于法度之中，寄妙理于豪放之外”（《书吴道子画后》），的确令人回味无穷。正因如此，书法艺术不仅成为中国传统文化的重要组成部分和最具民族特色的艺术表现形式，而且成为人类文化宝库中深受人们喜爱的艺苑奇葩。

当代著名书法家、教育家欧阳中石先生认为，“书法”是“关于书写的学问”[①]。笔者非常赞同这种定位。中国“书法”的历史内涵实在太丰厚、文化内涵实在太丰富。“书写的学问”实际上就把“书法”定位在学科层面上，可以包含相关的所有内容，从而避免片面性。这门学问伴随汉字的产生而出现，随着历史的演进而发展。汉字书法因其书写表达的实用功能，成为我国文化创造、文化传承和文化积累不可或缺的重要条件与手段，中国成为目前世界唯一文明连续发展数千年不曾中断的国家，汉字书法有着一份重要的贡献。同时，由于汉字与书法自身蕴含的浓厚艺术因子被不断开发、不断丰富，逐渐形成了特色鲜明的艺术门类，而与绘画、诗文等众多艺术形式相通相融、相辅相成，相互促进、并行发展。所谓“书如诗，字如画”、“书画一体”、“诗文书画一理”，都揭示了这方面的特质。在悠久的历史发展过程中，书法艺术彰显着突出的民族特色，得到历代学人仕子的激赏和青睐，形成了中国文明发展史上独有的“书法文化”并产生了广泛深远的影响。

改革开放以来，随着国家经济持续迅速的发展和人民生活水平的不断改善，特别是人们对于精神文化需求的日益高涨，书法艺术已经悄然走进寻常百姓家，书房、客厅乃至卧室装裱精美的作品熏陶着人们的高雅情趣，练习书法也成为许多人陶冶情操、修身养性与提高素养的重要手段。不仅如此，随着“汉学热”的不断升温，国外对于汉字书法艺术的兴趣也日益浓厚。这些无疑都是令国人兴奋的文化现象。与此同时，当今世界的经济全球化、信息数字化、文化多样化和传播网络化，使书法艺术既面临时代的严峻挑战，又面临难得的发展机遇。计算机的迅速普及与键盘输入法的快捷便利，使以笔书写特别是用毛笔书写汉字的人群越来越少，毛笔作为普遍的汉字书写工具已经成为历史！与此同时，高新科技支撑的现代化传播手段，又为书

① 《对书法艺术的理解》，参见《著名学者与中央高层讨论的历史文化问题》（内部资料）。以下所引均见该文，不另注。

法艺术知识的普及和大批书法爱好者的培养创造了优越的条件，更为书法艺术学科建设和书法艺术走向世界提供了极大的方便。

二 关于学科建设的认识

书法艺术的学科建设是一个既老且新的时代课题。加强学科建设，将会有力地推动书法艺术大发展；而书法艺术的大发展又将有力地推动学科的自身建设，二者相互促进。学科建设主要靠本学科的研究成果和发展实力来体现。一般说来，学科成熟的标志首先反映在理论的成熟上，而成熟的理论则需要雄厚的研究成果为基础。近些年来，学界对于书法这门古老艺术的研究有了长足发展，并取得了丰硕成果，如《中国书法史鉴》、《书学导论》、《书法与中国文化》等著作的出版面世，即或是实例等。但在理论的系统化、体系化以及研究的深度和广度等方面，则有待进一步加强。

其实，早在20世纪80年代，书法学界部分德高望重的老前辈就为书法艺术学科建设积极呼吁，作着不懈的努力，并取得了突破性进展。如创办书法专科、本科到研究生的教育，形成完整的体系；编撰书法教材；根据专家建议，国务院学位办于1993年批准在首都师范大学设立了第一个书法艺术博士学位授予点；等等。在这方面，欧阳中石先生做出了很大贡献。先生还明确提出，书法"必须进入理论的研究"，"要把这门学问树立起来，建立一个比较完备的学科"。由此，先生提出了三方面的设计规划。一是明确提出了重点研究的内容，如字体、书体的研究，书论的研究，书法与古史的研究、书法与中国文化关系的研究、书法与国家文化建设关系的研究等等。二是明确提出了书法研究的方法、角度和高度，如主张把中国的书法放在大文化背景中来研究，要求站在历史的高度运用唯物主义的方法来研究，把书法历史作为探讨发展规律和总结理论来研究，对于历史上或者现实中许多问题，要分析、比较其渊源、结晶，比较不同，寻求相同等等。三是指出了开展研究的最终目的是完善高层次的文化、高层次的艺术、高层次的生活。这些主张，目前仍然具有学科建设的现实指导意义。

诚然，书法艺术学科建设必须与时俱进。要适应时代发展，适应国家需要，借鉴中国传统儒学立足时代、联系现实，入世、淑世、经世、治世和

“借势发展”的经验，科学梳理书法艺术在中国文化发展中的衍变轨迹，深刻认识其承载的历史责任和发挥的重要作用，深入探索学科自身发展的客观规律，特别是要紧密结合国家文化发展战略深入研究现实问题。如认真思考如何发掘书法艺术的自身优势，在传播和弘扬民族精神与传统文化精华、增强民族自信心和凝聚力、提高全民族文化素养和审美情趣、促进社会主义文化大发展大繁荣、促进社会主义核心价值体系构建、满足人们日益增长的精神文化需求、实施走向世界战略、树立国家文化形象、扩大国际影响等方面，发挥更大的作用。经过书法学界和各方面的共同努力，能在不长的时期里使学科设置有明显提升。

三　关于走向世界的认识

伴随全球经济一体化程度的不断增强和我国国际影响力的迅速提高，越来越多的国家和人民希望更深入地了解中国、学习中国。目前，在世界范围内兴起的“汉语热”、“汉学热”方兴未艾，学习汉语的外国人已超过1.5亿，中国同世界各国的文化交流，频率越来越高、规模越来越大，一百多个国家或地区建立了四百多所孔子文化学院。中国文化世界化趋势的不断加强，为书法艺术走向世界创造了很好的机会。

书法艺术走向世界，就要精心实施“走出去、请进来”战略。一是让我国优秀的书法家“走出去”，积极开展国际间的交流与合作，利用国外的讲坛论坛，现场演讲介绍、现场创作演示，畅通传播中国文化的渠道，把握书法文化交流的主动权和话语权。二是把书法艺术的优秀作品“推出去”。利用书法展览、媒体介绍等多种途径，开辟影视、网络、报刊等多种方式，让世界人民欣赏和分享中国书法艺术的优秀成果，吸引他们的兴趣，传播中国文化精华。三是把国外确有造诣的书法家请进来，让他们到中国来亲身体验书法艺术本土的文化环境和艺术氛围，加强感情交流，深化文化友谊，并通过他们向世界介绍书法艺术，介绍中国文化。总之，要想方设法，广泛建立书法文化交流和学术对话的国际平台，把中国的书法艺术和博大精深的中国文化介绍给世界人民，让世界人民深入了解古老文明的中国，在进一步树立中国和平发展、文明发展世界形象的同时，密切同世界文化界的联系，扩大中国文化的世界影响。

其实，中国书法在国外特别是国外汉学界早已有着深广的影响，有些汉学家对于中国书法艺术的爱好与研究，甚至走在了我们前面，如日本、法国关于汉字书法艺术博士学位的设置就比我们早得多。值得注意的是，他们的关注点一般只是书法艺术的形式，而我们的责任则是同时把中国文化的思想精华介绍给世界人民。因此，应当充分运用书法自身的艺术魅力和内在的文化活力，发挥其吸引力和影响力，让更多的外国朋友在自觉接受书法艺术的同时，接受中国文化的思想精华。即以书法作品为例。因为优秀书法家无不具有深厚的文化素养，其优秀作品书写的文、辞、字、句，无不经过精心选择和斟酌，无不具有深刻的思想内容和丰富的文化内涵。诸如，一个“和”字斗方就传达了中国文化的思想精髓，“和谐”一词就表达了华夏民族追求的理想境界；“自强不息，厚德载物”表现出中华民族精神伟大，“天人合一”体现了中国古圣先贤理性思维的先进。当诸如此类的书法作品悬挂于厅室，长期的朝见夕赏，其滴水穿石的力量对主人的影响不言而喻。因此，书法艺术走向世界，其在有意与无意之间、自然与自觉之际产生的文化影响，或者是其他形式所不能替代的。

大禹治水与先进文化

宋代文化巨子苏轼为欧阳修文集作序，将大禹治水、孔子修《春秋》、孟子拒杨墨、韩愈为古文、欧阳修著文章相提并论，认为孔、孟、韩、欧与大禹一样“功与天地并”。

大禹治水，历代传颂，妇孺皆知。地球冰川末期的世界大洪水，使人类生存面临绝境。大禹亲操橐耜，率众“导川夷岩”，“堙洪水，决江河”（《庄子·天下》），“劳身焦思，以行七年，闻乐不听，过门不入”（《吴越春秋·越王无余外传》），最后终于征服洪水，使人民继续生存下来。其盖世功德，万世颂扬，李白有“大禹理百川，儿啼不窥家，杀湍堙洪水，九州始桑蚕”（《公无渡河》）的著名诗篇，歌颂大禹功劳。

孔、孟时代，“世衰道微，邪说暴行有作”，诸侯征伐，社会动荡，人类残杀，道德沦丧，所谓“弑君三十六，亡国五十二，诸侯奔走不得保其社稷者，不可胜数”。前代创造的文明惨遭破坏，人们生存受到严重威胁。孔子修《春秋》“惩恶而劝善”，借助历史和舆论力量，规范社会道德和社会行为，警示统治阶层；孟子则通过批评与抵制杨朱的为己说（“拔一毛立天下而不为”，无父）、墨翟取消差别的兼爱论（无君），弘扬和发展孔子仁学思想并提出王道学说。孔、孟称扬唐虞社会安定统一、文明有序，反映了人民对和平、稳定、有序发展的普遍愿望，反映了时代发展和社会进步的要求。“自《春秋》作而乱臣贼子惧，孟子之言行而杨、墨之道废”，其社会的积极影响不言而喻。

唐代韩愈于佛道盛行、道德日衰、文风浮艳之时，光大孔、孟学说，发动古文运动，倡导“文以载道”，极言“仁义道德”，辟佛兴儒，“文起八代之衰，而道济天下之溺”。宋代欧阳修继韩愈而承孔、孟，于北宋社会矛盾日见突出、世风日下、文风日坏的情况下，提出文章须“经世致用”、“切于事实”、“不为空言”，“著礼乐仁义之实，以合于大道”，强调“文道并重”，且奖掖、提携和培养了包括苏轼在内的一大批文化名人，将宋代文化的发展推进到一个全新的境界，成为领袖群英、扭转乾坤、树立一代文风、推进社会文明的一世宗师。

与大禹治水不同，孔、孟、韩、欧的伟大功绩都是表现在先进文化的层面。文化是人类在自身发展的历史进程中所创造的一切物质财富和精神财富的反映与表现，人类的一切实践活动和理性总结，最终都以文化的形式表现出来并形成相对稳定的文化形态。先进文化则是一切优秀历史文化的荟萃和时代精神的升华，是推动和促进社会进步与文明发展最强劲的力量。

孔、孟、韩、欧阳提出的思想和主张，都具有强烈的现实性、针对性和鲜明的时代特点，体现出对促进人类健康发展的强烈历史责任感，是当时先进文化的代表。这些思想和主张同大禹治水一样都造福人类，都直接关系甚至决定着人类生存、社会发展和文明进步。苏轼将其与大禹治水相比并，形象而切实地说明了先进文化的巨大作用和巨大效能。

每个时代、每个国家、每个民族都有自己的先进文化。“三个代表”重要思想，将“始终代表先进文化的前进方向”作为代表先进生产力发展要求的基础和保证，作为代表最广大人民群众利益的前提和表现，抓住了问题的实质、关键和肯綮。

文化的先进性具有与时俱进的特点。在世界多极化、经济全球化、高新科技迅猛发展、竞争日趋激烈复杂的今天，建设中国的先进文化就是建设有中国特色社会主义的文化，就是建设社会主义精神文明。发展中国的先进文化，首先就是面向世界、面向未来，发展民族的科学的大众的有中国特色社会主义新文化。

先进文化的集中体现是先进的理论。一个民族要兴旺发达，要屹立于世界民族之林，不能没有创新的理论思维。因此，发展中国的先进文化，必须立足当代、立足国情，加强哲学社会科学研究，结合中国实际，推动理论创新，根据新形势、新特点，发展新理论、创造新理论，为党和政府决策提供智力支持和科学依据，使党的理论、路线、方针和政策，符合中国现代化建设的实际，符合最广大群众的利益。

当代中国的先进文化，“对人们的思想意识和社会道德风尚，对经济建设，对社会的稳定和发展，都会产生巨大而深远的影响，甚至关系到中华民族的兴衰和社会主义的命运。”其事关大局、事关全局的巨大战略意义是不言而喻的。苏轼说“夫言有大而非夸，达者信之”，此之谓也。

2001 年 10 月 20 日

“学术乃天下之公器”

——《非均衡的中国经济》英文版首发式札记

北京大学厉以宁教授《非均衡的中国经济》英文版首发，这是学界值得庆贺的喜事！是书乃国家社科基金中华学术外译项目的成果，全国哲学社会科学规划办公室对《非均衡的中国经济》英文版发行，表示祝贺！并向厉以宁教授、向为此付出辛苦劳动的外语教学与研究出版社和施普林格出版社表示感谢！

厉以宁教授是享誉海内外的著名经济学家，对中国改革开放的经济发展做出了重要贡献。先生曾是国家社科基金学科评审组专家，长期支持国家基金项目评审工作，为促进国家社科事业发展发挥了重要作用。早在改革开放初期，厉以宁教授就提出中国要积极引进企业股份制的观点，不仅理论界广为关注，而且为中央决策所接受。厉以宁先生关于产权改革方面的研究和观点，也引起学界和中央的高度关注，体现出先生求真求实、科学严谨的治学态度。目前，厉以宁先生关于产权改革方面的深入思考和研究，也引起学界和中央高度关注，充分体现出先生求真求实、科学严谨的治学态度。

“明者因时而变，知者随事而制”（西汉·桓宽《盐铁论》卷二《忧边》）。厉以宁先生立足于中国实际，深切关注现实，同时又着眼于民族振兴的长远发展，洞察世界局势，以深厚的学术功底和敏锐的深邃思考，提出独到见解，创新理论观点，为中央决策提供重要的学术理论支撑，指导中国改革实践，为学界树立了理论联系实际的典范。先生在比较研究中国与外国经济发展的基础上，创造性地发展了“非均衡经济理论”，运用这一理论解释中国经济的运行，得到国内外学术界的高度认可。《非均衡的中国经济》一书，就是厉以宁教授关于中国经济发展“非均衡经济理论”的系统阐述。

《非均衡的中国经济》一书围绕中国经济的非均衡性特征，从政府、企业、市场三者的关系入手，指出在经济非均衡条件下，市场调节的局限性将十分突出。作者分析了资源配置、产业结构、制度创新和经济波动等问题，深入揭示了中国经济宏观和微观运行机制的特点，主张加速企业运行机制的改造，发挥政府在商品市场配额调整和建立社会主义商品经济秩序中的主导作用，使中国经济逐步从非均衡状态转向均衡状态。中国经济改革发展的成功实践，证明了《非均衡的中国经济》一书蕴藏的深刻思想和理论价值。这本书1998年被评为"影响新中国经济建设的10本经济学著作"之一，2009年入选"中国文库·新中国60年特辑"（第四辑），厉以宁教授也因为本书的贡献荣获"2009中国经济理论创新奖"。《非均衡的中国经济》是当代中国经济学研究新水平的重要代表，英译本的发行，将会让世界进一步深入了解中国。

"学术乃天下之公器"（梁启超《中国近三百年学术史》），学术研究的科学成果具有公益性、社会性，理应全世界共同拥有和分享，共同推进人类社会的文明进步和健康发展。亚当·斯密的市场经济理论，有力地推动了人类社会的进步和历史文明的发展；凯恩斯的经济理论学说，在迅速恢复第二次世界大战后的世界经济中发挥了巨大作用；这些都是很典型的案例。当前，国家提出文化强国战略，提出要把中国的优秀成果推向世界，把中国的优秀学者推向世界，以提高中国文化的国际影响力。国家社科基金2010年设立中华学术外译项目，主要立足于学术层面，资助我国哲学社会科学研究优秀成果外译，在国外权威出版机构出版，进入国外主流发行传播渠道，增进国外对当代中国文化的了解，推动中外学术交流与对话。2011年，由外语教学与研究出版社翻译申报的厉以宁教授《中国经济改革发展之路》英文版获得立项资助，与剑桥大学出版社联合在海外出版发行。厉以宁教授的《非均衡的中国经济》、《超越市场与超越政府——论道德力量在经济中的作用》，也分别于2012年和2013年被立为中华学术外译项目。厉以宁教授的学术著作具有很强的思想性、典型性和代表性，是反映当代中国经济改革、当代中国经济学思想的经典作品，经过外文翻译，并与国外一流出版机构合作，进入国外主流发行渠道，必将在国外学术界和知识界产生广泛而深远的影响。

党的十八届三中全会明确提出，要“提高文化开放水平。坚持政府主导、企业主体、市场运作、社会参与，扩大对外文化交流，加强国际传播能力和对外话语体系建设，推动中华文化走向世界。”厉以宁教授《非均衡的中国经济》英文版的发行，是贯彻中央精神的实际行动。我们期待有更多这样的著作申请国家社科基金中华学术外译项目，扩大中国当代学术研究的国际影响力！

2013 年 12 月 5 日于北京大学光华楼

民族精神与文化力量

——李白国际学术研讨会札记

今年国庆节回山东老家，听说位于济宁市区南边，方圆数十里水面的“小北湖”，将更名为“太白湖”，沿岸不仅营造了大面积秀丽优美的绿化园，而且新建了一座雄伟壮观的太白楼，吸引了众多游人。山东济宁，古称任城，曾是唐代大运河上最繁华的港口城市，李白 40 岁以后曾经在这里寓居数年，现在尚有相传他当年经常饮酒的“太白楼”，是著名的旅游景点。当地政府把历史文化资源作为经济发展的增长点，既反映了文化自觉和文化建设意识的增强，又说明了李白文化影响力的强大与持久。

一　李白研究尚待开拓的学术空间很大

作为中华民族优秀传统文化的杰出代表，李白为中国文化的发展和人类文明的进步，做出了卓越贡献，在中国历史上和世界范围内都产生了深刻而广泛的影响。自唐迄今，他不仅在中国家喻户晓，妇孺皆知，而且播芳海外，成为多国人们共同喜爱的伟大诗人，也涌现出众多研究李白的汉学家。李白是中国的，更是世界的。

中国改革开放后，李白研究长足发展，而中国李白研究会发挥了积极作用。自 1987 年 11 月成立以来，研究会做了大量学术策划、组织协调、学风引导、成果交流和服务国家文化建设等方面的工作，属于成立时间早、有独立编制、务实事、坚持久的学术团体。现在召开第十六届年会就是有力的证明。作为一名会员，我感到自豪，同时也很惭愧。1999 年浙江新昌“李白与天姥”国际学术研讨会，我提交了《李白〈梦游天姥吟留别〉的构思与创新》，此后没有新成果。不过，工作职责和专业兴趣，使我一直关注李白研究的新进展和新成果。

我个人认为，目前李白研究总体上有较大推进。国家社科基金相继资助了一批研究课题，而包括国外汉学家在内的研究队伍不断壮大，研究文章、学术专著、文献整理，成果十分丰富，作品诠释更是无计其数，资料库建设初具规模。尽管如此，依然还有很大的拓展空间。比如，学术视野有待开阔，海外影响、文献整理与世界交流都需要继续加强，此其一；其二，思考深度有待强化，文化创造规律、民族精神传承和理论升华概括都需要继续深入探讨；其三，国家观念有待增强，研究选题、目标定位与价值意义应当突出国家文化建设和人类文明发展；其四，创新意识有待提高，研究方法、角度和观点都应当有新突破；第五，团体合作精神有待提高，个体研究的单兵作战与集体合作的方式需要加强，策划大型研究课题；六是有待树立运用高新科技手段开展研究的意识，提高效率、增强累积。

宋代欧阳修有过“翰林风月三千首，吏部文章二百年”的诗句，实际上李白迄今传世作品只有一千多首诗、60 多篇散文。在唐代作家中，数量不是最多的。但脍炙人口的精品多、影响大。细读李白全集，给人的突出感觉是，大气魄、大气势、大视野，充满正直、正义、正气，凝聚和传达的都是正能量。作品具有深邃的思想和浓厚的情趣，充满大美与壮美，充满浓厚的自然美、意境美和音韵美。尽管前人也有批评，如宋人张戒《岁寒堂诗话》关于“诗多妇人”的记载、苏辙《诗病五事》关于“不知义理”的说法，但均属一己之见。

人类进入 21 世纪，中国对社会科学事业越来越重视，财政投入越来越多，中央不仅提出文化强国战略，而且提出建设中国优秀传统文化传承体系。这为李白研究的深入和开拓，提供了良好的政策措施与社会环境，也营造了良好的舆论环境和学术氛围。我们应该把李白放在他生活的特定时代和中国历史发展的长河中来考察，放在世界多元文化交流交融和相互借鉴创新的大背景中来审视，突出其民族性、思想性和文化性，深刻探讨李白文化现象的历史启示。我们真诚期待更多、更高水平的研究成果问世，把李白研究推向世界。

二　发行《裴斐文集》是纪念作者的最好方式

中央民族大学教授裴斐先生，是李白研究领域的著名学者，也是中国李白研究学会的主要发起人之一。在召开年会的同时，发行《裴斐文集》，纪念先生80诞辰，是一个很智慧的策划，也是很实际的安排。

裴斐先生关于李白研究方面的成果丰富，起步早、思考深、影响大，如《李白十论》、《李白选集》、《李白资料汇编》等等，为学者必读，人所共知。1981年《文学评论》第二期发表的论文《个性化是精神生产必须遵循的客观规律》，以李白为典型，思想见解深刻，学界反响强烈。今天大家汇聚一堂，纪念这位为李白研究导夫先路并做出杰出贡献的学者，我以为，既是对先生人品和学问的敬佩与怀念，也是光大先生专、精、深学术精神和求真、求善、求美学术态度的体现，这对当前的学风建设、人才培养和学术推进无疑有着积极的启发意义。

2013年10月19日

《杜甫全集校注》的文化意义

——传统文化传承体系建设的重大成果

看到期盼多年、墨香浓郁、装帧精美的《杜甫全集校注》，爱不释手，兴奋不已！衷心祝贺《校注》的付梓面世！真诚感谢为此付出心血的所有专家学者！感谢人民文学出版社为国家文化建设做出的新贡献！

《杜甫全集校注》的学术创新、学术贡献和学术意义，不少专家从不同方面作了专业性、权威性的充分肯定和高度评价，特别是复旦大学陈尚君先生的评价尤其中肯切实。《杜甫全集校注》在体例上守正与创新结合，不仅版本选择权威性强，采用集注、集校、集评形式，而且有解题、有备考、有附录，资料精细翔实，广泛吸收前人研究成果，“里程碑”之誉诚不虚美！同时，由于杜甫在中国文学史、中国文化史和中华民族文明发展史上的特殊地位以及世界范围内的深广影响，《杜甫全集校注》成为学界高度关注、学人热切期待的重点项目，成为国家基础文化建设的重大工程。《杜甫全集校注》的出版，是中华民族优秀传统文化传承体系建设的重大成果！是弘扬优秀传统文化的又一重大贡献！也是学界为实施国家文化强国战略所做成的又一件既具体又实在的事情！学界、出版界应当为此而自豪和骄傲！

杜甫是中华民族优秀传统文化的杰出继承者、真诚弘扬者和卓越创造者。杜甫作品深刻丰厚的中华民族文化理念和思想智慧，深切关注社会、关注现实、关爱民生的创作态度与时代精神，以人为本、忧国忧民的民族精神，斯文自任的历史责任感和开阔宽广的思想境界，以及“致广大而尽精微”，“转益多师”、“积学致道”的科学态度和“语不惊人死不休”的艺术追述，无一不是中国传统文化的典型代表，无一不是中国文化传统的具体表现。

《杜甫全集校注》的出版，不仅将杜甫作品的整理研究推进到崭新境地，为进一步全面深入开展杜甫研究、进一步开发挖掘中国传统文化的思想资源与艺术精髓，进一步探索文化发展的基本规律奠定了坚实基础，提供了很大的方便，而且将会为中国文化走向世界，让世界人民深入了解中国传统文化和中国文化传统发挥重要作用。

中华文化源远流长，积淀着中华民族最深层的精神追求，代表着中华民族独特的精神标识，博大精深的中华优秀传统文化是我们在世界文化激荡中站稳脚跟的根基，“不忘本来才能开辟未来，善于继承才能更好创新”。（习近平 2014 年 2 月 24 日在中共中央政治局第十三次集体学习时的讲话）。“讲清楚中华优秀传统文化的历史渊源、发展脉络、基本走向，讲清楚中华文化的独特创造、价值理念、鲜明特色”，是我们学界义不容辞的历史责任。《杜甫全集校注》的出版，为认真汲取中华优秀传统文化的思想精华和道德精髓，深入挖掘和阐发中华优秀传统文化讲仁爱、重民本、守诚信、崇正义、尚和合、求大同的时代价值，为使中华优秀传统文化成为涵养社会主义核心价值观提供了重要的文化资源。

学术研究是推动社会文明和历史进步的重要手段。传统文化也不能例外。我们必须立足于现实，着眼于研究，勤学深思。要想“讲清楚”传统文化，首先就得“摸清楚”、“理清楚”、“想清楚”、“写清楚”，要像前贤所说的那样，必须“了然于心，了然于口，了然于手”。《杜甫全集校注》的出版，说明我们对于目前能够见到的杜甫传世作品以及前人的相关研究成果，已经基本“摸清楚”。但这还只是深入研究的前提和基础，我们期盼课题组今后继续不断推出学术分量厚重的高水平研究成果，继续不断地增补和完善新内容，形成和保持权威版本的优势地位！同时希望人民文学出版社和课题组充分利用先进的高科技信息技术手段，尽快将目前的成果数字化，为读者提供更大的方便。

众所周知，古籍整理难度大、强度大、付出大，要求高、标准高，涉及广、出活慢，因此，古籍整理既是学习、了解和继承中国传统文化的重要方法、重要手段和重要形式，又是培养、体现和检验学术水平、学术定力和学术能力的重要途径、重要方面和重要载体。我个人认为，《杜甫全集校注》的出版，其成果是多方面的。在长达 36 年的工作过程中，其对人才培养、学科建设、学风形成都有不可忽视的重要作用，都有可资借鉴的示范效应。希望课题组认真总结项目推进过程中积累的丰富经验（如对作品创作环境的实地考察与核实印证）和遇到的艰难挫折，镜鉴他人！也希望山东大学用好《杜甫全集校注》形成的宝贵学术资源，抓住目前国家高度重视中国传统文化的历史契机，努力建设和形成杜甫研究的权威基地，再创新世纪的辉煌。

2014 年 4 月 20 日

社会治理与人类文明发展相始终

——记《中国社会管理创新研究信息库》

《中国社会管理创新研究信息库》的开题研讨，对我个人来说是补了一次关于数据信息库建设的专业课。原来社科规划办公室一直想在这方面有所作为，但是有些条件还不具备，比如说国家财政投入还不够多，因为数据库平台建设需要花较多的钱才能建立。现在慢慢地有条件了，我们去年进行了专题调研，了解了一些情况。但是在专业技术方面，规划办还没有足够的条件，也没引进这样的人才。这次研讨会对于我，算是扫了一下盲。我觉得专家们的发言讨论有三个特点：第一专业性很强；第二科学性很强；第三操作性很强。对于《中国社会管理创新研究信息库》课题今后的研究展开，将会提供直接有效的帮助。

听了专家们的介绍，也看了原来魏礼群院长准备的一些材料，我很受感动。作为国家特别重大委托项目，立项仅仅 5 个月，课题组做了大量艰苦细致的准备工作，为开题会提供了扎实的材料。尽管科学性有待于完善，但是细致入微的工作令人敬佩，而且有了初步的阶段性成果。比如说，经过课题组的努力，“社会管理”作为国家独立的学科设置，就是一个非常重要的成果，为今后大家开展研究，为国家社会管理学科建设将发挥重大作用。课题组在很短的时间内能够务实、有序、有效地做出了这么多实际工作，体现了学风的扎实，令人敬佩，感谢课题组的努力，用实际行动支持了国家社科规划办的工作。专家们提出的建议，我相信课题组会认真进行梳理，并且有选择性地吸收。有专家讲，课题研究有了一个很漂亮的开头，可能这个课题会做成一个亮点，因为课题设立的前提是具备突出的优势。首先，最大的优势是人才资源的优势，魏礼群院长是数十年一直在中央高层参与决策工作，直接参加国家事务的管理、社会的治理，他不仅理论功底深厚，而且有丰富的实践经验。而北京师范大学又是全国的名校，在世界上也有相当的声望，在学术力量雄厚、人才队伍方面，在学术研究和成果积累方面都有厚重的支持力度，所以承担和完成这个课题是有坚实基础的。

从整个课题的设计来看，有高定位、大气魄、宽视野这三个特点。高定位本身就是要求这个数据库是一种高级智库。大家都知道，世界上的名校设立智库，这是一个通行的做法。我们要突破经院哲学范式，突破学校封闭书斋式的研究，要和现实社会融为一体，这是今后高校发展的一种大趋势。至于《中国社会管理创新研究信息库》这个课题的设立，有专家提到了在高校可算是第一家，今后将会是一种必然的趋势。设置这种智库是高定位，是为国家发展和政府决策提供服务的。我们经常说“围绕中心、服务大局”，就从我们针对重大现实问题提出的对策、建议来说，就是一种高定位，而不是就学术而学术，就数据库建立数据库。建立智库，服务国家，希望这个课题做成非常精彩、非常有影响力的课题。目前，中国社会管理研究院有40多份成果提交到中央高层决策，有16项成果得到高层领导的批示，这就是成绩，这就是成果，这就是一种活力和鼓励。

对于今后的发展方向，正如有的专家所说，如果焦点和定位不明确的话，就失去了努力目标，实际上通过上报成果就已经有明确的定位了，我们今后要往这方面继续努力。着力点、切入点、落脚点就定在为中央高层提供决策参考这上面。大家都知道，中国古代的经典著作《中庸》有“至广大而尽精微”的著名论断。所谓“至广大”，就是宏观上“顶天立地”，就是要从中央高层最需要的地方发挥最大的价值来着眼设计。“尽精微”就是要从具体的、细致的角度来思考、来实施。所以，北京大学、清华大学、中国人民大学几位著名专家的发言很有分量，他们有丰富的经验，提到数据的处理问题，这就是细微处，决不能“垃圾进、垃圾出”，这都需要考虑得很细，才能发挥数据库的作用，才有科学性，这是非常重要的。

建议今后课题组至少要围绕着五个方面来努力：

一是高境界。一定要有国家意识、国家观念。我们做这个课题不能为学术而学术，也不能像以前大多数国家资助的课题那样，黑瞎子掰棒子，掰一个丢一个，没有累积效应，形成不了数据库。从这个项目开始，我们要注意加强这方面的管理，要有个高境界，我们不是为了个人，也不是为了这个团队，而是为了国家今后的发展和民族的振兴。有位专家说得非常好，我们要为后人着想，要为今后国家的治理来着想。我曾经在一次会议上说过，如果说爱情是文学创作的永恒主题的话，那么社会管理就是人类社会永恒的主题。我们要看到它的战略性和长远性，把搜集的数据、研究的成果作长期的积累，从实施国家强国战略的高度来认识、来研究，这就是一种高境界。所以，十八届三中全会提出来建设“国家治理体系”，这是一个新的概念、新的提法，但是内涵非常丰富，大气魄、大战略，已经体现在里面了。这正好是落实中央精神的一个好时机、好抓手。

二是重创新。课题组一定要重视创新，大家提到了创新很难，尤其是数据库建设的创新更难。这个创新包括多个方面，包括观念、观点和方法，也包括内容、形式和载体，我就不展开讲了。但是有一点需要特别强调一下，就是检验我们这个课题组研究成果的最后标准是实践。能不能拿出对于推进社会治理发挥了重要作用的思想，这是非常重要的。我们必须瞄着这个目标去思考、去实施、去创新。

三是要出思想。大家都知道，学术研究重要的是创新，但是更重要的是出思想。没有思想的学术是没有生命力的。只有有思想的学术才能流传久远，才能真正在社会上发挥作用。为什么孔子、孟子的思想，为什么马克思主义能产生这么大的影响？就是因为其中有一种创新的思想，它探讨了人类历史发展的规律，揭示了人类社会发展的内在规律。我们这个课题不是建立一个单纯的数据库，而是要在研究过程当中揭示自己独到的见解，拿出规律探索的成果，来推动社会的进步和文明的提高，所以必须出学术思想、出研究精品。

四是出人才。这一点我就不展开讲了，整个研究过程就是培养人才的过程。刚才唐老师讲得非常好，现在整个社会体制和机制对课题的研究开展是非常有益的，特别是中央新近提出的深化改革，市场配置资源。出人才我们要出专业的人才，要把它定位高，定格高，不是培养做一般事务性工作的人才，而是要出社会管理、社会治理方面的高层次、专业性人才。

五是出效益。我们的研究成果一定要反映出来它的作用，引起学界的注意，引起社会的注意，尤其引起中央决策部门领导的关注，转化为政策，产生广泛的社会效益或经济效益。

2013 年 11 月 27 日

推进中华文化经典《楚辞》研究

——贺“东亚楚辞文献的发掘、整理与研究”开题

南通大学承担的国家社科基金重大项目“东亚楚辞文献的发掘、整理与研究”举行开题报告会，作为中国古代文化的研究者和国家项目管理的参与者，谨向南通大学和首席专家及课题组表示真诚祝贺！国家社科基金重大项目是我国目前社科研究领域权威性最高、资助强度最大的项目，社科学术界高度关注。“东亚楚辞文献的发掘、整理与研究”经过严格的匿名通讯评审，在众多投标课题中获准立项，说明南通大学在该领域的学术积累、人才队伍与研究实力达到前沿水平，也是学校长期对人文社会科学研究高度重视的必然结果。

楚辞是中华民族文化的重要经典，也是世界人民共有的精神财富。楚辞研究早已成为世界显学。周建忠教授及课题组，以勇于担当的学术气魄和不怕寂寞的奉献精神，投身学术事业，服务于当代新文化建设，令人钦佩。希望课题组确实把项目上升到实施国家文化强国战略的高度来认识，将课题研究作为建设中华民族优秀传统文化传承体系、大力推进中国文化走向世界的具体行动。课题组既要保持开阔的学术视野，努力发现新材料、提炼新观点、创造新方法，又要确保研究成果的科学性、严谨性和权威性。文献整理务必求真求实、求善求美，严格学术规范，展现良好学风，做成传世精品。要充分发挥学者思想敏锐的优势，努力发现和挖掘有利于促进当代新文化建设、有利于推进人类文明健康发展的思想资源和学术资源，为实现中华民族复兴之梦做贡献，为落实十八届三中全会“增强全民族文化创造活力”做贡献！

热切期待南通大学成为中国楚辞学研究的权威重镇。

2013 年 12 月 12 日

《傅璇琮学术评论》读后

傅璇琮先生是我十分敬佩的学术前辈，《傅璇琮学术评论》的出版让我很兴奋，一直爱不释手，一边阅读学习，一边回忆学术友谊。

正如大家所熟知的那样，先生的人格魅力和学术建树深得学界称扬并享誉海外。作为一位普通的社会科学工作者和中国传统文化的爱好者，多年来，我得到了傅先生的热情关心、鼓励、支持和奖掖，成为学术友谊深厚的忘年交。其间研读傅先生著述近三十载，既多当面聆听教诲，又得颁示手札指导，使我在学术成长的道路上，受益匪浅。先生的《黄庭坚和江西诗派资料汇编》、《唐代科举与文学》、《唐诗论学丛稿》、《唐翰林学士传论》、《濡沫集》等著作，不仅让我从中获取了丰富的文化知识，而且在治学方法和严谨学风等方面都给我以深刻启示，尤其重要的是，让我领悟到了做人、处世的道理。先生曾亲自作为介绍人推荐我加入中国李白研究会，营造和建立学术切磋和学术交流的平台；先生经常把最新出版的著作赠送给我，让我时时感受到春风的沐浴；先生还精心审读拙著《黄庭坚与宋代文化》书稿并撰写《序言》……所有这些，都让我在备受感动的同时，也深切地感受到了先生真诚扶植后学的热情，感受到了先生对晚辈成长的殷切厚望，感受到了先生为推动当代学术研究事业健康发展倾注的心血。中华民族向来就有以“道德”、“文章”论前贤的传统，我个人以为，傅先生的人品与文品，的确堪称楷模与典范。

傅先生为学术的繁荣和文化的发展做出了重要贡献，成为一代名家，这是学术界的光荣，更是宁波市的骄傲。市委市政府策划组织出版《傅璇琮学术评论》，并与宁波出版社一起举办首发式出版座谈会，充分体现了对专家学者和社会科学的高度重视，充分体现了对学术发展和文化繁荣的高度重视，充分体现了把文化建设落到实处的工作作风，充分体现了高瞻远瞩的文化战略意识和胆识。

最近，国家高层领导在中央党校发表的重要讲话中指出，加强社会主义文化建设“是全面实施党和国家发展战略的需要”，我们“必须更加自觉更加主动地推动文化大发展大繁荣”；中宣部领导同志在今年国家哲学社会科学项目评审工作大会讲话中也提出，“要注意向国外推介我国哲学社会科学的优秀专家学者，不断提升他们的国际知名度。”中央领导同志的讲话，是从国家发展战略的高度，提出文化建设的任务和要求。这次学术活动，可以说是在把握国家发展全局态势的基础上，将文化建设落到实处的一个新举措，是倡导严谨科学学风的一个新举措，因为据我所知，为本单位本系统著名学者举办学术研讨会的情况比较普遍，而为家乡的当代著名学者举办学术研讨会的却并不多见。这对傅璇琮先生、对卓有建树的当代学人、对学术研究界和社会科学界，尢疑都是一个很大的鼓舞和激励。

至大精微与学术创新

——《王世贞全集》整理与研究随记

“《王世贞全集》整理与研究”是国家社会科学基金2012年资助的基础研究类重大招标项目，当然也是国家文化建设工程的重要组成部分。根据我个人了解到的情况，立项一年来，上海交通大学校领导和人文学院高度重视，齐心协力做了大量艰苦细致的工作，课题组很用心、很投入，也很有成效。项目开展既目标明确、组织有序，又保障有力、措施得当，按照研究计划在顺利推进。这既体现了承担国家重大项目的强烈责任心，又反映了课题组勤奋刻苦、有序高效和科学严谨的扎实作风，令人钦佩。

“《王世贞全集》整理与研究”，选题具有重要的学术价值和文化意义。内容具体实在，思路厚重大气，视野十分开阔，目标设计切实可行，既符合国家文化建设的需要，又具备地域文化的鲜明特点。就研究对象而言，典型性强，学术性高，文化意义大。王世贞主盟文坛40年，文学成就与思想建树以及深远广泛的影响，甚至可以与宋代欧阳修、清代王渔洋比肩。他的著述多达300多种，《四库全书总目提要》指出“文集之富”，前所未有，诚不虚言。全集的整理与研究，除了本身的文献意义外，对于探讨中国古代文学创作与文化发展的规律，探讨人才培养和人才成长的规律，探讨社会制度与文化发展的关系，以及对当代新文化建设的启发等等，都具有重要意义。以许建平教授为首席专家的团队，研究实力雄厚，其中凝聚了复旦大学、南开大学、山东大学、兰州大学和上海财经大学等著名高校中明清文史研究的专家学者，确实具备承担和完成重大课题研究任务所必需的多方面条件。

中国古籍的整理与研究，集文献整理、资源开发和实践运用于一体，既是发掘与传承优秀民族文化的重要方式，也是建设新文化、创造新文化的重要基础。同时，这又是一项艰苦细致、难度高、强度大、富有学术含金量的创造性劳动。研究主体不仅需要知识储备厚、文化素养深、专业技能好，而且需要奉献精神强，受得了辛苦，耐得住寂寞。承担国家重大项目，更需要足够的学术勇气和担当精神。

“《王世贞全集》整理与研究”，要从大的历史背景与文化环境中去深入思考，从作家思想主张与具体作品中去细致考察。明朝270多年，总体上是一个统治稳定、经济发展、文化繁荣、社会开放的时代，也是一个资本主义萌芽和市场经济元素浓厚的时代，市场的繁荣促进了文化的发展，戏曲小说之类的大众文化得到长足发展，适应了人们精神文化需求，而诗歌、散文和词曲的创作数量也远过前代。郑和七下西洋，是中国走向世界的典型案例，这既是经贸外交的大行动，又是文化传播和文化交流的大行动。诸如永乐大典的编纂，更是当轴者重视文化建设的典型。我认为，明代前后七子的“复古”运动，不是简单的“复古”，而是对前代文化传统的继承和发扬。“文必秦汉，诗必盛唐”，强调的不仅仅是外在形式，而更重要的是内在精神。当时文学复古、文化复古思潮的兴起，又与明代最高统治者反对元代统治、恢复华夏汉族正统统治的思想相一致、相配合。

《中庸》有“致广大而尽精微”之说，这既是贤达君子品格修养的思想境界，又是学术研究必须遵循的规律要求。我以为，这更贴合“《王世贞全集》整理与研究”应当追求的目标，要把大视野、高标准、严要求作为课题研究的重要原则，在出精品、出思想、出人才、出影响、重创新上下工夫。

一是出精品。文献整理力争求真、求善、求全、求美，确保整理成果的严谨性、科学性和权威性。王世贞传世作品4268卷，散存于世界200多家图书馆，搜集齐全实属不容易，特别是把珍本、善本、孤本全部找到更不容易。确定好的工作底本、精校细审、订舛正讹，更是需要深厚的学术功力和科学的治学精神。要严格学术规范，树立良好学风，做到持之有据，言之成理，有征必引，无征不信，力求科学严谨，力争不出舛误、不出疏漏，推出传世精品，形成权威版本。要以古人的心态，做当代的学问，不急、不躁、不浮，竭尽全力，不留缺憾，做成传世精品。

二是出思想。哲学社会科学研究的优秀成果，必然是有思想、有境界、有思路的好成果。为学术而学术是没有出路的。思想必须是“有学术的思想”，学术也必须是“有思想的学术”，这才算得上高层次、高品位。王世贞学识渊博、阅历丰富，作品内容丰厚、思想深刻，要在开展研究的过程中努力发现和挖掘有利于推进人类文明健康发展、有利于促进当代新文化建设的思想资源和学术资源，实现学术研究服务于国家发展和社会进步的目的。

三是出人才。要通过课题研究，以经得起学界和历史检验的优秀成果，推出“德、才、学、识、胆”俱佳的优秀人才，包括学科建设的领军人物和训练有素的专门学者，形成科学合理的梯队，以奠定长远发展的坚实基础。

四是重创新。要开拓思路，充分利用现代科技手段，运用新的研究方法，创新成果形式、创新管理模式、创新人才培养机制、创新传播渠道，积极探索古籍整理和研究的新路子。要继续保持开阔的学术视野，不仅注重版本搜集的世界性，更要注重中国文化传播影响的世界性。这次研讨会把长三角的文献整理与研究放在一起来思考，是一个很好的思路。要以王世贞文集的整理与研究为切入点、示范点，逐步扩展，形成风气，深厚学术正能量。要多层设计，丰富成果形式，立足眼前，着眼长远，注重累积效应，建设王世贞研究的大型权威数据库，形成面向世界的权威研究基地。用实际行动和优秀成果，努力争取成为中国古籍整理的典范、中国文化研究的典范、服务于国家文化建设的典范。

五要出影响。不但要及时宣传成熟的阶段性成果，与学术界共同分享，而且要及时宣传课题组科学严谨的治学精神，积极引导学风建设。学术的生命在于创新，要努力发现新材料、努力提出新见解，及时宣传研究过程中创造的新方法、新经验，在“鸳鸯绣了从教看”的同时，也“把金针度与人”（金代·元好问《论诗绝句》）。

国家实施文化强国战略，不仅提出建设中国特色社会主义核心价值体系、建设国家哲学社会科学创新体系、建设中华民族优秀传统文化传承体系，而且大力推进国家文化事业和文化产业的大发展、大繁荣，大力推进中国文化走向世界，力求在不久的将来，让文化产业成为国民经济发展的支柱产业。所有这些，都必须以中华文明五千年连续发展的文化创造和文化积累为基础。因此，对中国古代典籍的整理、研究、发掘和运用，是服务国家建设、促进人类文明发展的具体体现，也是弘扬前贤“斯文自任”优良传统的具体表现和学界义不容辞的历史责任。上海交大高度重视和大力支持课题组开展研究，不仅体现了围绕中心、服务大局的国家意识，而且也反映出学科建设和学校发展的战略眼光。

昨天，党的十八届三中全会在北京开幕，而我们的研讨会在今天进行，虽属巧合，并非着意安排，但却是一个好兆头。我坚信，三中全会必将使中国展现让世界人民眼亮的新面貌；相信我们今天的研讨，也会把王世贞全集乃至长三角文化的整理与研究推向新境界。希望课题组继续保持良好的工作状态和精神状态，继续保持务实、扎实、高效的势头，发扬对项目负责、对国家负责、对历史负责、对读者负责、对自己负责的精神，把项目做细、做实、做深、做大。

2013 年 11 月 9 日

中国文化“走出去”的起步与探索

——国家社科基金“中华学术外译项目”浅谈*

举办“中国文化翻译与传播”暨国家语言与翻译能力建设高级研修班活动，这是一次具有非常意义的重要活动。

十八大以来，国家围绕提升文化软实力、扩大对外文化交流和提高国际话语权，作出一系列重要部署，特别是中央高层领导同志发表了一系列重要讲话，指出了中国文化走出去的重要性、紧迫性，指出了中国文化走出去的方法、目标和途径。这次研修，是落实国家文化发展战略和中央相关精神的具体举措。

中国文化是华夏民族历史实践和思想情感的智慧结晶，既“源远流长，积淀着中华民族最深层的精神追求”，又“代表着中华民族独特的精神标识”①。把中国文化推向世界，让世界深入了解中国，是文化工作者义不容辞的历史责任。借此机会，我围绕国家社科基金中华学术外译项目（以下称外译项目）谈四个意思，供大家参考。

一　外译项目的基本情况

外译项目从2009年开始策划并调研，2010年正式启动，主要资助我国哲学社会科学学术研究优秀成果的翻译与国外的出版发行，推动中外学术交流与对话，提高中国文化特别是创新理论的国际影响力和学术话语权。

---

* “中国文化翻译与传播”暨国家语言与翻译能力建设高级研修班开幕式发言。发表于《中国翻译》2014年第3期。

①　习近平在中央政治局第十三次集体学习时的讲话。

目前，重点资助四个方面：一是研究马克思主义特别是中国特色社会主义理论体系的优秀成果，二是研究中国发展道路与发展经验的优秀成果，三研究中国传统文化和民族精神的优秀成果，四是体现中国社会科学研究前沿水平的优秀成果。

外译项目随时受理申报、一年两次集中评审。国内出版的学术著作的译稿，或以外文写作、且完成60%以上的成果，均可申报。目前资助英、法、俄、德、日、韩、西班牙、阿拉伯8个语种。资助标准为1万汉字1万元。全国社科规划办网站有全面详细的介绍，如有需要，可以查看。

二　外译项目的实施反响

外译项目实施以来，由于将翻译成果纳入国家项目范围，使长期以来译作不被承认是科研成果的局面得到彻底改变，受到学界特别是高校教师的热烈欢迎。截至2013年底，受理申报600余项，批准资助200多项，涵盖20多个一级学科，已出版40多种，受到国内外学术界和出版界的普遍好评。

外方出版机构，多是具有国际影响力的知名出版社。如英国剑桥大学出版社、美国圣智学习出版社、德国施普林格出版社等。根据全球最大的图书馆目录数据库（Worldcat）检索显示，已出版成果被众多国外图书馆收录。如《中国民间组织30年》、《中国经济转型30年》和《中国对外关系转型30年》分别被60多家图书馆收录。

《南沙争端的由来与发展》被菲律宾南海问题专家、前驻新加坡大使阿尔伯特·恩科米恩达（Albert Encomienda）称为“具有信服力的著作”。美国普林斯顿大学图书馆馆长卡林·崔纳（Karin Trainer）称赞《中华人民共和国国情词典》“总结并填补了外国对于近现代中国认知的某些的空白”。

外语教学与研究出版社于2012年在伦敦举办《中国经济改革发展之路》首发式，剑桥大学出版社将其收入“剑桥中国文库”（Cambridge China Library）丛书。社科文献出版社于2013年9月在莫斯科举行《中国特色社会主义理论体系探源》、《民族复兴之路的回望与思考》俄文版首发式，国内外多家媒体报道。前不久，国务院新闻办公室和比利时欧洲学院共同建立的图书馆“中国馆”揭牌，展示了一批外译项目成果并被收藏，受到习近平等国家领导人、外国政要及学者充分肯定。

三 中国学术走出去的几点想法

近年来，对于中国学术走出去的初步探索，取得一定成效，但与国家文化发展战略的要求相比，才刚刚起步。全国社科规划办拟以加强和改进外译项目为重点，继续做好几件事。

一是紧扣中国主题选择资助项目，确保成果高品位高质量。一方面牢固树立精品意识，推选出体现国家当前最高学术水平的标志性研究成果，确保成果出得去、立得住、传得开。另一方面，精心组织遴选研究中华优秀传统文化的原创性学术著作，委托经验丰富的高水平翻译和出版发行团队，成规模地集中推动学术论著的外译外介，让更多的优秀成果走向世界。

二是加强国际学术出版信息的收集分析，增强工作针对性。做好相关信息收集和研究工作，是提高学术外译科学化水平的基础。目前，我们对相关信息的了解还不深入、不全面、不系统。比如，关于国外读者的关注热点和阅读习惯、国外学术著作的出版发行规律、国外汉学家的地域分布、语种分布、政治倾向和译介成果等等，知之不多，尤其在研究方面存在短板。今后要在这些方面下足工夫，提高学术外译的科学化水平。

三是从战略层面规划学术成果译介，形成传播合力。传播力决定影响力，话语权决定主动权。要从中国在全球发展的战略高度规划中国文化海外传播与发展，推动中国学术与国际学术的实践互动，着力实现外译成果“落地生根、开花结果”。我们拟加强与相关部门的沟通协作，建立健全合作机制，整合优质资源，科学设计、分步实施、持续推进；同时利用各种影响较大的对外交流平台，依托具有丰富对外交流经验的国内出版机构，“造船出海”与“借船出海”等多种渠道并用。我们还计划建立外译项目国际学术影响跟踪机制，建立共享性的“国际学术影响力追踪档案”，鼓励督促成果作者增强学术走出去的自觉与自信，积极参与高水平的国际交流与合作。

四是为培育高水平的外译人才队伍搭建平台。推动中国文化走出去，翻译人才是关键。学术成果外译，对译者学术水平和语言水平的要求很高，这比文学作品和通俗理论读物的翻译难度高得多。我们拟利用国家社科基金学术外译项目，努力为培养高水平的外译人才队伍创造条件，提供便利，特别是培养优秀中青年人才。当然，类似这次高级研修班的学习交流平台，无疑也是培养和发现优秀学术外译人才的好途径。

四 认识、建议与期待

一是关于中国文化翻译与传播。中华文化具有鲜明突出的民族特色，"越是民族的，越是世界的"，但只有通过翻译，才能把"民族的"变成"世界的"，否则，再优秀的文化成果，也只能是"关在笼子里的老虎"，影响力有限，无法展现"虎威"和旺盛的"生命力"，无法发挥巨大的"能量"。正如翻译使中国学人了解了亚里士多德的《诗学》，而不再只是津津乐道刘勰的《文心雕龙》，能够阅读汉译本莎士比亚戏剧，而可以与关汉卿的戏剧创作作比较。奥斯特洛夫斯基《钢铁是怎样炼成的》汉译本，曾经激励了中国无数青年勇往直前，不怕艰难，保尔·柯察金代表着人类的顽强毅力和坚强精神，成为人们崇拜的偶像。中国文化也只有通过外译，广泛传播，才能爆发生命力，发挥影响力。

二是关于精选具有人类文化普遍意义的优秀著作。翻译和传播中国文化，必然要有选择，有重点。要从推进人类健康发展的高度，优先选择那些最具民族特色、最具普遍意义和最有典型意义的优秀成果，选择有利于推动人类文明进步，有利于促进全世界和平和睦和谐，有利于深刻认识事物发展规律，有利于激发人们创造活力和传达正能量的优秀成果。

马克思、恩格斯著作的汉译和传播，改变了中国历史发展的进程；而孔子学说的外译，不仅被西方视为"东方的《圣经》"，而且让当代众多获得诺贝尔奖的自然科学家认为，21 世纪的人类生存，要从孔子那里汲取智慧。《孙子兵法》成为美国西点军校颇受欢迎的读物，而英国赫胥黎的《天演论》与法国卢梭的《社会契约论》都深刻地影响了中国学人的思想观念。这些人类文化的优秀成果无一不是通过外译向全世界传播。中国文化也必然走这样的路子，必须选择最有人类意义的著述，才能产生最好的长远的效果。

三是关于科学运用受众国语言概念。中国文化外译难度大，要求高。必须立足实效，充分考虑受众的文化背景和理解能力。世界各民族创造的文化优秀成果是人类共有的精神财富，只有通过广泛传播和相互借鉴，才能促进人类文明的健康发展。译者必须具备多民族、多语言汇通与转换的超强能力。原著的思想性、理论性与吸引力、感染力，是选择翻译必须考虑的重要元素。而翻译的科学性、准确性和生动性，决定着传播力、影响力和生命力。要精心选择有利于受众理解和接受的合适概念，提高传播的效果。利玛窦来中国传教，根据中国文化发展的实际情况，采用“补儒易佛”的策略，选择中国文化经典《中庸》《诗经》中的“上帝”概念，来代替基督教的“天主”，由于符合中国本土传统文化的习惯，而获得文化界包括当朝皇帝的理解与支持。最近，西方汉学家曾批评中国自己把“君子”译为“绅士”，偏靠西方话语，而“邯郸学步”，丢失了民族特色，实际上“君子”的含义之丰富要远远大于“绅士”。这都是很典型的案例。

最后，衷心希望在座的专家学者，一如既往地支持中华学术外译项目，共同推动中国文化和中外学术的交流与传播。同时，也期待涌现大批世界著名的中国翻译家！

2014 年 5 月 16 日凌晨改定

新视野、新境界、新开拓

——读杨义先生新著《中国古典文学图志》

杨义先生新著《中国古典文学图志》的出版，对于促进中国文学史的深入研究和促进民族文化的广泛传播，都会产生积极影响。

杨义先生学术成就卓著，大家十分敬仰。《中国古典文学图志》是先生十年心血的结晶，既体现着研究的新成就，又体现着风格的新境界。著作的突出特点和多方面的创新，《导言》、《结语》和《后记》多有明确叙述。毫无疑问，这本著作是文学史研究在新世纪取得的又一重要成果。这项成果，理念新、视野广、发掘细，新意迭出，尤其在开拓新视野、创造新形式和探索新思路三个方面，给人印象最深刻，也更有启迪性。

一　开拓新视野

如何撰写文学史，特别是如何撰写中国古代文学史，长期以来，一直是众多文学史家不断思考、不断实践、不断探索的老问题，也一直是众多学人十分关心和密切关注的老问题。对于文学史家来说，这既是一个长期性的理论问题，又是一个现实性的实践问题。中国文学史的撰写，如果从1880年俄国人瓦西里耶夫的《中国文学简史纲要》出版算起（据郭廷礼考证，见《中华读书报》2001年9月24日），已走过126年的历程；如果从1897年中国人窦警凡的《历朝文学史》问世算起，也有110年的历史。经过一个多世纪的辛勤耕耘，著述逾千部（《导言》说“百年一千六百部”），但标准既不相同，风格也千差万别，可谓千姿百态，丰富多彩，基本上都处于探索状态，没有固定的模式。

与以往的文学史著作相比，杨义先生新著的最大特点之一就是开拓了新视野。这突出地表现在三个方面。其一，更新学术理念。作者把握了经济全球化背景下文化发展的新趋势，把握了新的历史条件下人们思维的新特点，在此基础上，超越前人“杂文学观”和“纯文学观”的理念，提出了“大文学观”的学术理念，为“重绘中国文学地图”奠定了坚实的理论基础。其二，贴近历史实际。作者从中国文学发生发展的历史实际出发，论述了公元10—14世纪中国跨地域民族文化的多元重组，探究了中原文化的凝聚力、辐射力，以及与边远地域民族文化交互作用的机制与活力。地域空间包括了宋、辽、西夏、金、回鹘、吐蕃、大理国、元代的所辖所属。著者还从相关的地理学、文化学、民族学、考古学等方面，考察和描绘文学发展的历史，尤其是以较大的篇幅描绘边疆少数民族文学的发展状况，揭示中国文学跨地域发展、多民族交融的特点。这样，既避免了把“中国文学史”写成“汉民族文学史”，又贴近了中国文学发展的历史实际。其三，提高文化层次。文学是文化的重要表现形态，文学又是文化孕育的结晶和文化信息的载体。文学的发展，只有从文化层面去审视，才能更容易接近和发现文学发展的规律。新著认为，中国文学与中华民族文化是一个共同体，“单纯的文学内部封闭式的研究，难以发现其内在关联”。因此，著者运用整体的、联系的、发展的研究方法，把中国文学的发展，放到中国文化发展的历史大背景中去考察、去审视，通过文学的发展，揭示中国多民族的和谐发展，揭示中国古代的文明进步，并深入挖掘民族精神和民族风格，既体现出中国文学发展的深厚根基与丰富内涵，又体现出中国文化的博大精深与和谐本质。由此，给读者以耳目一新、视野开阔的感觉。

二 创造新形式

适宜的形式会让表达的内容倍增光彩，形式自身也会成为新的亮点，形式和内容相辅相成、相互发明，形成强大合力来吸引和征服读者。这正是杨义先生新作的又一显著特点。这个特点集中体现在“图志”上，著者已经醒豁地标示在书名中。全书40多万字，配合图画317幅，且“有图必有志”，创造出一种“以史带图、由图出史、图史互动”，图画与文字相互诠释、相互印证的文学史写作新形态、新模式。这不仅增强了著作的生动性和形象性，增强了著作的吸引力和感染力，而且由于使用了图画新材料，也增强了著作在学术研究方面的前沿性。

“以图传意”是人类文明发展中最原始、最古老，也是最普通、最普遍的重要文化表现形式。毋庸置疑，无论是远古岩画还是近代彩绘，其中都含有丰富的时代文化信息，包括文学信息，人们可以从不同角度进行研究和解读。即使在人类发明文字之后，“以图传意”不仅依然盛行，而且又创造出了“图文并行、相互发明”的表达方式，中国古代甚至认为“书必有图”，因此有了“图书”这样固定的名称。由于图画形式的直观性和生动性，读者会不自觉地参与到理解和破译图画信息的活动中，同时，图画又可以使凝重有余、活泼不足的学术著作变得较为轻松灵动，所以图文并茂的学术著作往往更受读者青睐。近年随着所谓“读图”的时兴，也的确出现了一些颇受读者欢迎的“图志式”著作，比如，杨义先生的《中国新文学图志》之外，美国人伊佩霞的《剑桥插图中国史》也甚得好评。

文学与图画都属于文化艺术中的不同门类而各有特点，文学长于描述，图画更为直观；二者又有共通之处，可以相互发明，相互诠释，相互补充。图画与文学如果在内容上有着密切联系，就可以帮助读者更好地理解，领略个中意趣与情趣。但文学史著作，以往很少采用“图志学”的表达方式，像郑振铎先生的《插图本中国文学史》以“插图”标志新意者，殊不多见。杨义先生继《中国新文学图志》之后，这本新著又继续创造性地采用“图志式”，而且图画与文字之间的关联更直接、更密切，这无疑是对“以图传意”古老文化形式的弘扬和创新，也成为著作最抢眼的重要亮点。

三　探索新思路

我国自古就有“文无定法”之说，这实际上是强调，要充分调动和发挥写作者的能动性和创造性。当然，“无定法”也是一“法”。怎样撰写文学史没有什么“定法”，自然可以积极探索，大胆创新，“八仙过海，各显神通”。但我个人以为，至少应当遵循三个原则：一要真实，即客观地描绘文学发展的历史实际；二要深刻，即科学地揭示文学发展的基本规律；三要有用，即真正地促进当代新文化建设。杨义先生的新著在这三个方面都作了十分有益的新探索，为今后文学史研究的发展提供了深刻启示。

探索新思路，除了表现在上面谈到的开拓新视野、创造新形式之外，在创新研究方法、推进学术发展方面也有充分反映。比如，作者对精神层面“个体生命体验与历史时代命题交互作用”的分析，对文化层面“文人探索与民间智慧互动互补”的分析，对中原文学与边陲少数民族文学“相激相融”、“边缘活力”的分析，以及对宋词“雅俗相推”、“良性互动”的分析，对少数民族文学“神异美学空间”的分析，等等，都是很典型的例子。

探索新思路，就要给人以启迪。文学史的撰写，实质上是学术研究的过程。马克思曾经在评论 18 世纪末及 19 世纪初哲学研究状况时指出，“哲学家们只是用不同的方式解释世界，而问题在于改变世界。”[①] 我个人理解，马克思强调的是，学术研究既要以“解释世界”、揭示规律为基础，更要以推进创新、“改变世界”为目的，即必须给人以启发。文学史至少有三大作用：一是让读者了解文学发展的历史，提高读者的文化素质；二是认识和把握文学发展的规律，借鉴历史经验和前人智慧；三是促进创新，发展当代的新文化。新著在实现这三大作用方面显示出很强的冲击力。比如，通过对宋词由俗而雅、由盛而衰发展轨迹的描述和分析，启示人们，文学创作只有贴近生活、深入生活、反映生活，才能有创新、有发展，才能获得旺盛的艺术生命力。

探索新思路，就要把握时代性。在新的历史条件下，面对全球经济一体化趋势和世界文化多极化格局，面对我国社会主义市场经济的蓬勃发展，如何推进学术研究的健康发展，新著也给我们诸多启示和思考。比如，怎么样把文学史的前沿成果与民族文化的普及有机结合起来；怎么样把深入挖掘民族精神、民族风格与把中华民族文化精华推向世界有机结合起来；怎么样把传承文明、提高全民族文化素质的社会效益与市场经济条件下发展文化事业的经济效益有机结合起来；怎么样把促进社会主义新文化建设与增强国家软实力有机结合起来；诸如此类，都发人深思。

① 马克思：《关于费尔巴哈的提纲》第十一条，见《马克思恩格斯选集》第 1 卷，人民出版社 1995 年版，第 61 页。

实事求是地讲，我是有幸最早拜读新作的读者之一。书刚面世，杨义先生就亲笔题赠，惠赐大作。惭愧的是，我没来得及通读完全书，只学习了部分章节，加上学力水平所限，难以窥其堂奥，既对著作的创新亮点欠缺精当把握，又对杨义先生深广的学术创造欠缺深刻领悟，同时，对著作可能产生的重大影响，也欠缺科学和足够的估计。以上体会，即使仅得皮毛，也难免错误，请大家批评指教。

2006 年 5 月 19 日

2014 年修订

中华文化艺术的
弘扬者、创新者和传播者

文化艺术是人类社会实践和文明发展的智慧结晶，世界各个国家与不同民族创造的多姿多彩的灿烂文化，汇成人类共有共享的思想资源和精神财富的巨大海洋，在相互交流交融中不断创造新境界，丰富着人们日益增长的精神需求，推动着人类的文明与进步。

中华民族有着悠久的文明历史和优秀的文化传统，5000 多年不曾间断的连续发展，既创造了博大精深叹为观止的中华文化，又涌现出大批饮誉世界影响未来的文化巨擘。他们“以人为本”，胸怀世界，把文化艺术作为“化育天下”的重要手段与推进“人类和谐”的有效方式，自觉发扬光大前贤圣哲“斯文自任”的使命意识，想天下事、写天下情，造福人类、惠及生民，弘扬光大着“厚德载物”的民族精魂。在现代文明高度发达的当今世界，在文化艺术成为国家综合实力重要组成部分的现实社会，众多思想艺术家，依然表现出高度的文化自觉和强烈的历史使命感与社会责任心，成为中华民族优秀文化艺术的忠实弘扬者、杰出创新者和热心传播者。饮誉中外的著名书画艺术家都本基即是典型代表。

一

都本基，字秋实，号饮墨斋主人。1947 年生于大连，蒙古族，中国元代皇室忽必烈家族后裔。毕业于鲁迅艺术学院，中国美术家协会、书法协会会员，民革中央画院理事。

都本基是中国文化艺术一代宗师徐悲鸿先生的再传弟子，也是陈墨先生

的高足。他秉承师训，苦学精进，厚德重艺，擅国画，工诗词，精篆刻，妙于嵌名对联，尤以自创浑厚遒劲的“霸书”而著称。其独具创意的“天”字头书法作品如“天下和谐”、“天人合一”、“天下粮仓”等更是饮誉海内外。都本基书法博采中国先秦青铜铭文、汉魏碑帖、二王颜柳与苏黄米蔡诸前贤笔法意韵，创立新体，境界阔大，蕴含深厚，苍茫雄劲，人文思想渗透力强，视觉美感冲击力大。国画将中国的散点透视与西方的焦点透视有机结合，风韵高雅清新，艺术风格与民族特色鲜明突出。

都本基性情率真笃深，心地善良忠厚，对艺术充满深情和激情，充满痴情与赤诚，尤其致力弘扬中华民族精神，倾力世界文化交流，热心推动公益事业，其学养造诣、创新精神和思想境界令人敬佩。

二

都本基重学养、重创新、重品格。众所周知，作品内涵的思想性、文化性和创新性是艺术创造的内在灵魂，决定着作品的魅力、活力和生命，也是艺术创作必须遵循的重要规律。都本基勤学苦练、博览深思，以扎实丰厚的学问为艺术创作的根底，融情感、品质和人格于笔端，诗词创作独具风韵，书法绘画气象雄浑。

比如，巨幅书法作品《苏轼〈念奴娇·赤壁怀古〉》，气势磅礴、酣畅淋漓、浑厚典雅，其蕴含的巨大艺术冲击力，令人即刻想到苏轼书法的“端庄杂流丽，刚健含婀娜”与黄庭坚书法的遒劲雅重、飘逸灵动，而字里行间宣泻奔腾的豪放激情与横扫千军的气势力量，不能不让人油然而生赞叹。书法作品的构思运意、谋篇布局、前后关联、呼应安排，充分体现着作者对苏词内容的深刻理解和准确把握，体现着如何巧妙运用书法艺术的表现特点，传达、再现和丰富苏轼词作思想内容的精湛功力，其对苏词字句不同版本的取舍，更是体现着都本基深厚的文化素养和独到见解。

都本基对苏轼、黄庭坚的书法特点与理论主张不仅有深刻的理解与把握，而且在自己的创作实践中有着创造性的发挥。苏轼、黄庭坚冠亚宋代书法四大家，超轶绝尘而各有独创。其笔势风貌虽然有别，而宗法为一，意韵相近，皆刚柔相济，姿媚隽逸。他们又都是宋代主流文化思潮的重要代表，积极倡导“文道并重”。反映在书法创作上，明确提出“技、道两进”，主张艺术与思想融为一体，审美与化育完美结合。这不仅提高了书法艺术的文化品位，而且丰厚了书法作品的文化内涵，强化了书法艺术的社会功能。都本基正是遵循这样的艺术思路进行了开拓性的创造与实践。

都本基书法始于习模苏轼，而成于个人新创，所谓博采百家之长而习学苏轼用力尤深。他中学时代即以喜爱绘画而显露艺术禀赋，并为追求款识字体的完美而励志习字，苏轼书写的《醉翁亭记》成为他起步临习的字帖而被奉为圭臬。众所周知，书法作为专门的艺术门类，有着独特的表现方法和艺术规律，学习“技”法、讲究“技”法、创新“技”法，自然是题内应有之义。苏轼自称“少日学兰亭”，“中年喜临写颜尚书真、行，造次为之，便欲穷本；晚乃喜李北海，其豪劲多似之”，可谓博采众家之长。苏轼还通过总结自身的实践体验，来概括书法形体风神和气势结构等方面的要求与特点。他认为书法作品必须有“神、气、骨、肉、血，五者阙一，不为成书”（《论书》），认为“真书难于飘扬，草书难于严重，大字难于结密而无间，小字难于宽绰而有余”（《跋王晋卿所藏莲华经》）。苏轼曾自称“余书如绵裹铁”，“平时作字，骨撑肉，肉没骨”。今观苏轼传世书法作品，字体体势多为扁方，源于隶法而取其风神，用笔厚重劲健，多取颜真卿笔意，兼得五代杨凝式之韵，故气魄雄伟，笔势隽逸，瘦健与丰腴浑然一体，姿媚神秀，圆劲有韵，内刚而外柔，自创一体，令人景仰！

苏轼不唯讲究“技”，而且尤其看重“道”。他特别注重书法作品的教化功能与社会影响，强调创作主体的道德涵养与文化素养，强调“人品”与“书品”的统一，提高了书法艺术审美的境界与层次。苏轼认为，“凡书象其为人”，“苟非其人，虽工不贵”，认为“心正则笔正”，“世之小人，书字虽工，而其神情终有睢盱侧媚之态”（《书唐氏六家书后》）。苏轼还特别强调以继承为基础的创新独造，要求“出新意，求变态”，“逸于绳墨之外”（《跋叶致远所藏永禅师千文》），自谓“吾书虽不甚佳，然自出新意，不践古人，是一快也”（《评草书》）。正是苏轼独树一帜的艺术风格和重技、重道、重创新的书学思想，对都本基书法艺术之路产生了直接的重大影响。

都本基对苏轼的门生黄庭坚更是神交而心仪，尤其是对于黄庭坚书法理论与艺术创作的理解把握更深入、更准确、更细致，创造性的吸收和发挥也更多。黄庭坚书法师承苏轼而自成一家，以劲健奔逸、雄放瑰奇、飘洒飞动、变化无际著称。黄庭坚对苏轼书法推崇备至，以为“东坡书如华岳三峰，卓立参昂，虽造物之炉锤，不自知其妙也。中年书圆劲而有韵，大似徐会稽，晚年沈着痛快，乃似李北海。此公盖天资解书，比之诗人是李白之流”，其字“笔圆而韵胜，挟以文章妙天下，忠义贯日月之气，本朝善书，自当推为第一”（《跋东坡墨迹》）。黄氏还进一步阐释和发挥苏轼书法理论，并结合亲身实践的心得体会，把“技、道两进”的思想推向新境界。

黄庭坚精研前代诸家书艺奥妙而尤喜颜书，且颇得真髓，自称“极喜颜鲁公书，时时意想为之，笔下似有风气”。他主张“凡书要拙多于巧”，字要“肥不剩肉，瘦不露骨”，“肥字须要有骨，瘦字须要有肉”；强调书法必须严谨，“失一点如美人眇一目，失一戈如壮士折一臂”。黄氏论书还提出了“笔、意、韵”诸说，认为“字中有笔，如禅家句中有眼”（《李致尧乞书书卷后》）、“锋在笔中，意在笔前”，“凡书画当观韵”，“此与文章同一关纽”（《题摹燕郭尚父图》）。他还指出，“用笔不知擒纵”，则“字中无笔”（《自评元祐间字》），“若使胸中有书数千卷，不随世碌碌，则书不病韵”（《跋周子发帖》），“书字虽工拙在人，要须年高手硬，心意闲淡，乃入微耳”。黄氏所言之“笔”，即是书法表现之“技”，而“意”与“韵”说，则是书法作品内含的思想与外溢的效果。

与苏轼一样，黄庭坚特别注重书法艺术的独创性。其《论写字法》云：“随人学人终旧人”，《题乐毅论后》谓“随人作计终后人，自成一家始逼真”。他认为，学古人书，应该“萧然出于绳墨之外而卒与之合”（《题彦鲁公帖》）。正因如此，黄庭坚在“技、道两进”之“道”的要求方面，有着更为开阔的要求。他特别强调人格、学问、修养和性情的统一：“学书要须胸中有道义，又广之以圣哲之学，书乃可贵。若其灵府无程政，使笔墨不减元常、逸少，只是俗人耳”。其《跋东坡书远景楼赋后》说“东坡书，学问文章之气，郁郁芊芊发于笔墨之间，此所以他人终莫能及尔。”《跋范文正公帖》云：“今士大夫喜书，当不但学其笔法，观其所以教戒故旧亲戚，皆天下长者之言也。深爱其书，则深味其意，推而涉世，不为古人志士，吾不信也”。至《题王观复书后》则要求“无秋毫俗气”、“不随俗低昂”。他在《论写字法》中还教导后学“要须得一佳士与游，养其忠厚之源，此最为先务也”。都本基创造性地继承和发扬了苏轼与黄庭坚“技、道两进”的书学思想，并将其融于书法创作的实践中，从而形成既有苏轼、黄庭坚书法作品元素，又有自己独创特色的艺术风格。

三

都本基不仅善于师法前贤，而且善于创新境界。他特别强调艺术创作必须反映时代发展、体现民族精神，必须立足于社会现实，着眼于人类未来，把书法作品作为传播民族文化、推进社会文明的重要载体，赋予作品丰厚深广的人文内涵。

都本基常常把爱国心、民族情融入翰墨、凝聚笔锋、形于创作。如果说巨幅书法作品苏轼《赤壁怀古》词已略窥一斑的话，那么，都本基饱含激情历时数月精心创作的行书长卷《道德经》，更是充满打动人心的艺术力量。这幅题材内容与书法艺术珠联璧合的长篇巨帙，创意新、寓意深，更能体现都先生对中国传统文化精华的深刻把握，更能体现其书法创作的艺术造诣，更能见出令人敬佩的思想境界。

众所周知，《道德经》是中国古代卓越思想家、哲学家李耳公元前6世纪的经典著作。全书虽然只有5000多字，但内容丰富多彩、思想博大精深，诸如宇宙、自然、社会、人生及其相互关系、物事情理等等，无所不包。这部反映和体现当时中华民族文化发展、文明发展和思想智慧的巅峰之作，采用韵文形式，讲“德”论“道”，分章划节，易读、易记、易传，其俯拾即是的格言警句，无一不是关切现实、关注社会、关心民生、关爱人类的智慧总结与理论升华，无一不是立足中华民族历史实践和人类文明发展的规律探讨与经验概括，无一不是富有深厚思想启迪与深刻方法启示的理性结晶。正因如此，《道德经》在中国和世界上产生了巨大影响，被誉为“东方圣经”、“万经之王”。其注者如云，前后相望，阐释著述，汗牛充栋。历代学人乃至帝王公卿，推崇备至。唐玄宗不仅亲为注解，而且诏告天下，必家藏一册。《道德经》至晚在唐代即流播海外，迄今各种外文版本已逾千种，是《圣经》而外，世界上被译成外国文字发行最多的文化名著。黑格尔说“《道德经》最受世人崇仰”；尼采也说“《道德经》像一个永不枯竭的井泉，满载宝藏，放下汲桶，唾手可得。”世界著名哲人尚且如此评价，其影响之深远广泛，可以想见。

都本基选择这样一部经典著述作为书法创作的题材，可谓匠心独运，用意深厚。他以书法艺术的形式来表达对《道德经》的深刻理解，表达艺术家深厚的民族感情和“大爱”之心，让这部反映中国古代文化发展水平和中华民族智慧的经典著作不仅能够继续广为传播，而且因为增添了浓厚的书法艺术元素更受珍视，为世界人民深入了解博大精深的中国文化，共享中华民族为人类文明发展创造的思想成果，深入了解中国这个文明古国、文化大国，搭建起一条充满艺术活力的新桥梁，体现着作者的宽阔胸怀和远大眼光。

尤其难能可贵的是，都本基选择行书创作《道德经》，更是智慧抉择——将艺术审美与思想熏陶融为一体，让读者在享受艺术美感的同时，轻松愉悦地接受着思想的洗礼。行书的最大优势在于能兼顾创作主体与受众群体的需求，既能给书法家以充分展示艺术才能的空间，又能给不同层次的受众以阅读与欣赏的便利。众所周知，审美与实用的关系，始终是人类文化发展中的基本问题之一。审美与实用融合一体，是中国传统文化特别是艺术发展的一大规律。古代先贤主张“治世修文，化育天下”，倡导“文以载道”、“文道并重”，要求文章“易读、易懂、易记、易传”，无不考虑受众群体和社会效果。中国汉字书法的发展情形与文学大致相似。汉字书法的主流一直沿着“书以载道”、“书以传道”、“书、道并重”、“以书化人”的路子走，考察由大篆、小篆到隶体、楷体的衍变过程，正可见出向“易认、易记、易写、易传”逐步推进、方便受众的特点。而“书以记事记言”、“书以怡情励志”，“书以传道明心”、“书以警世省心”的内容特点，以及由“朴、拙、重”不断向“意、境、韵”提升的风格变化，也体现了书法艺术在审美与实用结合方面的发展轨迹。都本基书法发扬光大了中国文化“审美与实用”融合一体的优良传统，如果说奥运会上204个国家和地区的引导牌是一次集中展示的话，那么，手书《道德经》长卷则是又一次文化内涵更加深厚的实践。都本基选择既庄重平实又飘逸流动的行书精心创作，不仅点画丝连，字携意牵，大小相间，而且虚实并用，疏密有致，浑然成篇，或顾盼呼应，或跌扑纵跃，可谓急缓有度，动静相宜，其节奏旋律、气势风韵，可以令人想到“龙跳天门，虎卧凤阁”的《兰亭序》与“流畅通达、丰腴圆润”的《麓山寺碑》，淋漓尽致地表现了《道德经》的智慧内涵，淋漓尽致地展现了对苏轼、黄庭坚的用墨特点、侧锋运笔等技法的创造性发挥，也淋漓尽致地体现出对黄庭坚书法点如“高山坠石”、竖如“树梢挂蛇”的精到理解、深刻体会与创新实践。概而言之，手书《道德经》长卷体现着创作者强烈的文化意识和时代意识，体现着对民族精神和传统文化的弘扬。

都本基的时代意识和民族精神，使他的书法蕴含着丰厚的传统文化精华，充满了积极健康、鼓舞人心的力量。他为奥运会撰写的“同一个世界，同一个梦想”，表达着全世界善良人们的美好期待；他创作的《泰山颂》不仅体现着中华民族的伟大气魄，而且洋溢着热爱祖国、感动人心的浓浓深情；他在海南岛题写的“凤舞天涯”，更是一改“天涯海角”的荒凉感伤色彩，而呈现欢乐祥和、热烈红火的气氛。都本基创作的“天下和谐”，更能反映创作者的思想境界，更能反映创意的独到和寓意的深远。“天下和谐”是全世界一切善良人们的愿望和期待。都本基以独特的书法创意和可以利用的一切机会，宣传和倡导这种愿望和期待。

四

都本基不仅是中国优秀传统文化的继承者、弘扬者和当代书法绘画艺术的创新者，而且也是中国文化艺术走向世界的热情传播者。

众所周知，文化艺术，越是民族的，越是世界的。民族特色越鲜明，艺术个性越突出，吸引力、冲击力和生命力越强。都本基书画艺术突出鲜明的独创性和民族性，得到世界很多艺术家的肯定和青睐，多次应邀赴国外巡展，其艺术作品成为向世界展示和传播中华文化的重要窗口。都本基在美国加州、英国伦敦、法国巴黎、西班牙巴塞罗那等众多国家举行的个人书画创作展，均反响热烈，评价甚高。

2005年是中法文化年，都本基在法国巴黎举办个人书画展，取得空前成功。作品《北京四合院》组画，以极富地域特点、民族特色和文化内涵而引起了国内外媒体的广泛关注与报道。国画《三骏图》，作为国礼赠送给法国总统希拉克收藏；书法作品《泰山颂》、《榜书》分别被法国国家博物馆、法国大学城亚洲馆收藏。另有7幅书画作品，被中国驻法国大使馆永久收藏。

2008年，都本基为北京奥运会开幕式上的204个国家和地区代表团书写引导牌，不仅让全世界人民对中国汉字书法有了一次直观形象的认识和了解，而且提高了海内外对中国当代水墨的认知和审美。2010年为上海世博会的369个首日封上题写全部场馆名，开拓了国际文化交流的新渠道和新方式。其许多作品如《天下和谐》、《耕风沐云》、《沐日浴月》、《三骏图》、《并驾齐驱》等，作为国礼赠送世界多国元首如布什、克林顿、希拉克等。手书《奥林匹克宣言》被大英图书馆收藏。

2012年4月，在中美建交四十周年、尼克松诞辰一百周年之际，以“天下和谐”为宗旨，以“同一个世界　同一个梦想”为精神的都本基书画艺术展，在美国洛杉矶市尼克松图书馆举办。尼克松图书馆馆长在开幕式上致辞说：“四十年前，有一支美国乒乓球队访问了中国，被称为著名的‘乒乓外交’，进而在毛泽东主席、周恩来总理、尼克松总统、基辛格博士等共同努力下，破开了中美之间的坚冰，是世界上的两个巨人走到一起，建立了中美人民的友谊。今天都本基先生又把书画作品带到美国，向美国展示了中国文化的魅力，增进了中美人民的友谊，可以说，这是一次‘文化的外交’!”美国联邦议员特使、加州议会议员、蒙特利公园市市长、洛杉矶艺术家联合会会长及罗伯特·林恩·纳尔逊、唐尼娅·诺兰等一大批美国顶尖级的艺术家和美籍华裔社团代表出席了开幕式，中国驻洛杉矶总领事馆文化参赞代表总领事发表热情洋溢的讲话，引起满场的轰动。十位美国模特，身穿都本基手绘图案的中国时装走秀表演，把开幕式活动推向高潮。美国各大主流媒体及多家华文媒体都做了详细报道，反响热烈。

都本基书画世界巡展首站在美国获得巨大成功后，又在伦敦奥运会期间展出。书画展安排在中国奥委会在伦敦的官方接待中心“中国之家”，各国朋友每天都络绎不绝来参观欣赏，赞叹都本基用真情笔墨彰显奥运精神，传播中华文化，深厚世界友谊，倡导天下和谐。在此期间，都本基还应邀赴大英图书馆、李约瑟研究所、爱丁堡孔子学院、伦敦亚洲之家等机构进行文化交流活动。

2013年8月，北京奥运会成功举办五周年，奥林匹克委员会特别授权，首都文明工程基金会与《文明》杂志在北京奥林匹克公园内联合推出《美丽的奥林匹克》百米文化长卷。曾经在北京奥运开幕式上用浑厚典雅、气势磅礴的中国书法呈现中华文化艺术魅力的都本基，受国际奥委会罗格主席、中国北京《文明》杂志社委托，书写创作“现代奥运之父”顾拜旦的《奥林匹克宣言》，以此作为百米文化长卷的主体。都本基书法作品再次引发人们的强烈赞誉，当天的参观者超过7000人次。文化长卷是继希腊雅典古代奥林匹克遗址后，世界上的第一个奥林匹克宣言广场，也是现代奥林匹克精神文化的永久传播中心。国际奥委会提出，“让我们带着所有奥运会主办城市的问候与祝福，将《美丽的奥林匹克》文化长卷从北京传递到里约热内卢，为奥林匹克价值的永恒力量而喝彩！”都本基书写的《奥林匹克宣言》中文本将与英文本、法文本一起，在未来各届奥运会举办国的城市传递，用中国文化特有的方式向世界传播奥林匹克理念。

都本基还应邀赴泰国、法国、德国等举办“天下和谐”的书画作品巡展。都本基的艺术创新之梦——通过自己独树一帜的书画作品，传播中华民族辉煌悠久的文化艺术，传播中华民族“天下和谐”的思想理念，让中国的文化艺术与世界文明成果有机地融合到一起，正在努力实践中有效推进。

五

都本基热心公益事业。他经常举办或参加赈灾义卖、助学助残活动，捐赠大笔款项或大宗作品，表达深厚的人文关怀，体现出宽广的胸襟和可贵的奉献精神。

笔者曾听都本基夫人一凡女士讲述都先生倾力奉献奥运、慷慨义捐赈灾、免费指导后学等一系列感动人心的故事，也听都本基讲述自己放下手头工作，帮助残疾人募捐，并亲自高价买下扇面作品，还为购买者签名鼓励的情景。2008年，都本基为四川地震赈灾义卖书画作品，总计价值400多万元人民币，全部捐给四川灾区人民。2010年，为中国红十字会西部女性阳光基金捐赠书法作品《天下爱心》，拍卖所得善款用于西部贫困女性癌症患者的救助；为文艺基金慈善拍卖会创作的书法作品《观海听涛》，拍卖所得40万元，用于资助贫困孩子学习舞蹈艺术。这些，无不反映出都先生关注现实、关注社会，关切民生、关切未来的品德！

上海世博会正式开幕，都本基先生接受了中国残疾人联合会、中国关爱生命共享阳光组委会联合邀请，担任“爱心大使”。他高度赞赏生命阳光馆“消除歧视、摆脱贫穷、关爱生命、共享阳光；城市让残疾人生活更美好”的鲜明主题，高度赞赏主题馆对地球、城市、人三者之间生存相依、“共生”“共赢”关系的精妙阐释，不仅现场题写馆名，而且题写嵌名联句如“主题明确大业共耀，细节清楚伟绩同辉”、“联世界精英共铸安泰，合诸国伟力共创谐平”、“生命宝贵众人同也”、“阳光普照万物共乎”等等，同时为残疾人志愿者代表签字留念，并与残疾人艺术家联袂创作，充分表达了对人类生存和社会环境的关爱，充分体现了都先生的博爱襟怀。中国残联副主席、组委会秘书长为都本基颁发了“爱心大使”证书，奥运火炬手金晶代表残疾人向都先生赠送纪念品。

六

都木基为中华民族文化艺术创新和世界各国文化交流作出的积极贡献，已经产生了广泛深刻的影响。都本基入编《中国当代名人录》、《世界名人大典》，作品收入《中国美术全集》、《20世纪著名书画家真迹大典》等等。国家授予都本基以“德艺双馨”艺术家称号。

都本基著有《都本基诗文稿》、《都本基行书千字文》、《都本基常用汉字的多种写法》、《都本基书画集》、《都本基百扇图谱》、《情系中华——都本基奥运书法集》、《中华情——都本基奥运画册》、《弟子规·三字经》、《都氏家训》等书，均已付梓问世。

都本基书画艺术体现着浓厚的民族精神和时代精神，体现着刚劲独特的艺术风格和令人敬佩的人品。美国《世界日报》曾有文章评价都氏书法外有霸气，而内有大气、骨气、神气和锐气，看上去既有极强的视觉冲击力，又蕴含种种变化，令人回味无穷，是很有见地的。他为奥运会题写“天下奥运”与入场式204个国家地区的引导牌，为电影或电视剧题写片头《天下粮仓》、《中流砥柱》、《壮志雄心》、《山楂树之恋》；国画《天马行空》与《骏马图》、书法《天下和谐》与画制的12张邮票，是中国神舟七号、八号航天飞船搭载的唯一书画作品。书法长卷《中国赢》、《人民解放军占领南京》、《抗击非典万言书》，国画《牡丹图》、《紫气东来》、《爱心辉国魂》等，分别被人民大会堂、毛主席纪念堂、国家博物馆、首都博物馆等收藏。

关于都本基的人品、书品有许多许多的评论，其中有两条至为确切、精辟和中肯。其一是“情系中华”。这是全国人大常务委员会副委员长周铁农同志专门为都本基撰写的题赠条幅，其隐含的对句应是“胸怀世界”，可以说这是对都本基人格境界和思想品质的概括与评价，所以蒋一成先生称“都本基大师”是“书写世界的人”。其二是“师古不泥古，求新更创新”。这是已故国学大师季羡林先生专门为都本基题写的对联，凝练地概括了其艺术成就的突出特点。在中华民族文明发展的历史上，人们常常以“德、才、学、识、胆”全面评价一位思想家或艺术家的道德品质、聪明才智、知识结构、观点见解、创新魄力等方面的整体素质，而都本基先生在这些方面无疑有着鲜明的表现。

拟于癸巳中秋长椿苑

莫斯科“中国特色社会主义系列丛书”俄文版发布札记*

很高兴在这样美丽的季节访问友好邻邦俄罗斯，很高兴出席今天的新书发布会。在这里，我谨代表中国哲学社会科学规划办公室，真诚祝贺新书发布会的成功召开！同时，向付出辛勤劳动的俄罗斯科学院远东所、俄罗斯涅斯托尔历史出版社及中国社会科学文献出版社、向出席今天发布会的专家学者及媒体朋友们致以诚挚的问候和衷心的感谢！

中国国家主席习近平今年 3 月访问俄罗斯期间曾说：“文化就像一个绵延不断的河流，源头来自远古，又由许多支流、干流汇合而成。文化交流是民心工程、未来工程，潜移默化、润物无声”，生动形象地描绘了人类文化的发展、传播与影响。世界各国人民创造的丰富多彩的文化成果，是人类共有的精神财富和思想资源，哲学社会科学则是人类思想文化的核心，也是人类文明发展的内在灵魂。哲学社会科学具有认识世界、传承文明、创新理论、咨政育人、服务社会的重要功能，是推动经济社会发展的重要动力。

中国与俄罗斯有着深厚的文化渊源。中国是具有优秀文化传统的文明古国，在五千年文明发展的历史进程中，创造了博大精深的中华文化。与此同时，中华民族又特别注重学习和吸收世界各国有益的文化成果，马克思恩格斯学说的中国化就是一个典范事例。20 世纪以来，俄罗斯文化在中国广泛传播，产生了深刻影响，尤其是俄罗斯的社会科学研究成果，对推动中国社会的变革发挥了重要作用。中国和俄罗斯的文化交流，增进了两国人民的相

* 本文是在俄莫斯科新书发布会上的讲话。俄罗斯季塔连科院士、中国驻俄罗斯大使馆闫文斌公使出席。

互了解和友谊，正如习近平主席所说“正是因为两国文化长期交流融合，中俄友好才根深叶茂。”

中国高度重视哲学社会科学工作，特别是改革开放以来，国家设立了社会科学基金，成立了全国哲学社会科学规划办公室。最近20年，国家投入社会科学基金累计40多亿元人民币，资助各类研究项目近3万项，形成了多学科、多层次、多角度的项目资助体系。今天发布的两本俄译书，就是国家社会科学基金中华学术外译项目的成果。《中华民族复兴之路的回望与思考》，从历史发展的角度，全面回望了中华民族的伟大复兴之路，详细记录了艰辛历程，探索了基本规律，总结了经验教训；《中国特色社会主义理论体系探源》系统阐述了中国共产党推进马克思主义中国化的理论创新与中国特色社会主义实践发展的经验。相信这两本书将为俄罗斯读者了解中国近现代史进程、了解当代中国发展理论和发展道路提供有益参考。

中华学术外译项目自2010年设立以来，资助了一批介绍当代中国社会发展进步成就，弘扬中华优秀传统文化，推动中外学术交流与对话的优秀成果，受到国内外出版界与读者的普遍关注和欢迎。今后，我们还将继续加大支持力度，为推动中外学术交流多做实事。

习近平主席不久前再次访问俄罗斯，将中俄两国战略合作伙伴关系再次推向了一个新的高度。两国元首达成了诸多新的重要共识，我们相信双方在人文等领域的合作将会迎来一个新的黄金发展时期。我们希望与俄罗斯有关方面进一步加强合作，不断增进两国人文社会科学领域的交流，在交流中实现共同发展。

2013年9月23日

“春晖行动”的文化价值

——建设与传播社会主义核心价值体系的有效途径*

“春晖行动”创意发起五周年，看了其走过的艰难历程和取得的显著成效，深为感动，深受教育，深有启迪。这项旨在“弘扬中华文明，反哺故土亲人”的大型社会公益活动，意义已超乎策划初衷，成为积极建设和广泛传播社会主义核心价值体系的重要载体与有效途径。

“春晖行动”是建设与传播社会主义核心价值体系方式的有益尝试。社会主义核心价值体系是社会主义意识形态的本质体现，是中国特色社会主义事业的精神灵魂，更是全党全国人民共同团结奋斗的思想基础。建设社会主义核心价值体系，既有深刻的理论性和深厚的实践性，又有现实的针对性和鲜明的时代性，是一项长期的战略任务和复杂的系统工程。这项工程，关系中国特色社会主义事业的推进，关系党的执政地位的巩固和民族凝聚力的增强，关系两种社会制度的生死较量和人类文明的健康发展。因此，需要集中全党全民的智慧，需要全社会的共同参与，需要科学有效的方式方法。“春晖行动”无疑是这方面的创造性尝试。

“春晖行动”是落实党的“十七大”精神的重要举措。“十七大”提出，要“切实把社会主义核心价值体系融入国民教育和精神文明建设全过程，转化为人民的自觉追求，积极探索用社会主义核心价值体系引领社会思潮的有效途径”，“增强社会主义意识形态的吸引力和凝聚力”；十七届四中全会进一步提出了“开展社会主义核心价值体系学习教育”的新要求。毫无疑问，积极探索科学、有效地建设和传播社会主义核心价值体系的方法、形式与途

* 本文发表于《党建》2010 年第 9 期总第 273 期，文字有删减，现恢复原稿。

径，是新世纪全党全民全社会义不容辞的历史责任。面对世界政治多极、多元、多变的新格局和世界文化交流、交锋、交融的新趋势，面对我国经济体制深刻变革、社会结构深刻变动、利益格局深刻调整、思想观念深刻变化的新情况，共青团贵州省委立足于本省经济社会发展实际，着眼于推动经济发展和促进社会和谐，创意发起“春晖行动”，且五年如一日，不断拓展覆盖面，影响越来越大，传播越来越广，不仅经济建设成效显著，而且精神文明也在提升，把中央的指示精神落到了实处。

“春晖行动”启发公民良知、良智和善心、善行。活动以中华民族优秀的历史文化传统为根基，以“亲情、乡情、友情”为纽带，号召游子为促进家乡发展做贡献。这一创意有两个特别值得关注的地方：其一是充分发挥、充分利用优秀传统文化亲情伦理道德的历史积淀和人们普遍认知、认同的心理意识。其二是充分激发与调动人们思乡、怀乡、恋乡的真诚情感和甘愿奉献社会、体现个体价值的心理意识。正是这两大特点，使社会主义核心价值体系的实践与建设，成为人们的自觉追求和内在要求，成为提高道德素质的动力源泉，成为引导文明健康社会风尚的旗帜。

“春晖行动”以人为本，以情为魂。人本思想、人文情怀，是马克思主义的思想精髓，更是社会主义核心价值体系的重要基础。感人心者，莫先乎情，而情亲莫过“母爱”。慈母之爱，是人类最淳朴、最真诚、最伟大的情感，也是最普遍、最典型、人人皆有感受的情感。“感恩母爱”更是人性应有的基本道义和高尚品德。“春晖行动”的创意者通过移植古代脍炙人口的《游子吟》诗意，并撷取“谁言寸草心，报得三春晖”中的“春晖”冠名，以“感恩母爱”的血缘亲情比喻“眷念家乡”的地缘深情。“亲情”连接“乡情”，“个体”融入“社会”，从而扩大了关爱他人、奉献社会的内涵，不仅切入角度好，而且思想境界高。由此，通过关怀家乡父老、支持家乡发展，家庭的“个体亲情”转化为社会的“大爱真情”。活动中涌现的众多先进典型和感人事例，充分展示了核心价值体系蕴涵的真、善、美，充分展现了核心价值体系的人文关怀和道义力量，让人深受感动，不能忘怀。

“春晖行动”弘扬传统，爱家爱国。建设社会主义核心价值体系，必然以优秀的传统文化为基础。眷念家乡，是人类共有的心理，更是中华民族的传统美德。中国自古以来的族群聚居习俗，形成了博大精深的民族文化传统和细致缜密的伦理道德体系，形成了强烈的家庭观念、家族意识、家乡情结，成为国家理念的坚实基础。这种浓厚的家庭和族群理念代代相传，绵延数千载，甚至影响着中国历史发展的大格局。在中国五千年文明发展的历史长河中，家庭成为社会构成的基本单位，家庭理念成为传统文化的基本元素。这不仅典型地表现在“家天下”的封建政治体制中，反映在“家国一体”的社会组织构成上，而且内含在个体的社会价值实现中。古代“正心、诚意、修身、齐家、治国、平天下”的个人奋斗路线图，自然深含“爱家、爱国”的信息；而屈原辞赋、杜甫诗歌，辛弃疾“金戈铁马”、文天祥“丹心汗青”……无不饱含强烈的“家国”之情。家乡，作为社会成员个体出生成长或者前辈生活繁衍的地方，也是家族生息繁衍的地方，这里有血缘关系密切的家庭、家族和亲情。对于背井离乡的游子来说，家乡内在的吸引力、影响力、感召力和凝聚力，是无可替代的。惦记家乡、关爱家乡，为家乡发展略尽绵薄，这既是一份情感的表达，也是一份应有的责任。知恩感恩，回报家乡、回报亲情，是中国传统美德的具体体现，是热爱家乡、热爱祖国的具体表现，也是家族亲情、地缘乡情和民族深情的综合体现。“春晖行动”深厚的人文底蕴和广泛的群众基础，决定了必然获得广泛响应，取得显著效果，甚至生活海外的耄耋老人，也热泪盈眶地说出回报家乡的铮铮誓言，令人感动不已。

“春晖行动”务实事，求实效。这项大型公益活动，本质上是在倡导“以人为本”的社会关爱，自开展以来，始终坚持“以情动人”，“以事感人”，“以行化人”。创意者从意识形态的伦理道德切入，以情感元素调动社会资源，讲真情、办实事、求实效，推动经济发展，促进社会和谐。参与者人人可以根据自己的实际情况，自觉自愿做力所能及的实事。而在这一过程中，活动参与者、涉及者受到感化和教育，自觉实践新时期向善、向美、向上的关爱理念，引导着人们树立正确的世界观、人生观、价值观，弘扬爱家乡、爱祖国、爱人民的传统美德，弘扬关爱社会、团结互助、民族和睦的社会风尚，思想理念与品德境界得到升华。尤其值得提出的是，“春晖行动”有着强大的组织系统作保障，使公益活动科学、有序、高效运行。活动过程，成为实践、传播和丰富社会主义核心价值体系的过程，“真正做到在改造客观世界的同时改造主观世界，寓改造主观世界于改造客观世界的过程中，用改造主观世界的成效来推进客观世界的改造。”（胡锦涛《在“三个代表”重要思想理论研讨会上的讲话》）。

“春晖行动”是社会主义核心价值体系的具体化和实践化。它把马克思主义指导思想、中国特色社会主义共同理想、以爱国主义为核心的民族精神和以改革创新为核心的时代精神、社会主义荣辱观，融入活动，贯穿全程，体现在人们的行动上，反映在具体的事例中，充分体现了社会主义核心价值体系理论与实践的高度统一，充分体现了党的主张、国家意志和人民意愿的高度统一。众所周知，任何理论的产生，都必然以深厚丰富的社会实践为基础，任何理论的成熟，也必然是在指导社会实践的过程中，不断丰富发展和完善。社会主义核心价值体系是科学先进的思想理论，更是生动鲜活的社会实践。社会主义核心价值体系的形成是一个全社会广泛参与建设的历史过程，也是一个不断深入认识、不断深入实践、不断广泛传播的历史过程，更是一个不断丰富完善和与时俱进的历史过程。它含纳在广泛的社会活动里，体现在人们的日常生活中。它是凝聚人心的精神旗帜，规范思想行为的共同标准。“春晖行动”把社会主义核心价值体系的建设与传播实践化、具体化，成为“知行合一”的鲜活载体。

总之，“春晖行动”建立了一座关爱他人的平台，架起了一座奉献社会的桥梁，为建设与传播社会主义核心价值体系创造了良好的社会环境，营造了适宜的社会氛围。这是一个思想内涵深刻、文化积淀深厚、现实意义重大、发展前景广阔的重要创举，是一个思想境界高、实践性能强、适合人群广、容易见成效的重要创举。

2010年6月8日草

陶洗与锻造文学研究的中国话语*

——"当代中国文学研究"丛书出版研讨会札记

面对21世纪世界文化多元、多样和交流、交融的新格局、新态势，中国学术界必须认真思考"文学研究的中国话语"，组织研讨，充分体现了学术的敏锐性。借此机会，谈三层意思。

一 关于议题

研讨议题好，立意好，时机好。顺应了国家文化发展战略的需要，顺应了建设中华民族优秀传统文化传承体系的需要，顺应了中国文化走向世界的需要。赵剑英社长从文化自信、理论自觉和学科建设诸方面介绍这次研讨的目的，介绍"当代中国文学研究"丛书的策划设计与出版情况，站位甚高，视野宽广，体现了出版人强烈的国家观念和斯文自任的历史责任意识，令人钦佩！

国家提出建设中国特色、中国风格、中国气派的哲学社会科学，提出哲学社会科学研究要创新观点、创新体系、创新方法，提出建设中华民族优秀文化传承体系，把博大精深的中国文化推向世界，这些都是中远期目标的设定或国家文化发展的规划，都是宏观的原则要求和文化建设的战略部署，需要学术界和全社会长期扎实的共同努力来实现。而讨论"文学研究的中国话语"，是落实国家文化发展战略的具体行动。

---

* 本文是在中国社会科学出版社2014年5月10日主办的"文学研究的中国话语"学术研讨会上的发言。

众所周知，文学是全世界所有国家和民族普遍拥有的文化现象。文学紧密联系生活、深刻反映社会、刻画形象鲜明生动，故事性、思想性、艺术性融为一体，感染力、吸引力和化育力极强，人们喜闻乐见，积极参与，或阅读、或创作，覆盖面大，影响面广。而对于文学的研究，更是哲学社会科学研究的重要方面。由于文学发生发展自身规律的一致性，人们对事物的认知感受也基本相同，如爱情主题、以人为本、公平正义、自然观念等等，世界各国文学都有广泛的交流空间，可以总结概括出许许多多的共同点、相似点和可资借鉴的经验。从文学研究的角度讨论中国话语，以积极的姿态建设既体现中华民族特色、又广为世界接受的话语体系，增强中华民族优秀文化的传播力和影响力，让博大精深的中国文化真正发挥推动人类文明健康发展的重要作用，自觉承担21世纪经济大国、文化大国的历史责任，是时代赋予我们的任务。议题针对性强、目的明确，角度好，切入点具体实在，不空不泛。这对搭建世界文化交流的学术平台与掌握文化交流的主动权，具有重要意义。中国社会科学出版社从国家文化建设的高度策划组织出版《当代中国文学研究》丛书，从六大方面认真梳理新中国文学研究的发展轨迹，摸清家底，总结经验，探讨规律，有思想，有见解，惠及学人，泽被后世。当然，以“致广大而尽精微”的高标准要求，尚有许多提高的空间。

今天的议题，实际上陶东风与和磊撰写的《当代中国文艺学研究（1949—2009）》第二十章“重建中国文论话语与中国文艺学的本土化焦虑”已经对面临的形势作了深入的分析和思考。但是，由于上面提到的国家文化强国战略的大氛围，特别是习近平前不久访问欧洲期间的多次演讲，都站在人类文明发展、健康发展的高度，倡导文学、社会科学研究的合作与交流；2014年5月4日在北京大学又特别强调，“推进中国改革发展，实现现代化，需要哲学精神指引，需要历史镜鉴启迪，需要文学力量推动。文史哲研究要关注人们的精神世界，关注社会现实问题，积极回应社会关切，帮助人们更好认识自己、认识世界，确立不断前进的方向和信心。这是当代学术研究应该承担的社会责任。”这次研讨的举行，学术意义和政治意义尤为重要。

二 三点看法

文学研究是对文学作品、文学思潮、文学现象、文学影响、文学规律等等方面的考察讨论，是富有理论色彩的学术活动。文学研究的中国话语问题，实质上就是面对目前和将来的世界发展，如何构建中国话语的文学理论体系，并积极影响世界，在实现中华民族伟大复兴之梦的同时，积极推进世界文化的健康发展和人类文明程度的提高。其实，我们在文学研究的中国话语方面，有着鲜明突出的资源优势和亟待开发的广阔空间。

1. 文化资源丰厚：历史文化与文学理论思考深广。

仅就中国古代而言，文学研究同文学创作一样，不仅历史悠久，而且成果丰富。这些成果，大都以序跋、评点、书信、专论、笔记、笺注、专著等等多种文本的形式保存在历代文化典籍中，浩如烟海、汗牛充栋，其数量甚至比文学作品本身多出千百倍。比如，《诗经》的笺、注、解、析、辩、考、论、说等方面的成果，数不胜数，构成历代兴盛不衰的“诗经学”。据刘毓庆《历代诗经著述考》（明代卷）称，仅朱明一朝的著述可考者就有740多种，流传至今者仍有220多种。再如，《楚辞》的研究从西汉刘安、司马迁开始，逐渐形成专门的学问，至清代末期，研究著作已经多达800余种（见周建忠《楚辞·前言》）。至如诗话、词话著作，更是数以千计。如清代何文焕《历代诗话》28种，丁福保《历代诗话续编》34种、《清诗话》42种，近人郭绍虞《清诗话续编》34种。又有《古今诗话丛编》33种（自署“不求闻达斋主人”）、《续编》36种。词话则有唐圭璋《词话丛编》1986年修订版85种。这些诗话、词话，都蕴含着极其丰富的文学理论思想。

众所周知，中国传统文化，文章为至尊，是正宗正统。纵观中国古代文学的发展，散文因其思想性、适用性和艺术性的有机统一而成为雄居文坛的当然霸主。对文章多方面、多层次、多角度的研究，成为纵贯文学发展全程的主流与轴心。南北朝时期就出现了《文心雕龙》这样的文学研究的理论巨著。

20世纪末王水照先生所编《历代文话》始于南宋初王铚《四六话》，迄于近代刘咸炘《文学述林》，收录“五四”运动之前800年间散文研究的专著和单独成卷的评论143种，近千万字，成十巨册。规模如此之大，内容之丰富，可以想见。王水照先生在《前言》中指出："以文评著作为主要载体之我国古代文章学，内涵丰富复杂，却自成体系，最具民族文化之特点。"王先生概括出八大方面的内容：一是文道论，即论文之根本与功能，属本体论范畴。二是文气论，关涉作家之涵养、写作准备及"气"在作品中之表现。三是文境论，包括境界、神、味等诸多文论范畴，探求作品的艺术灵魂与审美核心的构成。四是文体论，论析文章各体之发生、规范与特点，文体流变过程中之正、变之辨。五是文术论，有关写作技巧、手法之多方面探讨，以及"有法"与"无法"关系的研究。六是品评论，评析作家作品之优劣得失及其各自特色。七是文运论，研究文章之历史演变、流派发展等。八是相关信息，包括作家行迹及其逸事等生平背景研究，考订、辨析、辑佚等文献内容。可知这是一个文学研究中国话语的巨大宝库。

至于宋元及以后兴盛的戏剧、小说，研究成果也极为可观。宋人刘辰翁评点《世说新语》开小说评点之先河，而明代《李卓吾先生批评忠义水浒传》对小说的描写、叙述和思想、艺术都有分析评点。张竹坡对《金瓶梅》的评点，金人瑞对《水浒传》、《西厢记》的评点，脂砚斋对《石头记》（见《红楼梦》）的评点，等等，构成文学研究创新发展的一大景观。

2. 学术积累扎实：话语碎片化与内容系统化共存。

中国古代的文学研究话语，自由灵活，形式多样，不仅文话、诗话、词话众多，即兴体、评点式、概括型在在皆是。从整体上看，文学研究的话语呈碎片化态势，但从具体著述看，也不乏系统性强、细密化高的专著。

仅就散文研究而言，自先秦至魏晋，零锦片玉，散见各种论述中。专论有挚虞《文章流别论》、李充《翰林论》、任昉《文章缘起》等惜均残逸。而《文心雕龙》则是体大思精、自成体系的权威著作。其上、下两部计50篇，系统性很强。既有《原道》、《徵圣》、《宗经》这样的基本原则，也有《辨骚》、《明诗》、《诠赋》之类的体裁分辨，既有《神思》、《物色》之类的创作方法论，也有《才略》、《知音》这样的鉴赏论。作者还总结概括了文学的八种艺术风格。

唐宋古文运动勃兴，相关论述增多，理论开始呈现深入化迹象。唐代评论"散文"者多为单篇序跋书简；专书如冯鉴《修文要诀》、王瑜卿《文旨》、王正范《文章龟鉴》等（见《宋史·艺文志》卷八），惜皆失传。宋代开始涌现创新性、系统性与原则性较强的理论专著，如陈骙《文则》体裁严整，修辞理论富于开拓性：李涂《文章精义》见解精当。与此同时随笔式的“文话”著作如《朱子语类》卷139《论文》、周密《浩然斋雅谈》或搜集遗闻逸事，或评骘文章优劣，形式自由。而吕祖谦之《古文关键》首开古文评点之先河，精选唐宋名家散文，标举命意与布局，卷首又列《看古文要法》，论述文章体式源流等，真德秀《文章正宗》也以尚理为旨归，呈现出结合具体作品进行深入思考的研究态势。

至明代高琦《文章一贯》，开始将前人研究的碎片化成果进行类聚区分，纳入“立意”、“气象”、“篇法”、“章法”、“句法”、“字法”以及“起端”、“叙事”、“议论”、“引用”、“譬喻”、“含蓄”、“形容”、“过接”、“缴绪（结）”等十五类子目，体现出系统化的自觉意识。宋濂《文原》、吴讷《文章辨体序说》、徐师曾《文体明辨序说》、王世贞《文评》等，均为明代文学研究的著名成果。明代前七子提出“文必秦汉、诗必盛唐”，后七子推出“才、思、格、调”说（《艺苑卮言》）、公安派主张“独抒性灵”，都是自创体系的典型案例。

清代学人对于散文的研究提出了一系列细密化的理论主张。桐城一脉提出“义理、考据、辞章”说，姚鼐更是倡明“神、理、气、味、格、律、声、色”八要素。黄宗羲《论文管见》、方以智《文章薪火》、顾炎武《救文格论》、刘大櫆《论文偶记》、曾国藩《鸣原堂论文》、刘熙载《文概》等等，都是思想丰富、自成一家、影响甚广的文学理论著述。

当然，中国先秦时期没有出现诸如亚里士多德《诗学》那样系统的美学和艺术理论著作，这也是由于复杂的历史原因所决定，应当客观地把握。

3. 民族特色鲜明：形式载体与话语概念风姿独具。

如上所述，中国古代的文学研究话语，其形式载体自由灵活，多种多样，文话、诗话、词话，书信、序跋、评点，单篇述论、多卷专著、高典大册，甚至诗赋歌咏，皆有行迹稽考。而话语概念，更是民族特色鲜明。

就内容而言，中国古代的文学研究话语既丰富多彩，又生动形象，体现着鲜明突出的中华民族特色。文学即人学。中国古代的文学研究始终坚持以人为本、天人合一的民族理念，始终以人为中心创建文学研究的概念和话语。比如，大家熟知的，前人以“文眼”、“诗眼”、“词眼”来品评文学作品中点睛传神、精警关键的字句（苏轼《次韵吴传正‘枯木歌’》“君虽不作丹青手，诗眼亦自工识拔”），又以“主脑”、“戏胆”、“关目”评论戏剧的主题立意、主要人物和情节安排（明代李贽要求把“关目好”作为戏剧传奇创作的关键，以“关目”特指戏剧构思与情节安排的新奇）。元代乔梦符则以“凤头、猪肚、豹尾”评说文章结构，说明文章开头要漂亮精神、主体内容要丰厚广博、结尾要干脆有力。至如以“前呼后应”、“针脚细密”评说文章内在关联之类，更属常见。以上使用的概念，都有一个共同特点，就是用人们特别熟悉的事物作比喻，或是人的重要身体器官，或是动物最具标志性特征的身体部位，或是人们日常生活中常见的行为，既朴实通俗、生动形象、易懂易记，又充满风趣、情趣和谐趣，极具艺术吸引力。

纵观中国古代的文学研究话语，丰富性、多样性、多层性的特点十分突出。比如，重思想识见、重立意境界，强调文以载道、文道并重，倡导创新、讲究效果，追求真善美，重辞彩、讲艺术，注意结构布局、起承转合，提倡寓教于乐，主张温柔敦厚，委婉含蓄，甚至以诗论诗、以禅喻诗。要求“清水出芙蓉，天然去雕饰”、“删繁就简三秋树，领异标新二月花”（郑板桥诗），诸如此类，不胜枚举。唐代杜甫《戏为六绝句》首开以诗论诗风气，元代元好问又有《论诗绝句三十首》历评前代诗人，当代学者郭绍虞、钱仲联、王遽常主编《万首论诗绝句》四巨册，都是中国文学研究话语的富矿。

唐代司空图《二十四诗品》、皎然《诗式》、宋代严羽《沧浪诗话》都是影响深广的文学理论著作。《诗式》五卷系统论述诗歌创作多方面的理论，《沧浪诗话》分为诗辨、诗体、诗法、诗评、考证五册，并提出诗有“别材”“别趣”说，批评“以文字为诗，以才学为诗，以议论为诗”，具有较强的系统性、理论性。

《二十四诗品》最具典型性。司空图将诗的风格细分为“雄浑、冲淡、纤秾、沉著、高古、典雅、洗练、劲健、绮丽、自然、含蓄、豪放、精神、缜密、疏野、清奇、委曲、实境、悲慨、形容、超诣、飘逸、旷达、流动”24种，每种都以十二句四言诗描绘出一幅幅图画意境，如“清奇”：“娟娟群松，下有漪流。晴雪满汀，隔溪渔舟。可人如玉，步屧寻幽。载瞻载止；

空碧悠悠。神出古异，澹不可收。如月之曙，如气之秋。”这样可以让读者积极参与，主动理解、体悟和把握，生动形象而又含蓄具体，余味无穷。确有“味外之味”、“韵外之致”、“象外之象”、“景外之景”。司空图是晚唐著名的苦吟诗人。苏轼说他“诗文高雅”。司空图将哲人对生命的体知、诗人对诗意的了悟、论者对诗思的省会三种心理活动统一起来，以形象事物解说抽象概念，达到了天人合一的境界。其后模仿与续作大量涌现，如袁枚《续诗品》、黄钺《二十四画品》、杨夔生《续词品》、许奉恩《文品》等等。

《二十四诗品》在西方也产生了重要影响。英国汉学家翟理思的《中国文学史》(1901 年纽约)、克兰默·宾《翠玉琵琶：中国古诗选》(1909 年伦敦)都对《二十四诗品》有精到的阐述，甚至自称“引导我们一种特殊的途径进入了富有魅力的宇宙”。苏联汉学家阿列克谢耶夫 1946 年发表了他的硕士论文《一篇关于中国诗人的长诗：司空图的〈诗品〉翻译和研究》，使《二十四诗品》在苏联的汉学研究中成为一个热点。日本学者也有《二十四诗品举例》、《诗品详解》等诸多研究成果。

三　三点想法

文学研究的中国话语建设是中国文化建设的基础工程，也是中国文化发展战略的重大任务，既有其现实迫切性，又有其长远规划性，所谓“不积跬步，无以致千里”。特别是在目前经济全球化和文化多元化的大背景下，中国已经成为经济大国，文化必须紧跟上去。而中国传统文化在世界的广泛传播、莫言小说获得诺贝尔文学奖、麦家《解密》、《暗算》诸作品受到西方青睐，这些都为文学研究的中国话语走向世界营造了很好的氛围。同时我们也要有充分的思想准备和科学的方法途径来推动。

1. 强化学术自信。

如上所述，我们有着丰厚的文化资源、扎实的学术积累和突出的民族特色，但我们还必须强化文化自信，实现精准定位。

中国古代，特别是唐宋元明时期，中国是文化输出大国，不仅周边国家接受汉语言文化的影响，世界上不少国家都不同程度地与中国进行文化交流。一个时期，清朝的闭关锁国曾影响了中华民族文化的发展，而“西学东渐”开拓了部分学人的视野，同时也引起了学界“中学”、“西学”、“为体”、“为用”的大争论。究其实质，就是一个民族自信和准确定位的问题。“中学为体、西学为用”，在理论上基本解决了这一问题。

“文变染乎世情，兴废系乎时序”（《文心雕龙·时序》）。人类历史发展到今天，中国已经由饱受外强凌辱转变为世界经济发展的重要支撑。在文化方面，我们也必须以“和平”“和睦”、共同发展的思想理念和价值观念去积极影响世界，而从文学的角度无疑更容易为世界人们所接受。我们应当坚信，中华民族的优秀传统文化和优秀文化传统，将成为推动人类文明健康发展的原动力和正能量！我们应当多组织这样的研讨，倡导、引导和主导文学研究的中国话语建设。

当然，我们也必须以中华民族优秀文化为基础、为前提，采取“以中释中”、“以西释中”、“中西通观”相结合、相融合的原则，处理好借鉴国外优秀成果的关系，处理好“文学与文化”、“理论与实践”、“中国与西方”的关系，体现鲜明的国家意识和人类高度。“越是民族的，越是世界的”，我们必须保持中华民族本色，既不能“削足适履”，也不能“邯郸学步”，欧洲一位汉学家曾批评中国翻译把“君子”翻译为西方的“绅士”，二者差别巨大，中国汉语“君子”的内涵没有了，修养品位也没了。“随人作计终后人，自成一家始逼真”，我们应当牢记宋代文化巨擘黄庭坚的这一名言。

2. 锻造话语体系。

仅就中国古代文学而言，目前文学作品的底子基本都清楚，而文学理论的家底相对模糊。其实，中国文学的话语与中国文化一样博大精深，极丰富、极深刻、极全面，专业化程度非常高、理论概括性非常强，但大都处于原生状态，散见于文学作品、文献典籍中。尤其是那些片言只语式但又很有见地的文字，多半是碎片化、不系统，需要付出巨大的精力和时间去发现、发掘与整理，摸清家底。要从文学的视角、文化的视野，“辨章学术，考镜渊源”，深入研究文学研究的历史发展规律和文学理论的衍变规律，做到“摸清楚、理清楚、说清楚、写清楚”。

“时运交移，质文代变”。我们要从大量的前人原生态研究成果中，筛选和陶洗思想精典、理念精粹和术语精华，结合当代中国和世界文化发展、文学发展和理论研究的前沿，进行深刻思考、深入研究和深度总结，创造性地锻造体现中华民族特色、可以为学界普遍接受、容易为世界理解的中国话语和体系。

3. 创新传播手段。

“学术乃天下之公器”。锻造文学研究的中国话语，目的不仅仅是改变以往与世界交流的“失语”状态，向世界发出中国自己的声音。更重要的是，要通过文学研究的中国话语，来传播中华民族的优秀文化和优秀传统，传播中华民族的思想理念和价值观念，扩大和发挥中国的积极影响，促进人类社会的文明发展和健康发展。

我们要充分利用高新技术手段和传媒工具，充分利用中外学术交流讨论的渠道和平台，充分利用世界孔子学院和学习汉语言专业的外国留学生，充分利用国外汉学家、国外出版社和国外出版物，让文学研究的中国话语走向世界，深入人类文明发展的知识体系，融入人们文学创作和文学批评的实践。

总之，中华文化积淀着中华民族最深沉的精神追求，是中华民族生生不息、发展壮大的丰厚滋养；中华优秀传统文化是中华民族的突出优势，是我们最深厚的文化软实力；文学研究的中国话语，必须首先以中华民族优秀的传统文化和优秀的文化传统为基础，结合时代的发展和文学创作的实际，强化国家意识，开阔世界视野，放眼未来发展，精心陶洗，精心锻造，创新传播方法，讲求实际效果。

2014 年 5 月 9 日稿

近距离感受中国文化与民族精神魅力

——记中国杂技艺术观赏活动[①]

2013年4月1日晚，观看四川遂州杂技艺术团的精彩表演，近距离感受了中国文化与民族精神。

这场两小时的杂技表演，内容与形式都经过精心设计和巧妙安排，自始至终，既惊心动魄、扣人心弦，又精巧绝妙、美轮美奂。台上全神贯注，展现功力造诣；台下或凝神屏息，或沸腾惊叹，热烈的掌声灌满剧院。表演让人充满惊喜、充满激动、充满快乐，大家尽情享受着艺术造型视觉的优美与心灵精神的满足，充分感受着中国杂技艺术内含的深厚文化与可贵的民族精神。

高空叠椅、铁笼飞车令人揪心瞠目。表演者险中求稳、动中求静，显示了大胆、冷静、巧妙、准确的重心平衡技巧和千锤百炼的硬功夫，显示了精准地把握势能和驾驭平衡、精准地控制时间与控制速度的高超水平、高超能力，表现了人类战胜险阻的超常状态与超越精神，给人以浓烈的惊险美的艺术享受。

顶碗、登伞、草帽、双人技艺的表演更是意韵深厚。表演者刚柔相济、轻重并举、通灵入化，软硬功夫相辅相成，所谓“上下绳柱如猿猱，翻转身躯如败叶”，诚不虚美。男演员虎势雄健，女演员仙姿凌波，其天衣无缝的默契配合与优美流畅的形体技巧，构成了浓厚的动态诗画的意境，让人目眩神摇，如痴如醉，回味无穷。特别是花伞表演，把古朴的工艺美术和形体技巧有机而完美的动态交融结合在一起，展现了中国传统文化和杂技艺术的无

---

① 本文发表于《杂技与魔术》2013年第3期总第182期。

限美感。

艺术团大量运用碗、盘、梯、桌、椅、伞、帽以及摩托车等等这些生活用具和劳动工具，创造出亲切生动而完美流畅的动态艺术形象，生活气息浓厚，充满强烈的艺术感染力、艺术吸引力和艺术冲击力。

中国杂技负载着中华古老文明，体现着中华民族的勤劳、勇敢、智慧、乐观和创造精神。中国杂技的发展至少已有2000多年的历史。汉代称“百戏”，隋唐叫“散乐”，唐宋以后才称为杂技。古代文献如《列子·说符》、《史记·李斯传》都有记载和描写。

白居易《立部伎》：“鼓笛喧。舞双剑，跳七丸。袅巨索，掉长竿。太常部伎有等级，堂上者坐堂下立。堂上坐部笙歌清，堂下立部鼓笛鸣。笙歌一声众侧耳，鼓笛万曲无人听。……”

唐诗人元稹“新题乐府”十二首之一《西凉伎》曰：“哥舒开府设高宴，八珍九酝当前头。前头百戏竞撩乱，丸剑跳掷霜雪浮。狮子摇光毛彩竖，胡腾醉舞筋骨柔。”

这次活动，让大家深切感受了中国杂技艺术的魅力，感受到文化软实力的冲击力，感受到中国文化的广博与丰富。

感悟篇

深切感受与文化领悟

《宋代散文研究》后记

这本小书是作者在复旦大学攻读博士时的学位论文。

1993年，笔者考入复旦大学，于金秋季节从孔子故里来到上海，师从心仪已久的王水照教授攻读博士学位，开始了三年艰苦而愉悦的学子生活。先生在学界德高望重，学术造诣精深，研究视野开阔，是享誉海内外的宋代文学专家、苏轼专家，尤其在古代散文研究方面取得了令人钦佩的成就。于是，我选择了古代散文作为自己的研究方向，而以宋代为切入点，拟定了现在的论文题目。

在先生耳提面命、悉心指导下，我如期完成学业，顺利通过论文答辩，于1996年仲夏离沪晋京，到国家哲学社会科学规划办公室工作，全身心投入又一个努力学习奋斗的新领域。繁忙的事务和应尽的责任，无暇顾及论文的完善和出版，尽管时常惦记此事。转眼间已五易寒暑，每当友人垂及，辄自愧疚，常觉有负师友厚望。今喜逢国庆佳节，仲秋月圆，亲情融融，思念师友，心驰神骋，乃检点旧稿，补阙正讹，粗成一帙，付梓刊行，先生督导之恩、同好切磋之谊，尽在其中。

拙文写作，有过一个很长的酝酿期。1981年，笔者在曲阜师范大学执教时，发表了第一篇读书札记《论〈论语〉的语言艺术》，师辈的褒扬和鼓励，激发了我关注和研习古代散文的兴趣。这种兴趣，在其后为本科高年级讲授宋代文学发展史的过程中，得到进一步加强。宋代散文，名家群星灿烂，名作如海如林，流派如江如河，作品意境优美，思想深邃，辞采斐然，散文对文学、文化、社会文明和社会进步产生着巨大影响，这种种奇特景观，诱人深思、发人深省、耐人寻味。特别是宋人“以文为诗”、“以文为词”，不仅使诗词的发展横放杰出，别开生面，而且给文学创作带来勃勃生机。要讲清这些问题，必须对散文创作本身和相关文化背景有深入的了解和准确的把握。于是，我在关注诸多散文流派、名家、名作的同时，开始考察宋代诗词巨擘如黄庭坚、李清照、辛弃疾的散文创作，而《文学评论》、《文学遗产》、《文史哲》等学术刊物及时刊发了笔者当时的研究成果，对我进一步深入思考和研究，无疑是很大的鼓励。

1986 年为大学本科讲授中国古代散文发展史，当时尚无专门教材，在准备教案时，开始较为系统地梳理、考察古代散文发生、发展和衍变的轨迹，同时开始留意和思考有关古代散文发展的理论、发展的规律以及当时学术界研究的进展情况。学术界有关古代散文的发生、概念、范畴诸问题以及中国古代散文发展分期问题的见仁见智、莫衷一是，这些有待进一步深入研究和急需解决的学术问题，都是在备课过程中发现的，并由此开始查阅有关典籍和积累相关资料。

及至负笈上海，就读复旦，方能沉潜思考，形诸文字。在撰写过程中，作者谨记先生求真求实之教诲与科学严谨之原则，不囿成说，依据史实，有征必引，无征不信，在对中国古代散文之概念、范畴、发生、发展、分期和特点作初步探讨的同时，对宋代散文的创作模式、发展轨迹、创新成就、艺术规律等进行了考察、梳理、分析、归纳和概括，提出了个人的粗浅看法。而在这些方面，学界的研究迄今为止，还相对薄弱。

黄庭坚有过“文章最忌随人后，自成一家始逼真”的名言，虽然是就创作而发，实际上学术研究亦然。如果说这本小册子确实尚有一定存在和出版价值的话，那么，其价值的表现首先就反映在，这本书从研究思路、研究内容和主要观点，到研究视角和方法途径，都不依傍他人。应该指出，这本小书尚有诸多缺憾，诸如没有完成最初的设计，与其他文体对比研究、从文化层面深入研究以及深化后世影响研究都很不够，甚至阙如；对宋代散文流派发展状况的评述前后用力不均衡，对苏轼也因力所不逮而未能专章研讨，所有这些，只好留待来日弥补。

从某种意义上说，任何学术研究的实质，都是一种社会行为，前贤称“学术乃天下之公器”，寓意深焉。拙稿付梓，一方面期望就教于方家，广泛接受学界批评匡正，避免以讹传讹，贻误后学，一方面希冀实现其社会意义，引起同行关注，或许能有引玉之功。若大而言之，抑或能对促进宋代文学与宋代文化研究有所助益，能为建设有中国特色社会主义新文化提供点滴借鉴或启迪，此又作者之奢望。

应当特别感谢的是，《中国社会科学》、《文学评论》、《文学遗产》等刊物编辑部在不曾相识、不曾谋面的情况下，很快刊发了寄去的稿件，给予我很大的精神鼓励和学术支持，《中国社会科学》杂志社还将《散文发生与散文概念新考》译成英文刊发，而《文学遗产》则将《古代散文的研究范围与音乐标界的分野模式》评选为1997年度的优秀论文；评审学位论文与答辩委员会的学界前辈也都给予了充分的肯定和积极的鼓励，并提出了中肯、具体、富有建设性的修改意见。

令学子士林百世敬仰的一代文化巨人苏轼，曾自称是“识字耕田夫”，一代文豪尚且如此，笔者作为一位沂蒙农民的儿子，靠着党和国家的支持培养，由田间地头而大学、而读硕、而攻博，逐步踏入学术研究的殿堂，父母的艰难养育，国家的精心培养，师友的指导切磋，何能一日有忘！这本小书的出版，愿能稍慰二老在天之灵！

爱妻李琨在撰写她的经济学博士论文的同时，承担着所有家务并照料小女的学习，让我集中全部精力撰写论文。

承蒙人民文学出版社雅爱，慨然出版这部凝结着诸多前辈师长与同侪好友深情厚谊的学术论著。

2001年10月10日

《宋代散文研究》修订版后记

《诗经·小雅·伐木》有云“嘤其鸣矣，求其友声”；《周易·乾》亦曰“同声相应，同气相求”；无论大自然界还是人类社会，彼此间的友好交流是形成朝气蓬勃和谐局面的重要原因。鸾凤和鸣，嘤嘤成韵，固然优美动听，意趣盎然；而以文会友、切磋学问，更是建立友谊、推进学术的生动表现。

拙作《宋代散文研究》于2002年首次付梓出版后，大概因为这是第一本专门研究宋代散文的著作而备受学界关注，众多师长与学友给予了热情鼓励，不少研究文章与学术著作每每称引书中的观点，很多网友在自己的博客上转载或介绍书中的内容，一些素不相识的学者也撰文评论褒扬，海外学界同样不乏赞许之言。商务印书馆《新时期中国古典文学研究述论》第三卷（陈友冰编著）从多个角度作了重点介绍，《宋代文学研究年鉴》（2002—2003）更是浓墨重彩给予积极评价（马东瑶《宋文、宋代小说研究综述》），部分高校的教师甚至将其列为相关专业研究生的必读书。所有这些，都让笔者既感动又惭愧。

实际上，这本小书在内容体例、结构布局和研究深度诸方面，都存在着不少明显的缺憾与不足，有的章节甚至阙如，这在首版《后记》里，笔者已经有过具体的表述，而学界朋友们的鼓励，反倒增添了作者内心的不安与愧疚。尤其值得珍视的是，部分师长学友通过不同的方式与渠道，提出了一些修订补充的具体意见与建议。这恰好与笔者因为未能圆满完成写作初衷而期待弥补遗憾的想法相一致。正因如此，笔者心底一直希望能有机会修订再版！

俗话说：“心想事成，天遂人愿”。庚寅八月，承蒙人民文学出版社厚爱，笔者获得了这样的机会。这是因为，《宋代散文研究》首印3000册，数量不多，近年来很多新朋旧友因为买不到这本书而多有垂询，求购人民文学出版社，业已告罄。由是，人民文学出版社遂筹划再版，而笔者于庚寅中秋佳节及国庆长假期间，闭门谢客，着手于以下四个方面，作了修订补充。

其一，恢复了脚注与引言。著作付梓出版之前，原稿征引的文献资料都是按照社会科学研究的传统做法，以脚注的形式写明出处，但首次付印时，因为放在了《中国古典文学研究丛书》中，大概出于统一体例的需要，脚注被取消，而采取了附录《主要引用书目》的方式作为弥补。此种形式，可能会给读者阅读原文与了解材料出处带来诸多不便。这次修订，遵循社会科学研究的规范做法，恢复了脚注，并对材料出处重新进行认真核对，以符合学术研究的规范要求。另外，著作原稿开篇有个简短的引言，或许是出于丛书体例的要求，抑或是为了形式的美观，付印时被删掉，著作开篇没有必要的概括交代，往往容易让读者觉得突兀，故这次也予以恢复。

其二，增补了黄庭坚散文研究。作为“苏门四学士”之一的黄庭坚，其在文学方面的成就，最为引人注目的是诗歌，创江西一派。而他的散文创作，实际上亦深受苏轼影响，成为“苏门派”的重要代表，且开拓创新，风格独特，卓有建树，为宋代散文发展史上的重要亮点之一，可惜学界向来缺乏专门系统的研究。首版原稿中只是简略介绍，未能展开讨论。这次笔者将对山谷散文的详细考察与研究思考，作为独立的一节纳入书中，以补缺憾。

其三，增添了内容概要与专家评议。为了方便读者，可以在较短时间内了解全书的基本内容与学术水准，这次修订增添了中文与英文的《内容概要》，置于书前；同时，将博士学位论文答辩委员会的《决议书》与通讯评审专家评议意见，作为附录置于书后，以表达对前辈师长提携指导的感谢与怀念。值得特别指出的是，这些专家都是德高望重的学界前辈。业师王水照先生以研究唐宋文学成就卓著而享誉海内外；答辩委员会主席顾易生先生乃中国文学批评史之名家；北京大学葛晓音教授，复旦大学陈尚君、蒋凡教授，山东大学刘乃昌、朱德才教授，浙江大学吴熊和教授，苏州大学严迪昌教授，上海社会科学院徐培均研究员，华东师范大学马兴荣、陈谦豫教授，上海师范大学蒋哲伦教授，都是道德文章令人钦敬的著名学者。他们的指导鼓励，成为笔者继续开展研究的重要动力，这不能不永远铭记心中！

其四，调整了章节与目录。原版全书共十章，这次修订因为增添了新的内容，为突出重点内容并照顾章节篇幅的均衡，全书调整为十二章，增加了两章。其中，原书第五章“北宋前期散文的流派与发展”、第六章“北宋中叶的散文演进与体派鹊起”现在分别厘为上、下章，章节序数依次顺延，目录亦作相应调整。

众所周知，宋代散文是中国古代散文发展的巅峰期，创作成就与理论探讨都达到了前所未有的高度。但相对于宋诗宋词的研究来说，宋代散文的研究一直比较薄弱。新中国成立后，特别是改革开放以来，尽管古代散文方面有不少重要研究成果问世，像郭预衡《中国散文史》、谭家健《中国古代散文史稿》这样通史性的皇皇巨著，于宋代散文均设专章论述；宋代散文的作品选集如四川大学中文系《宋文选》（人民文学出版社）、王水照先生《宋代散文选注》（上海古籍出版社）等，都深受关注；研究专著如祝尚书《北宋古文运动发展史》（巴蜀书社出版）、张晖《宋代笔记研究》（华东师范大学出版社）、施懿超《宋四六论稿》（上海古籍出版社）等，探讨特定文体的发展，都颇具特色；而研究宋代散文的具体作品、代表作家的成果更是不胜枚举。但是，在分析具体作品、具体作家与具体散文流派基础上进行宏观性、整体性研究的成果并不多见，特别是对于宋代散文发展规律的探索与上升到文化层面进行审视思考的偏少。拙著《宋代散文研究》尝试在这方面作些努力，冀以引玉，只是学识精力有限，力所不逮，首次付梓，即有诸多遗憾，此次虽然有了修订的机会，却又忙于冗务，不能大量补写应有的内容，只好有待来日！

令人欣慰的是，拙著首次出版一年后，即看到朱迎平先生《宋文论稿》（上海财经大学出版社 2003 年版）问世，最近又看到马茂军著《宋代散文史论》（中华书局 2008 年版）面世，除此之外，在一些高层次的学术刊物上也不断地看到宋代散文研究的新成果，宋代散文研究偏冷偏弱的局面已经有所改观，开始呈现新态势、新进展！但愿拙著修订本的付梓，能继续为促进宋代散文研究、为弘扬中华民族优秀传统文化发挥些许作用，此又作者之奢望也。

2010 年 10 月 6 日写于长椿苑

《黄庭坚与宋代文化》前言

——黄庭坚文化现象的历史启示

文化是人类社会实践和思想智慧的结晶；文化是时代精华和历史长河的缩影。在人类文明发展的进程中，文化像润物无声的春雨、奔流不息的江河、涵纳深广的海洋，培养着个体、沟连着时代、丰富着自身。人类发展的过程，就是不断创造新文化、反映新时代、推进新文明的过程。每个时代、每个民族总是在继承前代文化的基础上，不断创造着特定时代和特定民族的新文化。由是，文化如日月，与时俱进，常见常新。纵观古今中外的先贤圣哲、文化巨匠，莫不审时而度势，沿革以创新，独辟蹊径，自成一家，沾溉来者，衣被后人。宋代黄庭坚即其一也。

众所周知，宋代文化史上的黄庭坚在哲学、史学、文学、艺术诸领域均有卓越建树。其于哲学，精于儒，深于禅，通于老庄，且融三家为一体，取宏用精，身体力行；其于史学，校定《资治通鉴》，编写《神宗实录》，向有“黄太史”之称；艺术则书法为最，宋代苏、黄、米、蔡四大家，亚于苏而雄于米、蔡，位居其二。文学方面的创造尤其卓著。他首先是一位诗坛巨擘，诗歌与苏轼媲美，且开江西一派，为宋诗之代表；词于秦观比肩而风姿独具，人谓“唐人不逮”；散文各体兼擅而尤长于赋、妙于题跋，又创体日记，垂式千古。黄庭坚多方面的杰出成就，不仅在当时即产生了广泛的影响，而且流泽后世，沾溉学人，对宋代文化乃至中国古代文化的繁荣和发展起了不容低估的巨大作用，形成中国古代文化史上奇特的“黄庭坚现象”。

国学大师陈寅恪曾谓中国古代文化历经数千年发展演进，造极于赵宋。宋代文化是中国古代文化发展史上的又一巅峰，作为“不践前人旧行迹，独惊斯世擅风流”的一代文化巨匠黄庭坚，与“出新意于法度之中，寄妙理于豪放之外”的苏轼一样，同是宋代文化的打造巨匠和典型代表。时代培养和造就了黄庭坚这位文化巨擘，而黄庭坚的文化实绩也反映了他的特定时代。然而，人们对于黄庭坚的文化创造实践和文化理论建树之认同、认识、理解和评价，宋代以来即毁誉参半，所谓仁者见仁，智者见智，往往缺乏全面、系统、客观而辩证的评判。用历史唯物主义的方法对待和研究历史现象，探讨和发现其发展的规律，以为当今之龟镜，应是社会科学研究尤其是古代文化研究应该遵循的原则，而科学研究必须客观求实、科学严谨，不囿成见，解放思想，实事求是。正是在这种思想指导下，本书将黄庭坚作为剖析宋代文化的典型，同时着眼于人才成长、文化建设和规律探索，立足于时代发展和社会进步，从家学、生平、交游、思想、创作等方面分为九章，考察和分析了黄庭坚多方面的文化实绩和创造历程。笔者认为，黄庭坚在诗歌、词赋、散文、书法、史学、理学、释道哲学诸方面的精深造诣和突出成就，有其深厚的历史渊源与文化渊源，有其雄厚的社会基础与人文基础，并给人以极其丰富而深刻的历史启示。

首先，黄庭坚立足于文化以人为本、以人为核心，以继承为前提、为基础，积极倡导和强调文化创新，并创造了优异的文化实绩。他在为宋代文化、为中国古代文化乃至为人类文化提供了丰富的文化实绩的同时，更为重要的是创造了一种文化模式，一种文化思维、文化创造、文化方法的模式。从整体上讲，黄氏创造的文化是一种与通俗文化、平民文化有所不同的文人文化、士族文化，其突出特点就是文化含量大，创新程度高，历史积淀厚，品位高雅，蕴含丰富。可以说，黄庭坚的作品是宋代文化中的“象牙塔”，是宋代文化发达的必然产物。这方面最有创造性的典型代表就是黄庭坚的诗歌创作、艺术理论和书信题跋。

其次，黄庭坚现象告诉我们，社会实践的丰富多彩决定了文化创造的多种多样；艺术创作个体的特殊性决定了艺术创作的差异性；文化创新、文化建设必须依靠群体和社会的共同努力才能取得成功；作为社会进步和文明发展的文化成果与艺术创造的表现形式，应该是多样化、多层化的，雅俗共赏固然是人们向往的艺术佳境，而“阳春白雪”与“下里巴人”同样难能可贵。

复次，黄庭坚的文化实践和理论创造也告诉后人：创新是艺术生命的基础，创新是文化发展的前提，创新是传之久远的关键；有创新才能有艺术生命，有创新才能有文化发展，有创新才能传之于后世。此其一。其二，创新必先继承，发展必先接受，传之于后世必先立足于现实，反映时代新特点。其三，艺术创新与个体的文化素养、创新意识、生活阅历、审美情趣、时代精神、社会环境和文化氛围等多方面因素密切关联。其四，勤于学，敏于思，笃于行，虚怀若谷，刻苦奋发，广闻博识，善于借鉴，深厚学养，是个体艺术创新的必要条件。其五，艺术创新的整体水平和创新程度，决定着艺术生命的长短和影响的深广程度。其六，艺术创新成就的认可度，受时代文化发展水平和接受个体学养的限制。

《黄庭坚与宋代文化》后记

黄庭坚的文化创造实践和文化理论建树丰厚广博，诗歌、词赋、散文、书法、史学、理学、释道哲学诸方面均造诣精深，独树一帜，影响深广，流芳海外，以至形成中国古代文化发展史上颇具特色的“黄庭坚现象”。国学大师陈寅恪曾谓中国古代文化历经数千年发展演进，造极于赵宋。黄庭坚即是宋代文化的典型代表之一。时代培养和造就了黄庭坚这位文化巨擘，而黄庭坚的文化实绩也反映了他的特定时代。解读黄庭坚、研究黄庭坚、评价黄庭坚，必须着眼于当时社会的发展、文化的发展和文明的发展。

科学研究的目的是认识事物，探索未知，发现规律，进而运用研究的成果促进文明，推进文明，创造文明；科学研究必须科学、严谨、客观、求实、求真、求善、求美。社会科学研究、古代文化研究尤其应该遵循这一原则，不囿成见，解放思想，实事求是，力求有突破、有创新，努力推进学科发展、文化创新和文明建设。

基于上述认识，笔者将多年学习和研究黄庭坚的个人心解与肤浅体会，汇集整理，修改润色，粗成一帙，付梓印行，意在交流于道友，切磋于学林，就教于方家。

研究黄庭坚且有目前的成果，这首先应当感谢山东大学刘乃昌教授的启蒙、引导和鼓励，感谢众多前辈师长和同侪学友的指导、帮助和支持。记得二十多年前在曲阜师范大学读书时，黄庭坚作为与苏轼并称的宋代大诗人进入我的知识视野。当时读惯了清新优美、自然流畅的唐诗和苏轼“爽如哀梨”、“流转如珠”的作品，乍读黄庭坚生新瘦硬、别具一格的诗作，既不适应又无兴趣，觉得黄庭坚诗歌大都深奥难懂，典故多、跳跃大、才学高，不好读、不好记，即使是好诗，也是阳春白雪。但对他的“文章最忌随人后”、“自成一家始逼真”的说法，则觉得似乎颇有道理，尤其是“点铁成金”、“夺胎换骨”说，印象很深，尽管此说那时是被否定、被批评的靶子。

大学毕业，留校任教，在古代文学教研室主任刘乃昌教授指导下深造学业。时先生已是著名的宋代文学专家，尤以研究苏轼而享誉学界。乃昌师指导我以黄庭坚为切入点，系统学习宋代文学。从此，我开始努力研读黄庭坚原著，并搜集相关参考资料，中华书局傅璇琮先生的《黄庭坚和江西诗派卷》使我获益匪浅。通读缉香堂本《山谷全书》后，发现黄庭坚的创作、思想、文学成就和文化意义，并不完全如部分文学史家所介绍的那样简单，有很多问题值得重新思考和探讨，对黄庭坚作品的解读也逐渐产生兴趣。1981 年，与乃昌师合写了《黄山谷的文艺思想和诗歌艺术》。文章在《齐鲁学刊》发表后，引起学界关注，也增强了我继续深入研究黄庭坚的信心和勇气。

时隔不久，乃昌师接受了国家哲学社会科学“六·五”规划重大科研攻关项目十四卷本《中国文学通史》之《宋代文学史》卷的编撰任务。作为先生的助手，我有幸参与这项艰巨而光荣的文化工程，且在先生悉心指导下，起草《黄庭坚与江西诗派》（上、下）、《北宋后期其他诗人》等章。由是，笔者对黄庭坚的理解和认识进一步深化。嗣后，相继撰写并发表了黄庭坚年谱考辨、黄庭坚词的创作及特征、黄庭坚“点铁成金”“夺胎换骨”说新论、论黄庭坚《宜州乙酉家乘》等一批文章，并开始酝酿撰写关于黄庭坚研究的专著。

1990 年，笔者以《黄庭坚评传》为题申报山东省教委设立的哲学社会科学“八五”重点科研项目。被批准立项后，即一面继续系统研读黄庭坚原著和梳理搜集到的大量资料，一面按拟定的纲目动手写作。关于黄庭坚宗族世系与家学渊源的考论、黄庭坚与苏轼交游及其文化影响的考论等内容，曾作为会议论文，分别提交第七届苏轼国际学术研讨会和全国戏曲学术研讨会，得到同行专家与师长学友们的充分肯定和热情鼓励，上海古籍出版社《中华文史论丛》、中华书局《传统文化与现代化》等刊物分别刊发了这些文章，给予我很大的精神鼓励和学术支持。

1993 年，笔者考入复旦大学厕足于王水照教授门下读博，且将宋代散文与宋代文化作为博士论文题目，研究重点有所转移，而对黄庭坚的思考则进入更加广阔的文化领域。1996 年夏季完成学业，至国家社会科学基金会任职，工作性质改变，研究仍在公务闲暇中缓慢进行，关于黄庭坚各体散文创作实绩的考察和人文精神的探讨都是近年断断续续完成的。

人谓学术研究“十年磨一剑”，笔者驽钝不敏，染指山谷，二十多载，方涂鸦粗具，略成一帙，实自惭愧。虽然这本小书只是一个初步的思考和总结，但它包含和凝结着众多师长前辈和同侪好友的深情厚谊。在撰写过程中，笔者始终坚持这样一条原则，即形诸文字，必须要有新见解、新发现、新材料、新观点、新角度、新开拓，否则，宁可不写，尽管学养水平所限，未必一定正确。愚以为，研究的过程就是一个不断学习与思考、不断丰富和提高、不断探索并追求的过程，就是一个不断矫正偏颇与讹误、不断接近真知和规律、不断积累和创新的过程。

需要特别说明的是，负责分管国家哲学社会科学规划工作的领导和国家哲学社会科学规划办公室的领导，近年来一直特别强调工作人员学养素质、政治水平和业务能力的提高，鼓励大家多学习，多思考，多写文章，把工作同学习结合起来，不断提高理论素质。同时要求大家一定要懂科研，会管理，树正气，讲雅气，有儒气，浓厚学术空气，建立同专家对话交流的平台，把工作做好、做实、做细。这种深入细致、积极开明的工作思路，鼓舞和激励着大家努力学习，开拓进取。正是这种催人奋进的环境氛围，使我下定决心将拙稿整理结集，付梓印行。因学力水平所限，罅漏之处在所难免，敬祈方家批评郢正。

感谢河南大学出版社雅爱，将拙作纳入《宋代研究丛书》出版。傅璇琮先生和刘乃昌师于百忙中赐序，奖掖之厚德，鞭策之雅意，令学生感佩。河南大学刘坤太先生和张云鹏先生为本书出版付出了辛勤劳动；江西省委宣传部、黄庭坚纪念馆、曲阜师范大学诸同好为本书提供书影和照片；在此深致谢忱。

2002 年 5 月 1 日

写于北京长椿苑

《传承与创新》前言

——社会科学乃立国治国之根本*

社会科学与人们的生活、国家的发展和人类的生存息息相关，古往今来，有所作为的执政者无不重视社会科学、发展社会科学，无不运用社会科学巩固统治，发展经济，推进文明，无不把社会科学作为立国治国的根本。一年来，中央领导从国家发展和人类文明的高度，连续三次就发展社会科学问题发表重要讲话，笔者在学习过程中，引发了诸多思考，现将部分认识形诸文字，就教于方家。

思考之一：社会科学在中国改革开放后的发展机遇

1977 年 8 月 8 日，邓小平同志在全国科学和教育工作座谈会上指出，我们国家要赶上世界先进水平，要从科学和教育入手，“科学当然包括社会科学。”由此，国家将社会科学的发展，排上改革开放和现代化建设的重要日程。自 1980 年起，国家开始拨专项经费用于资助社会科学研究。1982 年，全国社会科学规划座谈会召开，中央转发《纪要》，指出我国社会科学事业，今后必须有一个大的发展，没有社会科学的发展，要开创社会主义现代化事业的新局面，是不可能的。1983 年，国家成立全国社会科学规划领导小组；1986 年，国家社会科学基金会与国家自然科学基金会同时诞生。

1988 年，中央领导同志提出，领导者首先要具有社会科学意识，要关心社会科学研究。次年，又强调指出，“社会科学研究方向正确与否，社会

---

* 本文发表于《社会科学战线》2003 年第 1 期总第 121 期。

科学发展状况如何，对人们的思想意识和社会道德风尚，对经济建设，对社会的稳定和发展，都会产生巨大而深远的影响，甚至关系到中华民族的兴衰和社会主义的命运。”十四届六中全会《决议》，提出了认真做好社会科学研究规划的要求；十五大又特别强调，积极发展社会科学。

2001 年 7 月 1 日，中央领导同志在中国共产党成立 80 周年纪念大会上，科学、系统、全面、深入地阐述了“三个代表”重要思想。其后，于 8 月 7 日在北戴河发表重要讲话，2002 年 4 月 28 日考察中国人民大学、7 月 16 日考察中国社会科学院时又分别发表重要讲话。这三次讲话虽然因受众对象不同而切入角度有别，却有一个共同的核心和突出的特点，即主要内容都是紧紧围绕社会科学，突出强调重视社会科学和发展社会科学。

“八・七”讲话从国家发展与人才战略的高度，充分肯定社会科学工作者为党和政府决策、为两个文明建设做出积极贡献，同时指出加强社会科学研究，对党和人民事业的发展极为重要，提出社会科学与自然科学“四个同样重要”，意在扭转和改变长期以来形成的“重理轻文”倾向，扭转和改变人们重视自然科学、忽视社会科学的偏颇。重在改变观念。“四・二八”讲话不仅特别强调了“四个同样重要”“关键在于落实”，而且进一步提出“五个高度重视”，要求各级党委和政府以及全社会共同努力，大力促进我国社会科学事业的发展繁荣，同时对社会科学工作者提出了“五点希望”。重在营造环境。“七・一六”讲话从建设有中国特色社会主义的角度，提出“两个不可替代”，要求社会科学发挥“四个作用”和“五种职能”，并对加强社会科学建设提出具体要求。

这三次讲话，既各自独立又互为一体，侧重点和切入点各有不同，但核心都是重视社会科学、发展社会科学。从“同样重要”到“高度重视”，再到“不可替代”，程度越来越深入，内容越来越具体。这三次讲话，是“三个代表”重要思想的深化和细化，是落实“三个代表”重要思想的要求和体现，也是实践“三个代表”重要思想的实际措施和具体内容。

重视社会科学、发展社会科学，这是历史变革和发展文明的必然要求，是经济发展、社会进步、文明提高的重要标志。这三次讲话，都从国家发展与人类文明的高度，强调社会科学的地位和作用，强调坚持以马列主义为指导，坚持科学的世界观和方法论，强调理论联系实际，立足国情，面向世界，注重研究全局性、前瞻性、战略性的重大课题，强调促进理论创新，从而为社会科学的发展，营造了良好的社会氛围，创造了空前的机遇。

自改革开放以来，社会科学成为国家和中央高层领导密切关注的焦点，并一直支持和推动着它的繁荣和发展。这是为什么？党和国家最高领导人在不到一年时间内，围绕发展社会科学，连续三次发表重要讲话，这是前所未有的。这不仅充分体现了中央对社会科学的高度重视，而且表明了中央推动社会科学发展的决心和信心。

思考之二：社会科学是推动社会进步和文明发展的重要力量

众所周知，党的十一届三中全会以来，在中国大地上奇迹般地发生了举世瞩目、令人震惊的巨大变化，是什么原因如此迅速地改变着中国的面貌？是什么样的力量竟然如此巨大，如此神奇？有人说，是邓小平理论，是改革开放的国策，是举国上下的齐心协力。然而，这理论、国策、齐心协力的实质又是什么呢？深而思之，在人类文明发展的历史长河中，推动社会进步的关键因素是什么？是人？是物？是思想？是路线？是自然？是社会？是科学？还是其他？

毋庸置疑，人民创造历史，人的因素固然是推动社会进步、促进文明发展的第一因素和决定因素，但除此之外，还有一个直接关系社会进步程度和文明发展水平的关键性因素——科学！尤其是社会科学！这是人类认识世界、改变世界的科学，是人类求生存、求发展的科学。遵循它，掌握它，运用它，就发展，就强大，就所向披靡，战无不胜，就可以推动社会的发展和人类的进步；反之，漠视它，违背它，破坏它，就走弯路，受挫折，受惩罚，付出代价，就失败，就灭亡，就可能给人类发展造成永久的遗憾或无法弥补的历史性灾难。正如中央领导同志强调的那样，社会科学的发展，关系人们的思想意识和社会道德风尚，关系经济建设与社会稳定，关系中华民族的兴衰和社会主义的命运。从这个意义上说，社会科学是立国治国的根本。中央如此高度重视社会科学的发展，把社会科学同赶上世界先进水平，同开创社会主义现代化事业的新局面，同中华民族的兴衰和社会主义的命运紧密联系起来，正见出其深谋远虑的胆识和高瞻远瞩的气魄。

一年来，每当看到“三个代表”重要思想在中国大地上引起人们特别是党员干部精神面貌发生重大变化，并由此改变旧观念、树立新风尚、创造新文明的事实时；每当回想改革开放以来，中国的社会主义现代化建设日新月异、突飞猛进，经济持续高速增长，人们物质文化生活空前丰富，全社会各个领域都发生了翻天覆地的巨大变化时；每当脑际浮现毛泽东在天安门城楼上，向全世界庄严宣布“中华人民共和国成立了”的激动人心的场面时；每当回忆一个半世纪以来，世界范围内发生的许多惊天动地的风云变幻情景时；都会情不自禁地引起我深深的思考，在这些震撼人心巨大变化现象的背后，有一种看不见的推动社会进步的强大力量。那么，这是一种什么性质的力量？这种力量的根源又是什么呢？是伟人？是政策？是科学技术？是千千万万的普通劳动者还是历史发展之必然？

毫无疑问，在一个半世纪的历史发展进程中，无论是伟人还是普通劳动者，无论是主义还是政策，也无论是思想路线还是科学技术，任何一个单纯因素，都很难孤立地实现社会巨变。只有诸种因素的相互配合和社会诸方面协调有序地呼应联动，使社会形成巨大而有序的运行网络——科学而严密的社会组织系统，才有可能推动社会的进步和文明的发展。这种有序、有效、科学、严密的社会运行系统的形成，就涵纳着一门科学，一门关于人类社会发展的科学，一门关于如何推动社会进步的科学——社会科学。正是这门科学，为人类的发展提供着思想指导和制度保障，加速了社会进步和文明发展，使一个半世纪以来的世界，发生了如此巨大的变化！

随着历史的演进和人类实践的发展，社会科学在认识世界和改造世界方面发挥的巨大作用越来越明显，人类发展对社会科学的需求也越来越强烈。如何深入认识社会科学的性质特点，如何发展和繁荣社会科学，如何充分利用社会科学推进社会进步和文明发展，这既是一个值得认真思考和深入研究的理论问题，也是一个具有重要政治意义和现实意义的实践问题。从宏观层面上看，社会科学是认识世界和改造世界的有力武器，在具体层次上则体现为对全社会的管理，并由此推动社会发展进步、促进人类文明提高。中央如此重视社会科学，正是抓住了立国治国的根本，抓住了立国治国的关键，抓在了立国治国的点子上。

思考之三：社会科学的核心是社会科学理论

社会科学有多种存在形态，而最基本的，是实践形态和理论形态。其实践形态体现在所有人类社会活动的过程中，体现为人类社会多层次、多层面、全方位的社会改造、社会管理和社会变化的过程，从人类社会的整体——全世界，到人类社会的个体——人、事、物，无不如是。而理论形态则表现为对人类社会现象和社会实践多层次、多侧面的理性认识与思想升华，表现为一个巨大而复杂的知识系统。这个知识系统的主体是社会科学研究成果，核心是社会科学理论。

中国古代的儒家思想，支持和维系了封建王朝两千多年的统治；欧洲文艺复兴的人文主义思想，为近代资本主义制度的胜利开辟了道路；马克思主义揭开了人类历史发展的新篇章，将空想社会主义变为科学社会主义；孙中山的“三民主义”结束了清王朝的封建统治；毛泽东思想使中华人民共和国巍然屹立在世界的东方，邓小平理论打造了一个经济腾飞、民族崛起、生机勃勃的中国特色社会主义新中国……儒家思想、人文主义、马克思主义、三民主义、毛泽东思想、邓小平理论，这些人类文明史上不同历史阶段的社会科学精华，在推进社会进步和文明发展方面所发挥的巨大作用不言而喻。这种作用，既是社会科学本质的体现和反映，又是人类历史发展之必然。尤其应该指出的是，这些精华都以社会科学的理论形态出现和存在，深刻总结了人类历史的实践经验，而同时又全面指导了人们的现实实践。

就国家层面而言，社会科学理论直接关系如何创立国家和创立什么样的国家，直接关系执政后国家的发展目标和如何管理国家，正确运用社会科学理论指导立国治国的实践，国家才能立得住，才能有发展，才能兴旺发达，繁荣昌盛。

在人类发展的不同历史时期，任何一个国家的建立，当轴者都必须首先考虑国家的生存和发展问题，从原始的部落酋长到当代的国家元首，概莫能外。他们对外要取得国际上的支持，争取国家之间的承认，尤其是要处理好同周边国家的睦邻关系，要有相应的外交思想、外交政策、外交策略等等；对内要保证社会的安定，推动经济的发展，提高人民的生活水平，必须要有相应的治国方略和治国思路，建立自己的政治制度和制定相应的政策，形成严密的社会组织系统，保证国家机器有序、有效地发展运行；国家发展首先要有一个和平安定的环境，于是建立强大的军队以防御外敌入侵和镇压国内的暴力反抗，形成了一定的军事思想；为加快国家发展，必须提高国民素质，于是兴办教育，普及文化；……如此等等。所有这些，都属于社会科学的范畴，都是社会科学必须研究的重大现实问题和重大理论问题。一方面，社会科学应立国治国之需要而被提升到重要位置，发挥着巨大作用；另一方面，在立国治国过程中，社会科学理论得到丰富和发展，给立国治国实践以指导，从而使社会科学成为真正的立国治国之根本。

就目前人类发展的状态看，人类社会整体生存发展的规划和协调能力，虽然呈不断加强趋势，联合国组织的管理协调姑且不说，区域性的国家联合体组织不断产生，经济全球化、一体化势头不断增强，但这些毕竟范围有限，世界多极化、文化多样化的格局，将不会有大的改变，而人类社会的生存与发展，最主要的还是靠各个国家来实现。人类社会的管理和改造，也主要是在国家这个层面上进行，国与国之间的协调合作，保障着人类社会整体的生存与发展。与此同时，国家又对其辖区社会进行具体的管理和规范，以保证国家的生存与发展。由是，国家成为目前人类社会最基本和最重要的核心层面。

从宏观层面上讲，国家创立和发展过程中遇到的问题，都是实践中的重大现实问题和重大理论问题，解决重大现实问题形成社会科学的应用研究，解决重大理论问题形成社会科学的基础研究。同时，立国治国需要社会科学各个学科、不同层次的知识和理论来保证国家的正常发展，而尤其是首先需要那些具有全局性、战略性、前瞻性的研究，为国家决策提供科学依据和智力支持。社会的进步和历史的发展，一方面为社会科学理论的创新提供着充分的条件，一方面要求必须用创新的社会科学理论指导新的社会实践。由此使社会科学理论乃至社会科学充满着与时俱进的强大生命力。

思考之四：社会科学与时俱进乃时代要求和历史必然

社会科学的发展必须与时俱进，这是时代的要求，是历史的必然，也是其自身的性质使然。唯物辩证法和历史唯物论告诉我们，世界上的一切事物都是相互联系的，都是发展的、变化的。因此，与时俱进乃是理论发展的普遍规律。社会科学不但不能超越这个规律，而且体现得更为充分，更为明显，更为典型。

首先，从社会科学的性质看，社会科学是人类认识和改造社会、促进社会进步的科学。一方面，人类的社会实践为社会科学的发展提供着宽阔的舞台和广大的空间；一方面，社会科学在认识世界、传承文明、创新理论、资政育人、服务社会方面发挥着巨大作用，促进着人类的社会发展和文明进步。因此，社会科学必须保持与时俱进的品格，才能发挥其作用，体现其价值。

其次，社会发展需要新理论。新时代呼唤新理论，新理论指导新实践，新实践创造新理论。历史唯物主义的发展观告诉我们，历史在发展，社会在进步，世界在变化。随着社会的发展，环境和条件在改变，新的社会实践必然向社会科学提出新的问题，要求社会科学给予解决和回答；与此同时，社会科学也必须根据时代的发展和条件的变化，研究新问题，提出新对策，创造新理论，指导新实践，促进新发展，创造新境界。否则就会落伍于时代，失去其意义。

复次，社会科学的发展需要新理念。新时代催生新理念，新理念创造新实践。社会科学与时俱进，必须要有科学、正确的理念。对社会科学的理解和认识，直接关系着人们的思想观念，关系着人们对待社会科学的态度，甚至直接影响国家发展与社会进步的速度，不容忽视，不容漠视，不容轻视。继承和发扬中华民族重视社会科学和发展社会科学的优良传统，充分认识社会科学的本质特点和巨大作用，坚持以马克思列宁主义、毛泽东思想、邓小平理论和“三个代表”重要思想为指导，改变以往在社会科学认识方面存在的偏见，是保证社会科学与时俱进的必要条件。在这方面，党的三代领导人已经率先垂范，为我们做出了榜样。毛泽东在中国新民主主义革命过程中，结合中国实际，充分运用、丰富和发展马克思主义，以革命实践证明了社会科学改造世界的巨大力量。邓小平关于“科学当然包括社会科学”的论断，实际上就是对那些不重视社会科学、不承认社会科学是科学等错误思想和糊涂认识的批评，因为科学包括社会科学，这是常识，连起码的常识都不懂，怎么会重视和发展社会科学！小平同志使用“当然”一词，是解释，是批评，更是在扭转长期以来“重理轻文”的观念。而江泽民的三次讲话，更是高瞻远瞩，振聋发聩。

第四，社会科学要发展，必须方向正确，方法科学。把握正确的发展方向，坚持理论联系实际，紧密关注现实，紧密联系现实，广泛了解社会，深入调查研究，科学分析，准确判断，立足于长远，放眼于世界，把握当今世界发展的大趋势，注重研究全局性、前瞻性、战略性的重大课题，把改革开放和社会主义现代化建设的重大理论和实践问题的研究作为主攻方向，积极探索中国特色社会主义经济、政治、文化的发展规律，为推进社会的进步和文明的发展发挥效益，这是发展繁荣社会科学的前提。当前，必须紧密围绕和密切配合国家的战略部署，强化大局观念和全局意识，为党和政府决策服务，为两个文明建设服务，理论研究和应用研究并举、并重。

第五，加强社会科学队伍建设，提高全民族的社会科学意识和社会科学素质，在全社会营造有利于社会科学发展的环境和氛围。这是发展社会科学的基础。国家要有具体、实在、操作性很强的政策和措施，加强规划，加强领导，完善体制，快速转化成果，发挥最佳社会效益，实现有序和高效发展。社会科学工作者要有强烈的事业责任心和历史使命感，开阔视野，开阔思路，开拓境界，强化创新意识，树立精品观念，坚持科学的世界观和方法论，解放思想，严谨学风，出精品，出人才，出名家，出大家，创建中国特色社会科学理论体系，形成与国际接轨和交流的平台，努力实现领先社会科学理论前沿，为人类的社会进步和文明发展，做出新贡献。

宋朝第一位现实主义大诗人王禹偁认为，社会科学对于国家来说，是生死攸关的大事情，在他“两入翰林”、“三知制诰”之后，以其深切的观察和体验，饱含强烈的社会责任心和历史使命感，写下“主管风骚胜要津”①的著名诗句，强调了当时的社会科学“风骚”，在保证社会安定和经济发展方面的重要性。一千年后的今天，江泽民同志谆谆告诫我们，要始终高度重视社会科学在治党治国和建设中国特色社会主义事业中的巨大作用，同时提

① （宋）王禹偁：《小畜集》卷九《前赋春居杂兴……》，四部丛刊本。

出建设有“中国特色、中国风格、中国气派”的社会科学。这语重心长的教导，饱含殷切的希望。这是时代的要求，历史的重托，实现这个目标，自然要靠全党和全国人民的共同努力，更要靠社会科学研究者持之以恒的艰苦奋斗，对此，我们充满信心。中国社会科学的发展和繁荣充满生机，充满希望，中国社会科学繁荣发展的春天已经来临。

《传承与创新》后记

这本小册子，是笔者执教曲阜师范大学和攻读山东大学硕士课程与复旦大学博士学位以及在中宣部工作期间，学习中国古代文学、中国古代文化部分论文的选编。笔者从 1981—2001 年这 20 年间在各种学术研究刊物上公开发表的论文中，挑选了 45 篇，结为一集，厘为三编，算是对这段求学、问学和治学道路的回顾、反思与小结，并谨以此方式，对精心培养、悉心指导、热心帮助和奖掖提携、扶植支持过我的众多师长与好友，对发表和转载这些习作的学术刊物尤其是责任编辑，表示诚挚的谢意。

弹指二十载，如白驹过隙。回首昨日，负笈齐鲁，辗转京沪，往事如烟，挥之不去。在编辑整理这本小册子的过程中，许多往事，浮现眼前，历历在目，萦绕不散，师情友情与亲情，涌动于心间。笔者深刻认识并真切感受到，是改革开放的英明国策和国家建设的飞跃发展，为社会科学的发展和学术研究的繁荣创造了良好的环境与条件，是师辈的指导鼓励、亲人的爱护支持和学友的切磋帮助，才有了这些文章的问世，使我这个生长在天宝山麓浚河阳畔的齐鲁学子能够步入神圣的学术殿堂。

在笔者艰难的学术成长道路上，曲阜师范大学、山东大学、复旦大学以及单位领导的教育和培养，终生难忘。我先后有幸聆听聂建军教授、刘乃昌教授、黄清源教授、袁士硕教授、朱德才教授、王水照教授、顾易生教授、陈尚君教授等众多先生的教诲，他们耳提面命，悉心指导，其品德学问、治学精神和治学风格，给予我很大影响，使我受益终身。陶文鹏、管士光、高克勤、马自力等先生以及许多学界同好给予的支持和帮助，更是令我不胜感激。

值此拙作付梓之际，尤其感谢复旦大学给予的特别关爱和特别照顾。记得 1993 年，笔者考入复旦大学，于金秋季节从孔子故里来到黄埔江畔，师从心仪已久的王水照教授攻读博士学位。时爱妻李琨师从上海财经大学著名学者胡寄窗先生攻读博士，已满六岁的女儿，也刚好到了上学的年龄，于是举家南迁，由鲁入沪。当时，复旦大学不仅帮助安排小女在复旦小学免费就读，而且在教职工宿舍极其紧张的情况下，学校领导亲自协调，破例给我们安排了教工第八宿舍的住房。校长办公室的同志为落实上述具体问题，不辞劳苦，积极热情，还多次看望我们。所有这些，都使我充分感受到学校对普通学子无微不至的关怀与体贴，感受到学校的温暖和温馨。读书期间，校、系领导和导师，都多方面地给予了热情鼓励和热情帮助。目前，在学术著作出版十分艰难的情况下，这本小册子能够十分荣幸地在母校出版，是复旦大学及复旦大学出版社再次给予的厚爱、支持和鼓励。在此，我怀着深深的敬意，谨对母校、对复旦大学出版社以及为本书出版付出心血的朋友们，表示诚挚的感谢。

值此拙作付梓之际，还要特别感谢刊发或转载过这些文章的所有刊物以及为此而付出艰辛劳动的编辑同志，尤其感谢《中国社会科学》、《文史》、《文学评论》、《文学遗产》、《中华文史论丛》、《新华文摘》、《社会科学战线》、《中国文化研究》等编辑部给予的热情鼓励和学术支持。这些刊物都是我大学执教和研究生学习期间十分仰慕且每期必读的刊物，应当特别指出的是，这些刊物在我不曾认识编辑部任何同志的情况下，首次投稿即被采用，给予我很大的精神鼓励和学术支持，使我深刻地感受到了其培养新人、提携后进、注重稿件质量、主持学术正义、推进学术发展的科学严谨之态度，深刻地感受到了其甘为人梯、甘为他人做嫁衣的奉献精神。我对这些刊物和编辑部的同志们充满由衷的敬意。

记得 1988 年金秋，笔者将不足三千字的小稿《黄山谷年谱辩误》寄给中华书局大《文史》编辑部，很快收到了采用通知和修改意见；1991 年初夏将 1 万 2 千多字的《易安散文艺术发微》试投《文学评论》，时隔不久即收到三页手写的修改意见及采用通知；遗憾的是，直到今天，也未能认识上述两位编辑同志。1991 年与 1994 年春天，我曾分别将《稼轩散文艺术论》、《论北宋前期散文的流派与发展》投寄《文学遗产》，均在不长时间内收到采用通知，而直到 1996 年晋京工作以后，方得面晤编辑；1997 年刊发的《论古代散文的研究范围与音乐标界的分野模式》还评为该年度优秀论文。

1994年底，我在复旦大学撰写了一篇近2万字的论文《试论宋代散文体裁样式的开拓与创新》，寄投《中国社会科学》杂志社，没想到很快就收到编辑部充分肯定和热情鼓励的刊用通知。1997年，当再次投寄约2万字的《散文发生与散文概念新论》时，编辑部的同志告诉我，目前稿件积压过多，且前年已发过一篇，这篇拟作退稿处理。然而，两个小时后，接到编辑部准备刊发的电话通知。后来得知编辑部退稿前浏览此文，果断决定，刊发该文，当时编辑部还请了功底深厚的资深翻译家翻译拙作，在英文版上刊发，使我深为感动。

写了上面这些话，除了回顾学术友谊，表达感激、感谢之情以外，还有一层意思，即通过我个人的学术经历和深切体会、深切感受，表达这样一个看法：近20年的学术研究，主流是积极健康、昂扬向上的，许多学术刊物特别是国家级学术刊物，在促进和推动学术研究健康发展方面发挥了巨大作用。同时，在目前学术风气尚不尽如人意的情况下，我也希望用个人的学术经历和深切感受，告诉有意问学和有心治学的年轻学友，应充分相信绝大多数学术刊物的公正性和公平性，自强自信，扎实学问，朴实文风，夯实基础，解放思想，实事求是，求真务实，开阔眼界，开拓视野，勤于思考，勇于探索，敢于创新，倍加珍惜当前良好的学术环境和学术氛围，倍加珍惜自己的学术声誉和学术生命，多出高水平、高质量、有见解、有深度、有分量的好成果。

最后，应当说明，这本小册子所选编的文章，既有作家和作品的微观研究，也有文学现象和文学流派的宏观审视，既有文学理论层面的深入探讨，也有历史事实的考证分析，而所有观点，均属笔者的一得之见。这些文章，由于写于不同时期，水平自然参差不齐，而且着眼点和立足点也不一样。将这样一本小册子奉献给读者，实在惭愧汗颜。加之才识学力所限，疏漏讹误之处，在所难免，敬祈读者批评指教。

2002年12月30日

《诗词品鉴》后记

奉献给读者的这本小书，是作者多年古代诗词浓厚情结的结晶。孔子说：“知之者不如好之者，好之者不如乐之者。”① 尽管笔者于中国古代诗词“知之”不多，却喜欢诵读和品味，自以为“好之、乐之”，数十年来，学习古典诗词已成为工作、生活的一部分。

其实，笔者对诗词的喜爱经历了一个漫长的过程。少年时代，诵读课本中的诗词虽能脱口而出，多是不懈意趣；“文革”时期，于煤油灯下偷读《三国演义》、《水浒传》、《红楼梦》等古典小说，只是关注故事情节和人物形象，绝少留意书中诗词，遇有诗词处，往往“跳过”不读；大学期间，古代文学课使笔者对中国古典诗词有了基本的系统学习和了解。但真正产生浓厚兴趣，则是在留校之后，当时的教学任务和科研工作，促使自己细心琢磨、深入思考，并由此渐渐引发了研读诗词的浓厚兴趣。

那是20世纪80年代，笔者在曲阜师范大学中文系讲授中国古代文学发展史和《词学研究》选修课。这是一个学风淳朴、崇尚知识的年代。中华民族在经历了史无前例“文化大革命”的磨难之后，开始深刻反思历史的经验和教训，深刻思考中国发展的新路子并努力推行改革开放的新国策。伴随中国特色社会主义建设的快速发展和人才需求，人们对于知识的渴望和追求，尤其是对中华民族传统文化的执着热爱，首先在大学校园里得到充分反映。尊重知识、追求知识和学习知识成为崇高风尚，中国古代文学更是备受青睐。正是在这个年代里，笔者大学毕业后幸运地留校任教，能在至圣先师孔子的家乡，继续学习和研究中华民族的优秀文化。当时的曲阜师范大学坐落在孔子府邸西边不到两公里的地方，教学楼、办公楼、图书馆、

① 《论语·雍也》。

宿舍楼，参差错落，连为一片，青砖素瓦，绿树隐映，杨柳依依，前面不远处有流水潺潺的南沙河，学校周围连接着辽阔的农田，到处充满着浓郁的乡村气息，到处洋溢着浓厚的田园意趣，安静恬适，真是一个宜于读书学习的好地方。在这里，教师认真备课、学生刻苦学习，似乎天经地义，一切都那么自然有序。

那时，作为一名年轻教师，笔者既感受着大学讲台的荣耀，又意识到面对学子的责任，尤其是深深感觉到知识积累欠缺和学术功底单薄的压力。为尽快适应和胜任教学，在刘乃昌教授和古代文学教研室全体老师的指导下，我一方面“恶补”知识，一方面把备课作为学习提高的重要途径，而以古代诗词为重点，反复学习和钻研教材，反复修改和斟酌讲稿，希望尽力做到严谨、扎实，希望能有新意、有深度，希望能引发同学们的学习兴趣。记得初上讲台前，当时的中文系主任聂建军教授和教研室全体老师还认真听我试讲，给予具体指导。后来在山东大学攻读硕士课程，袁士硕教授的《文学史方法论》、朱德才教授的《唐宋词研究》等课程，都令笔者受益良多。

诗词作品分析，是讲授文学发展史必不可少的重要内容，也是评判艺术风格、文学思潮和发展脉络的重要依据。除了讲清作品产生的历史背景和具体环境外，尤其要讲清作品本意、表现手法、艺术效果、创新之处、传播影响等等。对于大家都很熟悉的经典名篇，要想出新意，就要花气力。当时大学的通用教材是朱东润先生主编的《中国历代文学作品选》，凡是课堂讲授的诗词，笔者都努力搜集参考资料，细加阅研、斟酌和推敲，然后写成讲稿。为加强教学内容的丰富性和深刻性，笔者还注意从古代文学总集和作家本集中发掘具有典型意义的代表作品，注意征引相关的诗词理论和前人的精粹评点，努力提高作品分析的学术层次和理论品位。正是在这个教学实践的过程中，笔者不断探索着诗词品鉴的方法与规律，也充分享受着教学相长的幸福和快乐，客观上为这本小书的诞生做了一定的积累。

与此同时，笔者文学研究特别是诗词研究的经历也为这本小书的诞生奠定了基础。20 世纪 80 年代中后期，在刘乃昌先生的指导下，笔者承担了国家古籍整理重点项目《晁氏琴趣外篇　晁叔用词》校注[①]、国家哲学社会科

① 上海古籍出版社 1991 年版。

学“六五”重大攻关项目十四卷本《中国文学史》之《宋代文学史》[①] 撰写、山东省重点科研项目《黄庭坚研究》等任务。《晁氏琴趣外篇　晁叔用词》即宋代“苏门四学士”之一晁补之的词集；《宋代文学史》中负责撰写的内容是黄庭坚、江西诗派、北宋后期诗词等章节；《黄庭坚研究》则把诗歌理论和诗词创作作为研究的重中之重。所有这些，无不以诗词研究为重心，在完成任务的过程中，使笔者对中国古代诗词有了更深入的了解和认识，从而产生了难以割舍的浓厚兴趣。笔者在20世纪八九十年代发表的一批研究成果，也大都与古代诗词密切相关，除合作撰写《唐宋诗词》[②] 外，如对欧阳修、王安石、苏轼、李清照、杨万里、陆游、辛弃疾等宋代著名作家及代表作品的研究，文章如“论燕乐的滋兴与词体的诞生”、“黄山谷的文艺思想和诗歌艺术”、“‘易安体’新论”、“黄庭坚‘点铁成金’‘夺胎换骨’说新论”、“唐宋词修辞模式论析”、“‘随俗’与‘反俗’”、“‘小山重叠金明灭’释义”、“敦煌歌词新论”，等等。研究诗词的过程，成了不断增强和深厚诗词兴趣的过程。

至90年代初，笔者考入复旦，师从王水照教授攻读博士学位。水照师是德高望重、饮誉海内外的著名学者，对中国传统文化特别是唐宋文学、古代诗词研究精深，成果卓著。先生的耳提面命，悉心指导，使我开阔了眼界、拓展了思路，研究重心虽然由古典诗词转向古代散文，但“以文为诗”、“以文为词”仍然是我思考和关注的重点。完成学业后来到祖国的首都北京，供职于国家哲学社会科学规划办公室，有幸参与国家社会科学基金项目的组织评审和管理，其间阅读了国家项目关于中国古代诗词文化的丰富成果，启沃良多。随着国家文化建设高潮的不断深入和建设学习型社会的不断推进，近年来国学热再度兴起，诵读经典，蔚成风气，传统诗词，备受青睐，这使笔者萌生了积极参与其间和相互切磋交流的念头。尤其是今年仲夏，与学长贺耀敏先生“海聊”，拜读其手机创作的众多诗词俊章，颇觉情韵优美、境界高远。敬佩之余，引发谈诗论词兴致，且言及《诗词品鉴》文稿，耀敏先生鼓励我付梓出版，嗣后修订，逐步完善，这让我增强了信

① 人民文学出版社1996年版。

② 山东文艺出版社1992年版。

心。遂于假日翻检旧稿，细加整理，粗成一帙，厘为两编，承蒙中国人民大学出版社厚爱，纳入“大众阅读系列”丛书中。毋庸讳言，这本小书选篇定目的整体规划性和内容系统性不强，作家作品的取舍多寡不一，各篇文字详略也不均衡，作品理解与艺术分析欠妥处在所难免，作为古代诗词爱好者的学习交流，敬祈大家批评赐教！

最后，真诚地感谢著名经济学家、中国人民大学出版社社长贺耀敏先生给予的鼓励与支持！感谢国家图书馆馆长、博士生导师詹福瑞教授和首都师范大学中国古代诗歌研究中心主任、博士生导师赵敏俐教授在百忙中赐序！感谢德艺双馨的著名书法家都本基先生题写书名、中华书局总编李岩先生帮助提供插图！同时，对中国人民大学出版社余海、胡明峰、符爱霞等所有为本书出版付出辛勤劳动的同志表示诚挚的谢意！

2009 年 10 月 1 日草拟

2010 年 1 月 3 日改定

《唐诗经典品鉴》后记

诗歌，是人类共有的一种情感表达的艺术方式。全世界众多民族在数千年文明发展的漫漫历程中，运用各自的语言，创造出了多姿多彩的诗歌形式，共同铸造了世界文学的辉煌。

作为人类五大文明古国[①]重镇的华夏民族，更是表现出非同凡响的诗歌创造力。从上古歌谣到商周雅颂，由两汉乐府至魏晋宫体，律、绝登峰于李唐，令、慢造极于赵宋，套曲鼎盛于蒙元……可谓代有新创，相继不绝，各臻其妙。综观中国诗歌的发展，始终伴随并贯穿中华民族五千年文明的演进，成为时代发展和民族精神的艺术结晶，成为世界文明发展史上灿烂夺目的文化瑰宝。而唐代诗歌创造的艺术境界和产生的深广影响，迄今为止，空前绝后。不必说李白、杜甫、白居易诸大家巨擘的涌现，仅就雅俗共赏、脍炙人口、妇孺皆知、盛传不衰的经典名篇数量而言，历朝历代，鲜有伦比！

蓝天出版社刘春燕同志以弘扬中华文化为己任，策划组织出版中国古代文学经典作品鉴赏丛书，而将唐诗作为重中之重，邀我承担。笔者虽然在高校任教时讲授过唐代文学，也出版过《诗词品鉴》，唯唐诗经典作品的鉴赏文稿，手头成品不足三十篇，而出版社当时拟以此书参加不久即将举行的全国图书展，时间十分紧促。所幸请得曲阜师范大学唐雪凝教授加盟，同心合力，共襄此事，心中踏实了许多。

唐雪凝教授教学、科研向以认真、严谨称，不仅功底扎实、思维敏捷，而且求真求实、求善求美，往往见解独到，文采斐然。这次合作，重点负责百篇新增作品鉴赏文字的草拟与修改，这是一项艰苦细致的基础性工作。全

① 古埃及、古巴比伦、古印度、古中国、古希腊。

书作品篇目的选定、体例要求的制订、鉴赏样稿的撰写，以及前言、附录和全书内容的通审编定，则由我来完成。经过反复磋商和斟酌，我们还制定了以下十项工作原则：

一是篇目选定务必注重作品的历史影响度和文化影响力。思想内容与艺术创新须兼优并胜，大家不限数量，名篇不论作者，体式不拘一格。

二是各篇体例务必保持统一模式。采用作者简介、作品原文、鉴赏文字三大板块组合的结构模式；作者简介不能超过300字，一人多篇者，首篇之外皆从略。

三是鉴赏文字篇幅务必根据实际情况确定。律诗、绝句一般控制在千字左右；长篇古体不受限制，可以适当增长。

四是对作品内容的理解阐释务必契合作者原意。要突出作品意脉，紧扣中心主题，抓住重点字句，尤其要讲清上下之间的内在联系，不偏不离、不枝不蔓，不任意发挥。

五是语言表述务必准确到位。要洗练简洁、自然流畅。艺术特色概括须着力揭示创新点和感染力。题材开拓、手法运用、风格创新、意境创造等，可选择最突出者，不必面面俱到。

六是谋篇布局务必讲究逻辑性。既要思路清晰、层次分明，又要结构严谨、前后照应。同时，充分考虑品鉴文字部分的整体性和完整性。

七是务必注意将发掘作品思想内容的深刻性与充分揭示艺术审美的趣味性紧密结合。力求出新见、有新意。如《春晓》应点出对生活的热爱与怜花惜春的情感等。

八是务必注意开阔文化视野。要提高层次和品位，如贴切引用前人精警评论、理论主张，突出强调作品的成就、特点，或在诗歌史、文学史甚至文化史上的影响，但文字宜简不宜繁。

九是务必注意揭示独创处与规律性。如《过故人庄》以事件发生先后为顺序、以空间转换为线索结构全诗；《登幽州台歌》以时为序，体现历史的厚重和哲思的深沉。

十是务必注意审慎参考别人公开发表的已有成果。要严格遵守国家知识产权的有关规定，确保不抄袭、不轻信、不传讹。

上述十项原则，既是结撰本书的基本遵循，也是反映本书特点的重要方面，而在具体篇章中有着不同程度的体现。

“诗莫备于唐”①。唐代是中国古代诗歌的全盛期，目前发现的传世作品逾五万首。除蒐罗宏富的《全唐诗》和汗牛充栋的作家本集外，各种各样的选集更是不计其数。选唐诗、读唐诗、学唐诗是中国历史上一直绵延不断的文化现象，历代以来不同选本的《唐诗选》、《唐诗百首》、《唐诗三百首》多达上百种。实际上，唐诗经典作品自唐代开始，即已成为人们文化启蒙和提高文学修养的重要教材，成为人们丰富和满足日常精神文化生活的重要方面。民间还广泛流行“熟读唐诗三百首，不会写诗也会诌”的说法，反映了人们学习唐诗的深刻体验与良好效果。特别是改革开放后，适应人民群众日益增长的文化精神生活需求，出现了鉴赏唐诗的热潮，至今唐诗鉴赏方面的著作，依然是文化市场上的畅销书！毫无疑问，这种态势仍将继续。

唐诗经典作品雅俗共赏，得到历代人们由衷喜爱而盛传不衰，这种现象有其历史发展的必然性，也体现着文学传播的规律性。其形成无疑是由多方面因素决定的，而作品具有的“大众化”特点与“化大众”力能，则是最基本、最重要和最关键的因素。

“大众化”就是易读、易懂、易记，不艰深、不晦涩，自然平易，通俗明白，形象鲜明，意蕴优美，拥有最广大的读者群，普通百姓都理解、都喜欢，具有很强的普及性。唐诗经典作品的大众化首先反映在思想内容上。文学即“人学”。文学以“人”为本，人们的生活是创作的源泉。诗歌“感于哀乐，缘事而发”（班固《汉书·艺文志》）。“哀乐”为人“情”，而“情”动缘于“事”。故“情”为诗之魂，“事”乃诗之根。唐诗经典作品皆“为事而作”（白居易语），情寓其中。作者写世事、国事和家事，写身边发生的事、生活常有的事和人们关注的事、大家熟悉的事，写亲力亲为、切身感受的事或耳闻目睹、深入思考的事……这些实事实景、常情常理，无一不是

① （清）曹寅、彭定求等：《御定全唐诗·序》。

贴近生活、表现社会，使读者既熟悉，又亲切。作者因事而动情、写诗以抒情；而读者因情而见景、因事而明理。由此可以形成跨越时空的思想交流和情感共鸣，表现出浓厚的人性化、生活化特征。其次反映在艺术表现手法上。作者往往大量运用比喻、夸张、拟人或白描、渲染、铺衬等方法，使作品生动形象、意境优美，或委婉含蓄、意蕴深厚，给人以如临其境、如闻其声、如见其人、如睹其形的感觉。而语言则通俗而不庸俗、高雅而不晦涩，既平仄相间，合辙押韵，朗朗上口，流转如珠，又轻重缓急，声律谐和，节奏旋律，韵致井然，易读、易懂、易记。所有这些，使唐诗经典作品呈现出鲜明的"大众化"特色，获得了最为广大的读者群和历久弥新的艺术生命力。

唐诗经典的"大众化"赋予了作品巨大的"化大众"力能。文学重情感、重形象、重意趣，既可陶冶情操、培养情趣、开阔视野，又能丰富知识、启迪智慧、升华境界。唐诗经典作品往往含纳着强烈的艺术吸引力、意象冲击力和思想影响力，对读者具有很强的艺术感染力和思想教化力。李唐一代，观念开放，国势强盛，思想活跃，社会环境与文化氛围自由宽松。诗人们不仅"斯文自任"，而且"以天下为己任"，关注社会、关切现实、关心民生，表现出强烈的历史使命感和社会责任心。形之歌咏，则表现出爱国爱家爱生活的浓厚情结和以人为本的理念意识。其经典作品，不仅具有鲜明的思想性、民族性和时代性，而且具有深厚的文化性、趣味性与艺术性，呈现着积极奋发、昂扬向上、通达乐观、正气凛然的精神风貌。诸如以人为本与天人合一的哲学思想，自强不息与厚德载物的优秀品质，爱国爱家与勤劳勇敢的民族精神，仁爱正义平等与向真向善向美的执着追求……这些在作品中都有充分体现，形成高度的认同感和强大的吸引力。唐诗作品或题于"乡校、佛寺、逆旅、行舟之中"，或咏于"士庶、僧徒、孀妇、处女之口"（白居易《与元九书》）；"禁省、观寺、邮候、墙壁之上无不书，王公、妾妇、牛童、马走之口无不道"（元稹《白氏长庆集序》）；这种广泛传播的情形，不仅充分反映了人们喜欢的普遍程度，而且可以想见其化育大众、滋润心灵的深度和广度。

唐代诗歌的经典作品实在是太多太多，这本小书仅仅拈出其中的126首，不可能代表或反映唐代诗歌的全貌。然前人有言，"尝鼎一脔，便知全味”。这里只是撮其典型、品其韵味、领略大意而已！如果读者通过这本小书，能在了解唐诗风采和鉴赏方法方面有所收获，则著者又倍感欣慰矣！

另外，曲阜师范大学刘娜、刘如永、李明丽、张青、姜雨青、赵晓燕、袁上霄等参与了部分篇章的草拟。蓝天出版社的编辑同志为本书出版付出了辛勤劳动，谨致谢忱！

辛卯清明草拟于北京长椿苑

《宋词经典品读》后记

庚寅仲秋，蓝天出版社刘春燕同志来电话，说她正在策划组织中国古代文化经典作品鉴赏系列丛书，因为前不久看到过我新出版的著作《诗词品鉴》，拟邀我承担唐诗、宋词部分的撰写。

刘春燕同志以前曾多次让我推荐学术造诣精深的专家帮助审稿、约稿。她全身心地投入担纲的工作，并创造了骄人的业绩。熟悉春燕同志的人都认为，她待人诚恳热情，心地善良，不仅人品好、人缘好，朴实大方，而且具有很强的事业心和责任感，做事认真扎实，高度负责，既有思想境界，又有文化眼光。其策划选题，思路开阔，往往大处着眼、细处着手，总是以提高读者文化素养、审美情趣和促进社会文明发展为旨归，思想内容积极健康，既启迪智慧，又充满情趣，知识性、思想性、科学性与可读性都很强，体现着鲜明的引导社会、化育人文的思想意识。春燕同志曾经在一张小报上，看到一篇反映云南知青生活的小文章，认为作者具有很大的创作潜力，于是，几经周折，联系作者，鼎力扶植，使这位当时名不见经传的作者，后来成为当代饮誉大江南北的著名作家。她策划出版的很多书籍，如《论语导读》……等等，都深受读者欢迎，有些书籍还荣获国家优秀图书奖，社会效益与经济效益都很显著。我一直敬佩春燕同志很敬业很投入、干一行爱一行的务实精神，敬佩她低调淡定、顺其自然的思想境界，于是便欣然接受了她的热情约请。

其实，撰写一本具有鲜明特色的宋词经典作品鉴赏，一直是20世纪80年代我在高校任教时的愿望，而且确实有过付诸实施的计划与行动。自然，这首先是出于当时教学的需要，同时也是自己学习和研究宋词的重要方式。那时，陈匪石《宋词举》、刘永济《唐五代两宋词简析》、唐圭璋《宋词三百首笺注》、龙榆生《唐宋名家词选》、詹安泰《宋词散论》、胡云翼《宋词选》、叶嘉莹《嘉陵词论稿》等等，都是我的案头书。尤其是沈祖棻《宋词赏析》，给我的启迪与影响尤为直接。是书对作品的内容分析清晰细腻，艺术特点的把握准确到位，其方法、思路和语言，都给人以循循善诱的感觉。我试着学习和运用沈祖棻先生的方法，把重点讲解的宋词经典作品，写成详细分析鉴赏的文字，对作品的内容理解与艺术的继承创新，也力求准确，力求细致，力求还原当时语境，在文学、文化和理论层面进行审视与把握，逐渐积累了几十篇文稿。后来因为承担国家社科基金重大项目的科研任务，出版宋词品鉴的计划只得搁置，已经写出的文稿置诸箧中，成为现在这本小书的基础。

众所周知，词是中国古代最具民族特色的重要文学样式，它把汉语言文字自身特点的艺术运用，几乎发挥到无以复加的极致；而产生于公元10世纪末至13世纪初叶的宋词，更是多姿多彩，灿烂辉煌。尤其是宋代众多大家圣手精心创制的经典名篇，脍炙人口，盛传不衰，以深厚的文化底蕴和浓郁的艺术魅力，吸引并滋润着历代读者。

其实，词至赵宋，由于社会环境与文化氛围的重大变化，使词的创作进入鼎盛时期，名篇俊章，丛出而叠见。这些经典作品，在广泛传唱于茶坊酒肆、青楼文苑、宫廷里巷的同时，亦有学人精心选择，裒集梓行，如黄升《绝妙词选》、曾慥《乐府雅词》、赵闻礼《阳春白雪》等等，从而为词的文本欣赏提供了诸多便利。自宋而后，凡习学文墨，必染指此道，赏词、学词、写词，蔚成风气，词学成显学，宋词为规范，各种专集和选集，丛出而并茂，清代戈载《宋七家词选》、周济《宋四家词选》、冯煦《宋六十一家词选》等，均以习尚名家为特色，而清末朱祖谋《宋词三百首》，更是成为流传极广的普及性选本。近代以来，虽迭经战乱，而词学不辍，名家辈出，无须赘述。

宋词名篇以文本形式广泛传播的过程，也是人们学习品鉴和文化传承的过程。然而，自宋代始，人们欣赏品鉴词作的文字，基本停留在局部字句、意境或表现手法上的评点上，绝少全篇的系统分析，即便是在词学理论开始系统化，出现了诸如张炎《词源》、沈义父《乐府指迷》这样词学理论专著的南宋时期，也没有打破此种格局。这种情形延续近千年，以至在词学兴盛的清代，也没有实质性突破。

近代以来，特别是新中国成立后，伴随新文化建设的不断强化，人们对宋词的喜爱也出现新热潮，词学大盛，如胡云翼《宋词选》发行至数百万册，沈祖棻《宋词赏析》多次再版重印，总数几近百万册。毫无疑问，各种宋词选本的梓行，对于弘扬光大优秀传统文化和提高民族文化素质，发挥了不容低估的重要作用。不仅如此，人们越来越注意全面系统地分析发掘单篇词作的文学内容、文化意义和艺术创造，越来越注意深入探索词的发生发展与演变规律，专门的著述也越来越多。进入新世纪，随着物质生活的极大丰富，人们对文化生活的需求和艺术审美的品位大幅提高，宋词自然成为人们普遍关注的对象。作为宋词的爱好者和研究者，笔者很乐意通过这本小书与大家交流学习心得，这里除将原来写成的文稿细加整理外，又续补增写了近五十篇，粗成一帙，在聊复春燕雅命的同时，也实现了笔者一个多年前的愿望。

本书付梓之际，非常感谢中国社会科学院文学研究所博士生导师刘扬忠先生为这本小书作序。扬忠先生是我一直十分敬佩的师长和著名词学家。记得 1990 年 10 月，纪念辛弃疾诞辰 850 周年国际学术会议在江西上饶召开。著名历史学家邓广铭先生、词学大家叶嘉莹女士、北京大学袁行霈教授、复旦大学王水照教授、山东大学朱德才教授、台湾淡江大学林玫仪教授、香港大学罗慷烈教授等许多知名度很高的专家学者与会。我也有幸带着自己的研究心得《稼轩散文艺术论》出席会议。其间瞻仰稼轩墓，大家陆续离开，唯扬忠先生徘徊久久，最后在伟大词人和民族英雄墓前行三跪九叩之礼，先生品格让我感动不已，留下极为深刻的印象。其后又多次在学术会议上聆听扬忠先生发言，新世纪初拜读先生新作《唐宋词流派史》，更是敬仰有加。扬忠先生与业师刘乃昌教授为好友，而我对宋词研究的起步，即得力于乃昌师的引导，上海古籍出版社 1991 年版的《晁氏琴趣外篇晁叔用词》校注，就是与乃昌师合作的成果。正是有如许学缘和机缘，笔者带着几分忐忑与惶恐，请扬忠先生惠赐弁言，而扬忠先生不以小书为嫌，慨然应允，且鼓励有加，令人感动！另外，中国传媒大学博士生导师杨燕教授、广州大学博士生导师杨树增教授，也给予了热情鼓励和大力支持，在此深致谢忱！

最后，诚挚地感谢为本书出版付出辛勤劳动的所有同志！

辛卯正月草拟于北京长椿苑

改定于 2011 年 3 月 20 日凌晨

《〈中国历代文选〉丛书》总序

奉献给读者的这套《中国历代文选》丛书，是中华民族优秀传统文化的生动展现，是学习了解和领略品味中国古代思想文化精华的便捷读物。

众所周知，散文是人类文化的重要载体和备受青睐的文学样式，是人们社会实践活动的理性升华和思想情感交流的智慧结晶。散文的发生历史久远，而其创作有两种基本的表现形态：口头言说与文字写作。前者多以口耳相传的形式存在，后者则以固定文字流传。未有文字之前，即有口头创作；创明文字之后，写作成为主流，部分口头作品也被记录为文字，形成语录体散文。纵观世界各国、各民族的散文，各有不同的风格与特色，而其中的优秀作品，无不流传广泛，影响深远，成为全人类共有的文化资源和珍贵的精神财富。

中国古代散文有着鲜明突出的民族特色。首先是历史悠久，源远流长。远古的口头创作且不论，仅据至今流传的文字文本《尚书·虞书》推断，至少经过了五千多年的发展，而且其间绵延持续，未曾间断，从先秦诸子百家到清代桐城流派，前呼后应，相继不绝，创作热潮和艺术流派层出不穷，频频涌现。

其次是内容广博，思想深刻。中国古代散文以人为本，既立足实际，贴近生活，又反映社会，体现时代。作品或记言记人、叙事说理，或写景抒情、传道明心，大到宇宙空间、社会人生、安邦治国的哲学思考和理论探讨，小至丘园华屋、山水草木的启发联想和细腻缠绵，无不包容涵纳。同时，又以“经世致用”、“泄导人情”、“务为有补于世”为基本遵循，重立意、重学养、重识见，探索学术，创新理论，化育社会，传承文明，赋予作品深刻的思想性和很强的文献性。其自强不息、厚德载物、爱国忧民的民族精神，“日日新又日新”、与时俱进、创新求变的时代精神，在在皆是。

第三是体式繁多，艺术精美。中国古代散文的创造性、开放性和变化性特点十分突出。散文作品大都因事而成文，篇成而体定，与时变化，适用为本，十分自由和灵活，呈现出文无定式、体无衡规的局面，不同时期的散文有着不同的表现形态。故散文的体裁样式繁多，无体不备。其艺术表现，则求善求美，注重艺术境界和美感效果。作者充分运用汉语言文字的自身特点，从音韵到形态，从句式节奏到章法结构，追求语言美、结构美和意境美，追求散文整体艺术的冲击力、感染力和持久生命力，使散文作品“辞达”“意胜”、“味厚”“韵浓”，风格多样，异彩纷呈。至如散文大家层出不穷，群星璀璨；名作如山如林，千古传颂；散文理论之系统全面（参见复旦大学王水照教授编《历代文话》十巨册），作品影响之广泛深远；则更不待言。

总之，中国古代散文重内容、讲艺术，不仅意境新，辞彩美，而且哲思灼见，议论英发。其关切社会民生、谋略国家发展，“忧以天下、乐以天下”的思想境界，其精于结构、善于创新，奇思妙语、深情幽趣的艺术腕力，无不令人赞叹！古代散文对于创新思想、治国理政和文化传播，对于精神塑造、道德培养和情操陶冶，对于提高民族素质、促进社会文明，都发挥了巨大作用，赢得了“经国之大业，不朽之盛事”的美誉，成为传统文化和主流文化的代表，雄居文坛、一统独尊。由此，中国也成为世界上散文创作时间最久、作品数量最多、民族特色最鲜明的散文大国和散文强国。

学习和弘扬民族优秀文化，是时代发展和文化建设的必然要求。中央文史研究馆馆员、中华书局原总编辑、清华大学文献研究中心主任傅璇琮先生精心设计和策划了这套《中国历代文选》丛书，并介绍和推荐笔者作为丛书主编。傅先生曾编有《中国古代散文精选注释》丛书，按文体分为哲理、记叙、史传、抒情小赋、游记、书信、笔记、序跋共八册，2009 年由清华大学出版社出版。现在的这套《文选》丛书，以历史朝代为序，分为先秦卷、两汉卷、魏晋南北朝卷、唐代卷、北宋卷、南宋卷、元明卷、清代卷八册，由崇贤馆藏书出版社出版。两套丛书，各有特色。

丛书依次由上海大学林建福教授、清华大学马庆洲编审、北京大学傅刚教授、西北大学李浩教授、宋代文学学会常务理事杨庆存教授、中国社会科学院毛双民研究员、中华书局骈宇骞编审分别担任各卷主编。丛书编写的基本原则和体例要求是：1. 选取的作品要有典型性和代表性，思想性和艺术性兼胜。2. 适合中等文化水平的现代一般读者阅读，同时可供部分普通教学研究者参考。3. 要有作者简介、题解（说明写作的时间、背景、简要介绍作品的思想艺术价值，也可以引用前人的评语）、注释（不必详尽，简要即可）、现代译文（赋体可不译）。4. 每卷字数控制在25万至28万间。5. 崇贤馆藏书出版社负责配图，配图要紧紧围绕内容，与文字相得益彰。

文章选编是我国传承数千年的优秀文化传统。它既是广泛传播文学精品和普及文化教育的重要渠道，又是丰富人们精神生活和提高民族整体素质的有效途径，既是开展学术研究、表达学术见解的一种方式，又是探寻文化发展规律、创新民族文化的重要基础。孔子选《诗经》且有“不学诗无以言”的圣训，萧统编《文选》致有“文选烂、秀才半”民谚且至今为显学，这在中国文学史、文化史乃至学术研究史上发生的巨大作用，众所周知。宋代甚至把文章选编作为国家文化建设、培养士子人才、淳朴民风民俗的重要手段，作为仕宦官吏学习历史、借鉴经验和提高理政才能的重要途径，倾国家之力组织编辑《册府元龟》、《太平御览》、《文苑英华》这样规模宏大的高典大册。明清时期的《唐宋八大家文钞》、《古文观止》、《唐诗三百首》等等，都是家喻户晓、妇孺皆知、影响很广的选本。近代以来的作品选编，更是目不暇接。毫无疑问，这对丰富人们日益增长的精神文化生活需求，对于提高全民族的文化素养与文明素质，对于弘扬中华民族的优秀文化传统和建设新文化，都具有不容低估的重要意义。

希望这套《中国历代文选》丛书，能在学习与弘扬中华优秀传统文化、提高民族文化素养与光大民族精神方面，在体现文化自觉、增强文化自信、促进文化自强方面，在响应文化强国战略、建设优秀传统文化传承体系方面，发挥些许作用。丛书是群体友好合作的文化成果，其中讹误与不妥善处在所难免，敬请大家批评指正。

2012年12月16日

《北宋文选》前言

——北宋散文的发展轨迹

中国古代文化历经数千年发展演进，造极于两宋（960—1279）。由此拔萃而出的宋代散文，“抗汉唐而出其上”[①]，“轶周秦”而“冠前古”[②]，成就卓越辉煌，为世艳称，大量名篇，盛传不衰。综观宋文发展，历经北宋前期、北宋中叶、南渡前后、南宋中期、南宋末期五大阶段，其间散体、骈体、语体多元共存、并向发展、相互促进与融合，而众多流派，异彩纷呈，繁荣生衍，至于作家作品、名家名篇，更是数量空前。

宋初七十年为前期阶段，散体与骈体同步发展，且文风新变。前四十年相继产生了骈体擅场的“五代派”与力倡古文的“复古派”，后三十年有西昆派的崛起和古文派的抗衡。

宋朝开国以文礼兴邦，前朝硕学鸿儒和文学侍臣成为宋文的首批作家。这些作家受五代文风熏染和辞臣职责修炼，均精于骈体，其显赫的政治地位、深厚的学养和奖掖后进的品德，吸引凝聚并培养了一批追随者，形成了宋代散文发展史上的第一个流派——五代派。该派注重“时务政理”，讲功用，重文采，要求自然流畅。核心作家徐铉（917—992）既重视文章的社会功用又不忽视艺术性，批评着意追求词藻华丽而无实际内容，充分肯定音韵、华彩的自然合理性。五代派作品大都气势雄伟，博雅富赡，富有文采。

几与五代派同时出现的复古派活跃于太宗朝，柳开以舆论声势著于时，王禹偁以创作实绩称于世。该派一是从社会学角度倡言文风复古，旨在兴儒

---

① （宋）陆游：《尤延之尚书哀辞》。

② （宋）许开：《五百家播芳大全文粹·序》。

垂教，提高全社会道德文明素质，达到社会安定与发展。二是主张社会意识与自我意识并重，既强调反映社会，又重视表现自我，体现了文学发展的新趋势。三是倡导文道并重，崇尚平易自然、朴实流畅的文风。复古派以散体古文为主要体式，内容表现出鲜明的社会性、现实性和强烈的抒情性。柳开（947—1000）明确界定“古文”“非在辞涩言苦，使人难读诵之，在于古其理，高其意，随言短长，应变作制，同古人之行事”（《应责》）。王禹偁提出“远师六经、近师吏部，使句之易道，义之易晓”（《答张扶书》）。名篇《待漏院记》描摹贤、奸、庸三类宰相上朝前心态思绪，褒贬规讽，理正言明，脍炙人口；《黄州新建小竹楼记》意境清隽而思致幽邃，情韵优美。

宋初两派尽管在语言形态、美学观念、创作习尚、宗法渊源诸方面有很大差异，但也有很多共同点，如提倡兴儒传道、宗经树教、联系现实、文道并重、文风自然等，呈并行发展相济互补态势。

宋初前四十年，骈体时文和散体古文都获得发展，后三十年遂有西昆派的崛起与古文派的抗衡之景象。西昆派宗法李商隐，贵骈尚丽。杨亿（974—1020）主张“文采焕发”、“理道贯通”[①]，《武夷新集》四分之三是散文。晏殊（991—1055）则“文章赡丽，应用无穷”[②]，《答中丞兄家书》谈家中细事，娓娓而言，亲切有味，讲子女教育一段尤生动感人。与西昆派同时的古文派，强调文章经世致用，要求文风自然朴实，并试图建立理论体系以增强影响力。穆修（979—1032）“专以古文相高，而不为骈丽之语”[③]，与门生李之才校订、整理并募金刻印韩柳文集，广其流传。苏舜钦论议时政、建言治国，如《论西事状》、《上执政启》等，皆直言警劝当轴者。总之，古文派在舆论声势与创作实绩方面，抗衡西昆，为古文发展兴盛并超越时文，作了充分准备。北宋中叶是宋代散文发展的鼎盛期，也是中国古代散文的辉煌期。欧阳修“以古文倡，临川王安石，眉山苏轼、南丰曾巩起而和之，宋文日趋于古”[④]，文风再变，直到苏轼仙逝（1101），历时八十年，乃

① 《武夷新集》卷一八《答并州王太保书》。

② 《宋史》卷三一一《晏殊传》。

③ 陈亮：《龙川文集》卷一一《变文法》。

④ 《宋史》卷四三九。

宋文发展第二阶段。该期散文发展呈现十大特点。

一是群体鹊起，流派丛集，体派交糅，而又各自名家，出现了欧苏古文派、文章派、经术派、议论派、苏门派、道学派等。二是散体古文进入极盛期，骈体散文经过古文大家的改造和提高，骈、散融合，以新的姿容跻身文苑，纳入古文家族中，形成多体流派认同的创作思潮。三是名家迭出，珠璧交辉，“周、程以理学显，欧、苏以古文倡，韩、范以相业著，其他文人才士，后先相望”[①]，各以其文擅名一世。四是宋代脍炙人口的名篇如《岳阳楼记》、《醉翁亭记》、《前赤壁赋》等，都产生在这一时期。五是宋文平易自然的主导风格也在这一时期形成，“以文从字顺为至”[②]，成为作家追求的目标。

六是解决了自南北朝即已肇端的骈、散之争问题，确认了骈体散文应有的地位，所谓“偶丽之文苟合于理，未必为非”[③]，尤其是欧阳修与苏轼均“以博学富文，为大篇长句，叙事达意，无牵强之态，而王荆公尤深厚尔雅”[④]，骈文与古文并传。七是理顺了实用与审美、“文”与“道”的关系。实用是散文的原生属性，决定作品现实意义大小，而审美为第二属性，决定作品艺术生命强弱。审美后于实用，散文美学因素随着散文发展和人类进步而逐渐自觉化和理性化。实用和审美的完美结合，成为散文创作最高艺术境界的表现之一。北宋中叶散文正是在这一点上表现出超越前人的巨大进步。八是散文艺术表现理论开始细密化、具体化、系统化，文章的繁简丰约、虚实关系、立意措辞等都有不同于前代的新见解。九是该期散文创作与时代思潮如疑古惑经、儒学重造等同步运行，相互激发和促进。十是该期散文创作还与当时爆发型的文化创造精神相一致，哲学、艺术等领域呈现全面创新景象，如新儒学的兴起和理学名家的出现；诗词书法绘画的开派创新和代表宋代最高水平名家巨匠的出现等等，这些无疑都是推动和促进宋文发展的积极因素。

欧苏古文派兴于明道（1032—1033）而盛于嘉祐（1056—1063）年间，绵延于元符（1098—1100）之末。该派以欧阳修为领袖，前期古文家尹洙、

---

① （宋）周必大：《宋文鉴·序》。

② （清）查慎行：《曝书亭集序》。

③ （宋）欧阳修：《论尹师鲁墓志铭》。

④ （宋）陈振孙：《浮溪集说》。

苏舜钦等鼓行其中，范仲淹、石介、孙复等积极呼应；又有曾巩、王安石、苏洵、苏轼、苏辙胥起，声威大振；后有苏门弟子倡明斯道；遂能持续发展八十年。此派主要作家学殖厚、素质高，创新能力强，影响深广。该派在为文宗旨、文道关系、文辞关系以及对待骈文态度方面拓展推进。如欧、苏以“百事”、“万物”为道，以“理”、以“事实”为道，涵延深广，提出“文必与道俱”、“表里相济”、“有道有艺”[①]。对于骈文，则从文章社会功能方面予以充分肯定，进行积极革新改造。

欧阳修（1007—1072）“以文章道德，为一世学者宗师”[②]，领导了声势浩大的文风复古运动。首先，他团结志欲复古者，并识拔培养了众多文坛新秀，形成一支前后踵武、阵容强大严整而又各自相对自由发展的散文创作队伍，为宋文的长期繁荣奠定了坚实基础。其次，他领导了文风革新复古运动，并取得巨大成功，《宋史》谓其“挽百川之颓波，息千古之邪说，使斯文之正气，可以羽翼大道扶持人心”[③]。第三，欧阳修在文、道关系，文、辞关系，个人修养与为文关系，道的涵延等方面，都较前人大大推进而趋于合理化、深刻化和系统化，将文、道放在平等位置，互为依存，反对只在文字上面花功夫，强调“期于有用”（《荐布衣苏洵状》），“不假浮文而冶情”[④]，显示出其理论的进步性。第四，确立了宋文平易自然、婉转流畅的主体风格和骈散兼行的语言模式。时人谓欧文“得之自然”，“自极其工，于是文风一变，时人竞为模范”[⑤]。第五，创作了大批“超然独骛，众莫能及”的优秀散文，所谓“文备众体，变化开阖，因物命意，各极其工”[⑥]。第六，树立了刻苦严谨、追求完美的创作风范。宋人陈善《扪虱新话》载欧公“平昔为文章，每草就，纸上净讫，即粘挂斋壁，卧兴看之，屡思屡改，至有终篇不留一字者”[⑦]。可见着意淘洗、精心锤炼之精勤。总之，欧

---

① 《王安石文集》卷三。

② （宋）吴充：《欧阳公行状》。

③ 《宋史》卷三一九。

④ （宋）韩琦：《欧公墓志铭》。

⑤ 苏轼：《六一居士集叙》。

⑥ （宋）吴充：《欧阳公行状》。

⑦ 卷五《文章博远贵于精工》条。

阳修为宋文健康发展和繁荣鼎盛，做出了巨大贡献。

欧苏古文派在发展过程中还形成了多元分化而又整体统一的特点，出现了文章派、经术派和议论派。文章派以欧阳修、曾巩为主要代表，创作态度认真严肃，注重反复修改和精心锤炼，从而达到委婉条畅、简洁凝练、自然精妙的境界，努力提高文章的艺术性和美学价值。如曾巩（1019—1083）以儒学为本，经世务实，体道扶教，写作古文，斟酌于司马迁、韩愈，纪事言理，自成一家，《战国策目录序》从容和缓、《墨池记》委婉自然。经术派以王安石为代表，为文强调“通经致用”①，言事明理。《上仁宗皇帝书》分析朝廷困境，提出陶冶人才以更革法度，见解深刻而立论精警。《游褒禅山记》即事以明理，穷工而极妙，委婉丰厚，启迪心扉。议论派以苏洵、苏轼、苏辙为代表。三苏论文强调“有为而作”，其文章“皆以古今成败得失为议论之要”（《历代论引》）。苏洵“以雄迈之气，坚老之笔，而发为汪洋恣肆之文，上之究际天人，次之修明经术，而其于国家盛衰之故，尤往往淋漓感慨”②。苏辙擅长政论与史论，名作《黄州快哉亭记》议论眼前景与古时事，提出“不以物伤性”，遒逸疏宕。

苏轼是与欧阳修并称的文坛领袖，他的创作对促进宋文平易自然、流畅婉转主体风格的成熟与定型，起了决定性作用。苏文如行云流水，文理自然，姿态横生，既视野雄阔，哲思深邃，又议论英发，纵横驰骋。中年后作品，涵纳儒、释、道诸家精华，将事、理、情、景、意、趣融为一体，既博大精深、新警绝人，又境界高远，豁达通脱。《前赤壁赋》以言理为旨归，探讨时空与人生，而融叙事、抒情、写景、议论于一炉，纵横六合，通达古今，出入仙佛，充满诗情画意和至理奇趣，意境美妙幽邃。至如《潮州韩文公庙碑》在议论中评述韩愈对儒学和文学的贡献、《日喻》借议论“盲人识日”和“北人学没”指导务学求道，无不精深博洽，纵横挥洒。苏文广备众体，姿态横生，雄健奔放，挥洒自如，圆熟流美，新意无穷。

苏轼先后识拔和培养了一批古文作手，其中尤以黄庭坚、秦观、晁补之、张耒、陈师道、李廌最为著名，世称苏门六君子，这里姑称苏门派。此

---

① 《王文公文集》卷八。

② 邵仁泓：《苏老泉先生全集序》。

派一是都十分注意领悟、体验和总结苏轼为文妙谛，并运用于创作中，形成自己的特色；二是都保持并弘扬了苏轼为文自然平易的特点，尤善题跋和书札；三是兼擅古文与骈文。黄庭坚精于文赋而妙于题跋，秦观长于议论而文丽思深，晁补之博辩俊伟而文字优美，张耒议论多宏篇巨制，题跋书序，挥洒自如。

道学派以周敦颐、张载、程颢、程颐为代表。他们都是北宋著名的思想家，为新儒学的创立和宋学的形成做出了积极贡献。道学派强调“文以载道”，重道而轻文，至有“文能害道”说。但学养与艺术功力深厚，说理论事，质实自然，文辞古朴简洁，逻辑严密，思想博大精深。周敦颐《太极图·易说》从宇宙本源讲到人性善恶，论述了一个完整的思想体系；《爱莲说》援佛入儒，文字生动优美，脍炙人口。张载《西铭》将“天道”与“人道”联系起来，论证封建社会秩序的合理性，意旨精深。程颢《论王霸札子》、《论十事札子》密切联系现实，骈散并用，笔势流畅。程颐《易传序》、《春秋传序》讲“开物成务之道”与“经世之大法”，文字雅洁，语如贯珠。

总之，北宋是中国古代散文发展的巅峰时期，大家璀璨，名作如林，题材之丰富、体式之创新、立意之高远、境界之阔大、构思之精妙、语言之优美，皆可在本书选篇中仔细品味。

2010年12月6日凌晨修改

2012年10月28日午夜删定

《南宋文选》前言

——南宋散文的发展轨迹

南宋散文与北宋散文脉连息通而又特色鲜明。伴随赵宋王朝政治、经济和文化重心南移，南宋虽偏安江左，地域版图较小，但由于大批中原仕宦文人南迁，文化教育兴盛，文学艺术繁荣，学术思想活跃，散文创作呈现出时代变幻的新风貌。

南北宋之交，自苏轼仙逝（1101）至李清照谢世（1155?），此五十五年为宋文发展的第三阶段，文采派和抗战派成就突出。

文采派发扬欧苏改造骈文的传统，精于四六骈文，杂以古体散句，属对精切，文采斐然，语言自然流畅。其代表作家有王安中、汪藻、孙觌、綦崇礼、李清照等。王安中早年师事苏轼，为文丰润敏捷，典雅凝重，人称徽宗时擅制诰第一人。孙觌善为赋，制诰表奏，名章俊语，人争传颂。綦崇礼覃心辞章，议论风生，文简意明，精于辞采，气格浑成。汪藻擅长骈语，时称大手笔。其文熔铸经史以成对偶，推原天地道德之旨、古今理乱兴废得失之迹，宏丽精深而又文从字顺。李清照将鲜明的个性、广博的学识和强烈的时代气息融会在作品中，抒写情性，广寓识见，含纳深厚，意蕴丰富，语言典赡博雅、精秀清婉。《金石录后序》回忆成书经过，倾吐对丈夫的深切怀念和国破家亡的沉痛之情，展示了极其丰富的文化、政治、历史、社会、家庭及其个人生活、思想的各个方面。《打马图序》写平生喜博性情，阐述“慧、通、达”、“专、精、妙”辩证关系，《词论》讲述词的发展变化、诸家创作得失、词与诗文区别及音律要求，均深刻优美。与北宋诸名家借景抒情、寓情于景、因情而言理有所不同，易安多以事见情，寓情于事，因事而明理，贴近生活，通俗亲切，更富感染力和吸引力。

抗战派以慷慨激扬的文字表达坚决主张抗战、反对妥协投降的主张，忠义激愤，疾恶如仇，直言无畏，正气凛然，表现出强烈的爱国主义和民族精神。宗泽《乞毋割地与金人书》指责朝廷“惟敌言是听，惟敌求是应”，表示欲捐躯报国，文字感愤激切。李纲之文雄深雅健，磊落光明，又非寻常文士所及。《十议》认为“和、战、守三者一理也”，“以守则国，以战则胜，然后其和可保。不务战守之计，唯信讲和之说，则国势益卑，制命于敌，无以自立矣”，析理精微辩证，深刻婉转。民族英雄岳飞忠愤激烈，议论持正，《出师奏札》、《谢赦表》天下传颂。《五岳祠盟记》叙述抗金“历二百余战”与“北逾沙漠，喋血虏廷”的雄心，气吞山河，笔势雄劲。

李清照去世后，南宋长育成就的人才蔚然兴起，宋文发展进入又一繁荣期。事功派、理学派、永嘉派、道学辞章派，或联辉并峙，或鼎立其间，或前后相继，一直持续到真德秀（1178—1235）谢世，历经八十年，是为南宋中叶。

事功派主张抗金复国，关心国计民生，正视社会现实，务实事而切世用。该派主要作家都是诗词巨擘，才情奔放雄赡，文学修养精深，文章深受三苏影响，长于议论，辞采灿烂。陈亮“修皇帝王霸之学而以事功为可为”[①]，主张“义利双行，王霸并用”[②]，倡导实事实功，反对空谈性理而以应用为本，认为“道在事中”。散文智略横生，议论驰骋，俊丽雄伟，兼有兵家与纵横家气韵。辛弃疾以气节自负，以功业自许，二十二岁即组织抗金义军，事迹轰动朝野，成为一位民族英雄和抗战实践家。其散文立意宏伟，气势浩荡，具有鲜明的针对性、强烈的现实性和广泛的社会性，且议论英伟磊落，雅健精美，辞采焕发。陆游既工骈体又精古文，语言风格类近欧、曾，简洁凝练，而章法承继元祐诸公，善于变化，巧于安排。范成大散文简朴尔雅，赋辞深刻幽婉，记序山水类近柳宗元，碑传多用司马迁笔法，题跋尤其简峭可爱。杨万里也是骈、散兼胜，其议政论事，析陈利弊，精辟周详，记、序、碑、状，圆活灵动，自然条畅，思致幽邃。周必大散文骈散兼

---

① 王炜：《宋潜浮先生文集序》。

② 《陈亮集》卷二十。

融，明白浅易，多近口语。名作《皇朝文鉴序》视野雄阔，立论中肯切实，语言典雅优美。

理学派作家均以理学名世，学养深厚，作品气势、章法、语言诸方面，明显接受欧、苏、曾、王诸家影响而呈现着强烈的艺术性。该派致力哲学理论研究，同时强调其实践性，故有务实精神，主张“文以载道”、“文道统一”、“华实相符”，并不忽视文章的艺术性。朱熹是理学大师，也是散文圣手。他认为“作文字须是靠实说得有条理乃好，不可架空细巧”[①]，其各体散文皆有精造，意实而艺精。朱子散文，词章近乎欧、曾，笔势类于苏、王。或明净晓畅，文从字顺，有从容自适之致，或“如长江大河，滔滔汩汩”[②]，而思绎之熟，改定之精，令人叹服。记、序、状、跋诸体，尤见艺术涵养。吕祖谦散文“衔华佩实”最擅议论，宏肆博辩，凌厉壮阔。他还开文章评点学先河，《古文关键》从方法论角度总结散文创作与鉴赏理论，简洁切实；所选诸家散文，标举命意布局，昭示精旨奥妙，“于体格源流，俱有心解”（《四库总目提要》）。

永嘉派始自薛季宣及其弟子陈傅良，而大振于叶适。该派为文，薛氏渊雅、陈氏醇粹而叶氏宏博，虽各有特点，要之皆能博通古今，以求实用，崇尚意趣高远，词藻佳丽，主张“不为奇险而瑰富精切，自然新美”[③]。薛季宣以“实学实理”称，其文“精确趣实，可以济世”[④]，持论明晰，考古详核，立说严谨，精深闳肆。叶适为南宋散文大家，为文强调独创，“片辞半简必独出肺腑”[⑤]，其文备众体，融铸古今，构思精妙，千变万化，文辞宏丽，语势流畅。议论文“忠君爱国之诚，蔼然溢于言表”[⑥]。碑志文独以峻洁称胜，往往数百字即成一篇，而重点突出，事迹生动，光彩照人。叶适记、序最见大家腕力，思致、意趣与辞采，更是令人称绝。

道学辞章派以“程、张之问学而发于欧、苏之体法”（吴渊《鹤山先生

① 《朱子语类》卷九。

② 李淦：《文章精义》。

③ 叶适：《沈子寿文集序》。

④ 陈傅良：《止斋先生文集》卷五一。

⑤ 《水心文集》卷十二。

⑥ 黎谅：《黎刻水心文集跋》。

文集序》)，取道学家与文章家两派之长，强调穷理致用，华实相副，并注意探究散文理论。真德秀为文力倡“明义理、切世用”。其《文章正宗》着意文体流变，精选《左传》至唐末作品，以简驭繁，影响甚大。魏了翁覃思经术，造诣益深，散文醇正有法，纡徐曲折，出乎自然，大都立意高远，思想深刻，语言流畅。魏氏序跋以议论平允、富有文采见长，人谓有周秦诸子遗风。魏了翁还着眼辞章、性情、志气、学识、道理等方面相互关系，试图用道学家哲理论文，开辟了新视角。

自真德秀谢世（1235）至文天祥就义（1283），为宋文发展末期。民族爱国派把宋文的发展推向了最后一个高潮，以慷慨激昂，悲壮雄劲的旋律结束了宋文发展的历程。

南宋后期，崛起于北方的蒙元与南宋联合灭金（1234）后，毁约南侵，攻陷临安，灭亡南宋。当其时，宋末具有爱国精神和民族气节的文人士大夫，积极参与抗元救亡斗争，创作了大量优秀散文，反映历史巨变，描述悲壮激烈的反民族侵略斗争和轰轰烈烈的救国救亡运动，或表现严酷现实强烈冲击下的失衡心态与民族情绪，以血与泪谱写雄壮的时代悲歌，从而形成一派，文天祥、谢枋得、刘辰翁、郑思肖、林景熙、邓枚、谢翱、王炎午等等，都是该派重要作家。他们身历巨变，作品或反映强烈爱国精神和崇高民族气节，记叙艰苦卓绝的抗元历程，歌颂不屈的民族英雄，或称扬忠义贞操之士，笔伐投降误国行为，痛惜宋朝倾覆，对故国表示深沉的眷恋与哀思，风格慷慨悲壮，深沉凄婉，雄劲苍凉，沉痛感人。

文天祥散文法韩宗苏，雄赡遒劲，《四库全书总目提要》谓其“如长江大河，浩瀚无际”。他长于议论，廷试对策及上理宗诸书，皆持论剀直，忠肝义胆，志如铁石，涵养深厚，气魄雄伟。谢枋得于元军攻破临安后，在弋阳组织军民抗元。宋亡后，坚持民族气节，拒绝仕元，绝食而亡。其《叠山集》人称“一字一语悉忠者之所发”，而文章瑰丽，高迈奇绝。脍炙人口的《却聘书》凛然正气，典赡雄壮。

刘辰翁曾入文天祥幕府抗元，宋亡不仕，撰《古心文山赞》、《文文山先生像赞》，颂扬文天祥忠义爱国。他推崇欧阳修、苏轼，主张自然流畅，专学其气势章法，直溯庄子。《须溪集》散文多奇诡纵横，深入庄子化境，寄托遥深。郑思肖忠义孤愤，散文“热血时抛，忠肝欲碎”[①]。谢翱散文风格与韩愈、柳宗元相近，尤善叙事作记。王炎午“孤忠劲节，悲壮激烈之气”[②]悉发于文，奇气横溢，高古超迈，醇粹精炼，《生祭文丞相》激昂奋发，忠烈豪气，溢于笔端，尤为世人称道。

总之，南宋散文是宋代散文辉煌成就的重要组成部分，其题材之丰富、体式之创新、立意之高远、境界之阔大、构思之精妙、语言之优美，皆可在本书选篇中仔细品味。

2010年12月6日凌晨修改

2012年10月28日午夜删定

---

① （明）张国维：《宋郑所南先生心史序》。

② 郑元：《忠义录序》。

《宋代文选》后记

文章乃“经国之大业、不朽之盛事”（曹丕《典论·论文》），此于宋代散文见之尤然。在选编和审阅《宋代散文选》书稿的过程中，对于政治家兼文学家魏文帝的这句至理名言，感受越来越具体、理解越来越深刻！

纵观人类文明发展史，世界上的伟大文学家往往也是杰出的思想家或政治家。他们无不以人为本，关爱天下，关切社会的健康发展，具有强烈的历史使命感和鲜明的社会责任心，无不执着地热爱祖国、关注现实、关心人民，弘扬民族正气，坚持公平正义，既眼光敏锐又思想深邃；而传诵千古、脍炙人口的优秀作品，或纪事说理，或写怀抒情，往往既具有深刻的思想性，也具有高度的艺术性，内容与艺术臻于完美融合，或反映时代，关怀民生，体现正直，涵纳着积极向上的人文精神，或创新出奇，文采焕发，体现着作者的学养胆识、艺术腕力和大智慧、大境界、大胸襟。仅就中国而言，从老子、孔子、孟子、屈原，到李白、杜甫、白居易、韩愈，直到欧阳修、王安石、苏轼、辛弃疾、文天祥……无不胸怀天下，“以斯文为己任”。历史证明，所谓“怀天下者，天下怀之；爱万民者，万民爱之”，信然！

在中华民族发展的历史长河中，文章是中华民族历史发展、文化发展和文明发展的真实记录，是中华民族历史实践的智慧结晶和民族精神的重要载体。中国是世界上散文创作时间最早、作品数量最多、民族特色最鲜明的散文大国和散文强国。而长达320年的赵宋时代，既是中国古代文化发展的兴盛期，又是中国散文创作的鼎盛期。宋代散文或记事、或说理、或抒情，无不重事实、讲艺术，不仅意境新，辞采美，而且哲思灼见，议论英发，表现出浓厚的时代气息和强烈的民族精神。其关切社会民生、谋略国家发展，“忧以天下、乐以天下”的思想境界，其精于结构、善于创新，奇思妙语、深情幽趣的艺术腕力，无不令人赞叹，耐人咀嚼！前人有言，尝鼎一脔即知全味，窥其一斑而见全豹，奉献给读者的《宋代文选》，大体可以领略宋代散文的风采风貌和艺术境界。

这本《宋代文选》的编撰付梓，首先要感谢中华书局原总编傅璇琮先生的信任和嘱托。庚寅仲夏，先生打来电话，说他应出版社之邀，精心策划《中国历代文选》丛书编写工作，正在遴选和确定合适的编撰者，嘱我务必承担《宋代文选》上、下卷的编撰。傅先生德高望重，享誉海内外。他不仅博学多识，治学严谨，著述等身，而且奖掖后进，如恐不及，是我一直敬仰的学界前辈之一。20世纪80年代，在撰写国家社科基金重大项目十四卷本《中国文学史》宋代卷时，先生的《黄庭坚和江西诗派研究资料汇编》[①]对我帮助甚大，我对黄庭坚、对宋代文化的深入思考与研究，都曾受益于此书。那时，钦佩景仰之际，时常遗憾不曾拜晤。十年后，在浙江新昌的唐代文学研究会年会上，才有幸聆听教诲。于复旦大学完成博士学业后，自沪晋京，供职于全国哲学社会科学规划办公室，叨教日繁。傅先生不仅对我的工作给予了多方面支持，参与国家社科基金项目评审，而且鼓励我坚持开展学术研究，每有新著问世，即签赠惠赐。拙著《黄庭坚与宋代文化》付梓时，先生还特意撰写了长篇序言，褒扬鼓励有加。自然，我也把以往的学习研究成果如《宋代散文研究》《宋代文学论稿》《传承与创新》《诗词品鉴》等著作呈傅先生批评指正。由是，傅老十分熟知我的研究方向。新世纪初，先生总编《中国文学通论》，我应邀撰写了《宋代文学史》（刘扬忠先生主编）散文、骈文两部分。这次嘱托编撰《宋代文选》，是又一次敦促与提携，余唯尽心尽力以竟其事，遑有他哉！

其实，文章选编是我国传承数千年的优秀文化传统。它既是广泛传播文学精品和普及文化教育的重要渠道，又是丰富人们精神生活和提高民族整体素质的有效途径，既是开展学术研究、表达学术见解的一种方式，又是探寻文化发展规律、创新民族文化的重要基础。孔子删诗[②]、萧统编文选[③]，其在中国文学史、中国文化史乃至中国学术研究史上发生的巨大作用，众所周

---

① 傅璇琮：《黄庭坚和江西诗派研究资料汇编》，中华书局1978年版。

② 司马迁：《史记》，中华书局校点本。

③ 萧统：《昭明文选》，《四部丛刊》本。

知。司马迁《史记·孔子世家》载，“古者《诗》三千余篇，及至孔子，去其重，取可施于礼义……三百五篇。”据此而言，由三千余篇到三百五篇，取舍标准明确，与其说是“删诗”，不如说是“选诗”更确切，而正是因为孔子这一“选”，使《诗》不仅成为千古经典，广泛流传，而且泽被百代，促成了数千年连续发展的专门学科“诗经学”。南朝·梁·萧统编撰《昭明文选》，选录先秦至梁近千年、上百位作者的38类文章，成30卷。是书选取“事出于沉思，义归于翰藻”的作品750余篇，对后世学子产生了广泛而深远的影响。唐以诗赋取士，学子须精通《文选》，方有登科可能；至宋则被推尊为“文章祖宗”，民谣盛传“文选烂、秀才半”。

宋代以文礼兴邦治国，当轴者非常重视文章选编，把它作为国家文化建设、培养士子人才、淳朴民风民俗的重要手段，作为仕宦官吏学习历史、借鉴经验和提高理政才能的重要途径。北宋朝廷不仅倾国家之力组织编辑《册府元龟》、《太平御览》、《太平广记》这样规模宏大的高典大册，而且专门抽调李昉、徐铉、宋白及苏易简等硕学鸿儒二十多人，编选长达千卷的《文苑英华》。是书上继《昭明文选》，起自萧梁，下讫晚唐五代，选录作品约两万篇，作者两千多人。其后，姚铉又从《文苑英华》中选编唐人作品成《唐文粹》百卷，序称“以古雅为命，不以雕篆为工，故侈言曼辞率皆不取。”南宋孝宗皇帝命著名理学家吕祖谦编选北宋诗文，意在“补治道”（周必大《序》），“所得文集凡八百”[①]，成《皇朝文鉴》150卷，收文章2500多篇，作者200多人。朱熹认为“篇篇有意”，“所载奏议，亦系一时政治大节”[②]。吕相谦还编纂《古文关键》指导士子科艺，其卷首总论古文阅读和写作法则，探讨古文形式美。其《左氏博议》，甚至成为南宋最流行的课子秘籍，家藏此书，户有是籍。魏齐贤、叶棻编选《圣宋名贤五百家播芳大全文粹》，更是长达百卷，凡520家，规模宏大；而托名谢枋得编撰的《千家诗》更是成为流传极广的启蒙教材。

明清时期发扬蹈厉此风，所编所选，或诗或文，种类繁多，数不胜数。明初朱右选韩柳等八家古文为《八先生文集》，明中叶唐顺之选《文编》，

① 吕乔年：《太史成公编皇朝文鉴始末》。

② 陈振孙：《直斋书录解题》。

明末茅坤编《唐宋八大家文钞》。清代蘅塘退士编选《唐诗三百首》，择其“脍炙人口之作”，意欲替代前人所编《千家诗》，成为合适的家塾课本。姚鼐编撰《古文辞类纂》，旨在为学子提供范文，启示古文写作门径。吴之振、吕留良、吴自牧编选《宋诗钞》。这些都是影响很广的诗文选本。近代以来，文学的作品选编，更是令人目不暇接，甚至到了眼花缭乱的地步。诗选、文选、词选、戏剧选、小说选等等，不一而足。毫无疑问，这对丰富人们日益增长的精神文化生活需求，对于提高全民族的文化素养与文明素质，对于弘扬中华民族的优秀文化传统和创造新时代的新文化，都具有不容低估的现实意义和历史意义。

傅先生为当代学术名家，主编过《全宋诗》、《续修四库全书》、《中国古籍总目》等大型项目，有重要学术论著如《唐代诗人丛考》、《唐代科举与文学》、《唐代翰林学士传论》、《李德裕年谱》等数十种。这次策划《中国历代文选》，无疑是对中国文章选编优秀文化传统的继承和发扬。正因如此，我十分愿意参与其间，为中国古代优秀文化的传播与普及，做点具体的事情，于是接受了先生的邀请。

然而，近些年来，国家高度重视哲学社会科学繁荣发展，我们承担的工作任务十分繁重。古人言，在其位必谋其事，职责在焉，身不由己，且冗务繁多而期约甚紧。于是，遂请杨静同志负责北宋部分、张玉璞同志负责南宋部分，各为一册，分别进行选编与撰写初稿，陆续交我统一修改审定。与此同时，我负责撰写本书《前言》和《宋代散文选后记》。张玉璞教授多年来一直在宋代文学领域勤奋耕耘，发表的论著颇丰；杨静同志前些年曾在北京师范大学攻读博士学位，专门研究宋代文学，论文扎实，且有成果发表；他们对宋代散文都很熟悉且有一定研究。根据《中国历代文选》规定的要求和体例，我们本着对著者负责、对读者负责、对历史负责的精神，力争高标准、高要求、高质量，既注重思想性与艺术性兼胜，又注重科学性与知识性双优，既选择经过历史检验、影响深广、脍炙人口的名家名篇，也不放弃新发现、新发掘的俊章佳构。特别是解题力求准确、凝练地概括出作品的主要特色与创新之处，注释力求简明、科学、谨严。北宋部分选 25 家 112 篇，南宋部分选 33 家 58 篇，共计 58 家 170 篇。此与宋代散文实际创作的数量相比，的确挂一漏万！然而，选编的过程，也是学习的过程，更是深厚学术友谊的过程，大家合作紧张有序，愉快默契，顺利而有效率。当然，由于是书篇幅所限，一些优秀的作品只能割爱，如徐铉《重修说文序》、柳开《代王昭君谢汉帝疏》、杨亿《殇子述》、晏殊《答赞善兄家书》、穆修《唐柳先生集后序》、黄庭坚《小山词序》、李清照《词论》、辛弃疾《跋绍兴辛巳亲征诏草》等等，均未纳入书中，不无遗珠之憾。

宋代散文的选编，其实在吕祖谦奉命编选《皇朝文鉴》之前，即已有之，而在其后，则不胜枚举。但是，往往诗赋并收，不仅数量大，而且无注释，不利于传播和普及。真正让广大读者领略宋代散文风采的优秀选本，是当代享誉中外的著名学者王水照先生的《宋代散文选注》。是书精选宋代31家60篇脍炙人口的散文作品，并详加注释，深受读者欢迎。1961年中华书局上海编辑所首次出版之后，不断再版重印，香港、台湾也都有印行，发行数量已达数十万册。水照师是新中国成立后，宋代散文研究的开创者和先行者，也是宋型文化理念的最早倡导者和积极推进者，其深刻敏锐的学术眼光和渊博深厚的理论素养，在这本选注里都有具体的表现。此后，人民文学出版社于1980年出版了杨明照先生主编的《宋文选》，1997年又出版了四川大学中文系古典文学教研室选注的《宋文选》（上、下册），为人们学习了解宋代散文提供了很大的方便。但目前仅有的选本，与宋代散文的巨大成就和影响极不相称，远远不能满足人们学习了解宋代散文的需要，但愿即将付梓的这本《宋代散文选》，能为当前人们日益增长的精神文化需求有所助益，也期盼有更多更好的宋代散文选本不断面世！

审阅完本书的最后一篇文章并草拟了上述文字，早晨的太阳已经透过明亮的玻璃窗悄悄爬进了阳台上的书房。抬头远眺，湛蓝湛蓝的天空飘动着几朵洁白洁白的云彩，这是北京冬天的又一个好天气，让人格外的轻松、温馨和愉快！

庚寅岁末拟于北京长椿苑

《社会科学论稿》前言

社会科学是人类生存和文明发展的内在灵魂

社会科学是人类生存和文明发展的内在灵魂，是社会和谐与历史进步的根本保障。社会科学根源于生活、形成于研究、应用于实践，具有深刻的思想性、强烈的现实性和鲜明的针对性。

一

公元2010年6月25日，国际社会科学理事会与联合国教科文组织在巴黎总部发布研究报告，突出强调了社会科学对人类当前生存与未来发展的重要性。报告指出，为有效应对人类面临的诸多重大挑战，世界比以往任何时候都更加需要社会科学。国际社会科学理事会主席古德芒德·赫尼斯（Gudmund Hernes）认为，社会科学已经成为真正全球性的学科，如果世界想要面对今天和明天的挑战，它就需要更多、更优秀的社会科学。

报告指出，21世纪发端十年，中国的社会科学发展较快，国家经费投入每年递增15%—20%，而国际数据库收录的论文，中国增长率高于拉丁美洲国家和印度。但中国与发达国家的差距依然很大：全世界约四分之三（3/4）的社会科学期刊由欧洲和北美出版，美国居世界首位；汤森路透《社会科学引文索引》数据库1998—2007年的论文，北美占50%多、欧洲占近40%（参见《社会科学报》2010年7月22日第一版：胡乐乐《世界比任何时候更需要社会科学》）。这一极具挑战性的事实，对于已经成为世界经济大国并承担相应责任与义务的中国，值得深思。

二

中华民族有着悠久、优良的社会科学传统，是世界上高度重视并有效运用社会科学推进文明发展的国度。历代先贤对于人类生存和如何发展的思考，不但深刻敏锐、全方位、多视角，而且智行交融，重实际、讲效果。由是，华夏大地上相继涌现了大批闻名世界的社会科学思想家如老子、孔子、孟子，也留下了大批影响古今的社会科学经典著述如《周易》、《道德经》、《论语》。

中华文明五千年连续发展不间断，在历朝历代汗牛充栋的古籍文献、高典大册和文字著述中，社会科学的思想和元素，始终占据一统独尊的核心地位，影响着历史的兴衰更替，所谓"《诗》、《书》、《春秋》皆所以明乎得失之迹，存王道之正，垂鉴戒于后世者也。"（《资治通鉴·序》）先哲们的思考至大精微，既立足现实，又着眼长远，不仅深入生活、符合实际、体现时代，具有很强的现实性、针对性和实践性，而且高瞻远瞩，视野开阔，具有很强的理论性、前瞻性和指导性。

诸如三皇五帝时期，轩辕"置左右大监，监于万国"、帝喾"抚教万民"、放勋"合和万国"、虞舜令"蛮夷率服"（《史记·五帝本记》）、而大禹"为纲为纪（《史记·夏本记》）"。至殷商"率民以事神"（《礼记·表记》），周代崇礼而重德。秦并六国，强化皇权；汉代"罢黜百家，独尊儒术"。李唐兼尚佛老，科举取士；赵宋右文抑武，文教兴邦［参见（宋）司马光《稽古录》卷十七，王亦令点校本，中国友谊出版公司1987年版，第674页］。元朝袭用中原文化制度，明清奉"理学"为国学。所有这些史实，无一不是充分运用社会科学思想的影响力，来巩固统治、管理社会和促进文明发展。

其实，诸如虞夏商周的社会管理实践和春秋战国的诸子百家之说，秦代"车同轨"、"书同文"的法律法规，汉代晁错《论贵粟疏》与桓宽《盐铁论》，本质上都属社会科学思想成果的具体表现。曹丕慨叹"文章经国之大业，不朽之盛事"（《典论·论文》），更多的是就富有社会科学思想元素的文字作品立论。唐太宗李世民日与朝臣讨论历代兴亡，探求治道政术，成《贞观政要》；宋代张载“为天地立心，为生民立命，为往圣继绝学，为万世开太平”（《张横渠集》卷12《性理拾遗》），将社会科学巨大作用的认识提到空前高度，深刻而精警。苏轼为欧阳修文集作序，认为孔子修《春秋》、孟子拒杨墨、韩愈为古文、欧阳修著文章，与大禹治水一样，“功与天地并”（《六一居士文集叙》），以具体生动的历史事实，说明社会科学思想对于人类生存发展的重要性。

至如古代“天人合一”、“天下为公”、“以人为本”、“公平正义”、“厚德载物”、“大济苍生”之类的社会科学思想理念，更是盛传千载而历久弥新，彰显着社会科学思想理论的强大生命力。毫无疑问，这些都是实现文化强国战略、建立中华民族优秀文化传承体系的重要思想资源和文化资源。

三

古希腊的亚里士多德曾经把人类的知识划分为纯粹科学、技术科学和实践智慧三种类型。实践智慧当属社会科学。亚里士多德指出：“人们也许认为它属于最高主宰的科学，最有权威的科学”，“它的目的自身就包含着其他科学的目的”（［古希腊］亚里士多德著：《尼各马科伦理学》，苗力田译，中国社会科学出版社1990年版，第2页），对社会科学的性质、特点、价值、意义和地位进行了严谨评述。

人类对于社会科学的认识，随着时代发展而不断深入。进入21世纪，世界共同面临人类如何生存与怎样发展的诸多重大现实问题，引起人们的高度关注和深入思考，迫切需要社会科学理论的引导来破解难题、应对挑战。所以，国际社会科学理事会与联合国教科文组织积极倡导“将社会科学作为促进实现国际普遍认同的发展目标的宝贵工具”（胡乐乐：《世界比任何时候更需要社会科学》）。

中国改革开放以来，国家对社会科学的重视程度越来越高，中央不断推出促进社会科学繁荣发展的政策措施，不断加大国家财政投入的支持力度，而社会科学的优秀成果也为国家科学发展提供了重要的决策参考与智力支持。伴随人类历史发展的新变化和新形势，伴随人们对社会科学重要性认识的逐步提高和不断深入，社会科学必然会迎来繁荣发展的新机遇、新局面、新风貌！

四

笔者作为一名社会科学的爱好者和研究者，曾多年徜徉沉潜于中国古代文化；执教高校十几载，又参与国家社会科学的研究规划与项目管理。承担的任务和履行的职责，要求笔者必须尽快实现角色转换和尽快适应工作需要，必须具备强烈的国家观念、敏锐的政治眼光和宽广的学术视野，必须树立全局意识、战略思维和服务理念。由是，搞清社会科学相关的基本问题，熟悉国家的发展战略与大政方针，把握国家急需研究的重大理论和重大现实问题，了解国家社会科学各学科情况和相关学术领域的前沿动态，成为笔者工作之外的又一重要内容。

笔者一方面注意广泛学习，深入思考，开拓思路；一方面注意立足实际，分析问题，提出建议，努力做好本职工作。与此同时，充分利用业余时间，尽可能将学习体会、思考认识与意见建议形诸文字。日就月将，箧中渐有累积。暇日翻检，虽觉文字粗糙，其中也有不乏新意者。自忖虽然不能“授人以鱼”，或许可以尝试“授人以渔”。对于涉及社会科学研究规律和富有方法论意义的文章以及关于典型案例的篇章，诸如如何选择和确定研究课题，如何突出问题意识、强化国家观念、开阔世界视野、具备前瞻眼光、重视规律探讨、切实严谨学风之类，若选择部分聊可一阅的篇章结集出版，或能对社会科学方面尚未出道的研究生与刚刚入道的年轻学友，稍有导引参考之功，亦不失为善事。何况还可以成为笔者工作经历的珍贵纪念。

于是，遂遴选略有创见、稍有可观、差可成篇的文字68篇，裒为一集，粗成一帙，厘为三编。上篇《理论与规范》16篇侧重介绍中国社会科学概况与国家社会科学研究项目基本要求，中篇《管理与实践》24篇多是国家社会科学研究规划与项目管理工作的思考与纪实，下篇《学习与思考》28篇皆是围绕工作进行学习的认识、体会或感受。书稿内容以社会科学为中心主题，各篇成稿时间首尾蔓延几近20载，虽依类相从而互不联属，故以“社会科学论稿”名集。毋庸讳言，书中文章大都保持当初原貌，不无疏漏、舛误与欠妥处。承蒙人民出版社厚爱，付梓出版，尚祈方家与同好，不吝赐教。

2013年7月13日于长椿苑

《社会科学论稿》后记

奉献给读者的这本小书，是笔者 18 年来在全国哲学社会科学规划办公室工作、学习和思考的真实记录。编选和校阅过程中，许多往事浮现脑际，心中充满感慨与感激。

30 年前，笔者与国家项目首次结缘。那是 20 世纪 80 年代，笔者在高校从事教学和研究，有幸参加了国家“六五”规划重大项目十四卷本《中国文学通史》的科研攻关，并承担了《宋代文学史》（上、下卷）北宋部分章节的撰写任务。那时的国家项目只有学界享有盛誉的一流专家才有可能获得，尽管资助经费非常少，但大家觉得不仅是荣幸，更是一种责任和义务。承担《宋代文学史》任务的唐圭璋、孙望、常国武、刘乃昌、于北山、金启华、吴调公诸先生，都是笔者仰慕的著名学者。由是，承担国家项目，像学有建树的前辈一样，勤奋刻苦、潜心治学，做出一流的研究成果，成为激励我发奋拼搏的一个梦想。在完成国家规划重大项目任务的过程中，笔者独立承担了山东省“八五”重点科研项目《黄庭坚研究》，并先后在《文学遗产》、《文学评论》、《中国社会科学》、《中华文史论丛》等国家级学术期刊上发表了数十篇研究成果，出版了与刘乃昌先生合作的专著《晁氏琴趣外篇　晁叔用词》校注（上海古籍出版社 1991 年版）。国家项目促进了我的学术成长并以浓厚兴趣走向学术研究的殿堂。

首次结缘十年后，竟然再度结缘——参与国家研究规划制定与国家项目管理。就在国家“六五”规划重大项目成果《宋代文学史》出版面世之时，笔者于 1996 年夏末秋初完成复旦大学博士学业，经过公务员考试，进京来全国哲学社会科学规划办公室工作。这让我既感到幸运，又面临挑战。所谓幸运，是因为离原来的个人学术梦想太近了，所做的工作就是国家社会科学的研究规划制定与国家项目管理，这是自己从来都没有想过的事情；所谓挑战，是因为新的工作岗位要求我必须彻底放下个人的学术梦想，转换角色、重新定位，调整努力方向和个人心态，调整思想角度与思维方式，尽快适应新环境新工作。这对人已中年的我来说，无疑是一种素质与心力的考验。管理工作与个体研究不同，看起来简单、具体、琐碎，但政治性、政策性和专业性都很强，要求严、标准高，涉及方方面面，每一件小事都可能牵动全国学术界的神经，必须严细深实、开拓视野、提高境界。作为一名多年从事高校教学科研而开始转入服务专家学者的从政新兵，迫切需要认真学习和大量阅读相关文件与著述。

记得当时给我思想启发和工作指导帮助甚大的是《琐思与随想——一个青年干部的手记》（上海人民出版社 1990 年版）、《沉思录》（内蒙古人民出版社 1991 年版）、《心路迢迢》（北京十月文艺出版社 1996 年版）等著述。书中生动的事例、深邃的思想和丰富的智慧，作者科学严谨的思维方式、为国为民的思想境界和高瞻远瞩的宽阔视野，尤其坚定的使命担当、勤奋的务实精神和深厚的政治素养，以及鲜明的国家观念与强烈的人类意识，发人深思，给人启迪！这对于刚刚步入政界的我，无疑是生动具体的入门教育和深刻丰富的思想引领！

《人各有路》说“从自己的实际出发，发挥自己的长处，用自己特有的方法去处理事情，去解决问题”，《心思用在哪儿》提出“把精力、心思和功夫用在务事、务实、务效上”，《做与说》认为“多做少说是成功的秘诀，也是做人的准则”，《公正》指出“公正最重要的还是心正，心正方能事正、理正”……诸如此类的见解与体会，在如何做人、怎样干事方面使我头脑清醒、目标明晰。《〈巴特尔·默川杂话集〉序》提出，“我觉得行政官员写点东西，对做好本职工作是大有好处的，有些文字可能就是工作的一部分。世界上的许多事情是相通的，是可以互补的。退一步说，就是以写作来锻炼思维也是有益的。因此，我提倡做行政领导的都写点文章”。这当然也是一种培养能力的方法指导。以上信手拈出的几个例子均写于 30 年前，今天读来依然耐人寻味。笔者在工作开展和实际生活中，的确受益匪浅，而《社会科学论稿》就是其思想方法、责任意识和思考精神直接影响的文字结晶。

回想入京供职以来，笔者得到组织关怀、前辈指导和同事支持，致力于本职工作，参与国家社会科学研究规划和项目管理的制度建设与计划实施，参与中央保持共产党员先进性教育活动的思想理论宣传与先进典型宣传。这些经历都使我开阔了眼界、锻炼了能力，深化了对世情、国情、党情、民情和人情的了解，既丰富了人生阅历，又留下了珍贵记忆。特别是分管全国哲学社会科学规划办工作的领导同志，鼓励大家“多学习、多思考、多写文章，把工作同学习结合起来，不断提高理论素质”，鼓励大家想大事、谋全局，增加“书卷气”、涵养“儒雅气”，不断丰厚文化积累，鼓励大家与专家学者主动交流、热情服务，努力提高工作能力与工作效率。我觉得这些都是凝聚正能量、涵养好风气和培养高素质干部队伍的好办法、好传统。正是这种环境和氛围，给我不断注入勤学勤思勤写的动力与勇气。

值此小书付梓之际，笔者由衷地感谢领导同志与学界前辈的关怀指导，由衷地感谢诸多同事与亲朋好友的支持帮助，也由衷地感谢人民出版社编辑同志为本书付出的心血！

2013 年 8 月 16 日草于长椿苑

《新修沂蒙杨氏家谱》序

人类文明发展，始于远古族群部落的血脉承传。中国历史悠久，民族众多，而皆尊天地、敬祖先、重亲情，以人为本。自皇室公卿至寒门百姓，寻根问祖为常情。故宗牒家谱，维系百代，凝聚族人，虽播迁异地，而世系清晰，辈分井然不乱，成中华民族传统文化之亮点。

杨姓是中国当代第六大姓氏，世界华侨数量名列前十。史书记载，杨姓远祖是西周姬姓王室，以杨为姓，肇始于2600多年前的杨国（今山西洪洞县东南）。受姓始祖，或称周武王姬发第三子唐叔虞后裔之伯侨，或谓周宣王姬静少子尚父之裔孙，源流始末，见诸典册，同宗旁支，无须细论。

嗣后，斗转星移，事变境迁，而杨姓定居弘农、华阴（今河南西北、陕西东部一带）繁衍兴盛，渐成郡望。秦汉以后，播迁各地。至魏晋隋唐及宋元时期，已广布国境，而明清两朝，更是香延海外。

今山东平邑境内沂蒙山南、浚河岸边，紧密毗邻的东固村、杨家岭与地方街，杨姓人口众多。稽考前代文字，知明朝中叶，杨氏已在东固繁衍生息数百年，由此推知，至少宋元之际即来定居，迄今已逾八百载。其间多有碑版谱牒，惜初来始祖记述与后世部分谱系，或洪水冲遗，或战乱焚毁，已难全其貌。清代是族谱修撰的鼎盛期，至民国此风犹存。新中国建立后，移风易俗，修谱风气渐停，而20世纪60年代，余虽年少不能句读，却还有幸亲见大伯家中珍藏装帧成帙的多卷本族谱。

杨氏先祖以国名为族姓，而后嗣又视国为家，历代贤达丛出，前后相望。沂蒙杨氏则弘扬祖风，重德修文，忠厚传家，浩然正气一以贯之，族中五世同堂、百口一家者，至新中国成立后，尚不乏见。今人类进入21世纪，中国社会大变革、经济大发展，而人心向善。众有睦邻联远之情，家有兴旺发达之意，族中德高才俊，遂启续修家谱之盛事。

同窗族兄友坡（春浴）君主持修撰，于精心筹划组织和斟酌篇章字句之际，频频嘱庆存为序。余虽知才德难副，而情理岂能推却！兹拟数语、复雅命，以敬先人、以待来者。

地方镇北门里　杨思九长子庆存谨撰于北京

癸巳重阳，公元 2013 年 10 月 13 日

书法作品《道德经》序

怀天下者，天下怀之；重万民者，万民重之。验之古今中外，不论是思想家、政治家还是艺术家，无不信然。诸如中国的老子、孔子、孟子，印度的释迦摩尼，德国的马克思、恩格斯，乃至“忧以天下”、“乐以天下”的屈原、杜甫，都很典型。

高度决定视野，视野决定境界。“天下为怀”、“以民为本”自古以来就是中华民族的优良传统，“文化天下”、“天下和谐”更是华夏先贤致力追求的理想目标。在中华民族数千年文明发展的历史长河中，“斯文自任”、“以天下为己任”的使命意识和宽阔胸怀，成为备受世人敬仰的崇高品德；想天下事、写天下情，造福人类、惠及生民，铸就了“厚德载物”的民族精魂和志士仁人承传千载的优秀品质。在现代文明高度发达的当今世界，在传统文化成为国家综合实力重要组成部分的现实社会，众多的思想家、政治家、科学家、艺术家，依然表现出强烈的历史使命感和社会责任心，被誉为“德艺双馨”的著名艺术家都本基先生即是其中的代表。

都本基是徐悲鸿先生的再传弟子，陈墨先生门生。他秉承师训，苦学精进，厚德重艺，集诗、书、画、印于一身，尤以题写独具创意的“天下”书法作品而饮誉海内外。都先生性情笃深，善良忠厚，对祖国、对人民、对艺术充满深情、充满激情、充满赤诚，尤其热心弘扬民族精神，热心世界文化交流，热心推动公益事业，其艺术造诣和思想境界备受世人称扬。笔者与本基先生虽然交往不多，但对其学养造诣、创新精神和思想境界深为敬佩。

初晤本基先生是在己丑金秋季节。那是一个周日，北京天蓝气爽，笔者偕友来到琉璃厂，走进了字画盈室溢彩、墨香沁人肺腑的饮墨斋，受到都先生与夫人一凡女士的热情接待。饮墨斋左壁的巨幅书法作品——苏轼《赤壁怀古》词，透出磁铁般的吸引力。这幅气势磅礴、酣畅淋漓、浑厚典雅的艺术精品，粗看神姿风韵似曾相识，细品则艺术风格新奇独到，其中蕴含的艺术冲击力，令人即刻想到东坡书法的“端庄杂流丽，刚健含婀娜”与山谷书法的遒劲雅重、飘逸灵动，而字里行间渲泄奔腾的豪放激情与横扫千军的气势力量，不能不让人油然而生赞叹。正是这幅出自都先生之手的墨宝，成为宾主交流的话头。据说，本基先生平时喜欢思考而话语无多，这次却谈锋甚健，深情地讲起他对苏词内容的理解和把握，介绍创作这幅书法作品时的构思运意、谋篇布局、前后关联、呼应安排，以及如何运用书法艺术的表现特点，来传达、再现和丰富苏轼词作深厚的思想内容，甚至还谈到了他对苏词不同版本的取舍，体现出都先生深厚的国学功底、文化素养和独到见解。品茗论艺之间，苏轼与黄庭坚的书法理论、创作特点和师承渊源，以及苏、黄之间的深厚友谊、深广影响等等，都是当时议论的重要内容。

都本基先生对苏轼、黄庭坚的书法特点与理论主张不仅有深刻的理解与把握，而且在自己的创作实践中有着创造性地发挥。苏、黄冠亚宋代书法四大家，超轶绝尘而各有独创。其笔势风貌虽然有别，而宗法为一，意韵相近，皆刚柔相济，姿媚隽逸。他们又都是宋代主流文化思潮的重要代表，积极倡导“文道并重”。反映在书法创作上，明确提出“技、道两进”，主张艺术与思想融为一体，审美与化育完美结合。这不仅提高了书法艺术的文化品位，而且丰厚了书法作品的文化内涵，强化了书法艺术的社会功能。本基先生正是遵循这样的艺术思路进行了开拓性的创造与实践。

都本基先生书法始于习苏，成于新创，博采百家之长而学苏用力尤深。他中学时代即以喜爱绘画而显露艺术禀赋，并为追求款识字体的完美而励志习字，苏轼书写的《醉翁亭记》成为他起步临习的字帖而被奉为圭臬。众所周知，书法作为专门的艺术门类，有着独特的表现方法和艺术规律，学习“技”法、讲究“技”法、创新“技”法，自然是题内应有之义。苏轼“少日学兰亭”，“中年喜临写颜尚书真、行，造次为之，便欲穷本；晚乃喜李北海，其豪放多似之”，可谓博采众家之长。苏轼还通过总结自身的实践体验，来概括书法形体风神和气势结构等方面的要求与特点。他认为书法作品必须要有“神、气、骨、肉、血，五者阙一，不为成书”（《论书》），认为“真书难于飘扬，草书难于严重，大字难于结密而无间，小字难于宽绰而有余”（《跋王晋卿所藏莲华经》）。苏轼曾自称“余书如绵裹铁”，“平时作字，骨撑肉，肉没骨”。今传苏字体势多为扁方，源于隶法而取其风神，用笔厚重劲健，多取颜真卿笔意，兼得五代杨凝式之韵，故气魄雄伟，笔势隽逸，瘦健与丰腴浑然一体，姿媚神秀，圆劲有韵，内刚而外柔，自创一体，令人景仰！

苏轼不唯讲究“技”，而且尤其看重“道”。他特别注重书法作品的教化功能与社会影响，强调创作主体的道德涵养与文化素养，强调“人品”与“书品”的统一，提高了书法艺术审美的境界与层次。苏轼认为，“凡书象其为人”，“苟非其人，虽工不贵”，认为“心正则笔正”，“世之小人，书字虽工，而其神情终有睢盱侧媚之态”（《书唐氏六家书后》）。苏轼还特别强调以继承为基础的创新独造，要求“出新意，求变态”，“逸于绳墨之外”（《跋叶致远所藏永禅师千文》），自谓“吾书虽不甚佳，然自出新意，不践古人，是一快也”（《评草书》）。正是苏轼独树一帜的艺术风格和重技、重道、重创新的书学思想，对都本基先生书法艺术之路产生了直接的重大影响。

都本基对苏轼的门生黄庭坚更是神交而心仪，尤其是对于黄庭坚书法理论与艺术创作的理解把握更深入、更准确、更细致，创造性的吸收和发挥也更多。黄庭坚书法师承苏轼而自成一家，以劲健奔逸、雄放瑰奇、飘洒飞动、变化无际著称。黄庭坚对苏轼书法推崇备至，以为“东坡书如华岳三峰，卓立参昂，虽造物之炉锤，不自知其妙也。中年书圆劲而有韵，大似徐会稽，晚年沈着痛快，乃似李北海。此公盖天资解书，比之诗人是李白之流”，其字“笔圆而韵胜，挟以文章妙天下，忠义贯日月之气，本朝善书，自当推为第一”（《跋东坡墨迹》）。黄氏还进一步阐释和发挥苏轼书法理论，并结合亲身实践的心得体会，把“技、道两进”的思想推向新境界。

黄庭坚精研前代诸家书艺奥妙而尤喜颜书，且颇得真髓，自称“极喜颜鲁公书，时时意想为之，笔下似有风气。”他主张“凡书要拙多于巧”，字要“肥不剩肉，瘦不露骨”，“肥字要须有骨，瘦字要须有肉”；强调书法必须严谨，“失一点如美人眇一目，失一戈如壮士折一臂”。黄氏论书还提出了“笔、意、韵”诸说，认为“字中有笔，如禅家句中有眼”（《李致尧乞书书卷后》）、“锋在笔中，意在笔前”，“凡书画当观韵”，“此与文章同一关纽”（《题摹郭尚书图》）。他还指出，“用笔不知擒纵”，则“字中无笔”（《自评元祐间字》），“若使胸中有书数千卷，不随世碌碌，则书不病韵”

（《跋周子发帖》），“书字虽工拙在人，要须年高手硬，心意闲淡，乃入微耳”。黄氏所言之“笔”，即是书法表现之“技”，而“意”与“韵”说，则是书法作品内含的思想与外溢的效果。

与苏轼一样，黄庭坚特别注重书法艺术的独创性。其《论写字法》云：“随人学人终旧人”，《题乐毅论后》谓“随人作计终后人，自成一家始逼真”。他认为，学古人书，应该“萧然出于绳墨之外而卒与之合”（《题彦鲁公帖》）。正因如此，黄庭坚在“技、道两进”之“道”的要求方面，有着更为开阔的要求。他特别强调人格、学问、修养和性情的统一：“学书要须胸中有道义，又广之以圣哲之学，书乃可贵。若其灵府无程政，使笔墨不减常逸少，只是俗人耳”。其《跋东坡书远景楼赋后》说“东坡书，学问文章之气，郁郁芊芊发于笔墨之间，此所以他人终莫能及尔。”《跋范文正公帖》云：“今士大夫喜书，当不但学其笔法，观其所以教戒故旧亲戚，皆天下长者之言也。深爱其书，则深味其意，推而涉世，不为古人志士，吾不信也”。至《题王观复书后》则要求“无秋毫俗气”、“不随俗低昂”。他在《论写字法》中还教导后学“要须得一佳士与游，养其忠厚之源，此最为先务也”。都本基先生创造性地继承和发扬了苏轼与黄庭坚“技、道两进”的书学思想，并将其融于书法创作的实践中，从而形成既有苏、黄书法元素，又有独创特色的艺术风格。

都本基先生不仅善于师法前贤，而且善于创新境界。他特别强调艺术创作必须反映时代发展、体现民族精神，必须立足于时代发展，着眼于人类未来，把书法作品作为传播民族文化、推进社会文明的重要载体，赋予作品更丰厚、更深广的内涵。他常常把爱国心、民族情融入翰墨、凝聚笔锋、形于创作。如果说巨幅书法作品《赤壁怀古》词已略窥一斑的话，那么，都本基先生饱含激情历时数月精心创作的行书长卷《道德经》，更是充满打动人心的艺术力量。这幅题材内容与书法艺术珠联璧合的长篇巨帙，创意新、寓意深，更能体现都先生对中国传统文化精华的深刻把握，更能体现其书法创作的艺术造诣，更能见出令人敬佩的思想境界。

众所周知，《道德经》是中国古代思想家、哲学家李耳公元前 6 世纪的经典著作。全书虽然只有 5000 多字，但内容丰富多彩、思想博大精深，诸如宇宙、自然、社会、人生及其相互关系、物事情理等等，无所不包。这部反映和体现当时中华民族文化发展、文明发展和思想智慧的巅峰之作，采用韵文形式，讲“德”论“道”，分章划节，易读、易记、易传，其俯拾即是的格言警句，无一不是关切现实、关注社会、关心民生、关爱人类的智慧总结与理论升华，无一不是立足华夏民族历史实践和人类文明发展的规律探讨与经验概括，无一不是富有深厚思想启迪与深刻方法启示的理性结晶。正因如此，《道德经》在中国和世界上产生了巨大影响，被誉为“东方圣经”、“万经之王”。其注者如云，前后相望，阐释著述，汗牛充栋。历代学人乃至帝王公卿，推崇备至，如唐玄宗不仅亲为注解，而且诏告天下，必家藏一册。《道德经》至晚在唐代即流播海外，迄今各种外文版本已逾千种，是《圣经》而外，世界上被译成外国文字发行最多的文化名著。黑格尔说“《道德经》最受世人崇仰”；尼采也说“《道德经》像一个永不枯竭的井泉，满载宝藏，放下汲桶，唾手可得。”世界著名哲人尚且如此，其影响之深远广泛，可以想见。

都本基先生选择这样一部经典著述作为书法创作的题材，可谓独具慧眼。都先生国学根底深厚，谙熟中华民族传统文化精华，他以书法艺术的形式来表达对《道德经》的深刻理解，表达艺术家深厚的民族感情和“大爱”之心，让这部反映中国古代文化发展水平和中华民族智慧的经典著作不仅能够继续广为传播，而且因为增添了浓厚的书法艺术因素更受珍视，为世界人民深入了解博大精深的中国文化，共享中华民族为人类文明发展创造的思想成果，深入了解中国这个文明古国、文化大国，搭建起一条充满艺术活力的新桥梁，其重大的现实意义与深远的文化影响不言而喻。

尤其难能可贵的是，都先生选择行书创作《道德经》，更是独运匠心，将艺术审美与思想熏陶融为一体。行书的最大优势在于能兼顾创作主体与受众群体的需求，既能给书法家以充分展示艺术才能的空间，又能给不同层次的受众以阅读与欣赏的便利。众所周知，审美与实用的关系，始终是人类文化发展中的基本问题之一。审美与实用融合一体，是中国传统文化特别是艺术发展的一大规律。古代先贤主张“治世修文，化育天下”，倡导“文以载道”、“文道并重”，要求文章“易读、易懂、易记、易传”，无不考虑受众群体和社会效果。中国汉字书法的发展情形与文学大致相似。汉字书法的主流一直沿着“书以载道”、“书以传道”、“书、道并重”、“以书化人”的路子走，考察由大篆、小篆到隶体、楷体的衍变过程，正可见出向“易认、易记、易写、易传”逐步推进、方便受众的特点。而“书以记事记言”、“书以怡情励志”，“书以传道明心”、“书以警世省心”的内容特点，以及由“朴、拙、重”不断向“意、境、韵”提升的风格变化，也体现了书法艺术在审美与实用结合方面的发展轨迹。都本基书法发扬光大了中国文化“审美与实用”融合一体的优良传统，如果说奥运会上205个国家和地区的引导牌是一次集中展示的话，那么，手书《道德经》长卷则是又一次文化内涵更加深厚的实践。作者选择既庄重平实又飘逸流动的行书精心创作，不仅点画丝连，字携意牵，大小相间，而且虚实并用，疏密有致，浑然成篇，或顾盼呼应，或跌扑纵跃，可谓急缓有度，动静相宜，其节奏旋律、气势风韵，可以令人想到“龙跳天门，虎卧凤阁”的《兰亭序》与“流畅通达、丰腴圆润”的《麓山寺碑》，淋漓尽致地表现了《道德经》的智慧内涵，淋漓尽致地展现了对苏、黄用墨特点、侧锋运笔等技法的创造性发挥，也淋漓尽致地体现出对黄庭坚书法点如“高山坠石”、竖如“树梢挂蛇”的精到理解、深刻体会与创新实践。概而言之，手书《道德经》长卷体现着创作者强烈的文化意识和国家观念。这种文化意识和国家观念，还反映在努力推动国家文化遗产保护上。

都本基先生曾强烈地多方呼吁，立即采取措施保护《泰山经石峪金刚经》。这幅刻于泰山东南麓龙泉山谷溪床之上的摩崖巨制，据清代学者称，为北齐作品。内容为佛教经典《金刚般若波罗蜜经》，书法精良，字大径尺，以隶为主，间揉篆、楷、行草意，书体雄浑，古拙朴茂，境象高古，有“云鹤海鸥”之态，被尊为“大字鼻祖”和“榜书之宗”，具有极高的艺术美学价值和深远浓厚的时代文化意义。刻石南北长五十六米，东西宽三十六米，气势磅礴。先生极其珍爱，多次徜徉其下，长时间地瞻仰揣摩。由于石刻特殊的地理位置，水冲风蚀上千年，损坏惨重，据说原刻三千多字，而今存不足一千，令人深感痛惜。都先生面对此景，常常扼腕疾首，如裂肺腑，誓为保护这份珍贵的人类文化遗产而尽绵薄之力。他呼吁各方，加强保护，并亲自设计方案，提出具体建议，但由于种种复杂原因，至今未能实现这一夙愿。先生谈起此事，即动情、动容，情绪激动，其对文化遗产的深厚感情，溢于言表。

都本基先生的国家观念和时代意识，使他的书法蕴含着丰厚的传统文化精华，充满了积极健康、鼓舞人心的力量。他为奥运会撰写的“同一个世界，同一个梦想”，表达着全世界善良人们的美好期待；他创作的《泰山颂》不仅体现着中华民族的伟大气魄，而且洋溢着热爱祖国、感动人心的浓浓深情；他在海南题写的“凤舞天涯”，更是一改“天涯海角”的荒凉感伤色彩，而呈现欢乐祥和、热烈红火的气氛。都先生创作的“天下和谐”，更能反映创作者的思想境界，更能反映创意的独到和寓意的深远。“天下和谐”是全世界一切善良人们的愿望和期待。都先生以独特的书法创意和可以利用的一切机会，宣传和倡导这种愿望和期待。“天下和谐”曾是我国神七航天飞船遨游太空携带的唯一书法作品，也曾多次作为国礼赠送给美国前副总统戈尔、新加坡总统纳丹等诸多国家政要。庚寅初春，以“展示中华文化、弘扬民族精神”为主旨的上海世博会美术创作展览分展馆大型展览活动启动仪式在北京钓鱼台国宾馆举行。笔者有幸应邀参加了这次新闻发布会。作为组委会的艺术形象大使，都本基先生满怀激情，现场泼墨，书写“天下和谐”，不仅让大家目睹先生凝聚精、气、神、力，进行艺术创作的动人情景，而且也让大家领略了先生对民族文化的深刻理解、对世界和谐的深情期待。先生的现场创作，是又一次的深情表达和真情呼唤！

上海世博会正式开幕，都本基先生接受了中国残疾人联合会、中国关爱生命共享阳光组委会联合邀请，担任“爱心大使”。他高度赞赏生命阳光馆“消除歧视、摆脱贫穷、关爱生命、共享阳光；城市让残疾人生活更美好”的鲜明主题，高度赞赏主题馆对地球、城市、人三者之间生存相依、“共生”“共赢”关系的精妙阐释，不仅现场题写馆名，而且题写嵌名联句如“主题明确大业共耀，细节清楚伟绩同辉”、“联世界精英共铸安泰，合诸国伟力共创谐平”、“生命宝贵众人同也”、“阳光普照万物共乎”等等，同时为残疾人志愿者代表签字留念，并与残疾人艺术家联袂创作，充分表达了对人类生存和社会环境的关爱，充分体现了都先生的博爱襟怀。中国残联副主席、组委会秘书长吕世明先生为都本基颁发了“爱心大使”证书，奥运火炬手金晶代表残疾人向都先生赠送纪念品，上海市胡延照副市长握手致谢。

笔者曾听一凡女士讲述先生倾力奉献奥运、法兰克福巡展、慷慨义捐赈灾、免费指导后学等一系列感动人心的故事，也听先生讲过放下手头工作，帮助残疾人募捐，并亲自高价买下扇面作品，还为购买者签名鼓励。这些，不仅反映了都先生的胸怀和境界，而且表现了他关注现实、关注社会，关切民生、关切未来的品德！总之，都先生书法体现着浓厚的以爱国主义为核心的民族精神，体现着浓厚的以改革创新为核心的时代精神，体现着刚劲独特的艺术风格和令人敬佩的人品。美国《世界日报》曾有文章评价都氏书法外有霸气，而内有大气、骨气、神气和锐气，看上去既有极强的视觉冲击力，又蕴含种种变化，令人回味无穷，是很有见地的。思想深刻而敏锐的著名艺术大家张艺谋，能从众多名家书法作品中选定都氏字体制作奥运引导牌，也的确独具法眼。中央电视台著名主持人崔永元同志在《作品与人品》一文中不无谦虚地说“学不来都先生的书画技艺，却可以跟他学习好好做人”，这既是对都先生人品的高度认同，也是正直善良人们的心声。

关于都本基先生的人品、书品有许多许多的评论，其中有两条至为确切、精辟和中肯。其一是“情系中华”。这是全国人大副委员长周铁农同志专门为都本基先生撰写的题赠条幅，其隐含的对句应是“胸怀世界”，可以说这是对都先生人格境界和思想品质的概括与评价，所以蒋一成先生称“都本基大师”是“书写世界之人”。其二是“师古不泥古，求新更创新”。这是已故国学大师季羡林先生专门为都本基题写的对联，凝练地概括了其艺术成就的突出特点。在中华民族文明发展的历史上，人们常常以“德、才、学、识、胆”来全面评价一位思想家或艺术家的道德品质、聪明才智、知识结构、观点见解、创新魄力等方面的整体素质，而都本基先生在这些方面无疑有着鲜明的表现。

庚寅岁初，拙著《诗词品鉴》付梓，先生亲题书名并赠贺联，笔者深敬先生思想艺术之境界，乃述以见闻，谈以感受，又与先生助理崔俊丽女士切磋再三，草成此稿，聊以引玉！

《五台山谒佛》序

公元2010年4月16日，世界五大佛教圣地之一的中国山西五台山，迎来又一个神奇美妙、值得纪念的喜庆日。

初夏季节，展现着旺盛活力的五台山，千峰拥翠，万壑竞秀，丛林吐绿，溪谷流馨，处处生机盎然。“德艺双馨”的著名艺术家都本基先生偕一凡夫人及影视表演艺术家何赛飞女士，专程从北京来到五台山谒佛朝圣，并为万佛阁题赠牌匾剪彩揭幕。

昨晚，大家在芬芳中入睡；清晨，人们从甜蜜中醒来。推窗眺望，一片神奇美妙的景象映入眼帘：空中瑞雪飘洒，万佛阁周围的山坡树木，银装素裹，从青翠嫩绿的叶叶芽芽，到飞檐斗拱的庙宇寺塔，都被镶上了晶莹绵软的白玉，一个真实的童话世界呈现在眼前！强烈的色彩，鲜明的层次，如诗如画，如梦如幻，如入仙境！浓浓的清新，浓浓的清爽，浓浓的清香，飘进客房，缭绕身旁，滋肌肤，泽肺腑，润心田，好一个怡心悦目的清凉佛世界！此景此情，其意其趣，远过稼轩“千树万树梨花开”，更胜王维“空山新雨后”！

缓步室外，已是晴空万里，湛蓝澄清。红日徐徐跃升，阳光普照，暖意倍增，玉雪渐融。鲜花绽放绚丽，树丛争显姿容。草添嫩绿而肥叶增翠，百鸟欢鸣而上下飞腾。放眼望去，薄雾如丝带，飘绕峰峦间。朴老词云“天著霞衣迎日出，峰腾云海作舟浮”，景象如斯！在众人簇拥下，都本基先生信步走向万佛阁。

万佛阁又称五爷庙，始建于明代万历间。四百年来，人们一直在用虔诚、敬仰和期待，不断铸造和丰富着从文殊菩萨到龙子“五爷”的美丽传说，生动地展示着佛教传播民族化、本土化、大众化和生活化的演进过程。历代信众也总是从这里获得人生的智慧和精神的力量，万佛阁俨然成为播撒智慧和护佑学子的象征，信望极高，香火旺盛。近代以来，庙中僧众，犹以爱国、爱教、爱民而著称。当今的住持高僧常青法师，堪为代表，其极富传奇色彩的人生阅历，更是典型。他年近八十，精神矍铄，神清气爽，亲率僧徒伫立山门，迎候都本基一行这来自首都和省城的贵宾。

本基先生乃徐悲鸿大师再传弟子，师从陈墨，苦学精进，专心艺术，矢志创新，诗、书、画、印均造诣精深，自成一家，尤以题写独具创意的“天下”书法作品而享誉国内，蜚声海外。他性情深笃，心地善良，博学而多才，厚德而重艺，善于汲取儒、释、道诸家精华而融会于艺术，且热心弘扬民族文化，热心推动公益事业，思想品格与艺术境界备受世人称扬。先生尤其有佛心、佛缘，常悟佛理，时参禅机，心怀天下，胸有大爱，倡言向善，关切民生。早在数月前，先生就为此次谒佛作准备。他亲为万佛阁精心手书“福泽学子”匾额，题写“殷殷福源泽被天下生众，莘莘学子感恩慈海佛心”牌联，并选择良工巧匠和上等材质，精心制作，充分表达着敬佛、礼佛、向佛的虔诚之心，表达着对佛家“泽被天下”的无限敬仰，表达着对学子“感恩慈海”的殷切期望。

上午十时许，佛乐齐奏，钟磬和鸣，信众翘首，注目凝神，气氛热烈，一派祥和。都本基先生在庄严肃穆的佛乐声中为牌匾揭幕。牌匾悬挂于万佛阁门前最突出、最易见的中间阁檐下和柱石上，未入其阁，先睹箴言，既契合此庙特点，又易读易懂易记。古人曾有一座寺庙“胜抵十万兵”的说法，极言佛教对于社会安定和民族和睦发挥的重要作用，在现代文明高度发达的当今世界，传统宗教与世俗文明正在不断的和谐共融，宗教依然承担着促进社会健康发展的历史责任，发挥着不容轻视的重要作用。都先生题写的牌匾，把思想化育同艺术审美融为一体，无疑成为倡导良好社会风气的载体，架起了一座促进社会和谐的桥梁，为五台山这座具有深厚历史文化积淀和独特自然景观的佛教圣地，增添了新的风采和内涵。

揭幕仪式结束后，都本基先生又在如瑞法师陪同下，来到五台山普寿寺尼众佛学院，挥毫泼墨，创作了“佛心”“佛缘”，表达心迹，以与共勉。中国工商银行山西省分行行长林明、高级专家吕晋铭、五台县政协主席吕更美等同其行。

时隔一月，精心安排这次朝圣活动的摄影艺术家蒋丛福，携其记录活动全过程的《五台盛事》影集，专程来京，详述其事，细观图片，并切磋名目，相嘱为序。遂依所托，粗成数言，聊复雅命。

庚寅端午写于北京长椿苑

附　　录

《宋代散文研究》序

王水照

中国文学在生成时期就呈现出与西方文学的不同特点。从文学样式而言，诗和文雄居于中国文学的正宗和主流地位，直至元明清以后，戏曲、小说才涌入文学殿堂；而在西方文学中，戏曲、小说始终是最重要的文类。先秦时代的历史散文和诸子散文，跟以《诗经》、楚辞为代表的诗骚传统，双峰对峙，两水分流，开启并决定了中国文学的历史走向。而在文人的写作心态中，“文”或许比“诗”更被看重。吉川幸次郎在其名作《中国文章论》中，开宗明义地说：“在中国人的意识里，做文章——即把想用语言表现出来的东西用文字写下来——是人间诸生活中最重要的事情。……由此而来的结果，文章作为人格的直接象征，在中国人的生活中，至少在以往的生活中，占有着极其重要的位置。”挥毫作文是中国文人的生存方式，是文人之所以为文人的首要标志，也是文人思想、感情、智慧、人格的最直接的体现，因而也留下了足以骄人的丰富遗产。然而，在当前中国古代文学研究的整体格局中，散文研究却是最薄弱的一环。这个明显的失衡早为有识之士所重视。我记得《文学遗产》1988 年第 4 期，就作为“古代散文研究专号”推出，大力提倡与呼吁，这在该刊是少见的举措，我们深佩编者的眼力与用心。嗣后散文研究的状况有所进展，但总的看来似未根本改观。

探索其原因则颇为复杂。作为传统学科的一个分支，古代散文研究面临向现代转换的课题，或者说，如何通过现代的阐述活动使传统得以延伸与更新；还面临着与世界文化的对接或对话，寻求激活传统的切实有效的途径。然而这对于中国古代散文研究来说，是充满荆棘、困惑和挑战的。

首先是近百年前那场“五四”新文化运动的历史性影响。“五四”高扬

"打倒孔家店"、"桐城谬种、选学妖孽"的口号，气势凌厉的白话文言之争，几乎斩断了欲使传统古文进行现代转换的一切可能；而逐渐引进的西方文学观念，又从学理上动摇"古文"的文学地位。西方文学理论中关于诗歌、戏曲、小说的分析术语和鉴赏方法，大都可引入中土，而对于兼具文学因素和非文学因素的我国古代散文，却无法与之直接对话，进行简单的类比、比附，从文学的标准来研究古文，几乎处于"失语"的境地。古文是否还具有现代价值，古文的本体性质究竟如何定位，这还是振兴古代散文研究必须解决的两个重要难题。好在已对"五四"进行着反思。这场中国现代史上的伟大爱国革命运动无疑将继续彪炳青史，但也造成历史发展的重负。文言、白话之争，实质上是新旧两种文化之争，传统古文创作和理论判断，与之关系至巨。同在新文化运动策源地的北京大学，林纾《春觉斋论文》、姚永朴《文学研究法》、刘师培《汉魏六朝专家文研究》等都作为北大讲义、教材问世，这在后来也任教北大的陈独秀、胡适、钱玄同等人心目中，无疑正代表了"桐城谬种"和"选学妖孽"，而林纾更自觉地站到了新文化运动的对立面。几经较量过招，林纾等人终于败下阵来。他们是这场斗争的失败者，这是历史的定谳，不能翻案也没有必要去翻这个案。但是，林纾等人的文评著作却随之遭到不应有的贬低，甚至整个中国古代散文的地位也受到影响，在以后出版的各类中国文学史著作中，均可看到这一点。而学术史的事实却告诉我们，在我国文评著作中，恰恰在"五四"前后涌现出一个热潮，达到三十种左右之多。如吴曾祺《涵芬楼文谈》、陈衍《石遗室论文》、王葆心《古文辞通义》、唐文治《国文经纬贯通大义》、来裕恂《汉文典》、徐昂《文谈》、胡朴安《历代文章论略》、诸傅诰《石桥文论》、刘咸炘《文学述林》等，都是我国文评发展史上的有价值的成果，但罕见有关研究成功论著。或许如有的学者所说，他们在文化上只代表过去，而不像王国维那样能导示未来。此论虽不无道理，然而文化上的守先待后者与开风之先者，实不能截然分开。如林纾个人的两大文化工作，即大量引进西洋小说和"力延古文之一线"(《送大学文科毕业诸学生序》)之间，果真新旧划然、彼此绝无潜通暗接之处吗？为中国近现代文学打开面向世界窗口的"林译小说"，实际上是林纾为了表明西洋小说"处处均得古文文法"的产物，新与旧，有时是相反相成的。又如王国维在词学中创"境界"说，被认为具有新的文学、美学观点，林纾在古文研究中也提出“意境”为“文之母”即文之艺术核心的见解，两者相通而呼应。从这个例子可以说明我国传统文评中存在着与“新学”对话的广阔空间。

我觉得当务之急，是在认真吸纳现代文艺学美学研究成果的基础上，对浩瀚丰富的传统文评资料进行概念的全面梳理、范畴的逐一界定、方法的系统归纳，寻找其内在实有的独特体系，为建构一门“中国古代散文美学”提供学术资源。而这又必须同时对我国古代散文写作实绩作出深入切实的研究与探讨，发掘出古人心血结晶中的精华。平心而论，古文是最具民族文化特色的文字载体，古文创作为古文理论的研究，如能齐头并进，循环互阐，中国古代散文美学具有诱人的前景，对于当今各类人文学科乃至一般文化的发展均有不可忽视的作用。

正是在这个意义上，我对杨庆存君的《宋代散文研究》的问世，欢喜无量。这部断代分体文学史，不仅在宋代文学研究中是第一部，填补了长期的学术空白，改变宋代文学研究中重词、轻诗、更轻文的研究格局，加强研究的整体性；同时也是古代散文研究中自觉而又深入地运用新知与旧学相结合方法的开拓性著作，对本课题的难点和焦点作者了然于胸，迎难而上，表现了创新求真的理论探索的勇气，体现了较强的学科建设意识。

本书共十二章26万字，遵循学术内在理路来建构全书框架：先以综论性的开篇两章为学科定位，着重探讨“散文”概念的性质和研究范围，属于散文本体性这一学科根本属性问题；立意既高，视界亦广，力图使全书建基在较高学术层面上来展开全书主旨的论述。继而即具体论析宋代散文，也是全书的重点和中心，则采取纵横交叉、有论有考的方法。一方面从不同时段梳理出宋文演变的脉理轨迹，论析其不同体派，更逐一品评重要散文作家的写作特点与成就，点、线、面结合，叙次井然，历史与逻辑浑然一体；一方面又着力于宋文有关多个专题的研究，如宋文在中国散文史中的位置，宋文之繁盛及其底蕴，宋文体裁样式等，均有精当细致的阐发与剖析，把宋文研究推向深入。

本书题为“宋代散文研究”，实有超越宋文以外的散文一般理论的研究成果。这尤为学术同道所瞩目。如关于“散文的产生不晚于诗”、“散文”概念由周必大、朱熹、吕祖谦等人提出，而非“源于西方”或“始于罗大经”，又以音乐作为划分诗文的标准，并确认赋与骈文属于散文等，都是富有启发性的独立见解。论述这些见解的论文早在《中国社会科学》、《文学遗产》发表时，就引起广泛的注意，有的还荣获《文学遗产》优秀论文奖。作者传统学术功底颇厚，又善于吸收和融化西方的文化知识，由此而提出的这些见解，容或仍有继续探讨的空间，但乃学术上的“真问题”，则是肯定的；而提出“真问题”本身，就值得人们称道了。

我和庆存君是在1990年11月江西上饶举行的“纪念爱国词人辛弃疾诞辰850周年学术会议”上初次相识的，他提交的《稼轩散文艺术论》，在会议绝大多数论辛词的论文中颇为显目；辛氏存文不多（十七篇），他都能从深处、细处把握辛文特色，确立其“散文高手”地位。三年后他又来复旦大学从我攻读博士学位，并选定“宋代散文研究”为题，1996年按时完成初稿，顺利通过论文答辩，获得一致好评。经过四五年来不断的充实和提高，今始蒇事，就是呈现在我们眼前的这部著作。他离复旦后即担任行政工作，在繁重的公务之余，争分夺秒，勉力耕耘，个人甘苦自不待言。宋代知识精英大都是集官员、学者和文士于一身的复合型人才，他所倾心研究的欧、苏尤是如此。但愿他今后在完成本职工作的同时，仍能在专业研究领域内坚守初衷，并更上层楼！

2002年3月28日

《黄庭坚与宋代文化》序一

傅璇琮

我于1995年2月在《传统文化与现代化》1995年第1期曾读到过杨庆存同志《苏黄友谊与宋代文化建设》一文。《传统文化与现代化》是由国家古籍整理出版规划小组主办的理论性、学术性文化刊物。当时我在古籍小组任职（秘书长），遵照组长匡亚明先生的意旨，主要协助办两件事：一是组织撰写《中国古籍总目提要》；二是编辑出版《传统文化与现代化》（双月刊）。根据匡老的设想，《传统文化与现代化》，其宗旨是立足于古籍研究，以批判继承、古为今用为指导方针，阐述传统文化在现代化建设中的意义与作用，力求古今融汇，中西贯通，从而使传统文化研究既有科学的基础，又有为现代化服务的明确方向。当时我读了庆存同志的这篇文章，深感其学术思路与文风，确很切合刊物的主导思想。

庆存同志撰写此文时，还是复旦大学中文系博士生，后来他在中宣部国家社会科学规划办公室工作，事务繁忙，但他仍抽空继续研究。现在向学界提供四五十万字的专著《黄山谷与宋代文化》，则是超越上面这篇文章的范围，对黄庭坚的家世、生平、文学活动、创作思想等作全面的探讨，并与宋代文化研究相结合，探索山谷作品中富有时代特色与艺术内涵的文化意蕴，颇使人有创新、求实之感。

我最近因遵嘱为庆存同志这部著作撰序，乃通阅全书，深有所得，也因而引起一段使人难忘的回忆。我于1955年夏毕业于北京大学中文系，随即留校，任浦江清先生助教，那时北大中文系将中国文学史课程分为四段，每段一年，游国恩先生教第一段（先秦两汉），林庚先生教第二段（魏晋至唐五代），浦江清先生教第三段（宋元明清），王瑶先生教第四段（“五四”以后）。这几位前辈教课是很细的，使我们有扎实的基础。我跟随浦先生作了两年助教，从而培养起对宋代文学的爱好，曾有志向为苏、黄立传。后浦先生于 1957 年夏因病去世，我又于 1958 年 3 月因事离开北大，后至中华书局做编辑工作。当时宋代诗文研究是处于冷漠状态的，尤其是黄庭坚，更被评议为“形式主义”、“反现实主义”，有些文学史家仍沿袭旧说，认为“夺胎换骨”之说，乃“教人蹈袭剽窃”。那时我倒还是想从资料积累着手，拟由此清理出一些诗文发展的头绪。我一方面作孔凡礼先生《陆游研究资料汇编》的责编，另一方面则利用夜间及假日，编两部书，即《古典文学研究资料汇编》的《黄庭坚和江西诗派卷》、《杨万里范成大卷》。这两部书编于 1960—1962 年间，1963 年编成，那时我近 30 岁。《杨万里范成大卷》于 1964 年 2 月出版，而 70 余万字的《黄庭坚与江西诗派卷》，却受到当时政治环境的影响，被认为这一群诗人违背文学发展潮流，不宜出书。这样，原书虽已于 1964 年付型，却一直压存，至 1978 年 8 月才出版。没有想到第一版竟印了 20500 册，这对我是一个安慰，但我那时已将科研兴趣转向唐代，早年萌发的苏黄研究，对我这一平凡的人来说，已没有精力再做，成为终生的遗憾。因此，80 年代以来，凡我看到有关黄庭坚与江西诗派研究的著作，总有一种惭愧、钦佩和自我欣慰的复杂心情，现在读到庆存同志这部书，更有此感。

由此我也逐渐坚定对古典文学研究的信心。八九十年代以来，我们古典文学研究界已有为数不少的博士研究生、硕士研究生，这已构成我们古典文学界新一代的研究群体，他们之中不少人更注意广泛吸收当代社会科学的新鲜知识，形成更为开阔的研究视野和观念，而又努力对作为研究对象之一的文学史料作沉潜的探索。因此，从总体来说，这一代研究新人，他们无论从治学道路、理论观念，以及精神气质、学术兴趣等等，都与我们五六十年代成长的人有明显不同，这些不同已日益显露出一种新的发展方向和研究格局。因此，我总以为，我们研究古典文学，固然要从事于传统研究，但同时要注意对现状的研究，而现状研究中一个重要环节，就是对现在年轻学人治学思路与研究方法的思考。这对我们学科建设是很有现实意义的。也正因此，我以为，我们来读杨庆存同志的这部著作，最好能就书中所体现的新一代学人之学术风貌、文化涵养，以及创新气度、勤奋志向等，作深切的思索。这也是我作这篇短序的一点心愿。

近 20 年来，我们国内文学研究确有很大的进展，进展的一个明显标志，就是重视“历史—文化”的综合研究。也就是说，着重考察一个时期的文化背景及由此而产生的一个时代的总的精神状态，以及作家、士人群体的生活情趣和心理境界，各自特有的审美体验和艺术心态。这就是古典文学研究中的文化意识。当然，这样的研究，主要还不在于研究层面的扩展，而在于研究观念的拓新和研究思维的深进。从这方面来看，庆存同志这部著作确向我们提供一个值得思考的课题，这就是：黄庭坚文化现象的历史启示。

这部书，我印象较深的有三点。一是从具体考证黄氏宗系与家学着手，展示山谷这一文学大家所承受的深潜文化渊源。黄氏先世本为浙江金华人，其六世祖赡于南唐中宗李璟时出仕为著作佐郎，知洪州分宁县，自此这一家就在这山川奇崛、树木茂密的秀丽的环境中代代相传。五代是唐宋之际分裂割据的时代，北方中原战火连续不断，东南一带却相对稳定，李氏立国的南唐为此起了不少的作用。曾仕明朝集贤殿、奎章阁大学士的赵世延，在为陆游《南唐书》所作的序中，就称南唐“虽为国褊小，观其文物，当时诸国，莫与之并”。这所谓“文物”，实为文化建树。可见这样的文化环境对黄氏是十分有利的，真如书中引及的清人文乃翁《马洲山谷祠记》所说：“阐发英奇，盖有所待。”又如苏、黄的诗文交往及品德相勉，从其深切的情谊，探寻一代文风的建树，并推广认为二人的这种交谊体现出群体意识、历史意识，从而形成阵容强大的文化群体，共同推进文化的发展。这使我想起中唐时，韩愈于贞元中期在洛阳、徐州一带，结聚李翱、孟郊、贾岛，白居易于元和前期在长安，交结元稹、李绅、张籍，都以交谊为轴心，创立各具特色的文风，这种文学和文化发展模式是很值得注意的。

二是由全面论述山谷诗词创作，进而探索其文学思想，特别对多有误解的“点铁成金”、“夺胎换骨”加以深细的辨析。庆存同志首先提出，要求出新和独创，是出谷诗歌理论系统的核心。正因为抓住这一要点，就能对山谷的创作思想进行规范有序的逻辑演绎。书中还上下贯通，起先秦两汉至唐。又述及两宋，甚至元明清戏曲小说，作创作实践与理论演化的系统考察，得出这样的结论，即“点铁成金”与“夺胎换骨”说，其价值与意义还不止于诗歌创作的求新，更重要的是触及或揭示古代文学创作中的一条艺术规律。进而又提升至文化研究的格局，认为这对于今天我们如何对待传统的民族文化和如何创造社会主义新文化，都不无启迪。这是有助于文学研究由古代向现代拓展的。

三是提出对山谷散文的重视，并从人文精神的角度探讨其散文的美学意义和文化内涵。书中对山谷散文作细致的数量统计，指出其近20种体裁的散文，流传至今的达2600多篇，再加上日记，其总数为现存诗篇的一倍半。随后又对山谷散文加以分类品藻，指明其散文创作不单数量丰富，体裁多样，且极有情致，从而显示黄山谷整体的文化素质。

以上三点只是我的读后感。我对山谷，虽作过资料辑集，但未有专门研究，因此确不敢对本书作全面的评论。但写了以上三点，使我想起金代作家兼学问家元好问的一句话："近世唯山谷最知子美!"（《杜诗学引》，《遗山先生文集》卷三十六）这真是一句名言，也是对山谷的最佳评语。由此我认为，20世纪80年代以来，已有好几部关于黄庭坚的研究著作，迭有新见，现在又有幸获读庆存同志之作，故套用元好问的话：最知山谷者，唯近世新一代学人。

2002年4月，北京

《黄庭坚与宋代文化》序二

刘乃昌

宋承唐后是中华文化发展史上的又一高峰期，在宋代恢宏璀璨的文化廊苑中，各体文学占有突出地位，体现鲜明的时代精神。而代表两宋文学发展成就和崭新风貌的文坛巨擘，首推苏轼和黄庭坚。作为苏门四学士之一的黄庭坚，由于文勋卓异，赢得“苏黄”并称的地位，被时人奉为一代文宗、江西诗派开山。清代王士禛在《冬日读唐宋金元诗家诗偶有所感……》诗中云：

一代高名孰主宾，中天坡谷两嶙峋。
瓣香只下涪翁拜，宗派江西第几人。

此诗形象地昭示了山谷在宋代文林中的地位和影响。

黄庭坚“英笔奇气，杰句高境，自成一家”（方东树《昭昧詹言》卷十），独步千古，引起历代学人瞩目。自宋以来记述研究山谷的言论，充盈书牍，层出不穷。前人对其诗作的评论说法不一。如有人称其“荟萃百家句律之长，穷极历代体制之变”（刘克庄《江西诗派小序》），有的则谓之“有奇而无妙，有斩绝而无横放，铺张学问以为富，点化陈腐以为新”（王若虚《滹南诗话》卷一）；可谓抑扬俱存，各有所见。新中国建国以后，文学史研究家也曾对黄庭坚评价有所争议。对此热点课题，很需进一步开发研究。社会主义建设新时期以来，随着改革开放的深入，学术氛围的昌扬，黄庭坚研究的新成果不断涌现，杨庆存同志的《黄庭坚与宋代文化》，就是卓有新创的一部专著。

是书功底沉厚，特色鲜明。首先眼界宏阔，视角多样。黄庭坚作为宋型文化土壤陶钧升空的文化巨星，其行实业绩闪耀着多重的时代风采，含纳着悠久的人文积淀。庆存同志拓展研究视野，将黄氏置于文化学的广阔疆域予以论析。对其成长，从宗系、家学、先辈、仕历、交游等诸多层面，进行详明审视。苏轼与黄庭坚，先后竞相汲引，人品文业，承传磨砺，关系密切。书中设专章联系时代文化氛围，对两人交谊及其发展作辩证分析。凡此均有所拓展，新人耳目。

其次各章于有关资料，撷采丰厚，引据翔实。如为厘清黄氏宗系，作者于作家本集、宗谱而外，对现存志传、行状、墓铭、书札、载记，无不悉行涉猎，缜密比勘，细心辨证。再像对山谷始婚情况，经过广泛爬罗材料，条分缕析，在严谨参辨基础上作出论断。以是凡书中独诣之见，均能做到言必有据，无征不信，有证必审。

复次全书论析精当，新见迭出。“点铁成金”、“夺胎换骨”，是山谷创作论的名言要义，历来影响深巨，但所受褒贬不一。是书作者从周秦两汉作品的沿袭，由历代文论的因革，追溯渊源，阐述演化，进而揭示此说的理论源流、实践基础和深邃价值。可谓探究底里、识度精深。山谷词妙脱蹊径，别具风姿。作者对之重新审察，总结出“随俗”、“反俗”两类并存、俚雅迥异而造诣俱精的创作特征。概括全面，言简意新，令人信服。

是书虽为学术专著，在行文上却能雅意润泽，略避苦涩。如开篇描绘豫章自然环境人文气象，笔锋秀雅，语句爽畅。引述前人载记，注意精心剪裁、细密联缀。读来有娓娓动听、引人入胜之趣。书中设章分节、布网立题，咸能把握要义，提纲挈领，下语精当，逻辑紧严，在文风上也颇具特色。

庆存同志原在孔子故里曲阜师大任教，读书治学，一贯思敏笔锐。后入复旦大学，在名师指导下就读研究生，以优异成绩荣获博士学位。现任职国家哲学社会科学规划办公室，虽公务繁剧，仍勤奋于学术开发。本书即是他百忙中致力苏黄研究的一项硕果。其杀青面世，必将有功于山谷，裨益于文林。是书行将付梓，作者嘱为写序。适有海外之旅，虽行色匆匆，然一睹文稿，顿感赏心悦目，兴致昂然。爰略缀数语，以表欣贺之忱云。

2002年4月于山东大学

《诗词品鉴》序

詹福瑞

庆存兄是王水照先生的高足弟子，主攻宋代文学，除博士论文外，已有几部著作出版，可谓专家型的干部了。我 1997 年进入国家哲学社会科学基金中国文学学科规划与评审组，认识庆存兄。他在国家社会科学基金办公室工作，与中国文学学科组联系较多，每次评审，都是悄悄走进会议室，与专家们颔首致意后，就静静地坐在后排倾听大家讨论，适时解答一些政策性问题，谈吐之间，谦恭儒雅，颇见涵养，与大家关系甚为融洽。因为同气相求，我们渐渐成为朋友，不是那种酒肉之交，平时各忙各的，相见不多，只在年节才有音问，但在心里却常挂念着。上月，庆存兄打来电话，要出版《诗词品鉴》书，要我写序。如此厚爱，我自然诚惶诚恐，深惟没有资格。不过因为前面所说的关系，且于此题目有兴趣，自不量力，答应下来。

近些年来，由于工作的性质，我开始关心古代文学研究与经典的阅读，角度稍有转换，就发现了原来不太注意的问题，那就是我们现在的古代文学研究去文本越来越远，有远文学、去文本的现象。2007 年，我写了一本小书《不求甚解》，就是试图说明，在古代文学学科创建之初，老一辈学者在研究古代文学时如何重视文本、紧紧扣住文学来研究的。自文学研究成为科学以来，古代文学研究走上了现代的科学研究之路，这自然是进步，是正路。但是也带来研究中重文献的梳理、重理论阐述、而忽略文学鉴赏的倾向。其实，同文献整理是古代文学研究的重要基础工作一样，文学鉴赏同样也是古代文学研究的基础性工作。而且，在当前文献大部分得到揭示的情况下，古代文学的创造性发现，有时正是得利于文本的深读细品。庆存兄在此书“前言”中说：“尤其应当特别指出的是，诗词鉴赏也是开展诗词研究的基本功，诗词风格、艺术流派、文学思潮的研究都必须从这里入手和起步。”对此观点我是颇为赞同的。从这些年的研究生培养以及古代文学研究成果看，由于不重视文本的阅读和鉴赏，以至一些研究者缺少文学的感悟与理解能力，缺乏文学的想象力，文学的艺术鉴别力较低，直接影响到古代文学的研究水平。只能把古代文学研究写成文献的累积品，写成泛思想、泛文化的著作，古代文学研究因此变了味儿。

从此书的“前言”看，庆存兄著《诗词品鉴》，并非随意而为，他有两个明确目的，除了以上所说的作为研究的基本功以外，还为了帮助读者把握鉴赏方法、增强读者文学艺术修养。正是在这种指导思想下，他以宋为主，兼及唐与元明清，选取了112篇诗词加以鉴赏，多是流传千古、脍炙人口的名篇，李白、杜牧、李商隐、王禹偁、林逋、欧阳修、王安石、晏几道、苏轼、黄庭坚、秦观、贺铸、晁补之、周邦彦、李清照、张元干、陆游、杨万里、张孝祥、辛弃疾、姜夔、吴文英等诗人的经典名篇，几都在其内。同时还发掘出一些过去少有人介绍的佳构。

此书鉴赏诗词，有两个突出的特点：细品与精鉴。

读诗，如喝茶，虽有龙井之精、虎跑泉之甘，然作牛饮，自不知其甘醇清洌。所以，要想知茶之香，必须慢慢品来。所谓细品，庆存兄说得好，“就是品味、品评和体会精妙”。如读欧阳修的《丰乐亭游春》，从“游人不管春将老，来往亭前踏落花”，说此二句写游人春兴之浓，游兴之盛，自无不可。但是再要细细研读，庆存兄就读出了诗人“惜春怜花的淡淡哀愁”，落花也就有了知音，如同喝茶，这就喝出来了味道。再看他分析欧阳修《采桑子》中的“无风水面玻璃滑，不觉船移”：“‘滑’字用的也非常精妙。水面无风，一定是很平的，但这里如果用‘平’字来代替，虽然意思一样，意境却要逊色多了。首先，平而至于滑，这里极言其平，也就是说‘平得很’，这个意思一个‘平’字是表达不出来的。其次，‘平’字没有色彩感，而‘滑’字在这里却包含着光亮的成分，同‘玻璃’二字结合起来，就准确地写出了水面的色泽和光彩。再次，‘平’字侧重于视觉，而‘滑’字则更多地含有感觉的因素。因为作者此时正坐在行船上，可以直接感受到湖面之平，所以产生了‘滑’的感觉。”其实就这个“滑”字，我也只看出了两个层次，而庆存兄竟然品出了色泽和光彩。如此你才晓得欧阳先生用字看似平常却又丝毫不苟，才懂得古人语不惊人死不休的炉锤之功。

再说此书的精鉴。细品，见赏诗者的锦绣之心，感悟之力。而精鉴却是鉴别作品艺术水平的高下，考验的则是作者功力的厚薄、识见的深浅。这部书里所选的作品，多是名作，古往今来许多人都下过功夫，多有解读文字。所谓仁者见仁，智者见智，如何判断决裁？曹植说，盖有南威之容乃可以论淑媛，有龙泉之利乃可以论断割。虽不必如此要求之高，但对作品的裁断确实是在考验学者的功底。如苏轼著名的词作《念奴娇·赤壁怀古》中的“羽扇纶巾”，许多注本和欣赏文章都解为诸葛亮，当然也有人解为周瑜。庆存兄的文章取后解，认为“遥想公瑾当年，小乔初嫁了，雄姿英发。羽扇纶巾，谈笑间、樯橹灰飞烟灭”，是“集中笔墨塑造青年将领周瑜的形象”，写他的婚姻、仪态、装束和功业，“以示艳羡”，不容节外生枝，插进一个诸葛亮来。此解就丨分顺畅。又如，李清照的《声声慢》“满地黄花堆积，憔悴损，如今有谁堪摘”，旧解多理解为菊花凋零，落英满地。但此词主要是触景伤情，由面前的菊花，回想到当年与丈夫并肩赏菊的甜蜜情景，而如今菊花同此繁盛，人呢，丈夫亡故，自己亦憔悴瘦损，哪有赏花的心情？不觉哀从中来。故黄花堆积，如庆存兄所判断的，应是“实言菊花之盛”，重现昔时之境，方有同此黄花、已经生死茫茫两不知的剧痛。还有李白的《梦游天姥吟留别》，旧说多就游仙立论，而此书却紧紧扣住“留别”分析，就显示出庆存兄不随波逐流的见识。

庆存兄身居与人的精神生活密切相关的重要意识形态部门，他不但参与管理精神产品的规划与生产，而且亲力亲为，为提高人的精神境界著书立说，本就令人钦佩。更可敬者，是他始终保持学者之风，处官场却能本分治学，实为我辈榜样。

2009 年 11 月 20 日

《诗词品鉴》序

赵敏俐

中国是一个诗的国度。从《诗经》、楚辞到唐诗、宋词、元曲，数千年间创作了无数的优秀作品，也产生了许许多多杰出的诗人。诗是中华民族的艺术奇葩，它不仅记载着悠久的民族历史，沉积着优秀的民族文化，也表现了高雅的民族情趣，体现着高尚的民族品格，一向为国人所喜爱。一首优秀的古典诗词，可以让人百读不厌，甚至会让读者受益终生，这就是艺术魅力之所在。中国古典诗词因而成为国人学习文化知识、提高艺术修养、塑造高尚人格、弘扬民族文化的最好教材。

学习古典诗词最好的方式是涵咏和品鉴。然而，由于时代的久远和古今文化的变迁，这对于今天的普通读者来讲并非易事。涵咏和品鉴不仅需要对作品的熟悉、对艺术的感悟，而且需要有一定的知识积累，只有如此，才会正确地理解作品，实现跨越时空的心灵交流。至于要将一首优秀的古典诗词做出恰到好处的品鉴，更需要具有丰富的古代文化知识，高度的艺术修养和高超的语言表达能力。因而，对于普通读者来讲，要学好古典诗词，除了大量的背诵和阅读作品之外，也需要正确的引导，学习掌握涵咏与品鉴之法。

好友杨庆存教授先后受业于国内古典文学名家刘乃昌先生、袁世硕先生和王水照先生，早自20世纪80年代初就在曲阜师范大学中文系从事中国古代文学的教学工作，为高年级本科生开设诗词鉴赏课程。曲阜本是孔子的故乡，深得圣人之泽溉，文风昌盛。曲阜师范大学就坐落在孔府之西的城郊，远离城市之喧闹，环境优雅而安静，是读书治学的理想场所。庆存教授以饱满的热情，过人的才华，勤奋苦读，精研不辍，浸润涵咏于古典诗词之境，与师友切磋于课堂上下，积多年之心得，而凝结成这部《诗词品鉴》。统观全书所选作品，即可见作者之用心。它以宋代为主，兼及其他朝代，既有脍炙人口、千古流传的经典名篇，也有新发掘的俊章佳构，体现了作者独特的眼光。因而，这既是一部深得诗家三昧的品鉴之作，也是一部独具特色的古典诗词选本。更为可贵的是，庆存教授并不局限于具体作品的评鉴，还将自己多年的治学所得奉献给读者。他将古典诗词的艺术境界和基本特征概括为“性情浓”、“语言精”、“形式美”、“内涵深”、“意境新”、“境界高”六大要点，简练而又精当，其实这也向读者指明了古典诗词的价值和品鉴的意义。同时他又将品鉴古典诗词的方法概括为“字句剖析”和“宏观把握”两点，引导读者掌握古典诗词的品鉴之法。这更是作者多年从事诗词品鉴教学的甘苦心得，有着丰富的蕴涵。“字句剖析”指的是对作品的细读，诗词本是语言的艺术，不细读就不会把握诗词语言的奥秘，就不会体会古典诗词的韵味，甚至会望文生义，造成对作品的误解。因此，细读是品鉴古典诗词的基础，它需要有扎实的功底与平和的心境。“宏观把握”是指从大处着眼开掘作品的价值，从“历史的深度和文化的广度”进一步理解作品，这同样需要有非凡的见解和广博的知识。庆存教授有着扎实的古典文学基础，同时兼有深厚的理论学养，并深得知人论世之理，因而能够驾轻就熟，把这两点很好地融为一体，对一首首优秀的古典诗词名篇做出精到的品鉴。他时而以极为细腻的笔触，对作品进行一字、一词、一句的毫纤毕现的剖析，让读者领略其胜境并神会作者之匠心（如王禹偁《村行》、林逋《山园小梅》）；时而结合作家的生平思想，对作品所蕴含的丰富意旨做深度发掘，让读者进入诗人的内心世界并与之进行精神上的交流（如王安石《泊船瓜州》、黄庭坚《病起荆江亭即事十首其四》）；就是对那些读者比较熟悉的名篇，如苏轼《念奴娇·赤壁怀古》、李清照《声声慢·寻寻觅觅》等，也能从更为宏大或细微处做出精炼透辟的新解释，发人之所未发，提升其艺术价值。总之，本书对这些作品所做的品鉴，皆是作者多年的研读所得，篇篇均有新意。我向来以为，真正优秀的古典诗词品鉴之作应该深入浅出，雅俗共赏，让专家学者看出水平、心领神会；让普通读者领略其奥妙，得到美的享受。庆存教授的这本《诗词品鉴》正是这样一部著作，它有很强的学术性，同时又具有普及性。它的出版，定会受到广大读者的普遍欢迎。

我与庆存教授八十年代末期相识于山东，那时他在曲阜师大工作，我在青岛大学，相同的专业和共同的志趣让我们在切磋学问中建立了深厚的友情。后来他求学沪上，又由沪来京，我也从青岛调到北京工作。再一次的不期而遇让我们感到格外的亲切，而我则更加惊喜于庆存教授在学术上的精进。近十余年来，他虽然主要的工作已经转向社科管理，但是仍然笔耕不辍，将自己的所有业余时间都用在了古典文学的研究之上，先后出版了多部著作，发表了数十篇深有影响的学术论文，卓然成家，让我们这些身处高校的学术同行们自愧不如。丑年岁末，庆存教授将他这部书稿寄来，嘱我作序，这无异于新春佳节为我送来了一份最美的精神大餐，连日来细细品读，不忍释手，获益良多。近年来传统文化再度升温，古典诗词更受喜爱，时代呼唤着优秀的品鉴之作，此书的出版适逢其时，值得庆贺。本人先睹为快，不敢为序，只是将阅读之后的心得体会略书如上，以报庆存教授之厚爱。

农历庚寅年元月初五于京西常青园

抓住宋词最重要的特点和最主要的亮点

——杨庆存《宋词经典品鉴》序

刘扬忠

在我国古代文学长廊中，宋词是一个辉煌的文学宝库。在宋代，虽然概而观之，五七言诗歌、长短句曲子词、散文、骈文、文言小说、白话小说、戏曲（南戏）等等都高度发达，成果累累，但无可否认的是，这诸种文学中曲子词的时代特征与审美特色最鲜明，最受宋人与元明清及近代、现代人的重视和欣赏，被视为有宋一代文学之胜，甚至被文学史家拿它与汉赋、唐诗、元曲与明清小说并列，誉为“时代之文学”。自宋以来，研究和鉴赏宋词的著作与选本林林总总，不知凡几，今人要在这个领域实现创新，表现出当代人的学术水平和审美能力，引导当代人对宋词进行正确的阅读和品鉴，真是谈何容易！举例来讲，当代不少词史著作和宋词品鉴书籍，要么陷在古老的“豪放”、“婉约”两分法的套子里，要么执着于近代一些词学家的“重、拙、大”、“轻、婉、小”的不科学判定中，对优秀的宋词作品作不出科学的评论与解析。有鉴于此，庆存教授借鉴现代文学和美学理论，提出了自己的词学与诗学相通的品鉴宋词的六条艺术标准：一是性情浓，二是语言精，三是形式美，四是内涵深，五是意境新，六是境界高。这六条标准的提出，是有充分的理论思考和诗学依据的。记得三十年前，吾师吴世昌先生在给我和我的师兄弟们授课及发表研究文章时就多次强调：诗是词的娘家，词学是诗学的一个分支，诗学理论与词学理论是相通的。庆存教授在运用这六条诗词相通的标准去解析和评论此书所选的每一首词时，大都得心应手，精彩纷呈，确实基本上做到了如他事先提出的写作要求：抓住宋词“最重要的特点和最主要的亮点”。这一点，翻开书籍就能看出来，不用我来饶舌了。

不过我还需强调这样一点：庆存教授此书，不单详细解读和正确鉴赏宋词名篇，而且还贯穿着编选者作为一个内行的诗词专家鲜明的文学史意识。这样做，有助于一般读者通过此书就能大致地、生动地了解宋词发展演变的因由及其完整面貌。比如，本书所选的第一首词——王禹偁《点绛唇》，是被历代绝大多数选家都忽视的一首好作品，古人的宋词选本中，只有南宋黄升《花庵词选》选了它；今人的宋词选本中，只有胡云翼《宋词选》选了它，而且作为宋词名作第一首在选本开头出现。只可惜，这两家选本都只选了作品，而没有对作品进行必要的解析和评论。当代词学研究著作也很少提到王禹偁其人及其词。比如我本人的《唐宋词流派史》一书，在把宋初的六十年定为词体文学发展的“沉寂期”时，只简单地罗列了这个时期包括王禹偁在内的十七个词作者的名字，提到了其中林逋、寇准、潘阆三人的词作，而对王禹偁这首优秀词作竟然连提都不提。大约是看到了词学研究中这种不应有的缺失，庆存教授此书除了在作者小传中介绍了王禹偁在宋代诗文革新中的先锋作用之外，更对这首小词及其词史意义如此中肯地评价道：

> 词在唐代，特别是在文人笔下，描绘月下花前、红香翠软的恋情、艳情，或者抒写悲欢离合的忧愁别绪，成为词坛的主流。入宋之后，这种态势没有大的改变。但是，由于赵宋王朝建立的国势国威和国策，时代环境和文化氛围发生了很大变化，词的创作也开始突破旧有樊篱而寻找发展的新途径。王禹偁的这首《点绛唇》就是这方面的一个典型。作者把写景与抒情紧密地融合在一起，以凝重清丽的语言，通过描绘江南水乡风物景色，抒写政治抱负难以实现的郁闷，形成清新高旷而深沉凝重的格调，在思想内容和艺术境界诸方面都透露出宋词开拓创新的新信息。
>
> ……

在这段赏析文字的末尾，作者还有点睛之笔：通过具体作品的比照，指出了王禹偁此词对晚辈词人柳永等人的影响。

信然，信然！宋词的新变，的确在宋初六十年中就有所酝酿了。

庆存教授是国内著名的老一辈词学名家刘乃昌先生的得意高足，早在他任教于高校的时期，因为刘乃昌先生的关系，我与他就有学术上的往来与交流了。以后他虽改作科研管理工作了，但在宋代文学研究领域仍然笔耕不辍，不断出成果。我作为宋代文学研究界的一个老兵，同时又是了解老同行庆存教授的学术追求与专业水平的一个朋友，看到这本精美的书即将问世，真为他感到高兴，想为读者朋友们介绍一下这本书。故特为此书作序。

2010 年 12 月 15 日于中国社会科学院文学所

思理绵密　叩问文心

——评杨庆存先生《宋代散文研究》

颜翔林

诗歌与散文构成中国古代文学史行进的两轮，彼此关联和支撑，形成密不可分的整体结构。学界对于诗歌之探究，气象万千，蔚然壮观，而对于散文之研讨则相对薄弱。尤其是对承唐而盛的宋代散文，它标志着中国古典散文的辉煌阶段和巅峰状态，新时期以来，尽管陆续有零散的成果出现，然而，系统而深入的著述则付阙如。杨庆存先生的《宋代散文研究》（人民文学出版社）于2002年首次付梓，为海内第一本专门研究宋代散文之著述而备受学界瞩目。其后，作者兀兀穷年，潜心探索，不断修缮，新版于2011年印行。本人采取“细读”（close reading）方法通览全书，以为这是一部眼界闳阔，思理绵密，新论叠出，逻辑体系完备，文献资料丰赡，考据严谨有致的有关宋代散文研究的开山之作与厚重之作。庆存先生以敬畏古人的学术热忱，以绵密思理与精湛学养和古人展开以心会心的对话，领悟和叩问古人文心，在宋代散文研究的领域获得精神弥满的收获，作为一位学人，无疑是一件快乐和幸福的事情。

一

溯源“散文”，显然它是一个古老的文学概念。一方面，中国传统文论中诗文或文笔并称，散文成为文学史中不可缺失的重要结构和美学探究的对象之一。另一方面，“散文”（prose，essay）应该说是一个现代文艺学的概念，它综合了西方的散文观念和中国现代的散文观念。然而，无论是传统的散文概念还是现代的散文概念，也无论是中国散文概念还是西方的散文概念，都存在边界上的模糊性和美学理论上的不确定性。因此，《宋代散文研究》首先面临论述和定位“散文”的本体论问题。作者立足于历史与逻辑相统一的方法论原则，稽考中国古代典籍及散文的经典文本，纵览西方散文概念的演变历史，着力探究散文这一概念的发生、发展和成熟的历史过程，从文体学意义上清理散文这一文学形式的内涵和外延，从而界定其逻辑范畴，并进一步深入细致地辨析散文的审美特性和艺术本质，从而为全书的理论构架和逻辑行程奠定坚实的基石。

从美学视角考察，《宋代散文研究》呈现重要的理论意义之一，是其从学理上解决了“散文”概念的逻辑界定和审美特性的问题。长期以来，“散文晚于诗歌”论，“散文源于西方”论，或者散文“始于南宋罗大经”等说法，撒播于学术界，影响广泛，客观上引发散文理论的迷惘与困惑。作者依赖于历史主义和逻辑思辨相统一的方法论，结合丰赡的文学史料和参验众多的文本范式，以古今参照、中西互证的策略，以宏观综合、微观考据的路径，廓清了“散文”概念的内涵与外延，界定了散文这一文体形式的艺术规定性和审美特性。由此奠定了该著的理论基础和逻辑行程。与此密切关联，作者对古代散文的研究范围与音乐标界的分野模式进行探究，广泛援引中西方有关散文划界的理论，采取辩证理性和历史理性相统一的方法，汲取合理内核，摈弃理论局限，去伪存真，存疑与否定并用，从而提出自己有关散文的概念，从文体学和美学意义上澄清散文的本质规定性和逻辑范围，从而实现对散文在新的历史语境之中的划界和确立研究范围。针对“赋”和“骈文”这两个具体的特殊对象，作者展开从逻辑到经验、理论到实践、创作到接受，再从经验到逻辑、实践到理论、接受到创作等双向论证，从横向到纵向，古代到现代，东方到西方，进行广泛深入的宏观论述和微观辨析，最后得出令人信服的结论，将赋与骈文归纳到散文的逻辑范畴。

纵览全书，《宋代散文研究》寄寓着绵密的思理和潜在的理论张力，闪烁着历史主义的美学眼光，弥散着精湛的古代文化学养，洋溢着敏锐空灵的审美直觉和丰富深厚的文学鉴赏力，作者对宋代散文展开汪洋恣肆的宏观把握和鞭辟入里的微观剖析，从历史与逻辑、理论与经验、感悟和阐释、义理与考据等相统一的综合方法，系统而深入地论述宋代散文的历史发展，以富于审美发现的理论眼光，诠释重要的作家与经典文本，得出诸多甚启人思的结论。我们有理由判断，该著是新时期以来有关宋代散文研究一部不可多得的扛鼎之作与上乘之作。

二

康德认为综合判断要胜于分析判断，前者也是扩充的判断，它可以增进和扩充已有知识内容。庆存先生的这部《宋代散文研究》一个突出的思想特征在于理论阐述上的综合判断，呈现立论的辩证公允和潜藏着学术的公共空间的平等对话意识。这一方面奠基于作者渊博丰厚的文化史、思想史的知识积累，对历史、哲学、文学、美学等多学科的理论资源的选择和提炼，由此构成综合性的理论思考和精湛细微的考据，合乎逻辑地生成这部厚重著作的一系列思想和观点的有机结构。综观《宋代散文研究》，著述者善于将东西方不同的文论与话语、观念和方法高度地综合在自我的著述结构之中，将不同学科的知识谱系融会贯通于对于文本与作家、风格和流派的诠释和评价之中，凸现出独立的学术品格和思想自主性。

著述在整体构架上分为逻辑相承的几个部分，每一部分都相对系统深入地探究了一些具体的问题。第一章至第三章，是全书的逻辑基础和理论要津，作者先行探讨了散文发生与散文概念，其次对古代散文的研究范围与音乐标界的分野模式进行探究，解决了古代散文的研究范畴和文体归属的问题。最后，描述了古代散文的历史演进，在此基础上给予宋代散文以合理的逻辑判断和历史定位。第四章，宏观而辩证地分析了宋代散文繁荣的表象景观与深层底蕴，从多元并存与整合驱动的运行机制、群体式创作与流派型衍传的发展模式、崇文意识与文化氛围的社会环境、知识结构与群体意识的创作主体的透视等逻辑环节，辅佐以作家投入与作品的产出等一系列的数量统计及其图表显示，精辟和准确地勾勒出宋代散文繁荣的客观的历史原因和创作主体的艺术能动性。第五章和第六章则联袂对北宋前期散文流派与发展作出描述和阐释。客观分析了宋初骈散两派的对峙，公允描摹“五代派”的“沿溯燕许”与华实并重，辩证肯定了复古派的“宗经尊韩”与垂教尚散的散文复兴之路历史性回归。继而，作者对西昆派崇尚骈丽和盛世风采给予实事求是的辨析，一方面褒扬了古文派的力涤排偶和独高古人的美学主张，另一方面也肯定了骈文的审美价值。作者指出，“从文学角度看，骈、散是古代散文枝头的两朵鲜花，未可抑此扬彼。就体式而言，二者各有特点。骈文讲究用典、对仗、音韵、声律而雅化程度较高，读者群自然受到限制，从而缩小了垂教至化的有效范围，故五代派、西昆派力主自然以补不足，而复古派、古文派则以‘乘骥渡海’相讽刺。我们不必囿于前人成见，陷入传道框架模式内，而应予客观审视。”第七章与第八章着力论述北宋中叶的散文演进与流派鹊起。北宋中叶为宋代散文的巅峰时期和辉煌阶段，天才荟萃，流派缤纷，华章联璧，著述者思理飞扬、卓荦不凡的辨析与阐释，加之文思泉涌和话语表达的行云流水，让常常令人读之枯燥的学术著作焕发文学的幽香和亮色，使阅读者掩卷而存美感于心，由此而心会古人，神往斯文。第九章讨论“南渡前后文采派与抗战派的崛起”，对“穷极华丽”的文采派散文进行历史梳理，重点阐释了李清照的散文成就，笔墨所至，言他人之所未言或言他人未尽言，对易安居士的散文艺术作出新颖独创的论述。对于抗战派散文的政治意义和道德意识也给予积极的评价。第十章浓墨重彩地论述了“南宋中兴诸派的联袂与踵武”的演变过程，对事功派、理学派、永嘉派、道学辞章派的散文写作进行描述与分析，在比较与综合之中揭示它们在政治立场、伦理原则、审美情趣、技法修辞等方面的异同，甚见作者之功力与卓识。尤其对稼轩散文的探讨，发前人之所未发，言他人之所未言，呈现审美发现的精深眼光。对理学派与永嘉派的散文创作也做出精要恰当的诠释。第十一章论述了“宋代散文的终结与爱国派的绝响”，笔墨挥洒之间充满了生命的悲剧意识和美学的哀悼情怀，作者在理性分析之中渗透了浓重的诗意感伤，使纯粹的学术著作平添了文学的色彩。第十二章，也为最后一章，作者从文体学和审美形式的视角，综合地论述了“宋代散文体裁样式的开拓与创新”，分别阐释了宋代文人对“记”、“书序”、“题跋”、“文赋”、“诗话”、“随笔”、“日记”等文体的创造，分析了宋代散文的体式创造的时代基因和宋代文人的创作主体的体裁意识。

然而，作者对于以上这些问题的论述不是处于零散和碎片的状态，而始终贯穿一条逻辑红线，这就是综合判断，而综合判断又始终伴随着辩证理性和历史理性。由此，《宋代散文研究》构成一个体系完整而严密，思理绵密而潇洒，材料厚重而精炼，观点新颖而公允，方法丰富而综合的学术气象。作者以绵密思理和逻辑综合的方法，辅佐以扎实求是的考据和空灵潇洒的笔墨，将宋代散文的学术探索提升了一个新的境界和高度。书中的不少章节，作为单篇论文在《中国社会科学》、《文学评论》、《文学遗产》等重要刊物发表，有的还荣获《文学遗产》优秀论文奖，显示该著深厚的学术累积。该著还得到王水照先生、顾易生先生、葛晓音先生、陈尚君先生、刘乃昌先生、吴熊和先生、严迪昌先生、陈谦豫先生、徐培均先生等名家硕儒的赞誉，实属难得。该著经历作者十余春秋的锤炼磨削，思维与学理尤显精粹与醇厚，文笔的起承转合，潇洒利落，飘逸多彩。

伽达默尔认为，人存在于生活世界，除了必需的物质生活之外，还需要一种理论生活，它是衡量主体的精神价值和审美意义的重要构成之一。庆存先生的《宋代散文研究》贯穿着对理论生活和文学生活的向往与沉迷，呈现一个学者对古典精神的渴慕，是借以散文的审美形式去和古人以心会心。或者说，是以对散文的探究方式，去叩问古人善美合一的诗意心灵。

2012 年 5 月 14 日于潇潇春雨

（见《中国文学研究》2013 年第 2 期，作者颜翔林，文学博士，哲学博士后，博士生导师，中国文艺理论学会副秘书长。）

文风革新与文德之治

肖　鹰

近日读到杨庆存著《宋代散文研究（修订本）》（人民文学出版社 2011 年版），我从该书获得的众多启益中，特别感兴趣的是作者在厘定宋代散文的历史成就、解析其渊源的时候，揭示了宋仁宗的“文德之治”对宋代文风革新的“不可低估的导向作用”。

宋代营造了中国散文史的巅峰时期，散文创作卓有成就的唐宋八大家，宋代占六位。然而，更令人讶异称绝的是，宋代的六位散文大家，均是宋仁宗赵祯在位时期通过科举进入仕途，并脱颖于文坛的。宋代绵延 319 年，北宋、南宋共历 18 位皇帝，为何散文之兴，独出仁宗治下？

靡曼之文，无益治道

宋代散文的发展，是接续唐代韩愈、柳宗元倡导的“古文运动”而来。唐代科举以诗赋取士，其导向作用不仅使文章“经世致用”被边缘化，而且放纵了六朝以来由诗而文的雕琢矫饰风气。“古文运动”的要义，就是反对六朝以来的以排偶为主、华丽空洞的骈体时文，主张恢复以散行单句为主、自然实用的散体古文，而其宗旨是提高文章的传达能力和教化作用——“文以明道”。然而，因为与科举取士的导向相悖，韩、柳追求平易实用文风的主张自然得不到朝野普遍共鸣，而且就他们自己的文章可见，所欲明传之“道”，也流于“空泛而不实”。

建宋以后，宋太祖赵匡胤立下“以文治国”的国策，崇文抑武，而宋仁宗将之发扬光大，缔造了使宋代中兴的“文德之治”。出身一介武夫的太祖尚文治，但不知时文之弊，故所倡导不过沿袭旧制，科举仍以诗赋取士；仁宗为太祖孙、宋室第四位皇帝，文教滋养，更加其勤勉慧识，深知时弊所在，因此对革除文风之弊有明确的导向。

天圣七年，年仅19岁、尚未亲政的宋仁宗即下诏书说："朕试天下之士，以言观其趋向，而比来流风之弊，至于附会小说，磔裂前言，竞为浮夸，靡曼之文，无益治道，非所以望于诸生也。"他亲政的第二年，再下诏说："进士所习诗赋多浮华，而学古者或不得以自进。宜令有司兼以策论。"仁宗身为国君，不仅清楚时文"磔裂前言，竞为浮夸"的流风之弊，而且找到了切断流弊之源的途径：改科举以诗赋取士为以策论取士。因此，以科举取士为导向，求文章的经世致用成为有宋一代的文坛风气。

宋仁宗的文德之治，并非孤掌自鸣，而是拥有一批卓越的文人士大夫的支持。庆历四年，范仲淹等文臣上疏，谏言"取士当求其实用，人尽其才"，主张科举"以策论为先、诗赋其次"。仁宗即下诏说："士有纯明茂材之美，而无文学作成之法，其饬身立节者使与不肖之人杂而并进，则无文德敏行之才可以见焉。此取士之甚弊，而学者自以为患。"仁宗讲得很清楚，科举取士不是鼓励寻章摘句、因循格套的平庸之辈，而是要给豪俊奇伟之士以发挥其纯明茂材之美的空间，不能选拔才俊德优之士，就是科举的大弊。

直言召人，革新文风

嘉祐二年，苏轼、苏辙兄弟同科殿试进士。苏辙应试的策论，是一篇尖锐批评宋仁宗为君之失的政论文。他在策论中说："往者宝元、庆历之间，西夏作难，陛下昼不安坐，夜不安席，天下皆谓陛下忧惧小心如周文王。然自西方解兵，陛下弃置忧惧之心二十年矣。古之圣人，无事则深忧，有事则不惧。夫无事而深忧者，所以为有事之不惧也。今陛下无事则不忧，有事则大惧，臣以为忧乐之节易矣。臣疏远。小臣闻之道路，不知信否：近岁以来，宫中贵姬至以千数，歌舞饮酒优笑无度。坐朝不闻咨谟，便殿无所顾问。三代之衰、汉唐之季女宠之害，陛下亦知之矣。久而不止，百蠹将由之而出，内则蛊惑之，所污以伤和伐性；外则私谒之，所乱以败政害事。"

宋仁宗进行"以策论为先、诗赋其次"的科举改革，其宗旨不仅是要选拔治国安邦的杰出人才，而且是要纠正浮夸、浮华的时风，推行直言务实的作风——他的文德之治的要旨就是“以直言召人”。苏辙这篇策论，不仅直言当朝皇帝仁宗得失，而且仅凭“不知信否”的道听途说就对仁宗宫中之事妄议是非。考官胡宿认为苏辙言论“不逊”，呈请仁宗取消其录取资格，苏辙也自认为“策入必见黜”。但仁宗审阅苏辙的策论后，却钦点录取苏辙与其兄苏轼为同科进士。仁宗批复胡宿的“以为不逊请黜之”奏章说：“以直言召人，而以直言弃之，天下其谓我何？”

二苏殿试时，仁宗 47 岁，在位 35 年，而苏辙不过是一位年不及 19 岁的书生。仁宗以九五之尊、年寿之长，能容不名小子苏辙对自己公开直言不逊，以才德取人，是需要何等恢宏的胸襟气度？他对苏辙的纳取，是切实践行他“以直言召人”的国策，这不仅使他的朝廷中荟萃了范仲淹、包拯、晏殊、欧阳修等文德敏行的名臣，从而为将宋朝发展带入鼎盛时期的“文德之治”创造了条件；而且也以“直言论政”引导了文坛以平易自然为目标的文风革新。

仁宗逝世后，在继位的皇帝治下，二苏兄弟多次遭贬，谪迁异地，晚年颠沛流离，死而后已，苏轼更是于 1079 年，被诬“以诗讽刺时政”，不仅被递解京城，投入御史台狱，备受拷打屈辱，而且险遭性命之灾。可以想见，在 1022—1063 年间，如果在位的不是仁宗，而是神宗，不仅欧阳修的古文运动不可期望，恐怕三苏问世之初即以“妄论利害，才说得失”（苏轼语）死于非命了，又遑论此后能以“直言议论”立名传世？

摒弃浮华，文求务实

宋代王十朋说：“我国朝四叶文章最盛，议者皆归功于仁祖文德之治与大宗伯欧阳公救弊之力。”“救弊之力”就是反浮华、浮夸，倡导平易文风的古文运动。有宋一代，欧阳修并非古文运动的首倡领袖，在他之前，宋初柳开、王禹偁，继后穆修、尹源、尹洙等文坛名士，纷纷以“宗经尊韩”为旗帜，致力于创兴平易自然的文风，但均未成主流风气。古文运动能在欧阳修为文坛盟主时期蔚然成风，其后经三苏绵延至 1101 年苏轼病逝，前后历八十年而不衰，欧阳修为宋代文坛“一代宗师”之功自不可没，但若缺少宋仁宗这位“文德之君”作“保护人”，更是不可能的。

《宋代散文研究》中说，欧苏散文所代表的宋代散文之美，突出风格是“平易自然，婉转流畅”。极而言之，“平易自然，婉转流畅”何尝不是散文作为一个独特文体所应达成的本真的美学风格？因此，在厘定宋代散文的历史地位的时候，我们可以说以欧苏散文为代表，宋代散文是中国散文美学的最后达成。然而，当我们论定宋代散文之大成的时候，又怎么能低估宋仁宗以一国之君，身体力行，为纠正“浮华”、“浮夸”的文风流弊所起的导向作用呢？

宋仁宗“以直言召人”，为欧苏一代文人倡行平易自然的文风提供了基本导向，这对我们当下倡导的转作风、正学风、改文风不无启迪。

（见《人民日报》2013年3月19日“读书论世”专版。肖鹰，清华大学教授，著名美学家。）

后　记

奉献给大家的这本小书，是笔者数十年学习研究中国文化过程中片断式思考的论文结集。

看完清样，思绪万千！笔者发自内心地感激指导帮助和提携扶植过我的众多学界前辈与师友！收入书中的文字一方面反映了作者求学、问学和治学的心路历程，含纳着研究中国文化的初步认识与心得体会，与此同时也呈现出诸多缺憾。笔者很惭愧对经典原典的阅读欠丰富、思考欠深入、研究欠深刻，尤其对世界各国的文化知之不多，了解甚少！

文化是人类社会历史实践和思想情感的智慧结晶，世界各国创造的丰富多彩的民族文化，都是人类发展的文明成果和共同拥有的精神财富。中国文化是中华民族五千年文明连续发展的精华，是人类思想文化的重要组成部分，也是中华民族对人类文明发展作出的重要贡献。认真学习和深入研究，弘扬光大中华民族的优秀文化与优良传统，既是国家富强和民族振兴的需要，也是时代发展和社会进步的趋势，更是文化传承体系建设的基础。

在学习研究的过程中，我逐渐认识到：文化研究必须树立人类意识、增强国家观念、开阔世界视野，必须立足长远、关注社会、关切现实，必须注重规律探索、注重经验借鉴、注重固本创新。文化研究不仅要“求真求实”，而且必须“求善求美”，努力做到“思想性、科学性、艺术性”并重，做到“致广大而尽精微”！与此同时，文学研究不仅要有鲜明的历史观念和鲜明的时代意识，而且必须要有强烈的人本情怀，要有促进世界文化交流交融、创新发展的精神追求。由此，笔者深知这本小书在思想内容的整体系统性和结构逻辑的内在严密性方面存在着明显缺陷，深感自己学术功底不足，学术视野亟待开阔，学术理念更需不断提高和完善。

让笔者十分感动的是，杨义先生和陶文鹏先生分别为这本小书赐序。杨义先生在中国古代与近现代文学、文化领域都有影响深广的学术成果，是中国社会科学院学部委员；而陶文鹏先生则是中国古代文学特别是唐宋文学研究的著名专家，曾长期主编《文学遗产》，一贯热心指导培养和扶植奖掖青年学子。两位先生都是学界德高望重、受人尊敬的前辈学者，其为人品格与学术精神一直为笔者所仰慕！这次赐序，让我又一次深切感受到两位先生令人钦敬的大家风范！

最后，感谢中国社会科学出版社的支持和帮助，并谨向关注此书出版的赵剑英同志以及为本书出版付出心血的文学艺术与新闻传播出版中心主任郭晓鸿博士深致谢忱。

杨庆存

2014 年 12 月 28 日写于北京